CARNETS INTIMES DE LA DST

Éric Merlen / Frédéric Ploquin

Carnets intimes
de la DST

30 ans au cœur
du contre-espionnage français

Fayard

Les vérités que l'on aime le moins à entendre sont celles que l'on a le plus intérêt à connaître.

GUY DE MAUPASSANT.

Peu importe que le chat soit blanc ou noir, pourvu qu'il attrape les souris.

Proverbe russe.

Ne creusez pas la tombe d'un autre, vous en seriez le premier occupant.

Dicton russe.

REMERCIEMENTS

Nous tenons à remercier vivement tous ceux qui ont accepté de se donner la peine et de prendre le risque de nous rencontrer. Un risque dont ils verront qu'il n'était pas si grand, puisque nous avons tenu parole et respecté leur anonymat lorsqu'ils le réclamaient. Ce qui, au regard de la matière traitée, était la moindre des corrections.

PRÉAMBULE

Le secret est chez Raymond Nart une seconde nature. « C'est une tombe », dit-on parfois de lui. Et pourtant, cet homme qui a vécu trente-deux ans dans le sérail du contre-espionnage français est plus nuancé lorsque l'on évoque l'image de son ancien service :

« La DST a parfois souffert du secret dans lequel, par nature, elle était enfermée, laissant ainsi se mettre en place une légende noire qui n'a pas grand-chose à voir avec la réalité, compliquée à plaisir par ceux qui n'y ont pas accès. »

Légende ? L'image de la Direction de la surveillance du territoire est fort éloignée des faits et des documents. Elle est à mille lieues de cette quinzaine de pages que le service expédie chaque jour ouvrable au ministre de l'Intérieur, ce qui donne chaque année entre 1 600 et 2 000 notes blanches ou bleues (la couleur du papier avant d'éventuelles photocopies). Des notes courtes, synthétiques, sans mention de la source, dont certaines sont juste soumises au ministre pour lecture avant de regagner les coffres-forts du service. Des notes qui sont le produit du travail quotidien de près de 1 500 femmes et hommes habilités « secret-défense ».

Nous avons poussé l'investigation au plus loin en interrogeant anciens membres du service, anciens directeurs, anciens ministres, mais aussi responsables actuels du contre-espionnage. Puis nous nous sommes tournés vers Raymond Nart, considéré à son époque comme l'âme de la DST et aujourd'hui libéré de ses fonctions (mais pas de ses secrets) par la retraite. Pas tant pour conter ses prouesses techniques, que pour cerner avec lui les liens complexes du pouvoir avec le renseignement.

Comment vérifier les dires d'un homme qui a baigné durant toute sa carrière dans cet univers si particulier, plus souvent confronté à la désinformation et au mensonge qu'au renseignement ? Sa vérité nous a semblé assez probante pour mériter d'être consignée dans ce livre. Pour une fois, ce n'est pas un directeur de la DST qui s'exprime, comme plusieurs l'ont déjà fait, de l'historique Roger Wybot aux modernes Jean Rochet, Marcel Chalet ou Yves Bonnet. Ce n'est pas non plus un déçu du service animé par un quelconque désir de vengeance ou avide de régler des comptes. C'est un contre-espion simplement soucieux de vérité, parfois diablement mieux informé que tous les directeurs qu'il a vus passer au-dessus de lui. Un homme qui campe loin des rivages du « politiquement correct ». Et qui considère que la DST ne doit être ni une cité interdite ni un État dans l'État, mais un service public. « Il est bien de parler et meilleur de se taire, observe Raymond Nart. Mais, dans notre démocratie, la DST doit se donner les moyens de conserver la confiance des Français, qui ont, pour leur part, le droit de savoir ce que l'on fait de leurs impôts. »

Certains objecteront que nous manquons de sources d'information accessibles pour affronter un tel pan de l'histoire du contre-espionnage : trente ans qui nous mènent de la guerre froide au terrorisme. Notons aussi qu'un grand nombre de ceux qui ont accepté de nous rencontrer, anciens espions ou agents, ont demandé à ne pas être cités nommément. Mais ajoutons que le contre-espionnage, par définition, est l'art de dissimuler ses sources, l'essentiel étant le degré de crédibilité de celui qui a apporté l'information.

La crédibilité de Raymond Nart, nous l'avons constaté, dépasse largement les frontières de l'Hexagone. Plusieurs décennies durant, avec quelques autres, il a été l'œil de Paris, un œil plus discret, mais aussi affûté, que celui qui nous observait, anonyme, depuis Moscou. L'œil d'un contre-espion chargé de détecter les menées étrangères dirigées contre la France, depuis la déstabilisation politique jusqu'aux attentats en passant par la désinformation et le pillage des richesses technologiques et industrielles.

1.

« Oncle Hô » tourne la page

« Tu ne seras jamais chef, mais... »

La scène se déroule au premier étage d'un immeuble de bureaux situé en bord de Seine, rue Nélaton, à Paris, siège de la Direction de la surveillance du territoire (DST). Nous sommes le 11 décembre 1997 en fin de journée. Comme à son habitude, l'inspecteur général Raymond Nart a revêtu costume sombre et cravate assortie. Le fonctionnaire fait ses adieux sans jamais avoir accédé à l'échelon suprême, celui de directeur, mais il peut se targuer d'avoir imprimé sa marque sur le service le plus secret du ministère de l'Intérieur. S'il y a eu un maître du contre-espionnage en France durant cette période, c'est bien lui. Il y aura désormais à la DST une « école Nart », tant sa marque est visible.

Plus de huit cents invités se sont rassemblés dans la grande salle qui jouxte le mess. Dans ce genre de « maison », on ne tourne pas le dos aux collègues sans un certain cérémonial. Surtout quand on laisse derrière soi un tel pan de l'histoire.

« J'ai fait mon devoir et rempli mon contrat », songe le retraité, encore secoué par sa dernière mission secrète en Russie, un voyage sous le signe du froid, de l'attente, de la vodka et de la fatigue. Mais la parole est au directeur de la

DST, Jean-Jacques Pascal. Le préfet vient tout juste d'être nommé par le gouvernement de Lionel Jospin, il ne connaît pas le partant et manque cruellement de références. Ses mots ne sont pas ceux attendus.

« Premier décalage », songent plusieurs responsables du service présents dans la salle, jamais indulgents envers les nouveaux venus. Tous ont en mémoire les conditions dans lesquelles Jean-Jacques Pascal a quitté quelques années plus tôt la direction des Renseignements généraux, laissant un service en crise avant d'être aiguillé vers les Journaux officiels. Ancien préfet du Gers, la terre de Raymond Nart, ce serviteur de l'État a laissé aux Gascons le souvenir d'un homme organisé et affable, doublé d'un mélomane distingué. Cette entrée en scène inquiète ceux qui restent plus encore que celui qui doit aujourd'hui abandonner un service auquel il a donné l'essentiel de sa force vive.

« Après moi le déluge ! » glisse-t-il à un ami sans croire un instant à ce qu'il dit.

Raymond Nart a d'ailleurs pris ses précautions quelques jours plus tôt. Celui qui lui succède au poste de numéro deux, Jean-François Clair, est un complice de toujours et un spécialiste européen reconnu de l'antiterrorisme.

« Si vous voulez avoir des ennuis avec le terrorisme, virez Jean-François Clair », dit le retraité au nouveau directeur, avec son franc-parler habituel *made in Gascogne*.

Claude Guéant, alors directeur général de la police, prend au micro le relais de Jean-Jacques Pascal. Le haut fonctionnaire improvise, mais il sait de quoi il parle. Selon les témoins, les mots se font plus justes.

Homme du jour, Raymond Nart se décrispe. C'est maintenant à lui de s'exprimer et il a du mal à s'écarter du discours qu'il a préparé :

« Comment est née mon idée d'entrer dans la police ? J'y vois au moins trois raisons. C'est d'abord ce cours de police criminelle que dispensait à la faculté de droit de

Toulouse Fernand Cathala, un commissaire de police judiciaire qui faisait honneur à son corps. C'est ensuite ce
garçon qui suivait les cours à mes côtés avec le désir de
devenir lui aussi commissaire, et qui a terminé en prison
après quelques malversations. C'est enfin le fait que je
n'étais sans doute pas plus recommandable que lui. J'avais
un jour tapé sur la tête d'un CRS au cours d'une manif,
place du Capitole, à Toulouse. J'avais aussi, un autre jour,
volé une agrafeuse dans une gendarmerie, après un congrès
d'étudiants en droit plutôt tumultueux et bien arrosé ! Mes
parents ne voulaient pas que je devienne policier, mais je ne
les ai pas écoutés. »

Et le directeur adjoint sur le départ d'évoquer avec
humour le point le plus sensible de sa carrière :

« Un jour, au Togo, un vieux féticheur m'a prédit mon
avenir. Je le revois encore dans sa hutte, avec sur l'éventaire
des crapauds, des oiseaux et des poissons séchés, jetant les
coquillages et les dés sur le sable et disant : "Tu occupes un
bureau dans un immeuble élevé, au bord d'une grande
rivière... et tu ne seras jamais chef." Cet avenir était inscrit
dans les astres, et je n'ai aujourd'hui aucun regret. »

Lorsqu'il a mis pour la première fois les pieds à la DST,
le 16 août 1965, Raymond Nart connaissait déjà la moitié
des figures de ce service : un élève commissaire présent à
ses côtés sur les bancs de l'École nationale supérieure de
Saint-Cyr-au-Mont-d'Or, ancien inspecteur de la DST, l'avait
abreuvé de ses récits. Plus qu'un métier, le contre-
espionnage a été sa vie. Il a appris à manier le secret. Appris
à ne s'exprimer que lorsqu'il le voulait vraiment. Appris
aussi à « faire l'œil de veau », c'est-à-dire à passer pour un
idiot en cas de besoin. À prêcher le faux pour savoir le vrai
et à parler pour ne rien dire, figures imposées du contre-
espionnage. À ne laisser aucune mention intelligible pour
les autres dans son agenda. À laisser blanches les pages de
son répertoire téléphonique. À fermer les portes à clef, à

broyer les papiers qui traînent, à brûler les copeaux broyés, à ne rien laisser sur son bureau, rien non plus dans la corbeille. Ces habitudes-là ne le lâcheraient plus.

« Nous formions une équipe extraordinaire, dit Raymond Nart pour conclure. Nous avons bien rigolé aussi, et je suis certain que l'avenir est assuré, largement. »

S'il avait été invité à prendre la parole ce jour-là, le magistrat Jean-Louis Hérail, vieil ami du contre-espion, aurait tenu à peu près ce langage :

« Raymond Nart est un gentilhomme de campagne, une sorte de hobereau. C'est un vrai chef de service de renseignement, qui peut mener des hommes à la bataille, un homme d'action. Avec lui, quand on y va, c'est à 9 heures, pas à 9 h 01 ! Il se donne des habits de père tranquille, mais ne l'est pas du tout. C'est un légitimiste, ce qui a parfois dû limiter son indépendance d'esprit. Que son patron se soit appelé Charles Pasqua ou Pierre Joxe, il a obéi. Il a largement contribué au rayonnement international de la DST, qui a parfois damé le pion à la DGSE. À son époque, elle a été la petite équipe qui monte, grâce à quelques bons joueurs et à son entraîneur. Dans les rangs, Raymond Nart était certainement plus craint qu'aimé. Au Palais de justice aussi, il passait pour un dur. C'est un homme très méthodique, très organisé, très gascon finalement. Avec son côté "¡ no pasaran !", c'est quelqu'un qui s'est toujours accordé le pouvoir de dire *non*. »

Mais l'ami magistrat n'était pas de la partie, ce jour-là, et ses mots n'étaient probablement pas assez policés pour être prononcés devant pareille assemblée.

Il faut d'ailleurs à Raymond Nart déballer maintenant les cadeaux offerts par ses collègues. Un livre sur l'Algérie, signé Léon Galibert et datant de 1844. Un autre sur la Russie, écrit en 1838 par le bibliothécaire du prince Kourakine, ambassadeur de Russie auprès de la cour de France. Un stylo-plume de marque Mont blanc. Et une série de documents anciens photographiés parmi les archives secrètes de la police française rapportées quelques années plus tôt de Moscou, où elles « dormaient » sous l'œil du KGB depuis la fin de la Seconde Guerre mondiale...

Raymond Nart revoit son bureau, au 13e étage, une pièce de taille moyenne, avec vue imprenable sur la tour Eiffel. Une pièce dont la décoration trahissait les passions et les obsessions de celui qui l'occupait. Accrochées au mur, une photo de l'immeuble du KGB[1] à Moscou et une plaque rapportée de Russie : « rue du NKVD[2] ». Posée sur le bureau, une taupe naturalisée offerte par un fonctionnaire de la DST, et le fanion du service. Dans une vitrine, deux reliques : un morceau du mur de Berlin et un morceau du socle démantelé de la statue de Félix Dzerjinski, fondateur et premier patron de la Tcheka, la police politique soviétique, en 1917[3]. Pour le reste, le strict minimum : une table pour les réunions et un coffre-fort.

Un court instant, le contre-espion songe qu'il ne pourra jamais sortir indemne d'une carrière aussi pleine. Il sait qu'il sera rattrapé, forcément, mais il ignore par quoi, la DST n'ayant jamais, sous ses ordres, commandité la moindre turpitude. Thierry Joncquet, alias Ramón Mercader, auteur de romans policiers, n'a-t-il pas écrit un livre, *Du passé faisons table rase*, où un policier baptisé Nartier termine dans un cul-de-basse-fosse[4] ? Simple coïncidence ? Peut-être...

---

1. Comité pour la sécurité d'État de l'URSS.
2. Un des sigles du commissariat du peuple chargé de l'ordre public en URSS, autrement dit la police politique.
3. Tcheka, abréviation de Commission panrusse extraordinaire de combat contre la contre-révolution et le sabotage, créée le 20 décembre 1917 par Lénine.
4. Dans une nouvelle édition, Ramón Mercader est devenu Thierry Jonquet, et « Nartier » est transformé en « Dartier » (Babel, collection « Babel noir », 1998).

La paix des braves

Un autre pot de départ a lieu peu après celui de la DST, plus intime, plus surprenant aussi.

Il s'agit d'une petite réception organisée par l'ambassade de Russie à Paris. Tout l'état-major de la DST a été convié à trinquer avec l'ambassadeur, le représentant en France du SVR (le successeur du KGB) et ses adjoints. Une sorte de paix des braves. L'occasion, tout simplement, après des années de tension, d'échanger ses adresses personnelles, la Gascogne pour l'un, les bords de la Volga pour les autres. La meilleure façon, à leurs yeux, de tourner la page de la guerre froide. Une guerre dans laquelle la DST ne s'était pas si mal débrouillée, si on la comparait avec d'autres en Europe (« Ils ont de beaux bâtiments, ils sont très nombreux, mais ils ne font pas d'affaires », avait dit un jour un Américain à un directeur de la DST au sujet d'un service ami). Même par rapport aux Anglais, restés longtemps en crise à cause des multiples trahisons de l'après-guerre, le contre-espionnage français s'en tirait honorablement. Quant aux États-Unis, c'est un chef des services secrets indiens qui avait eu la formule exacte : « Nos amis américains ont la technologie et la puissance, souvent aussi la compétence, mais, de temps en temps, ils font une énorme bêtise et alors deviennent dangereux, même pour leurs propres amis. »

Avec 400 000 fiches accumulées depuis 1945, le bilan de la DST était estimable. Avec ses maigres effectifs, ses petits moyens – à peine 1,5 million d'euros par an pour financer ses actions secrètes –, elle avait surtout réussi l'exploit de se tailler une réputation sans faille, celle d'un service dans lequel il était inutile de faire de l'entrisme, tant il était verrouillé[1]. Les professeurs le disaient aux jeunes recrues

---

1. Le budget global annuel de la DST est d'environ 15 millions d'euros.

des services de renseignement cubains, à La Havane, au début des années 80 : « Pas la peine d'insister, vous ne pénétrerez pas la DST. »

Cela méritait bien un coup de chapeau des Russes.

« Continuez à chercher ! » (François Mitterrand)

La DST ? Trois lettres et une montagne de mystères. Trois lettres parmi les plus secrètes de France. Trois lettres qui cachent un des services les moins connus de l'administration française[1]. Yves Bonnet l'a dirigé entre novembre 1982 et juillet 1985. Nommé par François Mitterrand, sur une idée conjointe des préfets Pierre Verbrugghe et Gilles Ménage, et évincé par le même, il a connu la « maison » alors que la guerre froide battait encore son plein. À une époque où la gauche, encore novice côté « culture de gouvernement », se méfiait de ce service, considéré comme une basse police politique. Voici le souvenir que l'ex-directeur en conserve près de vingt ans plus tard :

« La DST avait deux qualités. Elle était rodée pour la contre-ingérence soviétique. Et elle était efficacement cloisonnée, ce qui lui a probablement permis d'éviter les trahisons. C'était quand même un outil vieillissant et un peu sclérosé. Elle était restée longtemps centrée sur la guerre d'Algérie, ce qui lui avait fait perdre le contact avec certaines réalités. Elle était aussi victime d'une gestion de "petit boutiquier". Lorsque j'ai par exemple soutenu qu'il fallait intégrer au service la police des étrangers, jusque-là dévolue aux RG, Marcel Chalet, mon prédécesseur, m'a expliqué que j'allais mettre en péril l'âme de la DST ! Ce service cultivait

---

1. La DST a été créée par arrêté le 6 novembre 1944 et confiée alors à Roger Wybot, qui avait inventé à Londres, en décembre 1941, le Bureau central de renseignements et d'action (BCRA).

par ailleurs des relations très étroites avec les Anglo-Saxons et les Israéliens, alors que les intérêts stratégiques des États-Unis, on le voit aujourd'hui, ne rejoignent pas forcément ceux de la France. J'ai décidé de doubler les liaisons étrangères. J'ai tissé des liens avec l'Allemagne et l'Autriche, quitte à tordre le cou à la culture maison, mais aussi avec les pays arabes, notamment les Algériens et les Syriens, ou encore avec les Palestiniens. »

Les fonctionnaires de la DST étaient-ils à la hauteur de ses ambitions ? « Dans l'ensemble, malgré ces lacunes, j'ai trouvé les responsables du service assez bons et très loyaux, affirme-t-il. Lorsque vous les commandez correctement, ils obéissent. »

Yves Bonnet brusquement écarté (voir chapitre suivant), la gauche s'est trouvé un nouveau directeur en la personne de Rémy Pautrat. Puis la première cohabitation (1986-88) a vu Charles Pasqua et la droite placer à la tête de ce service ultrasensible un affidé, Bernard Gérard. Deux ans plus tard, François Mitterrand a repris la main et nommé le préfet Jacques Fournet, qui dirigeait jusque-là les Renseignements généraux. Sans fard ni faux nez, il raconte comment et pourquoi on lui a offert ce poste :

« J'ai été propulsé directeur de la DST sur la base de la confiance. À l'instar de tous les hommes politiques, François Mitterrand se méfiait de ce service, dont il pensait qu'il pouvait éventuellement monter des "coups" contre lui. "Tenez la maison", telle a été sa consigne. En même temps, François Mitterrand prisait le renseignement, même lorsque celui-ci n'était pas agréable à entendre. Quand je lui transmettais des informations sur le financement des partis politiques, notamment le PS, il m'encourageait en ces termes : "Continuez à chercher !" Rue Nélaton, j'ai entretenu autour de moi un cabinet composé de quelques fonctionnaires de mon choix, pris hors du sérail. Ils étaient là pour suivre les affaires réservées, mettant en cause des personnalités. Je sais que ce cabinet a choqué certains responsables de la DST, mais j'assume. Les autorités, notamment le Premier ministre, Pierre Bérégovoy, et François Mitterrand, me demandaient régulièrement des notes sur des sujets plus politiques que ceux que traitait habituellement la DST. Il fallait que je réponde à leurs sollicitations. »

Police politique ? On se souvient précisément des soupçons de la gauche au temps où elle était dans l'opposition. « Je m'en suis cependant tenu à la stricte déontologie du renseignement », affirme Jacques Fournet. La DST, pour sa part, ne se considère pas comme comptable des enquêtes qu'ont pu mener les quelques fonctionnaires qui entouraient alors le directeur.

La DST a-t-elle quelques ressemblances avec les RG ? « À la différence des Renseignements généraux, la DST n'était pas une maison de clans ni de loges, dit Jacques Fournet. Il y avait à la DST un côté très familial. Le seul engagement politique visible, c'était l'anticommunisme. »

Quelle opinion exprime-t-il au sujet de Raymond Nart ? « Il avait la légitimité de l'ancienneté et de la compétence, répond Jacques Fournet. Il était l'homme fort de ce service, qui travaillait visiblement sans véritable orientation politique. Résultat de ce désintérêt relatif des gouvernants : la DST s'était dotée d'une très forte culture interne, doublée d'un fort besoin d'autonomie. J'ai compris que si le politique voulait avoir prise sur ce domaine, il devait se donner les moyens de suivre de près ce qui se passait au sein du service et établir avec ses cadres un vrai rapport de confiance. Car la méfiance est réciproque : la DST se méfie elle aussi terriblement des "coups" du politique... »

L'ancien directeur l'affirme sans détour : « Les fonctionnaires de la DST font rapidement comprendre à leur nouveau directeur qu'il n'est que de passage dans la maison. Un jour, les sous-directeurs m'ont expliqué qu'ils me transmettaient 80 % de ce qu'ils savaient. Ils ont vu que je n'étais pas dupe. En réalité, quand vous êtes au sommet de la hiérarchie, vous ne prenez connaissance que de la moitié des informations recueillis par les échelons inférieurs ! »

L'obstiné

Raymond Nart, lui, est resté plus de trente-deux ans à la DST, dont vingt aux avant-postes[1]. Que reste-t-il au moment de tourner les talons ? Il peut se targuer d'avoir renoué le fil des relations franco-algériennes. Il a personnellement effectué quatorze voyages en Libye pour tenter de résoudre, avec quelques experts du terrorisme, l'énigme de l'attentat contre le DC 10 d'UTA. Il est allé à Moscou négocier la libération d'otages français. Il a fait expulser des espions américains. Il a, dit-on, négocié en direct avec le terroriste palestinien Abou Nidal. Il a supervisé le financement de dizaines d'opérations, traité directement autant de sources humaines, des Serbes, des Chinois, des Polonais, des Russes... Il a reçu la médaille de la CIA dans un couloir de la DST, en 1987, suscitant la jalousie du directeur alors en poste. Il pourrait avoir raté à Sarajevo le criminel de guerre Radovan Karadžić, président des Serbes de Bosnie, par suite d'une trahison.

Quoi d'autre ? Raymond Nart a vu s'opérer sous ses yeux le passage de témoin entre deux mondes, entre deux générations, quand le terrorisme et les trafics d'armes en tout genre ont remplacé la menace communiste dans les préoccupations de la DST. Sous le feu des attentats antifrançais, il a vu la section « T », comme Terrorisme, devenir division, puis département, puis enfin sous-direction... Pendant des

---

1. Durant dix ans sous-directeur chargé du contre-espionnage, il a ensuite été dix ans directeur adjoint.

années, il a certainement été plus craint que le directeur de la DST en personne...

Sans doute est-ce pour toutes ces raisons que Raymond Nart a gagné dans son propre service, quelques années après son départ, le surnom d'« Oncle Hô ». « Hô » comme Hô Chi Minh, le Vietnamien qui combattit les Japonais, puis les forces françaises, qu'il força à la retraite après la bataille de Diên Biên Phu, avant de s'opposer aux Américains. Un dur à cuire. Un obstiné. Un homme que les ennemis de la France auraient préféré avoir dans leur camp, plutôt qu'en travers de leur chemin. Il n'était évidemment pas tout seul, il avait un service entier derrière lui, mais on ne prête qu'aux riches...

2.

« Farewell », l'agent idéal

« C'est une question de vie ou de mort »

Pour Raymond Nart, dont le bureau anonyme offre peu de prise aux yeux du visiteurs – ni photo de son épouse ou de ses enfants, ni photo de ses chevaux –, l'affaire débute par un appel téléphonique au mois de novembre 1980. En ligne ce jour-là, Jacques Prévost, cadre commercial chez Thomson, fleuron de l'industrie publique française, où il officie comme spécialiste de l'électronique civile et militaire. Un homme dont Nart suit la carrière de près, précisément parce qu'il parcourt depuis le début des années 60 les pays de l'Est pour y vendre des produits hautement sensibles.

« Venez me voir dès que vous le pourrez, j'ai des trucs pour vous », glisse Jacques Prévost de façon assez évasive.

Le cadre commercial, qui a effectué des dizaines de voyages en URSS, explique brièvement avoir reçu quelques jours plus tôt une carte postale en provenance de Hongrie, expédiée par un Soviétique qu'il a fréquenté à Paris une quinzaine d'années plus tôt. Une carte surprenante, car il n'avait pas eu de ses nouvelles depuis au moins sept ans.

Raymond Nart n'attend pas une heure pour se rendre dans les locaux du groupe Thomson, situés non loin du ministère de l'Intérieur, place Saint-Philippe-du-Roule. Là, dans son bureau du premier étage, Jacques Prévost lui remet la carte qu'il a reçue, visiblement postée d'un pays tiers pour déjouer la surveillances du KGB. Le Soviétique lance un appel au secours ; il souhaite revoir son ami le plus rapidement possible.

« J'y ai cru immédiatement », dit aujourd'hui Raymond Nart, qui, en l'absence de Marcel Chalet, son directeur, et de Désiré Parent, directeur adjoint[1], appelle aussitôt son collègue et ami Jacky Debain.

« Nous nous sommes très vite rendu compte qu'il pouvait s'agir d'une affaire de première grandeur », raconte Raymond Nart.

Quelques recherches permettent en effet aux deux hommes de recoller les morceaux épars de la mémoire du contre-espionnage. L'expéditeur de la carte postale n'est autre qu'un agent du KGB que Raymond Nart a lui aussi connu lorsqu'il était en poste à Paris, de 1965 à 1970. Il a même rédigé, à l'époque, une fiche à son sujet. Sur cette fiche, il a écrit ces mots au crayon rouge : « En cas de nouveau renseignement, prière d'aviser d'urgence R 23. » C'est-à-dire lui-même.

« Dès que j'ai eu approché cet homme, j'ai compris qu'il était mûr pour un retournement », se souvient Raymond Nart. Plusieurs années après, le personnage réapparaissait. Cette affaire lui collait à la peau. Elle lui était de toute évidence destinée.

Le Soviétique tombé du ciel s'appelle Vladimir Ippolito-vitch Vétrov, Volodia pour les intimes. Devenu lieutenant-colonel, il est attaché à la direction « T » du puissant KGB, celle qui supervise le renseignement technique et scienti-fique. Spécialiste en électronique, il aurait recruté lors de son séjour en France un ingénieur travaillant sur le projet

---

1. Désiré Parent est décédé sans avoir connu l'épilogue de l'affaire « Farewell ».

de fusée Ariane. C'est du moins ce que disaient les fiches de la DST. Dès les premiers instants, il est clair aux yeux de Raymond Nart que cet homme ne sera pas un agent comme les autres. Premier bon point : il est volontaire pour collaborer avec les services français. Nul besoin de se décarcasser pour le convaincre. Quels sont alors ses mobiles ? « C'est simple, nous représentons pour lui le camp de la liberté », songe d'emblée Raymond Nart, qui imagine naturellement que Vladimir Vétrov désire ardemment s'échapper de son pays. N'a-t-il pas été à deux doigts de fondre en larmes lorsqu'il a annoncé à Jacques Prévost son retour forcé à Moscou, en juillet 1970 ? Il est vrai qu'il allait perdre une grosse partie de son salaire, et qu'il avait pas mal festoyé avec son ami français, aux frais de Thomson. L'entreprise publique avait même pris à sa charge la réparation de la voiture de l'ambassadeur, encastrée par le Soviétique dans un lampadaire, un mois avant son départ, après une nuit trop arrosée.

À l'époque, Raymond Nart avait suivi de loin la carrière du Soviétique. En interrogeant les Américains, il avait appris que Vladimir Vétrov s'était retrouvé au Canada en 1974. Il avait dû quitter rapidement ce pays dans de mauvaises conditions, après une sombre histoire de bijoux gagés, doublée d'une affaire de prêt non remboursé. Plus tard, ironie de l'histoire, la France s'était officiellement opposée à un éventuel retour de Vétrov à Paris, lui que l'on aurait maintenant accueilli à bras ouverts !

Jacques Prévost, de son côté, avait perdu son ami de vue depuis 1973. Plus moyen de le retrouver lors de ses déplacements à Moscou. Jusqu'au jour où il avait reçu ce courrier...

Raymond Nart savait parfaitement que Jacques Prévost, pour faire avancer ses propres affaires, n'avait pas hésité autrefois à transmettre en douce au Soviétique quelques composants électroniques. Mais le contact qu'il lui apportait aujourd'hui était inespéré. Il valait bien l'absolution pour ces menus trafics sans grande importance.

Apparemment très impatient de coopérer, Vladimir Vétrov ne se manifeste d'ailleurs pas seulement auprès de son vieil ami. Au mois de février 1981, le Soviétique profite d'une foire commerciale à Moscou pour approcher un Français d'origine russe, représentant commercial pour la société Schlumberger, qui fabrique des compteurs. Il lui glisse entre les mains un papier sur lequel figure un numéro de téléphone, en prétendant avoir connu son titulaire en France quelques années plus tôt. « Il faut que vous compreniez qu'il s'agit d'une question de vie ou de mort », marmonne-t-il le plus discrètement possible.

Pour prendre un risque aussi considérable, l'homme doit être terriblement motivé. Il aurait, en effet, fort bien pu tomber sur un « camarade » français qui l'aurait éventuellement dénoncé aux autorités locales. Par chance, le représentant en compteurs transmet consciencieusement le précieux papier à la DST, où il arrive peu après la carte de Jacques Prévost.

C'est décidé : la DST prend l'affaire au sérieux.

« Quand pensez-vous retourner là-bas ? demande bientôt Raymond Nart à Jacques Prévost.

– Pas pour l'instant », annonce le vendeur de matériel électronique, qui propose cependant de mettre dans le coup son représentant sur place, un certain Xavier Ameil.

Quelques semaines plus tard, Raymond Nart fait la connaissance de cet ingénieur proche de la retraite, décoré de la Légion d'honneur et considéré comme l'un des inventeurs d'une première génération de machines à crypter équipant les ambassades.

Âgé de 58 ans, portant fièrement ses titres de baron et de polytechnicien, Xavier Ameil accepte sur-le-champ de jouer le jeu dangereux que lui propose le contre-espionnage.

Il prendra contact avec le fonctionnaire du KGB dès que possible, lors de son prochain déplacement.

« Il y a urgence », insiste Raymond Nart, qui conserve à l'esprit les mots de Vladimir Vétrov : « une question de vie ou de mort ».

« *Bonne route* »

De passage à Moscou, Xavier Ameil téléphone à Vladimir Vétrov le 4 mars 1981. Il le retrouve le lendemain devant la Bériozka, un magasin pour étrangers. En guise de mot de passe, il lui remet une carte de visite au nom de Jacques Prévost.

Dès le contact suivant, cette fois devant le musée Borodino, le Soviétique donne à l'excentrique baron les noms de deux Français qu'il a lui-même recrutés autrefois à Paris pour le compte du KGB, dont celui d'un cadre de Thomson. Il lui laisse en prime une première série de documents que le Français rapporte lui-même à Paris.

Raymond Nart débarque aussitôt chez Thomson pour prendre livraison. Le traducteur de la DST s'enferme une journée et produit le soir même ses premiers résultats. C'est mieux que tout ce que les contre-espions auraient pu imaginer : il s'agit des axes de recherche définis par le KGB dans le domaine scientifique et technique.

« À cette date, nous pensions encore que Vétrov voulait se réfugier à l'Ouest, mais nous nous trompions, confie Raymond Nart. Nous lui avons évidemment proposé un passeport, ainsi qu'à son fils et à son épouse. Nous lui avons dit que nous nous tenions prêts pour une éventuelle exfiltration du pays. Mais ce n'est pas ce qu'il cherchait. À la différence des autres transfuges, cet homme ne voulait pas s'expatrier. Il était en fait très attaché à son pays. En même temps, il savait qu'en restant en place il pourrait faire beaucoup plus de dégâts, ce qui était apparemment son objectif. »

Vladimir Vétrov remplit de façon presque parfaite les trois conditions qui font les bons agents. Avec son côté aventurier très prononcé, il est de ceux qui aiment à jouer un rôle important ; il est animé d'un fort désir de vengeance au nom des siens ; il a l'âme d'un héros, éventuellement d'un martyr. Avec un tel profil, n'importe quel service de renseignement l'aurait recruté ! Depuis des années qu'il s'occupait de contre-espionnage, Raymond Nart n'avait jamais rencontré une configuration aussi nette.

Désormais, Vladimir Vétrov ne s'appelle plus Vladimir Vétrov. Il devient « Farewell ». Traduisez : « Bonne route ». Pourquoi un pseudonyme anglais ? C'est un clin d'œil aux alliés anglo-saxons, mais aussi un redoutable subterfuge : en cas de fuite, avec un pseudo semblable, l'adversaire pensera forcément qu'il s'agit d'une taupe recrutée par Washington ou Londres ! Une idée de l'anglophile Marcel Chalet.

Le baron Ameil rencontre le Soviétique trois ou quatre fois sans jamais perdre son sang-froid, ce qui lui vaudra de recevoir bientôt la médaille de la DST. Un jour, « Farewell » lui remet un dossier de 1 500 pages.

« Vous le photocopiez à l'ambassade », dit le Soviétique en voyant la mine gênée du baron.

Ne souhaitant rien laisser à son domicile, le Français embarque en fait les papiers avec lui jusqu'en Asie centrale, où il effectue un voyage d'affaires. Puis il revient à Moscou et fait les copies dans les locaux de Thomson.

Une autre fois, profitant d'un moment de tranquillité dans les locaux du KGB, « Farewell » recopie plus de 400 noms : la liste des officiers de la ligne « X » (les espions scientifiques) présents dans plus de seize pays occidentaux, dont une vingtaine en France.

La fois suivante, il livre un aperçu des renseignements recueillis par les Soviétiques au cœur même de l'État américain. De quoi sidérer les alliés de la France lorsque la DST jugera nécessaire de leur transmettre cette matière explosive... Mais pas tout de suite !

Avec l'ordre et le secret pour culture, Raymond Nart coordonne l'opération depuis Paris sans laisser aucune trace derrière lui. Cette affaire est pour lui et son équipe l'aboutissement d'années de recherches. Un rêve de contre-espion.

Le panier de la ménagère française

« Ce n'est déjà pas facile de traiter un agent lorsqu'on est en contact avec lui, dit Raymond Nart. C'est encore plus dur lorsqu'on dialogue par le biais de tiers que l'on est en plus obligé de former. »

C'est ce que la DST fait avec le commandant Patrick Ferrand, lui apprenant aussi bien le jeu des boîtes aux lettres « mortes » et les règles du traitement d'un agent que le maniement du minuscule appareil photo qu'il transportera jusqu'à Moscou, où il formera à son tour « Farewell ».

Le chemin ouvert par le représentant de Thomson Xavier Ameil, c'est en effet ce militaire français en poste à Moscou depuis deux ans et demi qui prend la relève, le 30 avril 1981, pour quinze mois de contacts assidus.

Marcel Chalet, directeur de la DST, et Raymond Nart ont obtenu qu'il soit mis à la disposition du service en plaidant leur cause auprès du général Jeannou Lacaze, chef d'état-major des armées. Ce dernier, qui a parfaitement compris la situation, a enjoint à l'attaché militaire de ne rendre aucun compte à sa propre hiérarchie : il est désormais au service du contre-espionnage français, en particulier de Raymond Nart, qui a l'avantage de le connaître depuis plusieurs années.

La formation est accélérée. Raymond Nart rencontre Patrick Ferrand loin du service, dans des appartements parisiens prêtés pour l'occasion par des familiers. Secret oblige : l'élève découvre au tout dernier moment le lieu de son prochain rendez-vous. Au passage, il est initié aux délices de la filature en ville, toujours dans la plus grande discrétion. Faudrait-il échapper aux éventuelles surveillances du KGB, assez présent dans la capitale française ? Certes pas. On fait comme si, en professionnels, voilà tout !

Originaire des Pyrénées, né en 1940 et patriote dans l'âme, Patrick Ferrand est un grand bonhomme au style encore très militaire. Cet élément inquiète Marcel Chalet, mais va finalement devenir primordial. Ce sera même l'une des clefs du succès de l'affaire. Les Soviétiques ont en effet repéré ce Français depuis longtemps. Ils le surveillent même d'assez près lors de ses déplacements dans le pays, mais ils n'imagineraient pas qu'un service de renseignement puisse recourir à un homme aussi repérable pour traiter une « taupe ».

La DST demande cependant à Ferrand de modifier légèrement son apparence. On lui suggère notamment de se laisser pousser les cheveux. Ce qu'il fait scrupuleusement, s'attirant une mauvaise appréciation du commandant militaire français en poste à Moscou, qui, ignorant tout de l'affaire, évoque par écrit un certain « laisser-aller ».

« Farewell » accepte sans mal le changement d'interlocuteur. Ce qui lui importe, c'est de parler français comme au temps où il vivait à Paris.

Patrick Ferrand, qui a par ailleurs l'immense avantage de parler le russe, apprend vite son nouveau métier. Un jour, ayant récupéré une pile de documents des mains de « Farewell », il se rend directement à une réception ; sur place, il confie la garde de la voiture (avec des papiers ultra-secrets dans le coffre) à un milicien, ce qui se révélera dix fois plus sûr que le vestiaire régulier...

Pour les rendez-vous avec « Farewell », le scénario est bien rodé. Il requiert souvent la mobilisation de l'épouse du commandant Ferrand. Le couple se rend au marché de la station de métro Vavilova, dans le sud de la ville, où les Ferrand ont pris l'habitude de faire leurs courses. Là, à l'abri de la foule, le plus discrètement possible, madame échange son panier vide contre un panier tapissé de documents confidentiels et de minuscules pellicules enrobées dans du papier d'aluminium. Elle recouvre bientôt le tout de persil, de poisson frais et légumes verts achetés aux commerçants sous les yeux des trafiquants tchétchènes qui tiennent les marchés moscovites. Le stand du boucher est particulièrement propice à la rencontre, parce qu'on y joue des coudes plus qu'ailleurs. Avantage du panier : en cas de contrôle inopiné, l'attaché militaire français à Moscou n'aura rien à se reprocher. Rien dans les mains, rien dans les poches.

« Farewell » met un point d'honneur à refuser tout conseil en matière de sécurité. « Le jour où ils découvriront quelque chose contre moi, je le saurai à temps », dit-il. À croire que le Soviétique n'est pas si isolé qu'il en a l'air.

Les deux hommes se voient deux à six fois par mois. Un jour, « Farewell » franchit un cap sans prévenir : il glisse dans le panier de la ménagère française un échantillon d'obus. Les marchands tchétchènes n'y voient que du feu, heureusement pour eux.

Lorsqu'ils ne se retrouvent pas au marché, Ferrand et « Farewell » ont rendez-vous dans un parc où ils déambulent côte à côte en bavardant. Ou bien ils embarquent, les jours de grand froid, à bord de la Lada du Soviétique, qui conduit tout en écoutant les consignes du Français. Parfois, l'agent prend la direction du périphérique et la conversation quitte le terrain de l'espionnage pour glisser vers l'intime. Derrière la buée qui s'accumule en hiver sur les vitres de la voiture, le Russe raconte ses démêlés conjugaux, ses tergiversations entre une épouse qui le trompe et qu'il délaisse, et une maîtresse qu'il a dans la peau. Il dit ses moments d'intense dépression, cherche conseils, secours, appui. Et

l'officier de renseignement de se faire par obligation sexo-
thérapeute, fonction à laquelle la DST (ni personne) ne l'a
pas vraiment préparé.

« Envoyez-moi des bouteilles de whisky et vous aurez
des résultats », dit un jour « Farewell », qui se met à organiser des pots avec les bouteilles que lui fournit le Français.
Il annonce même son intention de disposer des micros dans
le bureau et de faire parler ses collègues ainsi imbibés à
l'œil, à commencer par le chef du contre-espionnage chargé
de la France, grand amateur de cognac.

À chaque rencontre, « Farewell » récupère quelques
bouteilles. Il fait aussi son compte rendu oral, que Ferrand
retranscrit. Ces synthèses et les documents transitent vers
la France par le canal de la valise diplomatique militaire.
Une fois dans la capitale française, ils sont déposés sur le
bureau du chef de cabinet du chef d'état-major des armées
françaises, qui alerte aussitôt Raymond Nart. La DST
récupère bientôt la liste de tous les laboratoires ciblés par
le KGB sur le territoire français. Un nouveau trésor.

« Farewell » est un agent idéal. Pas difficile, il se montre
de plus en plus coopératif, se débrouillant même pour récupérer des documents en français. Il devance toutes les
commandes avec un volontarisme rare. Pourquoi ne s'est-il
pas adressé directement aux Américains ? La question hante
Raymond Nart, qui finit par trancher : « C'était chez lui un
choix délibéré, lié à son attachement pour la France, qu'il
connaissait bien pour y avoir vécu. Il voulait faire exploser le
système communiste, mais proprement. Choisir l'Amérique,
c'était choisir l'ennemi. Choisir la France, ce n'était pas à
ses yeux une trahison, il avait connu l'époque où le gaullisme était flamboyant. » Vétrov a certainement aussi opté
pour la France parce qu'il était bien placé pour savoir que
la DST n'était pas « infestée » de traîtres, à la différence de
plusieurs grands services occidentaux. Au moins ne risquait-
il pas, comme il l'expliquait, d'être balancé par une taupe.

L'appareil photo miniature

« L'un de nos avantages, c'est que les Soviétiques ne nous prenaient pas au sérieux, dit Raymond Nart, parce que nous étions un petit service. » À l'en croire, jamais le KGB n'aurait soupçonné que les Français seraient capables d'une opération aussi sophistiquée.

Les Américains apportent d'ailleurs leur contribution technique à l'opération. Ce sont eux qui ont fourni le minuscule appareil photo, grand comme le pouce, avec un lot de pellicules de soixante vues chacune. Pas besoin de lumière artificielle pour fixer l'image, la lumière du jour suffit. Pour le réglage de la distance, les techniciens de la CIA ont confectionné un système à la fois très simple et peu encombrant, composé d'une aiguille et d'un fil. « Farewell » peut aisément donner le change et escamoter le tout en fermant le poing en cas d'apparition impromptue d'un visiteur : la DST l'a testé.

Les Américains espéraient évidemment un retour. Ils ont même un instant imaginé s'approprier l'intégralité des clichés.

« N'essayez pas de développer les films, vous ne saurez pas, ont-ils dit en confiant l'appareil à la DST. Faites-les-nous parvenir, nous nous en occuperons. »

Eux non plus ne prenaient visiblement pas les Français pour des professionnels.

Comme convenu, les tout premiers films arrivés à Paris par la valise diplomatique sont d'ailleurs partis pour les États-Unis. Puis les « photographes » de la DST ont tenté de voir ce qu'ils pouvaient en tirer. Le résultat a convaincu leurs chefs de se passer de la CIA pour la suite.

Les Américains ont aussi tenté de mettre leur nez dans le déroulement opérationnel de l'affaire avant de renoncer, non sans quelques encouragements. « Ça fonctionne, alors ne changez rien », a notamment déclaré à la DST un opéra-tionnel de la CIA. Confier une source de cette importance à un officier de la mission militaire française n'était pas fran-chement orthodoxe, mais le courant passait bien entre eux.

À distance, Raymond Nart se familiarise avec son agent. Physiquement très loin, mentalement dans son intimité, il se fait après chaque nouvelle livraison une idée plus précise de sa personnalité. Il découvre l'existence de sa maîtresse, Ludmilla, elle-même officier du KGB, et tous les détails d'une vie privée qui prend forme sous ses yeux. En même temps, en lisant les comptes rendus de Ferrand, il comprend qu'une véritable faille s'est ouverte sous les pieds des diri-geants communistes au pouvoir à Moscou. Un jour, « Farewell » ouvre ainsi son portefeuille sous le nez de Ferrand en protestant contre son trop maigre salaire. Un signe : dans l'ombre, avec une dizaine d'années d'avance, la perestroïka couve. Raymond Nart, consciencieux, prend note.

Cette histoire de salaire est-elle aussi un appel du pied ? Faut-il décider de rémunérer « Farewell » ? La DST y songe, avant de décider que des versements d'argent le rendraient trop vite repérable. D'ailleurs, le Russe n'a jamais réclamé d'argent. Le seul caprice auquel il soumet la DST est rapi-dement satisfait : il veut un manteau *made in Paris* pour sa maîtresse, en Crylor s'il vous plaît, probablement parce que les fourrures véritables sont à Moscou d'une grande banalité, mais aussi parce qu'elles sont d'une grande lourdeur, en raison de la coupe des peaux.

« *"Farewell" a mis sa peau sur la table* »

Patrick Ferrand passe entre les mailles.

« Nous étions suivis de temps en temps par le KGB, mais j'évitais de changer mes habitudes : la routine comme règle de vie, raconte-t-il aujourd'hui. En sortant du Bâtiment de France dont j'étais responsable, je prenais soin de discuter avec les gardes. Je leur demandais si je pouvais, selon eux, trouver tel objet à tel endroit, par exemple une lampe, et je revenais avec l'objet en question. Je leur offrais aussi, à l'occasion, une bouteille d'alcool. Un jour, j'ai convoqué leur supérieur, un colonel, pour protester. Je lui ai expliqué que le gardien russe posté à l'entrée avait noté l'heure de ma sortie, mais qu'il n'y avait personne pour enregistrer mon retour. "Avec une telle négligence, ai-je expliqué, vous êtes capables de dire que j'ai disparu !" Il m'a gentiment dit qu'il avait des problèmes d'effectifs et m'a promis que ce genre d'incident ne se reproduirait plus. Comme il aurait fait dans la Russie de Gogol, il a ajouté en me serrant la main : "Voilà au moins quelqu'un avec qui l'on peut discuter !" Le régime policier en vigueur à l'époque à Moscou n'était pas celui que l'on imaginait depuis la France. Le système reposait certes sur la peur, mais, en vérité, tout se négociait. Quand j'allais en province, je me tournais volontiers vers ceux qui étaient censés me filer pour leur demander un renseignement. Cela les déstabilisait complètement. Le conseil que l'on m'avait donné, c'était de vanter systématiquement les mérites du pays. Même les membres du KGB se mettaient alors en quatre pour me prouver que je me trompais ! "Farewell" me répétait sans cesse que personne n'y croyait plus. Il disait qu'il avait été communiste par obligation. Que, pour vivre dans ce pays, il fallait prendre sa carte du Parti, au risque de la schizophrénie. Ce qu'il appréciait, avec moi, c'est qu'il pouvait parler à cœur ouvert, sans se dire que j'allais rapporter ses propos. C'était un homme simple, un terrien, habité par un amour quasi charnel de sa patrie. Son rêve, c'était d'avoir un jour un terrain avec une datcha, une simple maison de bois avec un petit étang, pour se poser dans la campagne moscovite. Seulement, il avait vécu à l'étranger, il avait vu, il avait senti, et il ne pouvait y retourner. Je crois qu'il tentait, en nous parlant, de contenir son ressentiment. Mais, plus que cela, il a véritablement mis sa peau sur la table. Il est devenu le grain de sable par lequel la machine allait dérailler... »

Comble de l'ironie, il arrive souvent au Soviétique d'emballer les documents confidentiels dans les pages de la *Pravda* (« La vérité »).

Gardien en France des secrets du KGB...

Un jour, alors que l'affaire « Farewell » suit clandestinement son cours, le chef du « contre-espionnage » du SDECE, comme on appelle encore pour quelques jours les services secrets français, rend visite à son homologue de la DST.

« Il est impossible de travailler à Moscou », lance-t-il (péremptoire) à Raymond Nart au beau milieu de la discussion, lui expliquant, vrai ou faux, que son service est absent de cette ville depuis les années 70.

Le commissaire de la DST reste muet, mais n'en pense pas moins.

La DST, songe-t-il, a plusieurs avantages sur son rival militaire. D'abord, à la différence du SDECE, elle ne s'« appuie » pas que sur des hommes purs comme du cristal et nécessairement sans histoires. Ces agents-là n'ont pas grand-chose à dire. À la DST, sur ce plan, il n'y a pas de règle. Quand quelqu'un vient frapper à la porte, on est plus pragmatique. On le prend comme il est. On verra par la suite s'il s'agit par exemple d'un provocateur.

Le policier écoute sans ciller la complainte du militaire : à quelques mètres de là, son coffre-fort regorge de documents fraîchement arrivés de Moscou par la valise diplomatique. Qu'allait faire la DST de cette montagne de secrets ? Un jour, l'espion doit bien accepter de divulguer ce qu'il sait, faute de quoi son travail n'aura servi à rien. Un jour, Raymond Nart devra partager ces renseignements avec d'autres, et même avec les autorités politiques, sous peine de voir la DST se transformer en « gardienne en France des secrets du KGB », selon le mot de Jacky Debain, l'adjoint et ami. Car l'agent « Farewell » est précis, sérieux, redoutablement efficace. Lorsqu'une information n'est pas fiable à 100 %, il le dit. Il fournit le contexte, la grille de lecture, comme ce jour où il a déclaré à Ferrand, après lui avoir transmis un renseignement hautement sensible : « Je ne peux vous garantir cette histoire : le général qui me l'a confiée avait bu une bouteille de gin... »

La taupe sauve la DST

Mai 1981 et la victoire de François Mitterrand à l'élection présidentielle arrivent au beau milieu de l'affaire « Farewell » comme un cheveu dans un verre de vodka glacée. La DST déroule la plus belle affaire de contre-espionnage qu'elle ait jamais connue, et voilà qu'un gouvernement socialo-communiste s'installe à Paris !

Déjà rassuré sur son sort par la visite fort courtoise que lui a rendue un soir le nouveau ministre de l'Intérieur, Gaston Defferre, Marcel Chalet décide de se rendre Place Beauvau pour le mettre dans la confidence. Et sauver au passage un service dont il imaginait qu'il serait malmené par la gauche, voire carrément dissous.

Raymond Nart accompagne Marcel Chalet.

Ayant brièvement raconté comment la DST traitait depuis plusieurs mois un agent à Moscou, lequel fournissait des renseignements d'une qualité inégalée, provenant du cœur même du KGB, Marcel Chalet émet une proposition :

« Nous devrions peut-être, monsieur le ministre, prévenir le ministre de la Défense... »

– Surtout pas ! Tout Paris sera au courant une demi-heure plus tard ! Et puis, c'est un agent soviétique ! »

D'où Gaston Defferre tient-il cette information ? Est-elle fondée ? La rumeur circule-t-elle dans les rangs socialistes ? Interloqués, Marcel Chalet et Raymond Nart restent cois et appliquent strictement la consigne ministérielle : Charles Hernu n'est pas tenu informé de l'existence de ce dossier ultraconfidentiel. Et ce malgré la présence au cœur du dispositif mis en place à Moscou par la DST d'un homme relevant de la hiérarchie militaire.

En aparté, Gaston Defferre glisse à Marcel Chalet : « Écoutez, je connais un avocat new-yorkais qui a beaucoup de relations. on va le voir ensemble et on négocie avec lui une baisse des taux d'intérêts américains. Puis on se paye une bonne bouffe et on revient en Concorde ! »

Marcel Chalet sourit, mais reste silencieux.

Une réunion au sommet se tient le 14 juillet 1981, cette fois à l'Élysée juste après la traditionnelle *garden party* : Gaston Defferre, son directeur de cabinet, Maurice Grimaud et Marcel Chalet sont reçus par le secrétaire général, Pierre Bérégovoy. La rencontre commence de façon détendue, presque trop pour les oreilles d'un Marcel Chalet habitué à un langage plus châtié. Extrait :

Pierre Bérégovoy à Gaston Defferre : « Ça va, les melons, à Marseille ? Pas trop dur ? »

Gaston Defferre, rigolard : « Non, tout va bien ! »

Pierre Bérégovoy, en montrant les lambris élyséens : « Maintenant, tu vois, j'ai compris pourquoi la droite s'est cassé la gueule : elle s'est assoupie sous les ors de la République. »

Surpris et outré par ce langage, style café de la Marine, Marcel Chalet s'en tient strictement aux faits dans le compte rendu qu'il dresse à l'intention du sommet de l'État. « François Mitterrand nous a écoutés avec une attention scrupuleuse, impressionné par la nature des ravages », se souvient Marcel Chalet. Le président mesure-t-il la chance qu'il a d'être mis dans la confidence ? La DST n'a rien dit à Valéry Giscard d'Estaing, l'affaire étant alors trop brûlante, et l'avenir du président de la République, trop incertain. C'est notamment pour parler de l'allié américain, dont il espère de l'aide en moyens techniques susceptibles de péréniser l'affaire, que Chalet a provoqué cette réunion. Chalet tient en effet à rendre personnellement visite au vice-président des États-Unis, George Bush, qu'il a connu lorsqu'il dirigeait la CIA, de 1977 à 1978. À en croire « Farewell », pour lui annoncer un scoop sans précédent, les soviétiques ont percé le système de protection radar du territoire américain.

Voilà quelques mois que Raymond Nart traite ce dossier, seulement épaulé par son fidèle adjoint, Jacky Debain, et par un traducteur-interprète. Presque à plein temps, ils décryptent les abondants documents transmis par la taupe du siècle, multipliant les précautions pour échapper aux fuites et aux infiltrations ennemies. Seul le traducteur voit passer les papiers : on les lui transmet le matin et il les rend le soir, traduits, sans avoir eu le droit de mettre le nez dehors. Le général Saulnier lui-même, chef d'état-major particulier du président de la République, n'a eu en main aucune note écrite : procédure tout à fait exceptionnelle, il s'est personnellement déplacé une journée entière jusqu'au bureau de Raymond Nart pour prendre connaissance du dossier. Ce jour-là, il a compris que dans le monde de l'espionnage il y aurait un avant – et un après – « Farewell ».

Le 3 août 1981, ayant obtenu l'aval des autorités politiques françaises, Marcel Chalet rencontre George Bush à Washington et lui remet une première synthèse sur l'affaire « Farewell » ; les deux hommes, qui se sont déjà rencontrés à Paris deux mois plus tôt, parlent longuement dans les allées du parc de la résidence du vice-président. Puis Bush fait venir par hélicoptère les hommes les mieux informés des

États-Unis : William Casey, patron de la CIA, Phil Webster et Jim Nolan, du FBI, et l'amiral Hinneman, de la DIA[1]. Une rencontre au cours de laquelle sont définies les grandes lignes de la stratégie à venir et qui laisse à Marcel Chalet un souvenir très fort : « Nous avions face à nous les plus hauts responsables du renseignement américain. Ils étaient effondrés, blancs comme la nappe ! » Au passage, le directeur de la DST remet une synthèse écrite à François Mitterrand destinée à son homologue américain.

Quelques semaines plus tard se tient à Williamsburg, en Virginie, haut-lieu de la lutte pour l'indépendance du peuple américain depuis la bataille de 1784, le premier sommet entre les dirigeants français et leurs homologues américains. Ronald Reagan, Alexander Haig, George Bush et les patrons du renseignement américain reçoivent François Mitterrand et son ministre des Affaires étrangères, Claude Cheysson. C'est l'occasion de dissiper quelques malentendus, surtout de montrer aux Américains que la gauche française n'a pas le couteau entre les dents. Et de revenir sur un dossier qui va profondément influer sur la suite de la guerre froide.

Le successeur de Marcel Chalet à la tête de la DST, Yves Bonnet, n'aura de cesse, par la suite, d'éviter que les Américains n'accaparent les retombées de l'affaire, avec une nette tendance à laisser croire à leurs interlocuteurs que tout vient d'eux...

Mais nous n'en sommes pas encore là.

---

1. William Casey, ami de Ronald Reagan et ancien de l'OSS (ancêtre de la CIA) ; Phil Webster, magistrat, directeur du FBI devenu directeur de la CIA ; Jim Nolan, alors chef du contre-espionnage au FBI, devenu ambassadeur. Defense Intelligence Agency : services secrets du Pentagone, sous le contrôle du ministère de la Défense américain.

« *L'URSS a-t-elle les moyens de contrer cette menace ?* »

« Farewell » est un témoin précieux. Ses anecdotes sont autant de photographies exactes de la situation de son pays. Comme ce récit qu'il fait d'une réunion qui se serait tenue à Kaliningrad en présence de Leonid Brejnev, secrétaire général du PCUS, au lendemain du lancement réussi de la première navette américaine.

« Cette navette présente-t-elle un risque pour l'Union soviétique ? » demande un haut dignitaire.

Devant le silence général, il tance les scientifiques présents dans la salle :

« Nous vous demandons pour une fois de dire la vérité ! »

D'une seule voix, les conseillers répondent alors par l'affirmative.

« L'URSS a-t-elle les moyens de contrer cette menace ? interroge Leonid Brejnev.

– Oui, à condition de stopper tous les autres programmes de recherche », ose un scientifique.

Un politique s'interpose dans ce dialogue surréaliste pour une oreille occidentale : « En attendant, il faut freiner les Américains dans cet élan. Il faut déclencher une offensive de paix ! »

Une allusion aux fameuses campagnes que lançait régulièrement l'Union soviétique pour attendrir l'opinion publique occidentale.

Loin de Moscou, du parc Gorki et du siège du KGB, Raymond Nart décrypte et recolle les morceaux. Une telle séquence vaut cent pages d'analyses fumeuses.

À la fin des années 70, les Soviétiques s'étaient persuadés de détenir, avec les fameux missiles SS 20, l'arme fatale qui devait mettre le camp adverse échec et mat. La technologie qui leur avait permis de mettre au point ces armes de moyenne portée provenait évidemment de l'espionnage, mais les Américains n'avaient pas tardé à riposter avec les Pershing et autres missiles de croisière, auxquels Français et Allemands avaient donné leur aval. Ce rééquilibrage avait remis la dissuasion classique au goût du jour. Depuis lors, les dirigeants soviétiques avaient perdu de leur assurance. Ils cherchaient d'autres moyens de pression, en attendant le jour hypothétique où ils reprendraient le dessus dans la course folle aux armements.

Raymond Nart et Jacky Debain, grâce à « Farewell », sont aux premières loges de cette escalade, de cette guerre froide planétaire.

Seul son esprit franchit le mur

Qui est le maître ? Qui est l'esclave ? Est-ce l'agent ? Est-ce son traitant ? Et si cette opération était montée de bout en bout par l'adversaire ? Et s'il s'agissait d'une formidable manœuvre d'intoxication ?

Ces questions, Raymond Nart et Marcel Chalet se les posent forcément. Ne pas le faire reviendrait à déroger à l'une des plus évidentes règles de base de leur métier : ne jamais rien prendre pour argent comptant.

Plus de vingt ans après, Raymond Nart balaie à nouveau l'hypothèse de la manipulation : « C'est un schéma impossible. Il leur aurait fallu créer de toutes pièces un système parallèle au KBG. Un leurre concurrent et plus coûteux que le KGB lui-même. Et puis je ne vois pas le KGB accepter de sacrifier 250 à 300 officiers en les désignant à l'ennemi : cela ne correspondait pas à la déontologie du moment. Cette lecture de l'histoire ne cadre pas, elle n'est pas conforme à la culture d'un organisme qui restait la clef de voûte de l'URSS. L'objectif de "Farewell" était très clair : il entendait peser de tout son poids pour faire exploser un système qui avait trouvé ses limites et qu'il déplorait – cette "vieille putain fatiguée", comme il disait. Cela n'avait rien à voir avec une trahison vulgaire, mais s'apparentait davantage à la conversion intellectuelle de saint Paul sur le chemin de Damas. C'était en apparence une démarche individuelle, qu'il entamait dix ans avant la chute du mur, celle d'un personnage assez exalté, avec l'alcool pour exutoire. Chaque fois que l'on proposait de lui imposer de nouvelles mesures de sécurité, il les repoussait avec insouciance : "Ce n'est pas grave, disait-il. Un verre de vodka, et les soucis trépassent !" Nous savions très bien que le moindre faux pas pouvait le mettre en danger de mort. Mais il semblait ne pas s'en préoccuper. »

À la différence des transfuges ordinaires, « Farewell » reste en effet à portée de main de ceux qu'il trahit : seul son esprit a franchi le mur. Un jour, « Farewell » s'était fait envoyer sur les roses parce qu'il proposait à ses supérieurs d'améliorer les méthodes du KGB. « Laisse tomber, c'est pour les grandes personnes ! » avait répliqué son chef avec un mépris et une condescendance qui avaient évidemment contribué à sa défection. Une « révolte » contre l'autorité avant l'heure, qui rappelle à Raymond Nart une anecdote puisée dans un vieux document. L'histoire se passe en 1782 dans un petit village gascon situé sur un piton rocheux. Alors que le cimetière est plein à craquer, le curé proclame que l'on doit en ouvrir un nouveau. Un homme, dans le village, dit son désaccord et suscite une grande pagaille, fomentant même des attentats : les prémices d'une immense révolte contre l'Église et ces seigneurs qui prétendent alors tout gouverner.

« Le village de "Farewell", c'est un système au bord de l'implosion », conclut Raymond Nart.

« Farewell » explique cependant à Patrick Ferrand qu'il n'est pas complètement isolé. Un groupe d'officiers partage son cheminement et le soutient dans l'ombre. À quelle fin ? « Nous avons fini par considérer qu'à travers la démarche d'un "Farewell" le KGB était en train d'organiser sa survie. Plus tard, Iouri Andropov est arrivé pour assurer la pérennité de cette secte – ou de cette mafia, comme vous voudrez. En prônant une certaine souplesse, ce dirigeant a permis à cette élite de ne pas sombrer. »

« Farewell » et ses amis ont un autre mobile, aussi crédible que le premier pour qui connaît l'ambiance qui régnait en Union soviétique. C'est Patrick Ferrand qui le pointe du doigt :

« La menace de guerre était très présente dans les esprits. La défense civile préparait sans cesse la population russe au pire. Les gens étaient obnubilés par l'idée de profiter à fond de la vie avant cette guerre qui allait forcément venir. Avec ce qu'ils transmettaient à l'Occident, "Farewell" et ses alliés intérieurs pensaient sincèrement faire reculer l'échéance, voire carrément l'éviter. »

Ils étaient bien placés pour savoir qu'une catastrophe était possible : à l'époque, on racontait qu'un régiment de cavalerie était entré en Chine sans crier gare, en pleine nuit, au terme d'une gigantesque beuverie. Au petit matin, les soldats s'étaient réveillés en se demandant comment ils avaient atterri là ! Par chance, Pékin n'avait pas jugé utile de riposter avec les grands moyens.

« Il s'appelle Vladimir Vétrov »

Les rendez-vous entre Ferrand et « Farewell » se poursuivent. Le Français n'a nullement besoin de presser de questions son agent : le Soviétique sait ce qu'il a à dire.

« Farewell » intervient sur tous les registres. Un jour il explique que les Soviétiques ont tenté de mettre au point un système imparable de détection des sous-marins nucléaires.

L'idée, partie d'une recherche sur les isotopes, était de recourir à l'effet Doppler pour détecter dans leur sillage, à la surface de la mer, les résidus de la combustion nucléaire. Les recherches avaient finalement échoué.

Lors d'un autre rendez-vous, il révèle que les télex de l'ambassade de France à Moscou sont écoutés depuis sept ans ; une découverte qui pèsera lourd sur les futures relations franco-soviétiques.

Les documents que « Farewell » fournit ne sont pas toujours intelligibles. Parfois à cause d'une mauvaise traduction, le plus souvent parce qu'ils fourmillent d'informations techniques très pointues. À Paris, deux spécialistes issus des rangs militaires sont mobilisés pour le décryptage de ces données.

« Ils effectuent un travail de bénédictins », témoigne Raymond Nart.

Grâce à leurs comptes rendus, la DST sait avec précision ce que recherchent les Soviétiques dans le domaine militaire. En creux, elle est en mesure de fournir un état de plus en plus précis de l'arsenal de l'Armée rouge, dont l'essentiel sera bientôt transmis aux Américains. En attendant – comble du contre-espionnage –, quelques opérations d'intoxication sont mises sur pied. Un jeu d'enfant qui consiste à organiser la fuite de fausses informations scientifiques en direction des Soviétiques dans l'espoir d'embrouiller leurs ingénieurs militaires.

Mais, comme le répétait tous les matins Raymond Nart à Désiré Parent, son directeur adjoint, « dans ce métier, toutes les affaires finissent mal, même les plus belles ». De fait, c'est un véritable drame qui se dessine à Moscou.

Pour cause de Noël russe, Patrick Ferrand est en famille à Paris. Il doit revenir en URSS à la mi-février et a calé son prochain rendez-vous avec « Farewell » pour le 23, après une coupure inhabituelle de deux mois. Mais, ce jour-là, « Farewell » n'est pas au rendez-vous. Il ne se présente pas non plus au rendez-vous de rattrapage convenu à l'avance, ce qui surprend énormément le Français : l'agent en or n'a jusque-là jamais raté une seule rencontre.

Au siège de la DST, Raymond Nart imagine le pire : une arrestation.

Après quelques mois d'attente, Patrick Ferrand est invité à partir à la recherche d'improbables nouvelles. S'il renonce à se rendre auprès de l'épouse de « Farewell », il le guette discrètement à la sortie de son domicile, et même au bas de son bureau. Ses collègues sont tous là, mais pas « Farewell ».

A-t-il été démasqué ? A-t-il craqué ? Ferrand ne peut s'empêcher de repenser à leur curieuse rencontre, avant les vacances du Noël russe. Le militaire avait hésité à se rendre au rendez-vous, provoqué d'une manière qui dérogeait à l'orthodoxie habituelle, dans l'urgence. Debout au milieu d'une grande place de Moscou, le Soviétique l'avait regardé d'un air affolé en répétant : « C'est foutu, c'est foutu, c'est foutu !... » Il n'avait pas fourni davantage d'explications.

Les vacances de Pâques arrivent sans que « Farewell » ait donné signe de vie. Patrick Ferrand, son épouse et leurs cinq enfants sont de nouveau en France. Faut-il décider d'un repli précipité et les empêcher de repartir ? Décision est finalement prise à la DST de laisser le militaire regagner son poste pour ne pas éveiller les soupçons.

Peu après, au mois de mai, un représentant de la CIA vient frapper à la porte de la DST, à Paris. Monsieur Wolf, comme il prétend s'appeler, demande à voir le directeur en tête à tête. Avantage non négligeable, il s'exprime en français, langue qu'il a apprise alors qu'il était en poste en Suisse.

Au bout de quelques minutes d'entretien, Marcel Chalet invite Raymond Nart à les rejoindre. En grand professionnel, le directeur n'a en effet pas souhaité connaître la véritable identité de « Farewell » ; il ne peut donc répondre à la question de l'Américain.

« Pouvez-vous révéler à notre ami le nom et le prénom de notre agent, ordonne Marcel Chalet à son subordonné.

– Il s'appelle Vladimir Vétrov.

– Selon nos sources, cet homme est aujourd'hui en prison », annonce l'Américain, révélant une information parvenue quelques jours plus tôt aux oreilles de la CIA par le biais d'un transfuge.

« Il est arrivé un malheur »

Le rapatriement de Patrick Ferrand et de sa famille devient un objectif prioritaire. Mais, pour ne prendre aucun risque, ils attendront la fin du mois de juin et les vacances scolaires : le retour paraîtra alors tout à fait normal. En attendant, Ferrand reçoit pour consigne de sortir le moins possible de la mission militaire française.

Entre-temps, les informations se précisent. Vladimir Vétrov est effectivement en prison, mais il a été arrêté pour meurtre, non pour espionnage.

Fin juin, alors que la DST redoute une catastrophe, la famille Ferrand quitte l'Union soviétique sans encombre. Vétrov a apparemment tenu sa langue, et le KGB ne connaît pas encore l'existence du militaire français, ni même le double jeu de son officier. Professionnel jusqu'au bout, il a donc laissé à la DST le temps d'organiser son repli.

Patrick Ferrand et les siens à l'abri, Raymond Nart décide de se rapprocher de Jacques Prévost et de lui demander de l'aider à éclaircir le mystère « Farewell ». Comme il n'est pas question de prendre le moindre risque, on attend le voyage que le cadre de Thomson doit effectuer à l'automne à Moscou. Et ce n'est que le 29 octobre 1982 que Prévost téléphone au domicile du Soviétique pour demander des nouvelles de son ami. L'épouse de Vétrov décroche. « Il est arrivé un malheur, je vous en dirai plus long quand nous nous verrons », dit-elle avant de raccrocher précipitamment, certaine d'être écoutée.

Madame Vétrov, apprend Prévost, collabore plus ou moins avec le KGB, mais ne semble avoir apporté que peu d'éléments aux enquêteurs : ils connaissent depuis longtemps le nom de la maîtresse de son mari. Précisément depuis le jour de l'« accident » survenu le 22 février 1982, la veille même du jour où Patrick Ferrand était censé retrouver « Farewell ».

C'est en effet avec Ludmilla qu'il se trouvait ce jour-là. Les deux amants étaient en pleine discussion à l'intérieur de la petite Lada de Vladimir Vétrov, garée sur un parking de la grande banlieue de Moscou. Ludmilla, une fois de plus, aurait réclamé un geste fort et définitif à son amant : qu'il divorce d'avec son épouse pour l'épouser, elle. Le champagne aidant, la discussion se serait envenimée. Sans doute l'a-t-il alors frappée, et elle s'est précipitée hors du véhicule. Il s'est lancé à sa poursuite, un tesson de bouteille à la main. C'est là qu'un milicien à la retraite a tenté de s'interposer. Pris d'une rage incontrôlable, Vladimir a alors sorti de sa poche un couteau finlandais, l'arme des chasseurs, et l'a poignardé à mort avant de blesser grièvement Ludmilla.

Par désespoir ou fatalisme, Vladimir Vétrov est revenu le lendemain sur les lieux de son crime, où il a été arrêté. Condamné à douze ans de prison pour meurtre, il a d'abord gardé le silence sur sa « trahison », avant de se précipiter plus ou moins volontairement dans la gueule du loup en adressant à son épouse un courrier sibyllin où il écrivait noir sur blanc qu'il n'avait pas *parlé*. À partir de là, le KGB ne l'a plus lâché. Et Vladimir Vétrov a commencé à avouer.

Son épouse n'en savait pas davantage. Elle vivait désormais dans la peur. À bout de ressources, elle tentait actuellement une opération de la dernière chance, une opération de charme en direction du procureur de Moscou. Elle ne désespérait pas non plus de nouer une relation intime avec un général du KGB...

Le grand piratage

Toutes les grandes affaires finissent mal, et celle-ci ne déroge pas à la règle. Mais la DST n'a a priori aucune erreur majeure à se reprocher. Personne, en effet, n'aurait pu empêcher l'agent « Farewell » de perdre la tête et de poignarder sa maîtresse et un malheureux milicien (qui ne survivra pas). C'est typiquement le genre d'événement imprévisible, même au pays de la planification étatique. Le facteur humain, toujours !

Pour le reste, le bilan est plutôt exemplaire : 3 000 pages soutirées aux archives secrètes du KGB ; les noms de 422 membres de la section « Renseignements technologiques » opérant à l'étranger, dont 222 sous couverture diplomatique ; une liste de 170 officiers en poste au sein d'autres directions du KGB ; enfin, les noms de 57 collaborateurs étrangers recrutés dans les pays occidentaux par le KGB et le GRU, son homologue militaire. Sans oublier un tableau inédit des différents services orientés vers la recherche du renseignement, depuis le Comité d'État pour les sciences et les techniques (GKNT) jusqu'au Comité d'État chargé des relations économiques extérieures (GKES). Cette gigantesque station de « pompage » a permis de faire remonter vers Moscou pas moins de 150 000 renseignements opérationnels, entre 1975 et 1980, dans les domaines du nucléaire, de l'informatique, de l'électronique, de l'armement, des communications et de l'aéronautique. De quoi compenser largement les sommes investies par l'État dans ses services de renseignement !

« Les pays occidentaux subventionnent le renforcement

militaire soviétique », a reconnu le secrétaire américain à la Défense Caspar Weinberger en découvrant l'ampleur des dégâts.

« En France, les Soviétiques ciblaient l'aérospatiale, le nucléaire civil et militaire, tous les laboratoires, raconte Raymond Nart. La recherche était pour eux trop coûteuse. Et puis les scientifiques russes étaient tournés vers la recherche fondamentale plus que vers le développement technique. Ils disposaient de quelques laboratoires efficaces, notamment dans le spatial, mais tout le reste venait des réseaux d'espionnage. Nous nous en doutions. Avec les documents transmis par "Farewell", c'est devenu une évidence... L'espionnage scientifique marchait très fort, bien mieux que l'espionnage politique. Son principal atout, c'était l'effet de masse : ils disposaient de beaucoup de monde, alors que nous étions à peine capables de placer un espion valable à Moscou ! »

Défense antimissiles, logiciels de simulation, plans des avions furtifs, moteurs à hélices pour missiles de croisière, ogives nucléaires, isolation thermique : le pillage avait concerné tous les domaines. Mais les confidences de « Farewell » ne s'arrêtaient pas là. Elles avaient promis à des Américains sidérés de découvrir que les Russes n'ignoraient rien des codes électroniques permettant d'actionner les missiles antimissiles basés sur le sol américain...

Par la faute de « Farewell », qui avait ainsi atteint son objectif, l'Union soviétique allait perdre pour un bon moment ses « yeux » dans les laboratoires occidentaux. Mais il n'était pas question d'exploiter au grand jour les informations récupérées avant de savoir exactement ce que Vétrov avait vraiment dit à ses interrogateurs de la section spéciale du KGB.

Mauvaises nouvelles de Moscou

De longs mois passent avant que la DST ne voie à nouveau débarquer à Paris deux représentants de la CIA. Raymond Nart connaît déjà M. Wolf, un « spécialiste remarquable », dit-il.

En entrant dans le bureau de son hôte, Wolf marque un temps d'arrêt. Les yeux rivés sur une photo accrochée au mur, représentant le siège du KGB, visiblement photographié depuis la vitre d'une voiture, il s'exclame :

« Cette photo, c'est moi qui l'ai prise !

– Elle m'a été offerte par George Kalaris », précise Raymond Nart.

De quoi donner à la conversation un tour amical : Kalaris n'est autre, en effet, qu'un ancien patron de la section « contre-espionnage » de la CIA.

Mais Wolf est venu parler de choses sérieuses : Vladimir Vétrov a été passé par les armes. Son exécution, le 23 janvier 1984, a même été signalée dans le bulletin interne du KGB, histoire de refroidir les volontaires.

Raymond Nart est consterné.

Quelqu'un a-t-il vendu la mèche ? Un transfuge parvenu aux États-Unis, Vitali Yourtchenko, donne bientôt aux services américains une version plus précise des faits, dont un résumé est aussitôt transmis à la DST.

En prison, où il était toujours détenu pour meurtre et tentative de meurtre, Vladimir Vétrov se serait confessé assez largement dès le 24 septembre 1983, alors que ses activités au profit de la DST étaient jusque-là ignorées du KGB. Yourtchenko est bien placé pour le savoir : c'est lui qui a coordonné l'enquête à Moscou.

Les Soviétiques auraient alors monté une opération pour tenter d'interpeller les protagonistes du dispositif mis en place à Moscou par la DST. Sans succès, aucune faille ne s'étant présentée.

Contrairement à ce que certains avaient cru à Paris, Ludmilla, malgré ses blessures, n'avait pas parlé. Le KGB l'avait traitée en complice, mais les poursuites avaient tourné court à la veille du procès, l'état de santé de la jeune femme ne cessant de se dégrader depuis l'agression.

Toujours selon les confidences de ce transfuge, conformément cette fois aux pressentiments de Raymond Nart, Vladimir Vétrov faisait effectivement partie d'un groupe d'officiers résolus à entrer en contact avec les services occidentaux. Curieusement, la condamnation à mort du « traître » n'a pas forcément l'impact escompté. Ici et là, dans les réunions officielles, des officiers du KGB se lèvent et interpellent leurs généraux là où ils auraient autrefois gardé un silence respectueux. L'attitude de Vétrov leur donne plutôt le courage de prendre la parole. Des pétitions se sont même mises à circuler dans les rangs, prélude à la grande décomposition d'une « armée » désorientée.

« Ne mettez pas la France à feu et à sang »

À quel moment un service doit-il rompre le silence sans risquer de tarir la source qu'il est en train de traiter ? Vladimir Vétrov a rendu cette question sans objet en mourant. La DST ne risque plus rien à exploiter pleinement ses informations et à en tirer toutes les conséquences.

Une nouvelle rencontre au sommet se tient le 5 avril 1983 après l'expulsion du territoire français des 47 Soviétiques désignés par le Russe.

François Mitterrand est présent, mais aussi Pierre Mauroy, Premier ministre, Jacques Delors, ministre des Finances, Laurent Fabius, ministre du Budget, Charles

Hernu, ministre de la Défense, et Gilles Ménage, conseiller pour les affaires de sécurité intérieure.

« Vous avez eu la main lourde », lâche le président.

Laurent Fabius détend l'atmosphère en racontant l'histoire de deux frères jumeaux, agents doubles des Soviétiques !

Yves Bonnet, qui a succédé à Marcel Chalet en novembre 1982, mène la délégation de la DST. Raymond Nart se fend d'un exposé sur l'ensemble de l'affaire « Farewell ». Pour l'anecdote, l'enquête n'a coûté que 70 000 francs au contre-espionnage (à peine plus de 10 000 euros).

À l'appui de sa démonstration, Raymond Nart présente une cinquantaine de graphiques afin de faire prendre conscience au président et à ses ministres de l'importance de l'affaire dans les domaines scientifique, technique et technologique.

Pas au mieux de sa forme, François Mitterrand écoute sans mot dire avant de se réserver le mot de la fin :

« Tout cela est très bien, mais ne mettez pas la France à feu et à sang ! »

Puis le président se lève et quitte la pièce, non sans glisser un dernier mot à Gilles Ménage :

« Monsieur Ménage, il faudra que je vous aperçoive... »

Le grand bluff

Jusqu'à la fin des années 60, les chefs espions soviétiques considéraient la France comme un terrain facile où ils envoyaient volontiers leurs agents en formation. Avec les années 70, leur tâche s'était compliquée : le contre-espionnage français bénéficiant d'une meilleure réputation, ils s'étaient mis à voir la DST partout. L'affaire « Farewell » et ses 47 expulsions de « diplomates » russes sonnent comme un coup de grâce : l'appareil d'espionnage soviétique sur le sol français est entièrement décapité. Avec un coup d'avance, puisque parmi les 47 figurent deux agents dont la nomination était simplement programmée.

Presque simultanément, Gilles Ménage, le conseiller de François Mitterrand, se rend auprès de l'Anglaise Margaret Thatcher et de l'Allemand Helmut Kohl, tandis que la DST envoie des émissaires en Algérie, en Belgique, aux Pays-Bas, en Suisse, en Espagne, en Italie, au Danemark, au Canada et au Japon. Des arrestations ont bientôt lieu dans 15 pays occidentaux, avec à la clef l'expulsion de 141 officiers de renseignement soviétiques. En Allemagne, les confidences de « Farewell » déclenchent notamment l'arrestation de l'un des ingénieurs en chef de la société d'armement Messerschmitt, Manfred Rotsch : depuis dix-sept ans, il organisait la fuite vers Moscou d'informations techniques hautement stratégiques.

Conséquence la plus visible de ce coup de maître : tout l'espionnage scientifique et technique du KGB, la fameuse ligne « X », se trouve anéanti sur le plan planétaire.

Le reste relève de la diplomatie secrète.

« Grâce aux documents transmis par "Farewell", les Américains avaient une vision claire des forces militaires soviétiques, dit Raymond Nart. Il leur suffisait désormais de placer assez haut la barre du surarmement pour précipiter la chute du communisme, fragilisé par un très fort dépérissement interne. Ils savaient que les Soviétiques décrocheraient, qu'ils n'étaient plus en mesure de rivaliser. »

Un grand bluff auquel Ronald Reagan se prête bien volontiers, avec pour objectif avoué de mettre l'adversaire à genoux. De quoi redorer le blason alors terni de la CIA, qui peut démontrer (grâce aux Français) que l'espionnage est encore capable de donner de vrais coups de pouce à l'histoire.

Commentaire à froid de l'ancien directeur de la DST Yves Bonnet : « La réponse soviétique à l'affaire "Farewell" est restée modeste. On s'est contenté de procéder à trois ou quatre expulsions, assorties d'un communiqué a minima de Iouri Andropov.

« Bien joué »

Lorsqu'il a cédé son bureau à Yves Bonnet, Marcel Chalet lui a tenu ces propos prémonitoires : « J'aimerais que vous ayez comme souci principal de détecter les opérations de désinformation visant à dénaturer l'affaire "Farewell". Il y aura des montages destinés à nous faire croire que nous avons été intoxiqués. »

Parmi les suites inattendues de l'affaire « Farewell » figure justement l'éviction d'Yves Bonnet à cause d'une fuite en direction de la presse.

L'ordre serait parti de Guy Perrimond, journaliste chargé de la communication auprès du ministre de l'Intérieur, Pierre Joxe. « Sortez de votre isolement, aurait-il dit en substance au directeur de la DST. Faites réaliser un article sur cette affaire. » Une version que Guy Perrimond conteste : s'il a bien écrit une lettre au directeur de la DST, c'était pour le « féliciter, sur un plan général, de son travail de protection des entreprises françaises ».

Yves Bonnet interprète-t-il ce courrier de travers ? Fait-il du zèle ? Une chose est sûre : bien décidé à communiquer, afin de sensibiliser le grand public, il alerte trois organes de presse : France 2 et Le Monde en la personne d'Edwy Plenel, alors chargé de la rubrique « investigations » ainsi que l'AFP.

Lorsque l'article, assez détaillé, paraît dans le quotidien du soir, le 29 mars 1985, soit deux ans après les expulsions de diplomates, le directeur de cabinet de François Mitterrand appelle Yves Bonnet pour un sermon salé. Raccrochant le combiné, le directeur se tourne vers

Raymond Nart, présent dans le bureau, et laisse tomber, sans se départir de son humour habituel :

« Vous savez à quoi cela ressemble, un préfet qui va être viré ? »

Pour l'anecdote, la DST a même pris soin de consulter le Quai d'Orsay afin de savoir si la rencontre franco-soviétique prévue de longue date était toujours d'actualité. La réponse ayant été négative, le feu vert a été donné à Hervé Brasini (France 2) et Edwy Plenel. Le sommet s'est finalement tenu le jour même de la publication de l'article dans *Le Monde*.

Peu après, Pierre Joxe nomme Yves Bonnet préfet de la Guadeloupe, où François Mitterrand, lors d'un voyage officiel, prendra tout de même la peine de le féliciter pour le bon déroulement de l'affaire « Farewell » (dans laquelle il n'était pas pour grand-chose).

L'attitude changeante de François Mitterrand surprend cependant la DST. On voit notamment le président de la République se rendre en 1985 au salon aéronautique du Bourget, grand marché annuel de l'armement. Là, il s'entretient longuement avec de hauts gradés soviétiques qui parviennent apparemment à le convaincre, au moins partiellement, que l'affaire « Farewell » n'est qu'une vaste provocation montée par les Américains. Iouri Martchouk, président de l'Académie des sciences de l'URSS, et Evgueni Velikov, chef des programmes spatiaux, se montrent particulièrement persuasifs.

Quel crédit François Mitterrand accorde-t-il à cette version ? Un changement d'attitude notable permet à ses interlocuteurs de penser que le président se met subitement à douter. Il ne se prive d'ailleurs pas de le dire : il hésite entre la thèse que lui a présentée la DST, dans laquelle le KGB joue seul le mauvais rôle, et la thèse d'un complot de la CIA monté avec la complicité de la DST et de quelques journalistes, parmi lesquels il verrait bien Edwy Plenel, futur directeur de la rédaction du *Monde*. Un complot destiné à torpiller les relations franco-soviétiques...

Ce retournement est vécu par la DST comme un véritable coup bas. Un sentiment qui se renforce encore lorsqu'elle voit Gilles Ménage, le conseiller du président, tenter de justifier les extravagantes « écoutes » de l'Élysée par le dossier « Farewell »... Gilles Ménage, dont l'aversion pour les journalistes « gauchistes » n'a d'égale que son engagement dans le rôle de gardien de la vie privée puis de la mémoire de François Mitterrand, dont il épouse toutes les inquiétudes : à ses yeux aussi, il y a sous le dossier « Farewell » un vice caché à chercher du côté de Washington...

Ses vieux démons rattrapent-ils la gauche ? Fidèle à son habitude, François Mitterrand cherchait probablement à gagner sur tous les tableaux en embrouillant ses interlocuteurs. Il s'était servi de l'affaire « Farewell » pour se rapprocher des Américains et faire avaler la « pilule » de ses ministres communistes. Il l'utilisait maintenant pour resserrer les liens avec les Soviétiques, quitte à faire passer la DST pour proaméricaine. Si, en passant, il pouvait se dédouaner des « écoutes » téléphoniques et régler quelques comptes avec la gent journalistique, pourquoi pas...

Plus amusant on voit bientôt débarquer à Paris deux fiers représentants du Technology Intelligence Center, un joli livre blanc sous le bras. Les deux hommes sont venus présenter l'état des connaissances américaines sur la technologie militaire soviétique. Ce livre blanc a été entièrement rédigé à partir des informations fournies... par la DST et « Farewell ». Mais les deux Américains l'ignorent évidemment, ce qui ne leur permet pas d'apprécier à sa juste valeur le fou rire qui s'empare alors des cadres de la DST, un service dont l'ex-directeur Marcel Chalet affirme haut et fort qu'il n'a jamais fait preuve de « docilité » vis-à-vis des États-Unis, à la différence des Anglais, des Italiens ou des Espagnols.

Raymond Nart, lui, savait que quelqu'un remettrait les pendules à l'heure. Ce furent les Russes eux-mêmes : au cours d'un voyage à Moscou, après la chute du mur, il reçut à mots couverts l'expression de la considération d'un haut responsable du SVR tenant à saluer le travail de la DST.

« Vous avez bien joué », lui dit-il sportivement.

3.

Un métier « civilisé »

Première ligne

On les appelle communément les « espions » ; les Tchèques, eux, les appellent les « gris ». Cette appellation a des racines religieuses. Elle renvoie au père Joseph, membre éminent de l'ordre des Capucins, ordre mendiant, sous Richelieu. Un certain François Lecler du Tremblay, austère et farouche, faisait office de chef des services secrets de cet ordre. Il animait un véritable réseau de moines ambulants sillonnant les campagnes d'Europe vêtus de leur bure grise. Elle renvoie aussi à Cluny, au pape Urbain II, aux pèlerinages et aux croisades. Une référence que cite volontiers Raymond Nart : plusieurs de ses ancêtres sont partis en croisade depuis leurs Pyrénées natales. Mais ce n'est pas le seul motif de ces réminiscences. Lors de la débâcle, en pleine Seconde Guerre mondiale, son père, démobilisé, a marché plus de 700 kilomètres pour rejoindre ses foyers et entrer en résistance. Lui-même s'est toujours senti une âme de pèlerin. Parcourir 300 kilomètres à pied ne l'effraie pas. Enquêter dix années durant sur le même personnage ne l'a jamais découragé non plus. La traque du terroriste Carlos a duré pour lui dix-neuf ans. Avec quelques autres moines modernes habitués des aéroports internationaux, il l'a suivie du début jusqu'à la fin depuis son bureau parisien, les pieds sous la table. Et s'il a su très tôt que le système communiste s'effondrerait, il n'a jamais lâché le KGB d'une semelle.

Mais, avant de devenir espion, plus exactement contre-espion, Raymond Nart a d'abord été flic.

Jeune policier stagiaire à Bordeaux, c'est là qu'il a connu son premier cambrioleur en série. *Modus operandi* : l'homme dévalisait les commerces du centre-ville à coups de chignole, en perçant les portes des magasins. Les enquêteurs de la Sûreté ne parvenaient pas à le coincer. Jusqu'au jour où des gardiens de la paix arrêtèrent nuitamment un homme déambulant dans la rue, portant sur l'épaule un sac de couleur bleue. À l'intérieur du sac, une chignole et une chambre à air.

Le suspect est interrogé une journée entière par de vieux policiers, puis à nouveau le lendemain, mais il reste désespérément muet.

Au milieu du second jour, voilà le jeune homme soudain pris d'une curieuse crise. Il roule à terre et reste immobile. Malaise ? Simulation ? Sous les yeux ahuris du stagiaire Nart, le chef d'enquête bourre les côtes du suspect de sévères coups de pied. En l'absence de réaction, le gradé finit par réquisitionner le médecin légiste de service.

« Est-il est mort ? Est-il réellement malade ? Joue-t-il la comédie ? » demandent abruptement les policiers au praticien.

Le légiste s'approche et annonce qu'il doit procéder à quelques examens.

« Le cœur bat, il respire, je vous donnerai la réponse avant demain midi », annonce-t-il, ne souhaitant visiblement pas s'engager.

Les policiers présents dans le commissariat n'ont pas une envie folle d'attendre avec un client aussi encombrant, pas plus que de se précipiter sur le téléphone pour prévenir de l'incident les magistrats du parquet. Ils chargent le corps à l'arrière d'une voiture et se dirigent vers la Garonne, non sans avoir claironné haut et fort leur intention de noyer le suspect. Qui ne bronche toujours pas.

Parvenus sur une berge accessible dans la zone maréca-geuse des Artichauts, où certains pêchent parfois l'anguille ou l'alose, ils jettent le corps dans les roseaux. Toujours aucune réaction. Ils alertent Police secours, expliquant benoî-tement qu'ils viennent de voir un homme se jeter à l'eau.

Au loin, le fourgon arrive, toutes sirènes hurlantes. « C'est bon, dit un vieil officier de paix, ils vont l'amener à l'hôpital Xavier-Arnozan. »

Le lendemain, sur la main courante du commissariat, un fonctionnaire inscrit ces quelques lignes : « Nous sommes rendus sur les bords de la Garonne à la suite d'un appel anonyme évoquant la présence d'un homme dans le fleuve. N'avons rien détecté d'anormal. »

Stupeur ! Des jours, des semaines, des mois passent sans que personne n'entende plus parler du suspect à la chignole.

Une année s'est écoulée lorsqu'un brigadier de police est tué à Marseille alors qu'il intervenait de nuit contre un cambrioleur opérant dans un supermarché de la ville. L'as-sassin, on s'en apercevra après la diffusion de son identité, n'est autre que l'homme qui a fait le mort dans le commis-sariat de Bordeaux avant de disparaître dans les marécages de la Garonne.

Preuve, songe alors ironiquement le stagiaire Nart, que la police ne sait faire que dans la demi-mesure. Laquelle s'est en l'occurrence révélée mortelle, mais pas du tout comme elle l'imaginait. C'est surtout le signe que ce métier n'est pas fait pour lui. Ce qu'il avait d'ailleurs compris dès les premiers jours lorsque ses collègues lui avaient conté cette autre histoire survenue dans le même commissariat, peu après la guerre : venu pour une banale histoire de montre volée, un pauvre gars était reparti les pieds devant, direction le cimetière.

L'épisode illustrait assez bien l'ambiance et les méthodes en vigueur à l'époque dans la police. Le gros de la troupe avait fait ses classes dans les rangs de la Résistance, où l'on n'avait guère appris à s'encombrer de règles tatillonnes. Les « flicards » n'avaient pas subi la moindre préparation, passant sans transition de la « police » de temps de guerre à une police de temps de paix. Plus jeune que tous les autres, mais plus gradé, affublé du titre de commissaire stagiaire, mais le moins payé du commissariat du quartier de la Bastide, Raymond Nart n'était pas vraiment à l'aise parmi ces « vieux de la vieille ». Le patron de la Sûreté, son supérieur, avait joué les premiers rôles dans les FFI, sous l'Occupation. La légende affirmait même que ce bon vivant, proche de Chaban-Delmas, avait été parachuté en Aquitaine pour des opérations de sabotage en 1943.

Le jeune Gersois aspirait décidément à exercer un métier plus en rapport avec les enseignements du commissaire Fernand Cathala à l'université de Toulouse, en un mot... dans un environnement plus « civilisé ». La Police judiciaire recrutait, mais elle semblait alors peuplée de fiers-à-bras à qui il arrivait d'en rajouter pour « enchrister » les suspects. Les hommes y paraissaient plus sophistiqués que dans la police en tenue, mais bardés de certitudes. Le tempérament de Raymond Nart l'incitait à pousser d'autres portes. Parmi les qualités qu'il comptait faire valoir, il y avait aussi la ponctualité : chaque jour, quoi qu'il arrivât, été comme hiver, il était debout à 6 heures du matin. Il allait bientôt découvrir comment une minute de retard peut faire capoter n'importe quelle opération d'espionnage.

Taillé pour exercer le « noble métier » de contre-espion, le commissaire n'en avait pas moins une âme de terrien : il prisait l'action, le concret, davantage que la parole et la procrastination. Au rugby, il avait joué première ligne : modeste et discret au cœur de la mêlée, sans pour autant dédaigner la « castagne ».

« *Si tu as des dettes, tu es à moitié pendu* »

Né dans la commune-citadelle de Lectoure, 1 400 foyers fiscaux recensés (et des impôts locaux assez lourds), Raymond Nart n'en avait pas moins sans cesse regardé au-delà des limites de son « pays ».

La légende familiale y était pour quelque chose. Un de ses lointains ancêtres était mort au combat au Canada, en 1756, sous Louis XV. Parti outre-Atlantique avec les bataillons du Languedoc, il avait succombé à des blessures essuyées durant la bataille de Fort-Carillon, non sans avoir héroïquement dicté ses dernières volontés à l'aumônier militaire.

Lui-même avait grandi les yeux tournés vers le monde. L'une des premières conversations dont il conservait le souvenir avait porté sur la Chine. Cela se passait dans le train qui conduisait sa mère, deux de ses tantes et un curé à Vézelay, où ils se rendaient en pèlerinage. Il devait avoir 7 ou 8 ans, la guerre venait de s'achever. Tout au long du voyage, le curé avait disserté sur ce qu'il appelait le « péril jaune ». C'était un brave curé de campagne plein de bon sens, dont le propos était plus visionnaire que délirant à une époque où personne ou presque ne parlait des Chinois.

Le thème avait frappé l'enfant, mais aussi ces dames, qui avaient ensuite passé des heures à en parler. Un jour, Raymond Nart irait en Chine. C'était écrit depuis ce voyage. Et sans doute apprécierait-il ce pays qui ne figurait évidemment pas sur la table d'orientation de sa commune, où une main ironique et anonyme avait tenu à faire figurer New York, Moscou et Paris.

En attendant, Lectoure lui avait donné la France paysanne pour racines. Celle où l'on entend les hommes dire : « Si tu as des dettes, tu es à moitié pendu. » Celle où la pierre humide au pied de l'escalier de la maison annonce la pluie. Celle des mousquetaires où l'on se met au service de l'État comme d'Artagnan l'avait fait avec le roi. Celle où la sélection naturelle a toujours été rude.

C'est là, entre deux fermes, au pays de Francis Cabrel et de feu Nino Ferrer, qu'il avait appris l'explosion d'une bombe atomique à Hiroshima. Là aussi, qu'il avait vu filer en 1944 les avions alliés en route pour le Nord, le ventre rempli de bombes. Là encore, qu'il avait, résistant en culottes courtes, uriné dans les barriques d'un producteur d'Armagnac connu pour vendre des produits frelatés à l'occupant allemand.

L'histoire de Toto (et de Georges)

« Quand je suis arrivé à la DST, j'ai été reçu par un homme que l'on m'a présenté comme le chef. André Guérin, dit Toto, devait mesurer 1,58 mètre et plaçait des bottins sous ses fesses pour taper les interrogatoires à la machine. Entré dans le service en 1939 après un bref passage par le service des Courses et Jeux, il avait été recalé par la préfecture de police, où travaillait l'un de ses oncles, à cause de sa taille. C'était une légende vivante, le champion de la lutte contre le système soviétique. Un personnage impressionnant de classe et de volonté.

« Toto Guérin supervisait l'opérationnel. Aussi petit que compétent, il menait les interrogatoires à une cadence infernale... Les plus grands espions étaient tous passés entre ses mains. C'était un spécialiste des Polonais et des Soviétiques.

« Le service était peuplé de personnages de ce style, je m'en suis rendu compte dès le premier contact : dans le bureau, assis à côté de Toto, se trouvait un autre homme, très grand celui-ci, un enfant de troupe devenu officier de police et qui devait obtenir un prix littéraire enviable, celui des écrivains combattants[1].

« Sans tomber dans les généralisations hâtives qui ne cadreraient pas avec mes origines gasconnes, les militaires sont préoccupés de leur carrière et de leur avancement, prêts à marcher sur le voisin pour lui ravir une barette, un galon, une étoile. Les préfets ne parlent que de leur prochain poste. Les magistrats ne jouent pas collectif... J'ai tout de suite senti que l'on vivait à la DST comme en famille. Il y avait pas mal de Corses, des Ariégeois. Les pieds-noirs intégrés après l'indépendance de l'Algérie étaient nombreux eux aussi, pas loin de deux cents. Plusieurs d'entre eux avaient séjourné en Indochine ou au Maroc avant d'être affectés en Algérie. Ils étaient passés sans transition du Vietminh au FLN, connaissaient souvent très bien la langue et les mentalités arabes, et peu d'entre eux avaient ouvertement rallié le camp de l'Algérie française.

« J'ai découvert dans ce service une solidarité de tous les instants qui empêchait certainement les préfets de s'imposer sans composer. Les bagarres internes n'existaient pas : c'était notre force. On s'engueulait forcément, mais en jouant tous le même jeu... car la DST, comme la Légion, ne se divise pas !

« Très vite, j'ai fait la connaissance de Georges, le secrétaire de la division 4, chargée des Soviétiques. Un visage rond, des cheveux peu abondants, la cinquantaine, c'était un célibataire endurci. Sa femme, disait-on, c'était la DST. Tout passait par lui, jusqu'à la moindre demande de gomme ou de crayon. On lui avait attribué un bureau à part, où il pouvait fumer tranquillement ses cigares. Il fumait tellement que le bout du cigare trouvait naturellement sa place entre ses dents écartées. Le matin, il intégrait son bureau vers 10 heures, suant à grosses gouttes parce qu'il

---

1. Pour *Les Fils du lion*, publiés aux Éditions Alsatsia en 1968.

avait peur d'être en retard, pour n'en ressortir que tard dans la nuit, rarement avant 2 heures du matin. Entre midi et deux, il s'enfermait et passait des ordres de Bourse ! C'était un gars méticuleux, un maniaque du papier, qui connaissait tout le monde. Il était entré dans le service en 1945, tout comme Cloclo, la personne qui allait devenir en fin de carrière ma secrétaire, recrutée par la DST à l'âge de 16 ans pour n'en ressortir que cinquante et un ans plus tard, en 1986, non sans avoir formé celle qui devait lui succéder, une Réunionnaise particulièrement dévouée !

« Georges m'a donné mon arme de service et mon numéro de matricule. Avec sa petite voix, on aurait dit une caricature de l'homme de l'ombre : dans le métro – s'il le prenait, ce que je ne sais pas –, on l'aurait à peine remarqué. Il m'a fait signer une décharge au sujet de l'arme que j'ai aussitôt remisée dans un coffre. Du haut de ses 53 ans (j'en avais 27), il m'a résumé le message qui lui paraissait primordial tout en me tendant une carte plastifiée :

« "Je vous confie ce badge qui vous permettra d'entrer dans les locaux. Il faut faire très attention à ne pas déranger Monsieur Guérin. Si vous avez besoin de quelque chose, passez par moi."

« Georges était bien plus qu'un secrétaire. Il exécutait certaines tâches pour le patron. Toutes les notes passaient par lui avant d'être tapées à la machine à écrire. Enfermé dans son antre où tout était sous clef, il se comportait vis-à-vis de nous comme le *pater familias*.

« "Quand vous partez, répétait Georges, fermez votre bureau et remettez la clef au tableau."

« Cet homme gentil et serviable était l'incarnation du système bureaucratique à la française. Au KGB, il devait y en avoir des milliers comme lui. Un vrai apparatchik ! Cela dit, en matière administrative, il était incollable : un système à lui tout seul. Et, pour ne rien gâcher, il était d'une grande gentillesse. Entré à la DST en 1945 avec le costume de patriote, il symbolisait l'époque. Pourtant le meilleur des hommes, il était à ce point enfermé dans sa logique qu'il lui arrivait de ne pas obéir aux ordres, même à ceux d'André Guérin ! »

L'ultime consigne de l'apparatchik tenait en quelques mots :

« Surtout, évitez de dire à l'extérieur que vous travaillez pour la DST. Dites que vous êtes fonctionnaire d'État, dites ce que vous voulez, mais ne citez jamais le nom du service ! »

Raymond Nart allait bientôt découvrir que l'un des jeux préférés des membres des services de renseignement était de citer le nom d'une autre maison que la leur, lorsqu'ils étaient amenés à le faire, afin de semer la confusion. Toto Guérin, lui, avait légué au jeune commissaire le goût de la page blanche : celle que le contre-espion trouve tous les matins sur son bureau et qu'il doit remplir en allant à la pêche aux infos ou aux agents. Mais aussi le goût du détail, lorsqu'il disait : « Prenez moi un PV, je veux tout, dans le détail. »

L'humour de Karl

« Après le départ de Georges, un Alsacien m'a été affecté. Il avait fait ses classes au Maroc dans l'armée américaine et terminerait bien plus tard sa carrière avec le grade de commandant dans l'armée gabonaise. Il s'appelait Karl : un passionné de football, et surtout un aventurier dans le bon sens du terme, sympathique et jovial. Je ne sais comment il s'y prenait, mais il se débrouillait pour arriver tous les matins au bureau à 9 heures, alors qu'à ma connaissance il n'avait pas de logement à Paris. Il dormait alternativement chez une maîtresse ou dans un train qu'il prenait à sa guise grâce à sa carte de circulation. Il lui arrivait aussi de dormir sur une plage, l'été, quand il était en déplacement dans le sud de la France. Ce garçon était corvéable à merci, il travaillait sans broncher, prêt à partir à n'importe quelle heure pour n'importe quelle destination. Un jour, on l'a carrément oublié dans une chambre d'hôtel où il avait été envoyé pour procéder à une écoute ! Pendant trois jours et trois nuits, il a attendu patiemment, sans manger ni boire, qu'on lève le dispositif ! Heureusement, il s'agissait d'un palace !... Sa spécialité, c'était évidemment les Allemands de l'Est dont il parlait couramment la langue.

« Karl avait un certain sens de l'humour. Je le vois encore nous racontant le coup de téléphone qu'il avait voulu passer à l'une de ses maîtresses depuis le quai d'une gare. "Je dois me rendre à Bordeaux pour le travail", lui dit-il alors que le haut-parleur annonçait au même moment le départ du train pour... Strasbourg, son port d'attache. Ce genre d'histoires détendait ses collègues, et parfois il exagérait un peu. Un jour, au 13, rue des Saussaies, je passe dans le couloir et il m'interpelle : "Monsieur Nart, la Gestapo est là !" Mon visiteur, représentant des services allemands à Paris et fils d'un célèbre général de la Wehrmacht, a entendu. Je ne savais plus où me mettre ! Et je soupçonne Karl de l'avoir fait exprès. »

Le passé récent de la France – la guerre, l'Occupation et la Résistance – étaient omniprésents dans l'esprit des fonctionnaires de la DST, tous fortement marqués par cette période. Immanquablement, en classant les archives, on tombait sur des papiers laissés par l'occupant allemand. Ces papiers révélaient parfois des curiosités ou des surprises, comme ceux découverts alors au sujet de René Bousquet, secrétaire général de la police de Vichy.

Selon l'histoire communément admise, Otto Abetz, ambassadeur d'Allemagne à Paris, n'avait eu de cesse de rendre hommage au travail de collaboration de René Bousquet. Dans certains documents, la Gestapo se plaint au contraire de l'attitude du haut fonctionnaire français, estimant même qu'il a plusieurs fois trahi sa confiance. De quoi éveiller la curiosité de Raymond Nart, qui recueille alors quelques explications de la bouche de ses grands anciens. Lors d'un déplacement à l'école de Saint-Cyr-au-Mont-d'Or, René Bousquet, pendant l'Occupation, aurait ouvertement interdit aux élèves commissaires de travailler contre la Résistance. Surtout, dit-on, Bousquet fut volontairement placé au ministère de l'Intérieur, au cœur de l'administration vichyste, par l'état-major du Parti radical, qui entendait ainsi occuper le terrain. Une façon de collaborer avec l'occupant tout en espérant finasser le plus possible et finalement le flouer...

Qui croire ? Otto Abetz ou la Gestapo ? Raymond Nart, qui n'avait que 6 ans en 1943, repensait chaque année non sans émotion à cette page sombre de l'histoire de France, lorsque, au mois de juillet, on commémorait sous les fenêtres de la DST la rafle du Vel'd'Hiv. Il eut rapidement compris qu'en matière d'espionnage, où l'on joue volontiers sur tous les tableaux, les choses sont rarement blanches ou noires : elles sont plus souvent grises. Ses premiers travaux pratiques remontaient à la Libération, quand il avait vu les Gascons régler leurs comptes entre eux. Un cas d'école, sans doute.

En attendant, par une forme de perversité immobilière, l'administration française s'était obstinée, après l'avoir logée dans les locaux qui avaient abrité la Gestapo, rue des Saussaies, à installer la DST rue Nélaton, à la place du vélodrome de sinistre mémoire...

Sacré Karl !

Le Sphinx

Dans la mémoire collective de la DST, un personnage joue les statues du Commandeur. On se souvient de lui comme d'une sorte de sphinx. On évoque vite l'énorme chien qui ne le quittait pas, tapi sous son bureau. On rapporte également que ce curieux bonhomme a laissé à la postérité une pièce de théâtre (*Où vas-tu Barrabas ?*) et qu'il prisait à la fois la peinture et le dessin. Son nom : Roger Wybot.

Cet homme, qui a dirigé le service après la guerre, ne venait pas du monde policier mais de l'armée, d'où il était sorti avec le grade de colonel. L'histoire dit qu'il avait été arrêté par l'occupant allemand, qu'il s'était évadé à Nice et avait rejoint les Forces françaises libres. On l'avait retrouvé à Londres au sein du BCRA.

En novembre 1944, après la Libération, on raconte qu'il a été abordé par un membre du gouvernement provisoire alors qu'il traversait la cour du ministère de l'Intérieur. Venant du BCRA, il pensait prendre la tête du service d'espionnage, le futur SDECE. « Vous allez plutôt monter un service de contre-espionnage », lui annonça son interlocuteur. L'arrêté officialisant sa nomination et la création de la DST fut signé quelques heures plus tard par le général de Gaulle. Dans la foulée, une trentaine de personnes prirent possession de leurs locaux autour du jeune directeur.

Un immense personnage, Roger Wybot. Un jour, le chef du secteur opérationnel aborde devant lui un problème d'ordre technique : ses hommes ont ciblé une maison qu'ils doivent investir, mais la présence à l'intérieur d'un molosse les décourage. Peut-être le directeur saura-t-il réduire cet obstacle, lui qui passe pour un ami des bêtes ?

« Vous n'avez qu'à aller au zoo et vous enduire le corps de graisse de panthère », tranche le Sphinx avant de passer au sujet suivant.

Fallait-il prendre ce conseil au pied de la lettre ? Son adjoint, dans le doute, s'abstint de l'interroger. Et conseilla à son fonctionnaire d'aller acheter un kilo de viande fraîche chez le boucher, laquelle suffirait finalement à neutraliser l'animal.

« On se méfiait de Wybot, qui cultivait volontiers un côté énigmatique, racontait-t-on autrefois à la DST. Cet homme, artiste de haut vol et calculateur intelligent, est cependant resté longtemps pour nous une sorte de mythe. »

En 1958, après quatorze années à la tête du service, le Sphinx, par ailleurs compagnon de la Libération, est remercié par celui qui l'avait installé à son poste, le général de Gaulle, lequel le soupçonnait à tort d'avoir placé des micros dans un hôtel parisien, le La Pérouse, où il avait l'habitude de se rendre une fois par semaine pendant sa « traversée du désert ». Plus tard, le directeur de cabinet du préfet de police expliquera que les micros du La Pérouse avaient en fait été placés par les Renseignements généraux sur ordre du préfet Jean Baylot[1]. Mais cette méfiance des gaullistes vis-à-vis de la DST n'allait pas s'atténuer de sitôt. Parce que ce service était composé d'un mélange d'anciens résistants, de sympathisants de la SFIO (ancêtre du Parti socialiste), d'anciens instituteurs devenus secrétaires de police et de défenseurs frustrés de l'Algérie française, il n'allait par exemple guère servir de vivier au Service d'action civique, le service d'ordre gaulliste de sinistre mémoire.

---

1. C'est lui qui était en poste lors de l'affaire des fuites, en 1954, qui avait vu s'évaporer en direction de l'ennemi des documents provenant du comité de la défense nationale, concernant les positions françaises en Indochine.

La tribu

La DST fonctionnait un peu comme une tribu. Ceux qui n'y avaient pas leur place en sortaient très rapidement, les autres y étaient *ad vitam aeternam*. Quand l'un commettait une erreur, la solidarité fonctionnait et l'on se débrouillait pour rattraper le coup.

La discipline était stricte, Roger Wybot avait donné le pli. Chacun se souvenait de la façon dont il avait sévi après l'attentat perpétré contre le domicile de Paul Ramadier, plusieurs fois ministre sous la IVe République et président du Conseil en 1947. Lassés de ne rien voir venir, les deux fonctionnaires de la DST qui surveillaient son domicile parisien depuis plusieurs mois étaient ce jour-là partis à la pêche. « RAS », avaient-ils noté sur les « CRS », comme on appelait joliment les comptes rendus de surveillance. Des « CRS » que Wybot lisait tous les jours... Les deux contre-espions avaient été mutés en « Sibérie administrative », autrement dit « placardisés » dans le Nord.

Un autre – inspecteur celui-là – s'est délibérément mis en marge du service. Il a tout simplement donné à un journaliste, Michel Bassi, une note confidentielle sur le terrorisme, signé de la main du contrôleur général François Le Mouel. Une fuite qui mit le ministère sens dessus dessous, Pierre Joxe soupçonnant l'état-major de la DST d'être à son origine.

« Je suis certain que la fuite ne vient pas de là », proteste le directeur, Rémy Pautrat, prêt à mettre à nouveau sa démission dans la balance.

Quelques jours plus tard, un de ses sous-directeurs vient voir Rémy Pautrat et lui révèle le nom du « traître » : l'inspecteur M.

Aussitôt convoqué dans le bureau du directeur, ce dernier joue les importants : « Je n'aspire qu'à une chose, clame-t-il, c'est d'être révoqué par ce gouvernement ! Ce sera pour moi un honneur. »

Le directeur ne l'entend pas ainsi : il le prie de quitter la DST sur-le-champ, par la petite porte.

Peu après, Rémy Pautrat se retrouve face à Pierre Joxe : « Pour la fuite, vous aviez raison, lui dit-il. Cela vient de chez nous. »

Mais le ministre était au courant depuis longtemps : le journaliste en personne lui avait révélé sa source, se souvient aujourd'hui Rémy Pautrat.

Celui qui ne respectait pas les codes de la maison risquait gros. D'autres l'apprirent à leurs dépens, comme le responsable d'une antenne du Sud-Est. Nous sommes au mois de février 1995 lorsque l'un de ses inspecteurs lui annonce pour bientôt des attentats à Paris. L'inspecteur tient cette information d'une personne qu'il considère comme une source sûre, qu'il rencontre régulièrement et qu'il rémunère tout à fait officiellement. Que fait son chef ? Incrédule, il glisse la note sous une pile de papiers, parce qu'il craint, dira-t-il, d'être intoxiqué !

Lorsque la vague d'attentats vient frapper les Parisiens, l'inspecteur proteste évidemment, comprenant que son chef n'a rien fait de ses renseignements. Pire, constate rapidement un responsable du service dépêché sur place : non seulement le chef n'a pas tenu compte du travail de son inspecteur, mais il a revu à la baisse les primes versées à son informateur. La sanction est immédiate : n'ayant plus sa place à la DST, le policier est muté d'office aux Renseignements généraux.

Jusqu'au bout fidèle à sa tribu, Raymond Nart, lui, a précisément refusé à deux reprises de prendre la tête des RG parisiens, cette police du renseignement intérieur. Il a dit non une première fois à Pierre Joxe, alors ministre de l'Intérieur, puis une seconde fois à Charles Pasqua, non sans lui proposer un remplaçant : Jean-Pierre Pochon, son adjoint de l'époque. Sans doute était-il trop attaché à ce service où, selon l'ancien directeur Marcel Chalet, les permanences de nuit de pleine lune voyaient converger fous et mythomanes, des espions et même des martiens plein la tête...

Un « coup à la noix »

Parfois, à la DST, on riait.

Des histoires couraient les couloirs, on ne savait plus trop si elles étaient vraies ou non. On riait en se souvenant de cet inspecteur envoyé en mission de surveillance en banlieue parisienne, feutre sur le crâne, imperméable mastic et chaussures à triples semelles. À son retour, il avait annoncé avoir surpris dans le jardin d'un pavillon de banlieue une réunion rassemblant quinze membres de l'Association des citoyens soviétiques en France. Comment les avait-il recensés ? Il avait compté les chapeaux visibles par-dessus la grille. Seul problème : il ne s'était pas rendu compte que le voisin du suspect était chapelier ; les couvre-chefs qu'il avait dénombrés étaient en train de sécher après teinture.

On riait aussi en se rappelant de cette sortie au Lido en compagnie de personnages peu recommandables. Sur la scène avait surgi un prestidigitateur dont la spécialité avait aussitôt effrayé les membres de la DST présents dans la salle : il dérobait les portefeuilles des spectateurs à leur insu. L'ennui, c'est qu'aucun des policiers n'avait donné son vrai nom à leurs invités, représentants d'un mouvement palestinien, et qu'ils portaient sur eux leurs cartes tricolores. Comble de malchance, ils avaient mis en branle leur réseau pour obtenir les meilleures places, au tout premier rang, le plus exposé. Les épouses des fonctionnaires présents avaient serré très fort leurs sacs à main sur leurs genoux.

Il y avait enfin cette faute de frappe d'une dactylo du FBI, restée dans les mémoires. Dans leurs fiches, les Américains avaient l'habitude de faire suivre les nom et prénoms de la mention du sexe, accolée à la nationalité de l'individu. Au sujet d'un Soviétique, l'étourdie avait écrit « *soviet mowl* » (taupe soviétique) au lieu de « *soviet male* » (Soviétique de sexe masculin). Ce qui changeait évidemment tout et avait fait hurler de rire tout l'étage – une nouvelle fois lorsque le représentant du FBI était venu faire ses excuses. D'autant plus nécessaires que le mâle en question n'était autre que le beau-père de l'astronaute français Patrick Baudry, à qui ce quiproquo avait coûté quelques filatures et de longues écoutes téléphoniques !

Une fois, Raymond Nart eut même l'occasion de rire (sous cape) avec l'un de ses sous-directeurs. L'homme l'avait appelé un vendredi soir pour le faire venir le lendemain à 8 heures précises. À l'heure dite, son supérieur lui expliqua de façon sybilline avoir reçu une mission secrète de l'Élysée : empêcher par tous les moyens un bijoutier de prendre l'avion pour Bangui, en Centrafrique, pays bien connu pour ses diamants. Pour quel motif ? Mystère.

« Vous avez une idée de la façon dont on pourrait s'y prendre ? » demanda le sous-directeur.

Cet homme malin et prudent, sentant l'affaire trouble, n'avait pas son pareil pour refouler un travail qui ne lui plaisait pas.

« Nous pourrions déclencher une alerte à la bombe à l'aéroport », suggéra Raymond Nart en plaisantant, espérant faire parler son peu loquace interlocuteur.

Refus catégorique, sans plus d'explication.

« Si vous me donnez son nom, je le fais appeler dans la salle d'embarquement et je lui annonce qu'il risque l'arrestation sitôt arrivé en Centrafrique », avança encore le commissaire, ignorant toujours les tenants et les aboutissants de ce qui lui paraissait être un vaudeville.

Le sous-directeur trouva l'idée excellente, mais il

souhaitait appeler lui-même. Le seul problème, c'est qu'il ne voulait pas le faire depuis le service.

« Sortons, dit-il. Trouvons une cabine téléphonique. »

Une fois dehors, le sous-directeur voulut s'éloigner le plus possible du ministère. Et voilà nos deux hommes sortant bientôt de Paris pour entrer dans Boulogne, où Raymond Nart proposa de passer le coup de fil depuis son propre domicile, d'où il devait déménager peu après.

Pris par le temps, le sous-directeur accepta. Sous l'œil ahuri de Raymond Nart, il sortit de sa poche un mouchoir contenant une noix, qu'il glissa tout entière dans sa bouche avant de composer le numéro de l'aéroport. Sa voix rendue ainsi méconnaissable, il tentait d'annoncer au bijoutier la mauvaise nouvelle : « Ne partez pas, vous risquez gros ! »

Son discours, à cause des problèmes d'élocution, était volontairement incompréhensible.

« Mais qui êtes-vous ? demanda le bijoutier. Répétez s'il vous plait !

– C'est Rabières ! » répondit le sous-directeur, dans un réflexe de locution normale, manquant d'avaler sa noix en raccrochant.

Après avoir fait tant de détours pour téléphoner et pris tant de précautions, il venait de donner son pseudo DST à l'inconnu, qui n'avait bien entendu strictement rien compris et était sans doute quand même parti !

Coïncidence ? L'affaire des diamants de Giscard d'Estaing éclatait peu après.

Les orpailleurs

« Le contre-espionnage est un travail de chercheur d'or, dit Raymond Nart. La DST est un immense râteau programmé pour ratisser très large, faute de quoi elle se condamne à ne traiter que du jus de cervelle, par manque de minerai. Il faut une volonté farouche pour dénicher des pépites. »

Combien d'orpailleurs ? Les effectifs sont réduits, à peine la moitié de ceux des Renseignements généraux, mais forts d'une longue pratique et d'une mémoire qui pousse ses racines dans la période de la dernière guerre. L'organisation est assez simple, nettement moins fantasque que celle de la DGSE, l'ancien SDECE, « où l'on ne comprend rien tellement c'est compliqué », comme on le dit perfidement à la DST.

Les finances ? Pas reluisantes. Il faut aux fonctionnaires négocier un menu abordable avec les tenanciers du Ritz, du Crillon ou du restaurant de la tour Eiffel, le jour (plutôt rare) où il convient d'éblouir un invité. Quant aux moyens techniques, la DST fait figure de parent très pauvre, si on compare ses outils avec ceux des alliés américains. Question de budget, mais aussi de culture. « La DST a toujours misé sur les sources humaines », dit-on dans la maison. C'est même l'un des secrets de fabrication du contre-espionnage français. La technique est loin d'être omniprésente. L'informatique a certes fait son apparition, en particulier au niveau des archives, devenues, pour les plus anciens et les plus réfractaires, le pôle de toutes les complexités – Raymond Nart lui-même a appris le métier en maniant du papier.

Loin des puissantes machines américaines, la petite DST ne s'est cependant jamais retrouvée hors de ce grand jeu de l'espionnage qui mettait aux prises une poignée de pays : les États-Unis, la Grande-Bretagne, l'URSS et ses satellites, la Chine et la France. Ses méthodes et son équipement rappellent ceux de la Police judiciaire française, qui depuis toujours sait pallier ses manques avec des bouts de ficelle. Raymond Nart aurait-il mis sa propre épouse à contribution s'il avait été fonctionnaire dans un autre pays occidental ? Elle s'est à plusieurs reprises retrouvée au beau milieu d'un dispositif de surveillance, souvent pour le meilleur. Quoi de plus indétectable, en effet, pour filer un espion est-allemand, qu'une femme enceinte ? Quoi de plus performant, pour surveiller l'imminente rencontre entre un espion polonais et son agent français, qu'un couple marchant bras dessus, bras dessous, le long de l'avenue de l'Opéra ? L'adversaire, lui, avait rarement les moyens de se payer ce luxe : Russes, Polonais et Roumains travaillaient plutôt en célibataires, en général de sexe masculin. Madeleine, elle, n'a jamais rechigné à donner un coup de main. Pour la bonne cause, elle a joué les amoureuses sur les bords de Seine en guettant un espion venu voir sa maîtresse ; elle a détecté des « chandelles » (les guetteurs), ou pris en chasse une automobile, avec les félicitations du directeur à la clef. D'abord parce que l'effectif du groupe filatures n'était pas si important, mais encore parce qu'il est indispensable de renouveler les têtes. Et aussi les voitures : les « 115 », comme on appelait les Soviétiques à cause du numéro figurant sur leurs plaques d'immatriculation diplomatiques, avaient peu de raisons d'imaginer être suivis par une Volkswagen de couleur rouge.

Un jour, piquée au jeu, Madeleine s'est retrouvée aux prises avec un général russe au cours d'une réception donnée à l'ambassade de Chine à Paris ; l'homme, attaché militaire de son état, disait vouloir lier connaissance avec des Français, lorsque Raymond Nart vint se mêler à la conversation. « Vous savez, vous avez un très gentil mari », dit le militaire en tentant de retomber sur ses pieds – et les choses en restèrent là.

Une autre fois, c'était un soir de mai 1968, Madeleine et Raymond Nart prirent à bord de leur voiture un jeune étudiant qui cherchait un moyen de locomotion dans les rues de Paris. Au cours de la conversation, l'auto-stoppeur expliqua comment il fallait s'y prendre pour pénétrer dans la Sorbonne occupée. C'était un responsable du mouvement étudiant, et il était bavard. Profitant de l'aubaine, ils s'y rendirent sur-le-champ. Stupéfaits devant le nombre de jeunes qui semblaient avoir élu domicile dans les murs de l'université, ils écoutèrent un grand type haranguer la foule. De quoi nourrir le lendemain une note circonstanciée sur les semeurs de « chienlit »...

De ces piges bénévoles, Madeleine Nart a évidemment gardé certains réflexes. C'est ainsi qu'un dimanche elle est revenue de la forêt de Rambouillet avec une nouvelle à couper le souffle de son contre-espion de mari : tout le KGB semblait s'être donné rendez-vous dans les bois ; elle avait compté au moins une dizaine de véhicules immatriculés « 115 » garés le long des chemins !

Fidèle à ses habitudes, Raymond Nart fournit aussitôt une explication assez simple : comme son épouse, les Russes aimaient cueillir les champignons.

« DST »

« J'ai passé mon temps à planifier les éventuels pépins, dit Raymond Nart. Mais les choses se déroulaient rarement comme prévu. Nous avions, pour nous guider, des schémas de manœuvre, mais nous savions qu'il faudrait chaque fois improviser. »

Ce fut le cas le jour où, ayant décidé de profiter de l'absence de son propriétaire pour visiter discrètement un appartement, deux inspecteurs de la DST laissèrent malencontreusement s'échapper le chat. Impossible de lui courir après dans les escaliers sous peine d'attirer l'attention de tout le voisinage. Et malgré cette certitude : la personne visée comprendrait forcément que des intrus étaient entrés chez elle.

L'imprévu est au coin de la rue. C'est toujours au plus mauvais moment qu'un camion passe devant l'ambassade soviétique et bouche le champ de la caméra placée dans l'immeuble d'en face. C'est toujours 150 mètres avant qu'il n'ait atteint le lieu du rendez-vous que l'agent est intercepté par le service qui le traite. Imparable, sauf à inclure l'improvisation dans le travail quotidien.

On raconte qu'à l'époque héroïque une installation ultrasophistiquée faillit être mise à mal par suite d'une impardonnable erreur. Après des heures de travail, évidemment dans la plus grande discrétion, on s'aperçoit qu'il manque dans l'appartement une table, indispensable support pour les enregistreurs que l'on compte y installer. Quelqu'un, au service, signale alors une table sans importance, reléguée dans un coin. Mi-bois, mi-Formica, elle fera l'affaire. On la charge dans une voiture que l'on prend soin de garer à quelques centaines de mètres de l'immeuble où se déroule la surveillance. Là, un inspecteur la hisse sur son dos pour la livrer à bon port. Alors qu'il arrive sur place, au moment de la reposer sur le trottoir, le collègue qui l'accompagne découvre l'incongruité de la situation : sous la table, une main administrative a tracé à la craie blanche trois grosses lettres : « DST ». Une signature que les responsables de l'opération n'avaient évidemment pas planifiée. Le genre de contretemps qui peut mettre à mal trois semaines d'un travail minutieux.

Jusqu'au milieu des années 80, la DST dispose d'un immeuble annexe situé à distance respectable du ministère de l'Intérieur, dans la petite rue d'Argenson. Un bâtiment banal, sans garage, juste pourvu d'une grande porte cochère, que rien ne signale au passant : ni plaque ni drapeau. Pour une fois, le local, ancien siège social d'une grande entreprise, n'est pas mal. C'est l'environnement qui pêche. Dans l'immeuble voisin prospère une maison close comme on savait les aménager à l'époque, ce qui explique la présence dans les parages, certains jours, de détectives privés. Juste en face, hasard de la géographie urbaine, le siège parisien d'une compagnie d'assurances russe, la Black Sea – l'œil de

Moscou, inévitablement, qui n'a aucun mal à repérer les véhicules de la DST garés dans la rue.

Cet amateurisme forcé, les responsables du service ne s'en plaignaient pas particulièrement, même s'il n'était pas très agréable, pour aller voir le directeur, de devoir marcher le long des rues avec des dossiers ultraconfidentiels sous le bras jusqu'à la porte du ministère. Ils apprécièrent néanmoins pour la plupart le geste du ministre de l'Intérieur Pierre Joxe (PS), qui décida en 1985 d'installer la DST dans un luxueux immeuble du front de Seine, ancien siège du groupe pétrolier Elf-Aquitaine. Jusqu'à cette date, il n'avait jamais été possible de loger dans les mêmes murs tous les services : les membres de la division « Surveillances » avaient pris l'habitude d'attendre chez eux de recevoir par radio les consignes du jour. C'est un peu comme les notes de frais : elles étaient plus maigrelettes pour les chefs de la DST que pour les autres patrons de la police, notamment parce que les fonds alloués étaient répartis entre les fonctionnaires de façon plus équitable qu'ailleurs.

Comme l'a écrit le Suisse Auguste Detœuf : « La logique plus le bon sens, c'est un chef. Le bon sens sans la logique, c'est un employé. La logique sans le bon sens, c'est une catastrophe. » Sauf que les chefs sont aussi sujets à l'erreur et à la précipitation. Tel ce ministre, ravi de mettre en action un nouveau service de police, le RAID, conçu spécialement pour les interventions délicates. La DST rechigne, mais n'a pas le choix : les hommes du RAID sont chargés d'aller déloger deux militants palestiniens repérés dans un appartement parisien par le contre-espionnage. Parvenus sur place, ils font sauter une porte à l'explosif. La mauvaise porte... Mais, par chance, l'institutrice qui habite normalement cet appartement est en déplacement en province. Le vacarme ne passe cependant pas inaperçu et, quelques instants plus tard, deux hommes sortent de l'appartement voisin, les mains sur la tête : les deux Palestiniens...

La chasse

Les surveillances ont toujours beaucoup excité Raymond Nart. Sans fausse carte, abrité seulement par ses identités d'emprunt, il allait souvent sur le terrain. Approcher discrètement un immeuble, aviser dans les étages un policier ou un militaire à la retraite, brouiller les pistes en expliquant à une concierge que l'enquête concernait tous les habitants de l'immeuble, ce jeu ne le lassait jamais.

« Pour semer le doute, il nous arrivait de visiter tous les immeubles d'une rue afin d'être sûr que notre suspect ne se sentirait pas visé », raconte-t-il. Un art qui exige de rester sans cesse sur ses gardes, de voir sans être vu, de se dissimuler en se noyant dans la masse.

« C'est une sorte de chasse, sauf que l'on ne tue personne, poursuit-il. Franchir le dispositif mis en place par l'adversaire sans se faire remarquer n'est pas si facile qu'on pourrait le croire. Il faut par exemple éviter à tout prix de se retourner, et surtout s'abstenir de tout regard oblique. »

La division « Surveillances » s'est longtemps appuyée sur un fonctionnaire d'origine chinoise dont on disait que personne ne le voyait : il était si transparent qu'il passait *sous* le regard des gens !

Comment reconnaître l'ennemi ? Il y avait une astuce : on regardait les chaussures. « L'espion peut mettre une perruque ou disposer d'une veste réversible, mais il change rarement de chaussures. » Les inspecteurs avaient donc appris à reconnaître les modèles étrangers, américains et russes en particulier. Pour modifier leur propre silhouette, ils avaient aussi quelques recettes : des boules de mastic dans la bouche peuvent transformer momentanément un profil ; les cheveux plaqués en arrière donnent une tout autre allure, comme le port de lunettes ou d'un couvre-chef inhabituel.

Tactiquement, la DST avait aussi des méthodes bien à elles qui permettaient à ses fonctionnaires de passer inaperçus aux yeux des autres. Là où le KGB mettait beaucoup de monde dans la rue pour assurer un dispositif, là où les Israéliens pratiquaient le quadrillage systématique, la DST jouait la sobriété. Elle préférait notamment donner ses rendez-vous hors de la vue de tous, par exemple dans des chambres d'hôtel louées à la mi-journée.

« Dans des villes comme Le Caire ou Alger, filer quelqu'un est presque impossible. » Ce n'est pas facile non plus à Paris, encore moins lorsque la personne surveillée se déplace vers la banlieue, où le suiveur est plus facilement repéré. « C'est presque aussi compliqué de passer longtemps inaperçu dans la rue que d'interroger quelqu'un, assis sur sa chaise, avec un dossier trop mince », assure Raymond Nart.

Il est évidemment déconseillé de porter un blouson de cuir pour prendre quelqu'un en chasse dans le quartier de l'Opéra, ce qui reviendrait à jouer le perroquet au milieu des corbeaux ; il est en revanche recommandé de porter une sacoche dans un quartier d'affaires, une cravate pour entrer dans un grand hôtel, un nœud papillon pour se glisser dans une éventuelle réception. Les vêtements sombres sont les plus discrets. Promener un chien n'est pas interdit, mais en sachant qu'il est difficile de passer six fois au même endroit avec l'animal. Prendre son temps est une règle. Une surveillance se fractionne et s'étale ainsi sur plusieurs semaines : on commence par les tranches horaires matinales, puis on balaie heure par heure toute la journée.

« Peu à peu, on établit quelles sont les habitudes de la personne. On se concentre d'abord sur son horaire de départ du domicile, et rien d'autre. Puis on se focalise sur le lieu de travail. S'il le faut, on peut installer une surveillance permanente en un lieu donné, par exemple dans un café ou un restaurant d'où l'on pourra voir la personne de plus près. Ces méthodes permettent de faire des économies de personnel, mais aussi d'être sûr de son coup, le jour où l'arrestation est décidée. Les moyens technologiques viennent évidemment aujourd'hui au secours de ces surveillances classiques. »

Lorsque la personne à surveiller loge dans un grand hôtel, le service peut compter sur le personnel pour lui faciliter la tâche. Tel fut notamment le rôle de celui que la presse a appelé « monsieur Paul », chef du service de sécurité du Ritz, place Vendôme, jusqu'à sa mort au volant de la voiture dans laquelle il transportait lady Diana et son ami.

Les « grandes oreilles »

Plutôt pauvre, la DST n'est pas dépourvue des techniques minimales de l'espionnage moderne. Elle dispose de micros assez sophistiqués pour se concentrer sur les voix des convives, lors d'un dîner, et atténuer le bruit des couteaux et des fourchettes. Une équipe spécialisée est à la disposition des services d'enquête, capable de fabriquer tous les micros possibles et imaginables.

Placer des micros dans un appartement est une science. Le mieux est de disposer de plans précis des lieux afin de repérer les poutres qui serviront de planques, et les plinthes ou baguettes électriques, indispensables pour l'alimentation en courant du matériel enregistreur.

Célébrés par tous les films du genre, les micros occupent cependant aujourd'hui une place moins grande. À cause notamment des téléviseurs, qui, en se multipliant, ont généralisé les parasites.

Pour d'autres raisons, les écoutes téléphoniques ont également perdu de leur importance. Qui commet encore l'imprudence de confier au téléphone des choses qu'il souhaiterait cacher ? En 1985, au cours d'un séminaire, plusieurs fonctionnaires de la DST avaient même prédit que l'an 2000 verrait la mort des écoutes téléphoniques. L'explosion des communications leur a partiellement donné raison : la multiplication des échanges, par téléphone ou par Internet, a rendu illusoires les velléités de contrôle. N'en déplaise aux Américains, qui prétendent capter toutes les conversations de la planète, codées ou non, cette multiplication s'est bel et bien accompagnée d'une raréfaction de la parole exploitable. Les enquêteurs en sont le plus souvent réduits à batailler avec des piles de facturettes, lesquelles permettent de savoir qui a appelé qui, et d'où il a appelé, mais pas de connaître le contenu des conversations. « Un travail à l'aveugle. »

L'intérêt des écoutes n'a pas pour autant complètement disparu.

La preuve par Khaled Kelkal, devenu le symbole d'une génération passée de la délinquance de cité au terrorisme islamiste pur et dur, stoppé net dans sa course folle grâce à des écoutes téléphoniques placées sur des cabines téléphoniques, en 1995.

La preuve par le curieux cambriolage survenu dans une annexe de France Télécom, à Montrouge, le 26 avril 2000. Les intrus ne visaient ni le matériel ni l'argent. Ils se rendirent directement dans un bureau où plusieurs armoires fortes conservaient les fiches recensant les lignes de téléphones portables placés sur écoutes par les ministères de l'Intérieur et de la Défense. L'enquête fut confiée à la DST, laquelle se rendit rapidement à l'évidence : étant donné la grande négligence qui avait caractérisé la distribution des badges d'accès aux locaux, le nombre de suspects était énorme. Alors qu'une centaine de personnes fréquentaient les lieux, plus de cinq cents badges avaient en effet été mis en circulation. Un amateurisme qui rendait l'enquête quasi impossible. Le signe, conclut Raymond Nart, que la culture de sécurité est encore balbutiante en France.

L'un des premiers réflexes des enquêteurs de la DST, lorsqu'ils tiennent un suspect, consiste encore à recopier intégralement les numéros de téléphone figurant dans ses répertoires. De cette façon, ils se donnent les moyens de pouvoir un jour débusquer un éventuel réseau, à tout le moins de décrypter un environnement humain. Une mine d'informations plus importantes que les éventuelles conversations qu'ils ont pu capter avant l'arrestation, sachant qu'il faut être bigrement amateur pour faire part de ses intentions au téléphone, dans le genre : « Je t'apporte le chiffre du Quai d'Orsay demain midi aux guichets grandes lignes de la gare Saint-Lazare. »

« *Pas à n'importe quel prix* »

« Celui qui sait écouter les gens aura du renseignement. »

Raymond Nart est un adepte des recettes simples et efficaces. Celle-ci était le fruit d'une longue pratique. Voilà encore quelques années, la police tout entière, à l'en croire, savait écouter. On était loin de l'actuel « abattage ». Les inspecteurs de la DST étaient accueillis à bras ouverts dans les commissariats de la sécurité publique lorsqu'ils allaient demander un tuyau ou consulter une procédure. « Voir des gens, entretenir ses relations, écouter, c'est un vrai métier. »

Les moyens techniques, c'est peut-être bien, mais c'est coûteux. La source humaine, c'est mieux et c'est souvent moins cher. Encore faut-il avoir l'honnêteté de ne pas tout prendre pour argent comptant. « Nous avons certainement passé plus de temps à démonter des affaires qu'à ficeler des dossiers trop beaux pour être vrais, reconnaît Raymond Nart. Cela nous a certainement évité plus d'une fois des difficultés, voire de mettre des innocents en prison. Une affaire sur dix est à la DST une vraie affaire ; les autres débouchent sur du renseignement, ce qui est finalement notre raison d'être. Personnellement, je n'aurais pas fait fusiller le fils du fabricant de biscuits de Lectoure (Gers) simplement parce qu'il se vantait d'avoir collaboré avec la Milice pendant l'Occupation. Il fallait bien sûr envoyer quelqu'un devant la justice quand l'occasion se présentait, ne serait-ce que pour montrer qu'il y avait en France une législation punissant l'espionnage, et que nous étions capables de l'appliquer. Mais il ne fallait pas le faire à n'importe quel prix. »

Sur environ 160 dossiers d'expulsions de diplomates traités par la DST entre 1945 et 1990 et impliquant des pays de l'Est, plus de la moitié concernaient des Soviétiques. La plupart du temps, ces dossiers ont débouché sur des mesures administratives. Les expulsions d'espions ont marqué l'opinion publique durant la période de la guerre froide, le record français ayant été atteint grâce aux informations de « Farewell », avec 47 Soviétiques sommés de quitter le même jour le territoire français. Plus discrets ont été les multiples refus de séjour et refoulements à la frontière : près d'un millier par an, notamment dans le cadre des enquêtes réalisées lors des demandes d'accréditation déposées par les diplomates étrangers.

« Chaque fois que nous refusions la venue de quelqu'un, c'était, pour le camp adverse, une défaite. Cela signifiait que nous avions percé son jeu. Les années de préparation, d'apprentissage de la langue, tout ceci était neutralisé. »

Lorsqu'un diplomate était pris en flagrant délit, il était en général discrètement conduit à la DST, où on lui signifiait qu'il avait quarante-huit heures pour quitter le territoire – huit jours si son pays était en position d'exercer des pressions sur le Quai d'Orsay. Seule la partie émergée des affaires traitées débouchait finalement sur la saisine d'un juge d'instruction.

« Le travail de contre-espionnage de la DST n'est que rarement destiné à être vu. Ce qui compte, dans ce service, ce n'est pas l'addition des "crânes", comme on dit dans la police. L'essentiel, c'est le renseignement. C'est de pouvoir prévenir et empêcher une vague d'attentats grâce à un renseignement de qualité, ce qui a probablement plus d'importance politique pour un gouvernement que l'arrestation des auteurs d'un hold-up, même s'il faut évidemment arrêter les malfaiteurs... »

4.

Nikita et le KGB

L'initiation

Raymond Nart est formel : les Russes ont l'« instinct » du renseignement. « Cela doit remonter à l'époque des tsars », remarque-t-il. Ils ne sont pas les seuls dans ce cas, à l'en croire. Certains autres, qui passent une bonne partie de leur temps à se jalouser, à regarder le voisin derrière les volets ou par le trou de la serrure, pourraient rivaliser avec eux. C'est ce que le contre-espion appelle sans dédain l'« esprit de village ».

Mais avant d'en arriver à cette connaissance assez pointue du monde russe, Raymond Nart a été un vrai novice. Sur son chemin, il y a eu la lecture de Custine et de Pouchkine. Voire celle d'un ancien livre sur la Russie qui montrait de façon prémonitoire comment les Tchétchènes enlevaient régulièrement des otages depuis les temps reculés, presque par tradition, pour en faire commerce.

Il y a eu aussi ces chants russes écoutés avec délices.

Il y a eu la belle Hélène Peletier : professeur de russe au lycée de Toulouse, elle était la fille d'un attaché militaire français à Moscou et avait épousé le peintre polonais Auguste Zamoïski[1]. Elle s'était livrée à une véritable

---

1. Ami du peintre et sculpteur Aristide Maillol.

opération clandestine : le rapatriement en France, en 1953, au lendemain des obsèques de Staline, des manuscrits de dissidents, par le biais de la valise diplomatique française (elle était notamment l'amie d'André Siniavski, de Iouli Daniel et de Boris Pasternak, l'auteur du *Docteur Jivago*[1]). Les cours de ce professeur émérite avaient ouvert l'élève Raymond Nart sur le monde et la vie politique ; sur les livres rares, aussi, qu'il avait pris l'habitude d'aller acheter chez un vieux libraire juif de la rue d'Alésia, à Paris – pour les départs à la retraite, à la DST, on offrait plus volontiers un livre qu'une canne à pêche.

Et puis il y a eu Nikita Krivochéïne, pour qui Raymond Nart est à jamais resté « monsieur Dubarry » (un pseudonyme démarqué du nom de sa mère). Nikita, ami et conseiller à la fois, dans un curieux équilibre où la trahison n'a jamais eu de place, ni d'un côté ni de l'autre. Conseiller sur le papier, donc, mais ami dans la vie, ce Franco-Russe descendant du ministre de l'Agriculture du tsar Nicolas II a fait bien plus qu'aider le contre-espion à comprendre l'univers russe : il lui a fourni les clefs de la place Rouge. Par quoi a-t-il commencé ? Peut-être par cette blague qui en disait long sur l'espace spécifique occupé par la communauté juive dans la société russe :

« Un jour, il y a un arrivage de viande dans une boucherie de Moscou. Tous les habitants du quartier se précipitent et une longue queue commence à se former. Après quelques heures d'attente, le responsable du magasin d'État sort sur le pas de sa porte et lance à la cantonade :

« – Il n'y en aura pas pour tout le monde !

« La foule murmure sa réprobation.

---

1. Sémitchastny, directeur du KGB en 1960, a commis cette déclaration au sujet de Boris Pasternak : « C'est un porc qui pour manger des glands détruit les racines du chêne qui le nourrit et le protège du soleil. »

« – Les Juifs, reprend le fonctionnaire, vous rentrez chez vous : inutile d'attendre davantage !

« La queue n'avance toujours pas lorsqu'il reparaît :

« – Les sans-parti, vous pouvez rentrer chez vous : il n'y en aura pas pour tout le monde ! lance-t-il à nouveau.

« Trois heures plus tard, alors que personne n'est encore servi, le fonctionnaire revient et dit :

« – Tout le monde à la maison ! Il n'y aura pas de distribution aujourd'hui !

« Et le Moscovite dûment encarté au Parti communiste de rentrer chez lui en pestant contre les Juifs, toujours les plus pistonnés... »

Cette petite histoire trahit la jalousie teintée d'antisémitisme que suscitent alors les Juifs en URSS. Raymond Nart, qui n'est pas spécialement amateur de blagues, en retient simplement l'importance du paramètre juif dans cette société. Cette information, qu'il va par la suite approfondir sérieusement, lui offrira à maintes reprises une grille de lecture indispensable, notamment lors de la découverte de la fameuse filière juive qui allait permettre à de nombreux Juifs de quitter l'URSS pour Israël ou d'autres pays occidentaux. Plusieurs dossiers d'espionnage ou de renseignement vont par ailleurs avoir pour acteurs principaux des Juifs russes dans le rôle de l'espion ou de l'agent. En côtoyant les membres du Mossad, les services secrets israéliens, Raymond Nart est par ailleurs arrivé à la conclusion que les Juifs possèdent eux aussi une véritable culture du renseignement et qu'un très fort sentiment d'appartenance communautaire permet aux Israéliens de faire fonctionner efficacement un grand service. Mais c'est là une autre histoire...

Au contact de Nikita, il ne passe pas son temps à écouter les blagues en circulation à Moscou. Fait plus essentiel, il apprend que le Parti communiste d'Union soviétique ne commande plus rien depuis longtemps dans le pays. Que les Russes souffrent de voir régner partout le mensonge. Et surtout qu'ils ont une civilisation à défendre.

« Au départ, j'ai respecté la consigne. "Ne donne pas ton adresse personnelle à un agent, garde toujours du recul par rapport à lui", dit-on. Mais des liens se sont tissés entre Nikita et moi, et j'ai fini par l'inviter à mon domicile. Lui qui avait connu le KGB et le goulag avait accumulé une expérience incomparable. Il m'a dépeint les ressorts cachés d'un système vulnérable. Il m'a expliqué comment le citoyen soviétique parvenait à vivre malgré tout. Il m'a initié à ce qu'il appelait la "résistance passive" du peuple, une attitude que nous ne parvenions pas toujours à décrypter depuis la France. Il m'a tout simplement fait découvrir la culture russe. Grâce à lui, j'ai connu et apprécié de grands peintres et de grands musiciens russes. Mais cette fascination pour l'art ne m'a jamais aveuglé : le système imposé par Moscou restait à mes yeux un système criminel inventé par Lénine et appliqué par un Géorgien fou appelé Staline. »

Coupable

Comment les deux hommes ont-ils noué cette relation Est-Ouest ? Le contre-espion est simplement venu frapper à la porte du Russe trois semaines à peine après son retour en France, via Marseille. L'ambassade de France à Moscou avait donné l'alerte. La DST s'était contentée de guetter cet homme dont tout donnait à penser qu'il aurait quantité de choses à raconter. Nikita Krivochéïne, né en France en 1934, avait en effet rejoint la Russie, sa patrie, dans les bagages de son père, en 1948, à une époque où l'avenir semblait se lever du côté de Moscou. Il l'avait cependant rejoint contraint et forcé, parce que son père, ingénieur, ancien résistant et ancien déporté, avait été répertorié par la police française comme membre de la très suspecte Union

x

des citoyens soviétiques. Guerre froide oblige, on l'avait prié
de quitter le territoire français en même temps qu'une vingtaine de ses compatriotes et de leurs proches. À Moscou,
la paranoïa stalinienne s'était abattue sur le père, aussitôt
emprisonné dans un camp de la lointaine Sibérie. Nikita et
sa mère avaient alors vécu plusieurs années dans la misère
et le froid, se nourrissant de semoule et de saucisson de
baleine. Le KGB avait tenté une approche en 1953, mais le
jeune et rebelle Nikita avait réussi à éconduire son
recruteur, ce qui s'était logiquement traduit par un nouvel
éloignement du père.

Profitant de la déstalinisation, la famille avait cependant
pu rejoindre Moscou l'année suivante. En 1957, à l'occasion
d'une soirée au Bolchoï, Nikita avait rencontré par hasard
l'attaché culturel français, un certain F., avec qui il avait
longuement conversé au fumoir, pendant l'entracte. Il
l'avait retrouvé quelque temps plus tard à l'occasion du
Festival mondial de la jeunesse, et c'est là que le KGB avait
fondu sur eux.

Considéré comme agent français, estampillé « criminel
d'État », Nikita s'était retrouvé au siège de la Loubianka,
où on l'avait un jour surpris en train de siffler crânement
La Marseillaise. Appréhendé, donc coupable : ainsi fonctionnait la machine soviétique telle que la résumait en ces
mots le père de Nikita :

« Dans le droit français, il appartient à l'inculpé de
prouver son innocence ; dans le droit anglais, il appartient
à la justice de prouver la culpabilité de l'inculpé ; dans le
système soviétique, il appartient à l'individu d'établir sa
propre culpabilité. »

Tout était dit.

Victime

Nous sommes en 1971 lorsque Raymond Nart vient à la rencontre du Russe. Il ne sait pas encore que Nikita se ferait un agréable devoir de porter de mauvais coups au communisme. Ni que sa préférence pour le « monde libre » est acquise depuis toujours. Non, il est resté sur les déclarations faites par l'attaché culturel à son retour de Moscou, peu avant de mourir, selon lesquelles Nikita pourrait bien avoir été un agent du KGB chargé de le piéger...

Loin de traiter le Russe comme l'aurait fait le KGB, Raymond Nart, fort du dossier très noir qu'il a entre les mains, l'interroge cependant assez durement. Mais l'offensive est de courte durée et le contre-espion laisse bientôt sa proie en paix : il a compris que la version élaborée lors du retour du diplomate était fantaisiste, et même totalement fausse ; que Nikita n'avait rien fait d'autre que tendre la main à la France. Les faits survenus en 1957 étaient d'ailleurs largement prescrits grâce à l'amnistie qui avait suivi la guerre d'Algérie. Mais ce n'était pas le point le plus important.

D'un naturel curieux, Nikita cherche à en savoir davantage. Surpris par l'étendue des connaissances des services occidentaux sur ce qui se trame de l'autre côté du mur, le Franco-Russe veut comprendre ce que cache l'affaire de l'attaché culturel, et pourquoi on lui a infligé un tel interrogatoire, bien au-delà du modeste débriefing auquel il s'était attendu.

« C'est notre petit secret professionnel », lui dit Raymond Nart en riant.

La vérité est qu'il y a dans cette histoire un troisième personnage, un marchand de tableaux et d'œuvres d'art, autrefois proche de Jean Moulin, le héros de la Résistance. Si Nikita Krivochéïne n'a pas dénoncé l'attaché culturel français, cet homme-là pourrait en revanche endosser le costume de l'agent soviétique, et voilà qui passionne au plus haut point la DST.

Le Russe et le contre-espion entrent peu à peu dans les détails. Une première fois, se rendant à une rencontre avec l'attaché culturel, Nikita avait remarqué qu'il était filé. Il était entré dans les locaux d'une université et avait abandonné dans les toilettes les documents qu'il comptait remettre au Français, contenant de multiples informations sur l'intelligentsia russe. Il avait alors perdu le contact avec le diplomate et n'avait pu le rétablir que par l'entremise du marchand d'œuvres d'art, de passage à Moscou : c'est celui-ci qui avait organisé la fatale rencontre.

Nikita, qui ne pouvait se méfier d'un proche de Jean Moulin, avait d'abord exprimé son étonnement.

« L'attaché culturel veut vous voir avant son retour définitif en France », avait insisté l'intermédiaire.

Nikita était venu au rendez-vous les mains vides, avec juste une icône en guise de présent. Le KGB était aux aguets. Malgré l'absence de preuves, on l'avait expédié trois années au goulag.

Raymond Nart obtient du ministère de l'Intérieur l'autorisation d'interroger brièvement le suspect français en marge d'une exposition d'art moderne. Mais il n'en tire aucune conclusion définitive. Seulement un indice : à l'issue de cet entretien, l'homme juge utile de téléphoner à l'épouse de l'attaché culturel, qui sait très précisément comment et par qui a été organisé le contact entre Nikita et son mari.

« Je viens d'être interrogé, lui confie-t-il. Ne dites rien. Surtout, tenez-vous-en à la thèse des micros. »

La DST, qui a placé plusieurs écoutes téléphoniques, a enregistré cette conversation en forme de semi-aveu.

Raymond Nart en a désormais la certitude, Nikita n'est pas le coupable qu'on lui a fait miroiter. C'est plutôt une victime. Dès lors, il décide de lui prêter aide et assistance, à lui et à ses parents désireux de se réinstaller en France. D'obtenir pour eux des papiers en règle le plus rapidement possible, non sans offrir au père une visite rue des Saussaies, au ministère de l'Intérieur, dans cet immeuble où il fut torturé par la Gestapo pendant onze jours. De les protéger, aussi, sachant que les Soviétiques viendraient probablement chercher leur proie jusque dans l'Hexagone, ce qui ne manqua pas de se produire dès l'année suivante.

En secret, le Russe et le policier partagent désormais un ennemi commun : l'intermédiaire français qui aurait précipité Nikita dans les griffes du KGB. Mais l'absence de preuves formelles ne permet pas d'aller au-delà...

Le navire ivre

« Adolescent français propulsé à Moscou à la fin des années 40, formé par les Jésuites, j'ai vite compris l'abomination du régime soviétique, avant même l'incarcération de mon père, raconte aujourd'hui Nikita Krivochéïne. Parti de la rue Jean-Goujon, dans le quartier des Champs-Élysées, je me suis retrouvé à Oulianovsk, au fin fond de l'Union soviétique. Je me croyais arrivé en Russie, j'étais en URSS ! À partir de ce moment, j'ai commencé à considérer les gens du KGB avec haine et je n'ai plus eu qu'une ambition : les avoir. Lorsque je suis revenu en France, j'étais habité par un désir de vengeance qui me semblait légitime. En me liant avec Raymond Nart, un homme finalement aussi patriote que je l'étais, j'ai contribué par mon grain de sable à la neutralisation du système. »

Ayant constaté que le contre-espion n'était pas totalement ignorant en la matière, il l'instruit longuement sur le fonctionnement du système carcéral soviétique, ce goulag où l'on fait alors mourir les hommes à grand froid plutôt qu'à petit feu. Il lui rapporte cette anecdote dont le policier conservera le souvenir jusqu'à son premier voyage à Moscou : dans les couloirs de la Loubianka, les « guébistes » avaient l'habitude de claquer des doigts tout en marchant pour signaler leur présence aux détenus. Un détail d'une redoutable précision dont il se servira à plusieurs reprises pour faire « basculer » certains interrogatoires.

Raymond Nart aide Nikita Krivochéïne à s'intégrer en France en lui expliquant notamment les dessous de la politique intérieure française ; en retour, le Russe initie chaque jour davantage le policier aux secrets du pays où il vient de passer vingt-cinq ans. La haine de l'Occident diffusée par le régime soviétique sidère l'homme de la DST. Le respect dont il fait montre à l'égard de son interlocuteur, dont il ne cesse de louer le « courage », renforce de mois en mois leur relation.

« Mes rapports avec Nikita étaient celui du professeur et de l'élève, dit Raymond Nart. Ce n'était en rien ce rapport de maître à esclave qui préside trop souvent à la collaboration entre l'officier traitant et son agent. »

« L'URSS, c'est un navire ivre », insiste le passeur-interprète Nikita en racontant ses huit mois passés dans les murs de la Loubianka, où son propre père séjourna deux ans. « Le siège de la police secrète respire la haine et la souffrance, le froid, l'obscurité et le moisi », poursuit-il. À plusieurs milliers de kilomètres de distance, Raymond Nart voit comme s'il y était le milicien posté à l'entrée de l'immeuble, un chien jaune à ses pieds, été comme hiver.

Nikita apporte au policier cette description charnelle sans laquelle l'URSS se serait résumée pour lui à des matricules et à des noms de code. Il lui présente un certain Andreï Prokofiev, fils du célèbre compositeur : un artiste, pas un espion. Il lui restitue un climat sans cesse nourri de faits nouveaux, grâce aux réseaux des émigrés russes. Il lui fait comprendre que Staline, sur un point au moins, avait raison : le peuple russe pouvait bien bouffer de l'herbe, il survivrait et renaîtrait forcément. Il lui confirme ce qu'il pressent depuis longtemps : le système ne broie pas seulement son propre peuple, mais les ordonnateurs de la terreur eux-mêmes. Il l'initie au fatalisme russe, cette léthargie qui permet au système de perdurer au fil des décennies mais dans laquelle lui-même n'a pas sombré, fort de l'apport d'une culture étrangère.

« Plus je découvrais les rouages internes de la machine, moins j'en avais peur. C'est le même sentiment que j'ai éprouvé plus tard face aux terroristes : l'intimité éclipse la peur. Celui qui doit dresser un cheval vit sans doute un processus similaire : mieux il connaît la bête, moins il s'en méfie. »

Le pacte de la place Rouge

Les deux hommes voient-ils venir la chute de l'« Empire » ? « Ces populations avaient tellement souffert, le régime était devenu si paranoïaque, qu'une telle issue était prévisible », dit aujourd'hui Raymond Nart. Sauf que personne ne l'avait prévue. Surtout pas Valéry Giscard d'Estaing, qui, lors d'un voyage en URSS, avait fait éclater de rire la moitié de la population moscovite en allant fleurir une tombe historique, le mausolée de Lénine, à une époque où les hiérarques communistes eux-mêmes avaient du mal à feindre d'y croire.

« Nous aurions dû imaginer cette issue quand nous avons constaté que plus personne n'avait la foi. Nous le sentions, mais sans en tirer les conséquences. »

C'est sans doute pourquoi, avec Nikita, le contre-espion fait le serment de revenir un jour avec lui sur la place Rouge, quand tout sera fini. Nous sommes alors en 1971. Le système soviétique est peut-être tout-puissant, mais il est sur le déclin. Attablés dans une brasserie parisienne, les deux hommes inventent leur cri de guerre : Rendez-vous à l'ombre des murs du Kremlin pour trinquer à la déconfiture du communisme ! Un engagement ferme.

Comment a surgi cette intuition ? Nikita Krivochéïne : « C'était d'abord une conviction métaphysique : j'étais certain que le système soviétique, profondément irrationnel, courait à sa perte. J'avais d'ailleurs tout fait pour quitter cette vallée de larmes avant que la fin tant attendue n'advienne. Tout un peuple souffrait. La situation n'était plus tenable tant nous faisions concurrence au paradis terrestre... Plus prosaïquement, je voyais bien que le KGB était une machine de plus en plus corrompue, de moins en moins idéologique, une société fermée, presque une secte, dont les membres s'étaient aperçus très tôt que le pays ne pourrait fonctionner ainsi éternellement. Cette dégradation a commencé bien avant mon départ, disons autour de l'année 1970... »

En guise de présent, Nikita offre bientôt à son ami une plaque arrachée dans une petite ville d'Asie centrale, Chita, connue pour son goulag, et où l'on peut lire ces mots en russe : « Rue du NKVD ». La plaque trouve naturellement sa place dans le bureau du commissaire, qui peut se targuer de savoir lire maintenant l'aride *Pravda* entre les lignes – notamment la rubrique nécrologique, où figure la liste des participants aux obsèques, ce qui permet d'affiner les organigrammes.

Comme le disait le comédien Romain Bouteille : « Dans un État honnête, la police fait son travail ; dans un État malhonnête, elle est complice. »

Une histoire stalinienne

Dans la culture de la DST, cette histoire compte double. Elle se déroule entre Paris et Moscou, en 1957, quatre ans après la mort de Joseph Staline. L'exécution de Lavrenti Béria, ancien chef suprême de la police politique, vient d'ouvrir le début d'une féroce guerre de succession. Intrigues et procès expéditifs vont bon train, et les chefs du PCUS ne sont pas épargnés. Parmi les personnages particulièrement visés, Anastase Mikoyan. Longtemps ministre des Affaires étrangères sous Staline, ce hiérarque détient un record de longévité propre à exaspérer (entre autres) Khrouchtchev, le secrétaire général du Parti. Ce dernier donne-t-il lui-même son feu vert à l'opération anti-Mikoyan ? Rien ne le prouve, mais les faits sont là : épaulé par un certain Fédotov, le général Ivan Sérov, président du KGB, met sur pied une machination infernale. Le maillon faible, pensent-ils : le fils de l'ancien secrétaire de Mikoyan, Félix Kroutikov. C'est par lui qu'ils vont tenter d'atteindre leur cible. Il se trouve qu'ils connaissent intimement son père, Alexandre, né comme eux à Vologda, où les trois hommes possédaient des datchas voisines et pratiquaient ensemble la pêche à la ligne.

Les comploteurs n'ont aucun mal à retrouver Félix Kroutikov en France, où il exerce en tant que diplomate au sein de la mission commerciale soviétique. Deux personnes sont désignées : les époux Pétrov, également diplomates soviétiques, pour l'occasion exécuteurs des basses œuvres. Expédiés à Paris, ils ont carte blanche pour piéger leur collègue : ils disposent d'un budget illimité et de pouvoirs hors normes.

Le piège prend forme à l'occasion d'un repas d'anniversaire bidon (celui d'un enfant imaginaire) organisé par les époux Pétrov au restaurant *La Grande Cascade*, en bordure du bois de Boulogne. Vladimir Pétrov lève son verre à tout propos, entraînant les autres convives à l'imiter. Soudain, au cours du repas, il demande à Félix Kroutikov s'il peut lui rendre un service et téléphoner pour lui à l'ambassade. Mais il feint de se raviser et se lève pour aller appeler lui-même.

Comme Vladimir Pétrov ne revient pas, Kroutikov finit par se lever à son tour et part à sa recherche. Ne le trouvant pas, il se poste devant la porte du restaurant et allume une cigarette. Le piège s'est refermé sans qu'il ai rien vu venir.

Le lendemain matin, à l'ambassade, Félix Kroutikov se voit rappeler le règlement : il n'avait pas à être seul devant le restaurant et aurait dû rendre compte immédiatement de l'absence anormale de Vladimir Pétrov. On lui reproche également d'avoir reçu, quelque temps auparavant, un horloger suisse qui s'était présenté à la mission commerciale pour lui vendre des montres en or. Un commerçant qui parlait avec un fort accent américain et lui avait laissé, en sus de la documentation, quelques échantillons : plusieurs montres en or massif que Félix Kroutikov avait rangées dans son coffre.

À l'issue d'un interrogatoire serré, le « coupable » est mis dans un train pour Genève : officiellement pour s'expliquer avec l'horloger. En fait, un avion l'attend sur place, et il est aussitôt embarqué pour Moscou et la Loubianka, siège du KGB.

Placé en état d'arrestation dès son arrivée, Félix Kroutikov est interrogé par le général Sérov en personne.

« Combien de temps es-tu resté à griller ta cigarette devant le restaurant parisien ? lui demande-t-il sans préambule.

– Pas plus de deux minutes, répond le jeune Kroutikov.

– Pour apprécier vraiment une bonne cigarette, il faut quinze minutes ! » ironise Sérov.

Quelques journées d'interrogatoire plus tard, plus

personne ne s'intéresse aux montres suisses. Le vrai sujet, c'est évidemment Anastase Mikoyan.

« Tu vas pisser du sang ! On veut tout savoir sur Mikoyan ! » lance Sérov.

Utiliser le fils de son meilleur ami pour atteindre un hiérarque, voilà les mœurs de l'époque. Si Félix refuse de compromettre Mikoyan, il ira « pourrir » dans la ville minière de Vorkouta, parole de général !

Comme Félix Kroutikov ne dit mot, l'interrogateur change brusquement de cap. Il bifurque vers le scénario de la trahison. Et accuse le suspect d'avoir préparé son ralliement à l'Ouest avec le concours du faux horloger suisse. Voilà bientôt le jeune homme agent des Américains, des Anglais et des Français ! Ne porte-t-il pas tous les signes de la réussite ? N'a-t-il pas transporté des mallettes diplomatiques (enchaînées à son poignée) contenant l'argent destiné au Parti communiste français, qu'il déposait dans des banques lyonnaises ? Il en a détourné, forcément... Et si rien ne le prouve, on l'inventera !

Les époux Pétrov, dans l'intervalle, ont eu le bon sens de ne pas regagner Moscou. Fuyant un séjour programmé dans les camps, leur mission ayant échoué, ils ont choisi sagement l'exil en Australie...

Le 31 juillet 1954, toujours silencieux, Félix Kroutikov est pour sa part condamné à vingt-cinq ans de camp. Dans la foulée, son épouse demande le divorce, et son père Alexandre, vice-président du Conseil des ministres de l'URSS, est destitué...

En attendant, la disparition précipitée de Félix Kroutikov en France sème la panique dans les rangs des services occidentaux. La CIA tentait précisément de l'approcher pour le recruter. Les Américains ont vite fait de conclure à une trahison orchestrée et de soupçonner les services français, forcément infiltrés ! Il n'en est rien, mais il faudra attendre des années pour connaître le fin mot de l'affaire.

Entre-temps, le 25 novembre 1960, après six ans de camp, Félix Kroutikov est libéré et réhabilité, conformément à un décret de la Cour suprême établi à la demande... d'Anastase Mikoyan, devenu président du Soviet suprême de l'URSS !

Le jeu stéréotypé du KGB

Raymond Nart porte un regard de plus en plus aigu sur l'adversaire, dont il connaît désormais l'âme et non plus seulement la façade.

« À Paris, nous avions affaire à une troupe d'attachés d'ambassade soviétiques dont nous ne savions lesquels étaient membre du KGB. Nous tentions de suivre au plus près les mutations afin de savoir qui remplaçait qui, et d'essayer de comprendre pourquoi ces remplacements avaient lieu. Lorsque l'un d'eux disparaissait, il nous arrivait de le signaler aux autres services occidentaux en espérant recevoir à l'occasion un retour d'information. À la grande époque, ils ont dû être près de 250 en poste sur le territoire français ! Le KGB n'était pas implanté seulement à Paris[1]. Il avait des hommes à Issoire, à cause d'un contrat passé entre Creusot-Loire et un organisme d'État soviétique. Il disposait de quelqu'un auprès de l'Institut océanographique de Monaco, d'un autre dans une usine de fabrication de machines-outils à Dammarie-lès-Lys, d'un consulat à Strasbourg et d'une antenne à Nice au sein d'une petite société de pêcherie...

« Les Soviétiques faisaient de l'espionnage de manière

---

1. Avec cent soixante officiers du renseignement, la résidence du KGB à Paris était la plus importante après celle de Washington. Dans le même temps, en 1981, sur mille officiers américains en poste à Paris, cent étaient considérés comme des espions.

systématique et répétitive. Comme cela se fait dans le rugby, ils pratiquaient un jeu stéréotypé, jouant "physique", sans grande intelligence, alors que le "contre" de la DST était totalement imprévisible pour son adversaire. Au cours des filatures, on savait à l'avance ce qui allait se passer, tant les événements étaient planifiés. Il y avait chez eux une forme d'académisme, une religion qui guidait tous leurs faits et gestes : ils ne devaient pas dévier de la procédure. S'ils contactaient un agent, ils agissaient systématiquement chaque fois de la même façon. Ils prenaient contact par téléphone depuis un lieu extérieur à l'ambassade, repassaient par l'ambassade, puis se rendaient au rendez-vous. Ils quittaient la personne d'une certaine façon, toujours la même, par un parcours – dit de sécurité – d'une à plusieurs heures. »

L'ambassade elle-même, située boulevard Lannes, dans le XVIe arrondissement de Paris, était difficile à surveiller. Aucune entrée n'était en effet aménagée côté boulevard. Tout se passait du côté du bois de Boulogne où les surveillances étaient bien plus difficiles à mettre en œuvre, sauf à « piéger » les arbres.

La DST surestime-t-elle à l'époque la force de cet adversaire ?

« Certainement, dit Raymond Nart. Mais, dans le même temps où l'on neutralisait un Soviétique, à l'instar de l'Hydre de Lerne, plusieurs autres prenaient aussitôt le relais. On les dérangeait énormément, mais ils compensaient par l'effet de masse ; ils comptaient en France sur un dispositif énorme. Grâce à des transfuges comme "Farewell" et à quelques autres, nous avons cependant été capables de "lire par-dessus l'épaule du KGB", selon l'expression du général Saulnier. Cette affaire a prouvé qu'il y avait toujours moyen de "passer", lorsque l'on se trouvait confronté à une construction humaine, fût-elle la plus sophistiquée – ce qui était le cas.

« Les Soviétiques que nous avions en face de nous avaient ce côté oriental que nous connaissions bien. Ils éprouvaient pour la France une forme de sympathie, pour des raisons historiques, depuis l'alliance franco-russe conclue au début du siècle, mais plus sûrement à cause des prises de position du général de Gaulle. Lorsque nous expulsions quelques-uns d'entre eux, les mesures de rétorsion n'étaient pas aussi nettes que lorsque Américains ou Anglais procédaient de même. Pris la main dans le sac, le diplomate soviétique savait qu'il allait devoir quitter le pays. Cela faisait partie des risques du métier. Le retour prématuré était même considéré à Moscou comme un accident du travail. Le diplomate, tenu à l'extérieur à une conduite exemplaire pour la simple raison qu'il avait en général laissé sa famille sur place, ne protestait jamais. Il rentrait et tâchait de se faire oublier. Plus tard, il pourrait repartir pour une nouvelle affectation en Afrique ou en Amérique, sous une identité différente. Nous savions qu'un diplomate parlant le français serait forcément recyclé à un moment ou à un autre dans l'aire francophone. C'est comme cela, en les suivant à la trace, que nous sommes parvenus à dresser une liste importante de fonctionnaires circulant dans une vingtaine de pays. Les membres du KGB avaient un profil déterminé. N'entraient pas dans ce service ceux qui ne pouvaient faire état des quatre quartiers de noblesse : tous devaient être de mère et de père russes. Les autre n'avaient aucune chance. Tout juste pouvaient-ils être employés comme agents, mais très rarement comme cadres du KGB. »

Raymond Nart aurait-il compris cela sans le concours intellectuel de transfuges et de son ami Nikita Krivochéïne ? « Grâce à lui, j'ai compris que le communisme fonctionnait comme un État assiégé, que les Soviétiques, dans leur grande majorité, ignoraient ce qui se passait à l'extérieur. C'était une clef indispensable pour décrypter le reste. »

Les chemises kaki du GRU

Le KGB obsède la DST, qui a longtemps sous-estimé les capacités du GRU[1], le service de renseignement militaire de l'URSS. Or, à la grande époque, le GRU est une gigantesque machine : environ 250 000 employés au service d'une Armée rouge forte de près de 5 millions d'hommes. Un service de renseignement rattaché à l'état-major des armées et dont l'objectif est de recueillir des informations d'ordre stratégique, tactique, scientifique ou technique pour le compte de l'immense complexe militaro-industriel.

Photos par satellites, écoutes des conversations téléphoniques ou radiophoniques, notamment à partir des ambassades : le GRU n'aurait pas eu grand-chose à envier à l'actuelle National Security Agency, les « grandes oreilles » de l'armée américaine. Bien implantée à Cuba, présente dans toute l'Afrique, incrustée dans les capitales européennes avec des dispositifs fonctionnant vingt-quatre heures sur vingt-quatre, cette machine s'est révélée particulièrement efficace.

À Paris, la DST recense jusqu'à trente attachés militaires et autant de techniciens. Plus une armée d'illégaux « dormants », disséminés dans le pays pour entrer en action en temps de guerre, sous le couvert de noms français (leur seule faille, repérée par la DST, c'est qu'ils ne parviennent pas à s'immatriculer à la Sécurité sociale). L'ambassade sert alors de quartier général à cette troupe dont on reconnaît assez facilement les éléments à cause de leurs chemises kaki (leur solde ne leur permet pas de se lancer dans des frais superflus) et de leurs cheveux coupés court, mais aussi de

---

1. GRU : Direction principale du renseignement, rattachée à l'état-major général.

leur physique : l'armée recrute rarement les personnes de petite taille, guère plus les hommes empâtés.

La batterie d'antennes est installée dans ce bâtiment que la DST aurait rêvé de pénétrer, simplement par curiosité. À défaut, elle joue la carte du brouillage bête et méchant. Des mesures de précaution sont également prises pour protéger les conversations les plus sensibles, en particulier celles qui partent de l'Élysée ou qui y arrivent. Le câble qui dessert à cette époque le quartier général militaire de Taverny, près de Paris, est évidemment très surveillé : c'est là que parviendraient les ordres présidentiels en cas de conflit. Les faisceaux radio reliant le président de la République aux militaires ont notamment été déviés, parce qu'ils passaient trop près de l'ambassade soviétique. Une attention majeure est également portée aux sous-marins nucléaires et au plateau d'Albion, base des missiles de longue portée.

La peur règne, mais n'est pas gratuite. Ce n'est pas Nikita mais un transfuge qui a éveillé l'intérêt de la DST pour le travail du GRU. L'officier de char Vladimir Rezoun, alias Victor Souvorov, surnommé par les Anglais le « Petit Napoléon », s'est réfugié à Londres, traumatisé par l'invasion de la Tchécoslovaquie. La population de Prague était montée à l'assaut des chars pour insulter les soldats ; le « Petit Napoléon » ne l'avait pas admis. Raymond Nart et son équipe se sont rendus à plusieurs reprises à son invitation, à Londres. Leurs conversations ont débouché sur l'identification de plusieurs piliers du GRU en France au milieu des années 70.

La DST a identifié au cours de ces années-là une trentaine d'illégaux en poste sur le territoire français. La plupart du temps, ils arrivaient après un séjour au Canada ou en Australie. Là, ils se faisaient passer pour des enfants de Français morts à l'étranger, de retour au pays après une longue absence et en mal de papiers d'identité, prétendument appelés Bordier, Ravier ou Petitclair. L'un d'eux aurait fait carrière au SDECE, le service d'espionnage français, si la DST appelée en secours, n'avait percé sa véritable identité à l'occasion de sa demande de naturalisation... D'origine tchèque, il a été incarcéré, puis expulsé à temps, empêchant son service traitant de remporter là une singulière victoire.

« Nous avons alors compris que le GRU était plus performant que nous ne l'avions imaginé, témoigne un ancien de la DST. Les Soviétiques avaient à cette époque en tête la guerre à l'Ouest et l'invasion de l'Europe occidentale. S'ils avaient envoyé leurs chars vers celle-ci, ils y seraient entrés sans difficulté : nos autoroutes n'ont rien à voir avec les passes montagneuses dans lesquelles ils se sont fourvoyés plus tard en Afghanistan. Le réseau du GRU sur le sol européen était important, il y avait même un agent illégal en Corse, nommé Ravier, pour faciliter un éventuel débarquement. Mais la donne a rapidement évolué, car les Soviétiques n'avaient pas les moyens d'entretenir une armée de 5 millions d'hommes, et la décrépitude a gagné un matériel mal entretenu. »

Les hommes du GRU étaient cependant moins « sophistiqués » que leurs homologues du KGB. « Ils étaient moins politiques, plus directs mais aussi plus brutaux », constate Raymond Nart, qui fera plus tard leur connaissance au Daghestan lors de la libération des otages français de l'association humanitaire Équilibre.

« Il est notoire que l'Armée rouge allait sans scrupule bien au-delà des 7 % de pertes prétendument admises en cas de guerre par nos propres armées, dit-il. D'une manière générale, les Russes sont fatalistes, et leur histoire a montré plusieurs fois que l'Armée rouge n'avait pas beaucoup de considération pour la vie humaine. Ils se tiraient d'ailleurs régulièrement dessus pendant les combats. Lors de l'invasion du palais présidentiel, à Kaboul, dans la nuit du

27 décembre 1979, les spetznaz[1] ont tué le président afghan, Hafizullah Amin, mais aussi bien le colonel qui commandait leurs forces spéciales, un certain Baïeranov, pris pour un Afghan ! Le côté idéologique était plutôt l'apanage du KGB. Les commissaires politiques du KGB étaient, entre autres, chargés de veiller sur le moral des troupes du GRU. Inutile de dire que ça provoquait des tensions ! »

Un jour, à Varsovie, visitant un bâtiment de style stalinien, le guide polonais des « services » attira l'attention de Raymond Nart sur le cimetière voisin : « C'est là qu'ils ont enterré tous ceux qui sont morts sur le chantier », précisa-t-il. De quoi parachever la formation culturelle du contre-espion.

« Nous combattions le totalitarisme »

Il y a cet ouvrage prémonitoire publié par Michel Garder en 1965 : *L'Agonie du régime en Russie soviétique* (La Table ronde). Qui connaît ce soviétologue mort le 3 mai 1993, auteur de nombreux ouvrages sur la Russie, fils d'une famille d'Allemands de la Volga ? Il a quitté ce pays à l'âge de 4 ans, en 1920. Devenu colonel au deuxième bureau du secrétariat général de la Défense nationale, il a fini sa carrière comme analyste. Après la chute du mur, il dira en plaisantant : « Le cadavre a bougé plus longtemps que prévu. » Dès 1965, il avait prophétisé une alliance entre le KGB et les réformistes. Il expliquait la quasi-impossibilité de revenir à la manière forte. « L'hypothèse d'une révolution par le haut paraît la plus vraisemblable... une révolution sans trop de remous, puisqu'il ne s'agirait que de la disso- lution d'un organisme ayant perdu sa force. » Étonnant, non ? Sauf qu'il était alors clairement considéré comme un

---

1. Forces spéciales.

« doux rigolo » et que, jusqu'au milieu des années 80, nul n'imaginait la chute pacifique du mur...

Il y a aussi les articles de presse prémonitoires sur la perestroïka, comme celui publié dans *Libération* par Alexandre Adler au milieu des années 80, lequel venait de rencontrer un certain Petre Roman (futur Premier ministre roumain) et annonçait le commencement de la fin.

Raymond Nart le découpe mais s'interroge : ou bien ce journaliste est un agent russe, ou bien il n'a rien compris. Pas plus que la plupart des hommes politiques français, d'ailleurs...

La guerre d'Afghanistan a évidemment sur les familles russes un impact énorme à cause des mutilations subies et des cadavres qui reviennent du front par milliers. La DST en est consciente, mais hésite encore. Elle a des excuses : à l'époque, les Soviétiques eux-mêmes n'ont encore qu'une vague idée de leur décrépitude. Personne ne mesure bien l'usure du système, hormis peut-être quelques hauts responsables qui voient dans les premières transformations qui s'annoncent la seule façon de préserver leur statut et de conserver au pays son standing de superpuissance.

En France, un certain Jacques Sapir publie en 1985 un livre dans lequel il décrit une Armée rouge en pleine décomposition. La DST ne fut pas la seule à être tentée d'y voir une entreprise de désinformation. Ce n'était pas le cas.

Cependant, Nikita Krivochéïne et Raymond Nart cultivent leur relation, convaincus que l'espionnage et la propagande idéologique sont bien au cœur de la guerre froide : son véritable moteur.

Quand boiront-ils ce verre sur la place Rouge ? « La Russie est un tanker difficile à piloter, observe alors Raymond Nart. Le mouvement est tellement lent que vous pouvez mettre la barre entre les mains de cadavres ambulants. Cela peut tenir encore un certain temps... »

Le contre-espion défendait-il une civilisation contre une

autre ? « Je n'avais même pas le sentiment de défendre la liberté, confie-t-il. Je ne défendais guère plus le système capitaliste. » Décoré par la CIA, n'a-t-il pas expulsé des Américains du territoire français ? « Non, je ne défendais personne », insiste-t-il, convaincu qu'il n'y a rien de plus risqué que d'ériger des idées en système, « fussent-elles aussi belles que les idéaux du communisme ».

« Notre combat était un combat contre des idées, pas contre un peuple, précise-t-il. Nous combattions le totalitarisme, ce que je ferais en toutes circonstances. J'aurais peut-être été communiste en URSS, mais j'aime l'indépendance et refuse fermement l'embrigadement. J'affirme que je n'ai cependant jamais éprouvé une quelconque haine vis-à-vis de notre adversaire, même si j'ai été, avec d'autres, une sorte de combattant. Je me battais contre un système en défendant les intérêts de mon pays, sans pour autant avoir aux lèvres la bave des excités. Ce combat n'était pas dérisoire, ni vain. Nous avons permis à la France, avec certaines de nos actions, d'économiser des milliards. Nous avons aussi aidé la diplomatie, même si nous n'avons pas toujours été compris. Nous avons défendu la souveraineté de la France tout en sachant fort bien que le PCF ne représentait pas un grand danger, car il était évident que la place du Colonel-Fabien ne prendrait jamais le pouvoir. Nous avons enfin le sentiment d'avoir, en quelques circonstances et sur d'autres terrains, sauvé des vies humaines. »

Après la victoire...

Comment Raymond Nart prend-il conscience de la fin du système soviétique ? Il est par hasard à Berlin, les 9 et 10 novembre 1989, pour une enquête sans grande importance sur un membre du gouvernorat militaire français, vaguement montré du doigt par un transfuge. La nuit où tout bascule, il déambule dans la ville, avec une poignée de militaires français de la DGSE, sous une pluie fine et glacée...

Il avait eu une première occasion de faire une incursion à l'Est quatre ans plus tôt. Il avait conservé le souvenir d'immeubles lugubres, miteux et délabrés ; le ciel était aussi bas, ce jour-là ; ce qui l'avait le plus frappé, au-delà du fameux « Check-Point Charlie », point de passage obligé, c'étaient les bérets que portaient les intellectuels, le caractère sordide des HLM et les jolies filles du *Reisebüro*, l'office du tourisme. « Un monde à part, en même temps très européen. » Une atmosphère qu'il retrouverait bientôt à Moscou, avec cette neige noire, ces files d'attente, ces bus surchargés aux vitres embuées, ces voitures rongées par les acides antineige, quelque chose de bien moins triomphant qu'il ne l'avait imaginé.

Cette nuit-là, dans Berlin en folie, noyé dans le brouillard mais ivre du premier au dernier de ses habitants, pas un des promeneurs français ne comprend que le système communiste est en train de s'effondrer sous ses yeux. « Tout cela va mal se terminer, ils vont tout casser, peut-être sera-ce un bain de sang » : voilà ce qu'ils pensent en voyant les silhouettes des Berlinois de l'Ouest vaguer dans la rue, un verre dans une main, la bouteille dans l'autre.

« C'est finalement le contraire qui s'est produit », constate Raymond Nart. Comment, le lendemain, analyse-t-il l'événement ? « Comme une grande victoire, mais je n'aime pas particulièrement être du côté des vainqueurs, ce qui était le cas ce jour-là. Je redoutais l'après, quand l'euphorie retomberait. Je savais que les vainqueurs se partageraient tôt ou tard les dépouilles, selon la tradition. Mais après ?... Mes grands-parents disaient souvent : "Toi, je t'attraperai sans courir." Ma grand-mère, diminuée par les rumathismes, avait raison : il faut savoir attendre sans se précipiter et fondre sur l'adversaire ; souvent, il aura lui-même organisé sa défaite. »

Après la victoire, c'est d'abord un énorme doute qui s'empare des services de renseignement, en particulier de la CIA, la grande centrale américaine. À quoi vont bien pouvoir être utilisés des services qui se sont presque entièrement consacrés à la lutte contre le communisme et ses influences de par le monde ? « Nous avons dû faire notre révolution culturelle, dit Raymond Nart. Et nous avons décidé, réalisme oblige, de prendre contact avec ceux que nous avions combattus. La pièce de théâtre terminée, nous sommes allés saluer les artistes dans leur loge. Nous leur avons dit qu'il ne devait y avoir ni vainqueur ni vaincu, et que nous étions disposés à les recevoir dans le club des services secrets dès lors qu'ils n'étaient plus nos ennemis. »

Nikita Krivochéïne, lui, a des mots plus durs : « C'était la fin d'une idée folle et sanguinaire. La Russie est enfin revenue dans l'Europe. »

Le KGB, une élite, une mafia...

Plus tard, au soir même de la dissolution du KGB, Raymond Nart, Jacky Debain et quelques-uns de leurs collaborateurs dînent à Paris avec un ancien transfuge, l'ex-journaliste Ilya Djirkvélov. L'homme a retrouvé quelques heures plus tôt son fils qu'il n'avait pas revu depuis sa défection, au printemps 1980. C'est largement imbibés de vodka, et avec deux heures de retard, qu'ils rejoignent leurs hôtes de la DST dans un restaurant de la rue Marbeuf, à Paris. Quelques verres plus tard, complètement ivres, les deux Russes, père et fils, se mettent à chanter, emportés par leur fol enthousiasme. « À mort le KGB ! Vive la Russie éternelle ! » s'exclame le père. « Vive le tsar ! » embraye le fils alors que les fruits de mer commandés par la DST ne sont même pas encore sur la table. Mais, ce soir-là, ils ont davantage soif que faim.

Une soirée dont se souviennent la banquette arrière de la voiture de la DST et son chauffeur, sur lesquels le père, ultime caprice de transfuge, soulagea en fin de soirée son estomac saturé d'alcool.

Que va devenir cet antiquaire arménien dont le magasin servait peut-être de poste d'observation pour le KGB, installé à l'époque à quelques centaines de mètres des locaux de la DST ? Toujours sur le pas de sa porte, l'homme notait les allées et venues, enregistrait les visages dans sa mémoire. Puis, un beau jour, probablement pour faire diversion, il accostait un policier, le faisait entrer dans son magasin et tentait de lui démontrer, faux coups de fil à l'appui, qu'il livrait personnellement de vieux tapis persans à l'Élysée... Sûrement cesserait-il maintenant ce genre de cinéma, tout cela étant devenu aussi vain que caduc. Peut-être même vendrait-il son pas-de-porte, ce que Raymond Nart ne regretterait pas, tant cet homme se montrait prompt à crier au scandale à la moindre occasion...

Des années plus tard, alors que Vladimir Poutine dirige la Russie d'une main ferme d'ancien « guébiste », Raymond Nart contemple le chemin parcouru :

« Derrière son mur, l'URSS était un État forteresse replié sur lui-même, dont la seule perspective, depuis 1917, était d'ordre idéologique. Ceux qui dirigent aujourd'hui cet immense pays n'auront pas de mal à intégrer la Russie au concert des nations. S'ils tiennent à rester une superpuissance, ce qui ne relève pas de l'utopie, ils vont devoir aller vite. Car la Chine se met en place, et les mentalités y évoluent plus vite qu'en Russie grâce à une diaspora extraordinaire, même si corruption et banditisme fragilisent considérablement l'empire du Milieu. »

Un ex-pilier de la DST qui se soucie de la santé de son ex-ennemi privilégié, voilà qui pourrait surprendre. En connaisseur, sans rancune pour ceux qu'il a combattus, il poursuit :

« Le KGB a fourni à l'URSS une élite qui était le fer de lance du Parti communiste. Cette élite, fonctionnant comme une mafia, est largement responsable de la disparition du régime, car elle avait une connaissance du monde extérieur que n'avait pas le Soviétique de la rue. Les gens du KGB avaient les yeux ouverts sur l'autre camp, tout comme certains scientifiques, qui fréquentaient les congrès internationaux. C'est l'avantage d'un Poutine sur ses camarades : lui a séjourné à l'étranger, il est plus sophistiqué qu'un Khrouchtchev qui fit honte à ses compatriotes le jour où il ôta sa chaussure pour taper sur la table à l'Assemblée générale de l'ONU. »

Le vétéran du contre-espionnage éprouverait-il pour les Russes une forme d'empathie ? « Je distingue deux périodes : la période criminelle, affreuse, celle d'avant 1955, quand le KGB était au service des purges staliniennes, éliminant les figures historiques de la révolution ; et celle qui s'est ouverte avec l'arrivée aux commandes d'Alexandre Nikolaïevitch Chélépine, président du KGB de 1959 à 1961. Bon nombre de caciques ont alors été mis à la retraite, et le KGB est devenu un support de la politique étrangère. On n'a plus parlé d'idéologie, mais de politique. Et ils se sont montrés assez performants, au point de prendre le pouvoir dans un pays dont ils tenaient tous les leviers. »

La Russie n'est d'ailleurs pas le seul pays où l'on ait vu d'anciens dirigeants des services de renseignement accaparer les commandes. Cela s'est aussi produit en Israël, entre autres avec Yitzhak Shamir, aux États-Unis avec George Bush, ou encore en Tunisie avec Ben Ali. Avec plus ou moins de bonheur. Iouri Andropov, lui, allait lancer la perestroïka.

5.

Les recruteurs

Le drapeau, l'idéologie et l'argent

« Il faut avoir le courage, sinon le culot, quand l'occasion se présente, d'aller au-devant de la personne avec qui vous cherchez à nouer un contact. »

Ainsi parle Raymond Nart d'une des tâches essentielles du contre-espionnage : le recrutement de sources d'informations dans le camp adverse. Le courage ne suffit cependant pas : on peut se préparer longtemps à une rencontre qui n'aura jamais lieu. On peut aussi, à l'inverse, croiser la personne ciblée dans la rue, un jour par hasard, et décider brusquement de tenter sa chance avec élégance. On peut également, le cas échéant, demander à un tiers de faire les présentations. Mais cela ne suffit pas encore, tant il est difficile d'attaquer quelqu'un de front et de lui demander tout de go : « Voulez-vous travailler avec moi ? »

C'est pourtant bien de cela qu'il s'agit : faire travailler des femmes et des hommes en vue de compléter les sources de renseignement « techniques ». « Les interceptions téléphoniques, les interceptions de fax ou de mails, l'enregistrement des conversations qui se tiennent au sein des ambassades offrent des informations brutes qui suffisent rarement à se forger une opinion. On court le risque de se retrouver avec la retranscription écrite de conversations dans ce style : "Comment vas-tu, mon ami ? – Bien... et toi ? Et la famille ? J'ai vu que tu avais acheté une nouvelle voiture ! Quelle classe ! – Oui, c'est vrai... Alors, on me dit que tu as tué un Arabe ?" On a de ces phrases brutes, sans le ton ni le contexte, consignées par un scripteur qui a éventuellement oublié de préciser que la personne a prononcé ces derniers mots sur le ton d'une boutade. Or ces éléments, comme tous ceux qui sont recueillis par des moyens techniques, n'ont de valeur que s'ils sont mis en perspective. Les sources humaines, elles, apportent une information "vivante", immédiatement exploitable. Imaginez que quelqu'un nous ait annoncé de vive voix que Saddam Hussein allait envahir le Koweït ! »

Encore convient-il de savoir dénicher ces sources, les recruter, mais aussi les traiter. Un art qui reste une spécialité française, tant les Anglo-Saxons ont tendance à miser de plus en plus exclusivement sur des moyens d'écoutes développés de façon industrielle. Un art que Raymond Nart a découvert au temps du communisme, sur le tas, pendant que les Américains tentaient d'élaborer une doctrine scientifique du recrutement, prétendant même enseigner cette matière dans les écoles de renseignement. Comme si la manière de tenir sa cigarette ou de se déhancher en marchant pouvait à coup sûr faire de quelqu'un une source fiable.

« Le communisme avait ses limites, explique Raymond Nart. Certaines des personnes qui vivaient dans les pays sous influence soviétique se posaient des questions sur ce système. Notre première tâche consistait à les recenser, puis à étudier la position sociale de chacun, à nous intéresser à leur origine ethnique, à leur position dans la hiérarchie. Ce n'est qu'après cette enquête minutieuse que l'on pouvait décider d'approcher quelqu'un. Il est en effet à la fois inutile et dangereux de poser à une personne des questions auxquelles elle ne serait pas capable de répondre. »

On a parfois aussi affaire à plus fin que soi. C'est ce qui arriva un jour au représentant des services secrets koweïtiens venu rendre visite au président syrien Hafez el-Assad. Ou plutôt venu lui transmettre les récriminations de son pays, ce que savait parfaitement le vieux renard de Damas, qui le voyait venir de loin. Tout s'est joué au cours des salamalecs habituels, dès les premières minutes :

« Ça va, la famille, la santé ? demande le chef d'État à son hôte.

– Oui, très bien, et vous ? réplique l'homme du renseignement, brûlant de délivrer son message peu amène.

– Ça va mal, très mal, lâche Hafez el-Assad en prenant un air et une voix d'outre-tombe. C'est sans doute la dernière fois que vous me voyez, car je ne vais pas tarder à mourir. »

Et de lui raconter par le menu tous les maux dont il souffre, une affection incurable qui ne cesse de progresser. Description qui cloue définitivement le bec à l'envoyé spécial de Koweït City...

« Notre objectif majeur était de recruter des sources au sein même des services de renseignement, mais on a souvent dû se contenter de seconds couteaux, reconnaît Raymond Nart. Peu se sont révélés être de vrais traîtres à leur patrie. Ce qu'ils trahissaient, c'était un système, mais rarement leur pays, surtout les Russes. »

Le drapeau (ou la patrie), l'idéologie et l'argent sont bien cependant les trois piliers sur lesquels peut s'appuyer le recruteur. Une fois cet aspect maîtrisé, il convient de connaître son monde. Sans vouloir généraliser, d'après son expérience, Raymond Nart affirme qu'il est plus difficile d'approcher certaines personnes que d'autres. Par exemple, les Iraniens seraient d'un maniement plus délicat que les Arabes. Les Chinois, eux, ne se sont pas montrés aussi réticents qu'on pourrait le croire face aux approches de la DST. Seulement, ils ont presque systématiquement réclamé de l'argent. Or ni l'argent ni les motivations idéologiques ne mènent une relation très loin sans moyens considérables et sans une forte dose d'investissement personnel.

« L'*humint*, comme disent les Américains pour désigner le renseignement humain[1], est historiquement une culture à la DST, où l'on préfère contrôler les gens dans leur milieu plutôt que de les livrer à la justice, dit Raymond Nart. Une méthode que nous mettions souvent en pratique avec les Soviétiques et les ressortissants des pays de l'Est en général, plus difficilement dans les dossiers de terrorisme. Encore faut-il, pour que cela fonctionne, trouver un juste équilibre, faire preuve de souplesse et ne pas s'enfermer systémati- quement dans une logique d'affrontement brutal, comme ont parfois eu tendance à le faire les juges antiterroristes avec la mouvance islamiste. »

En clair, le rejet du peuple et de la culture arabes peut gravement nuire à l'efficacité d'un service de renseignement qui, faute de disponibilité, se privera de sources au sein de cette communauté.

L'agent rouge passé à l'Église

Chez ce Français, communiste depuis la guerre et intel- lectuel de haut niveau, la désillusion avait opéré très tôt. En avance sur son temps, il avait compris dès le début des années 60 que le système communiste ne pouvait pas fonc- tionner. C'est ce qu'il a expliqué lors de ses premiers

---

1. *Humint*, par opposition à *sigint*, qui désigne l'ensemble des intercep- tions et se subdivise en deux rubriques : *comint*, désignant les interceptions de communications, et *elint*, interception des émissions radar, télémètre, téléguidage d'engins...

contacts avec la DST, au moment de la guerre d'Algérie, tout en fournissant de précieuses indications sur les liens entre le Parti communiste français et le FLN algérien. Tout le travail avait d'abord consisté à la repérer, puis à le traiter dans son environnement, sans jamais, bien entendu, remettre ses activités passées sur le tapis.

Durant les années qui ont suivi, il est resté un agent sérieux et régulier du service. Comme Nikita Krivochéïne avait servi de guide à Raymond Nart dans les rouages du KGB, cet « instructeur » a fait visiter au commissaire les arcanes de son parti. Raymond Nart n'a jamais assisté aux grand-messes du leader communiste Maurice Thorez, mais l'apparatchik lui en a rapporté des comptes rendus précis, lui qui avait précocement abandonné Staline pour Dieu et son Église.

Comme le dit un jour un Britannique spécialiste du renseignement et violoniste, il y a quelque chose d'artistique dans le recrutement d'une source, dans ce premier contact qui va déterminer toute la suite des événements.

« Accrocher quelqu'un, c'est d'abord un exercice intellectuel. C'est aussi de la science appliquée. Sur le terrain, cela ne se passe jamais comme on l'a prévu. Il faut improviser. Il y a toujours ce petit quelque chose d'indéfinissable, comme on le dit des airs chantés par la Callas. Ce n'est pas seulement un contact entre deux personnes : il faut évidemment aussi séduire celui qui va vous aider pendant plusieurs mois, parfois plusieurs années. »

Il y avait à la DST un très grand spécialiste du recrutement, Alamo pour les dames, plutôt bel homme. Son travail consistait, dans n'importe quel contexte, à initier la relation, à établir ce premier contact si difficile avec la personne ciblée, puis, le cas échéant, à installer dans le temps une relation amicale, professionnelle ou autre. « C'était un véritable artiste, rien ni personne ne lui résistait, j'ai toujours été fasciné par son culot, par son efficacité, par sa classe, reconnaît Raymond Nart. Dans cet exercice de haute école, il excellait, époustouflant son monde, et même les services étrangers. »

Les « aideux »

À la DST, on a toujours consacré beaucoup de temps aux « mirages ». Tromper l'ennemi y était en effet un objectif permanent.

Le traitement des « sources » humaines, leur classement surtout, était l'une des zones les plus sensibles et donc les plus secrètes du service. Officiellement, honorables correspondants, agents ou agents doubles étaient recensés par le service « E2 », le « saint des saints », comme on l'a appelé à une certaine époque. En réalité, les plus importants d'entre eux n'étaient jamais enregistrés par ce service. Ils n'étaient même enregistrés nulle part, existant seulement sous la forme d'un nom de code dans la mémoire d'une poignée de contre-espions.

Le service « E2 » était destiné à faire doublement illusion. D'abord, il pouvait laisser supposer aux taupes éventuelles qu'il existait un service « E1 », ce qui n'était pas le cas. L'ennemi allait également perdre son énergie à rechercher un « E3 », lequel n'avait connu qu'une existence très éphémère. Le second ressort était encore plus pervers : on savait qu'en enregistrant une source dans les fichiers du « E2 », on risquait de la désigner aux traîtres qui auraient eu la bonne idée d'y fourrer leur nez. Les officiers du KGB ne poussaient-ils pas la perversité jusqu'à claironner qu'une personne était des leurs, dans le secret espoir que son nom arriverait jusqu'aux oreilles du service ennemi ?

Par ailleurs, compte tenu de la culture historique du service, il aurait fallu être inconséquent pour confier à un fichier unique, relevant d'une entité identifiable, les noms de tous les informateurs de la maison. On gardait, en effet, toujours présente à l'esprit l'idée qu'une trahison, une révolution, un coup d'État, une guerre, pouvait survenir d'un moment à l'autre, et que pareille liste d'agents risquait, à cette occasion, de tomber aux mains d'un ennemi forcément malveillant. Ce qui s'est produit au moins une fois en France en juin 1940, avec les archives de la préfecture de police emportées par les Allemands et récupérées en 1945 par les Soviétiques.

Non seulement donc le service « E2 » – aussi appelé « aideux », raccourci désignant ceux qui *aidaient* la DST – était un leurre, mais il n'a jamais existé de liste exhaustive d'agents. « Les noms de nos agents étaient noyés dans des procédures où même une vache gasconne n'aurait jamais retrouvé son veau. » Pour les mêmes motifs, une affaire sérieuse n'était jamais archivée, pas même de manière codée, sauf quand on considérait qu'elle était « morte », ce qui n'arrivait presque jamais tant on reste convaincu, dans cette maison, qu'une affaire ne « meurt » jamais : un bout d'information peut brusquement prendre tout son sens vingt ou trente ans après avoir été enregistré. Tout est dans la mémoire.

« Vieux cobra »

La DST, en principe, ne recrute pas comme agents des personnes dont elle sait qu'elles sont fichées comme délinquants. « Le renseignement est une activité propre, sauf à se croire en Roumanie sous Ceausescu », dit Raymond Nart. La règle, cependant, est claire : sans ces auxiliaires plus ou moins volontaires, on ne sait rien. Dans la pratique, gérer un agent délinquant pose néanmoins des problèmes. Aujourd'hui, la DST peut difficilement venir au secours de quelqu'un qui se retrouverait aux prises avec la brigade des stupéfiants ou la brigade de répression du banditisme en clamant publiquement : « Relâchez-le, c'est l'un de nos agents ! » Cela a pu se faire parfois, mais dans des cas sans importance, poursuit l'ancien contre-espion. Difficile cependant aujourd'hui d'arranger les coups, par exemple de voler au secours d'un agent qui serait suspecté d'un quelconque délit. Autrefois, les policiers acceptaient, les douaniers aussi, mais ce n'est plus le cas. En fait, plus l'affaire prenait de l'importance et remontait dans la hiérarchie, plus l'intervention était aléatoire et même périlleuse... »

À défaut de délinquants, la DST a forcément entretenu des contacts étroits avec des personnages sulfureux.

Raymond Nart a par exemple traité un certain Evguéni, originaire d'Europe centrale, qui avait commencé comme ouvrier chez Renault dans les années 70. Il agissait plus ou moins sous le contrôle de plusieurs services de l'Est qui l'avaient envoyé en Europe. Quand le contre-espion l'a connu, il jouait les intermédiaires entre les Soviétiques et la France et était devenu très riche, notamment grâce au pétrole.

« Éduqué, d'un commerce fort agréable, Evguéni avait un bureau dans le quartier de la Défense, possédait des haras et une maison en Suisse. J'ai rapidement compris qu'il n'était qu'un homme de paille. Il gérait la fortune de caciques soviétiques. De fait, il est devenu une sorte d'agent, même si le terme ne lui correspondait pas tout à fait. Au service, on l'avait affublé de l'aimable sobriquet de "Vieux Cobra". »

Dans le même registre, Raymond Nart a connu et fréquenté un Kurde irakien. Lorsqu'il l'a vu devenir l'intermédiaire de plusieurs sociétés françaises en Iran, après une vingtaine d'années passées en France, il a compris qu'il était en liaison avec les services iraniens. Il ne pouvait en être autrement. C'est lui, par exemple, qui a annoncé à la DST le retour des Américains à Téhéran, expliquant comment les services secrets turcs avaient arrangé cette grande réconciliation. La confirmation des contacts du Kurde au sommet de l'État iranien tombe lorsque la DST le voit échapper aux opérations anti-opposants menées dans toute l'Europe par les services secrets de l'imam Khomeyni.

« Ces hommes au parcours sinueux cherchaient auprès de moi une forme de protection, c'est certain, mais ils m'apportaient de temps à autre des renseignements de qualité, ajoute Raymond Nart. Et pas seulement sur l'étranger : puisque Evguéni a plusieurs fois contribué au financement de quelques partis politiques européens, sur ordre de ses commanditaires soviétiques. Ils jouaient surtout un rôle éminemment sensible puisque, en organisant le flux d'informations entre l'Est et l'Ouest, ils servaient aussi de soupapes de sécurité au système communiste.

« Comment prétendre recueillir des informations de première importance si l'on ne fréquente pas ce genre de personnes ? Certaines étaient certainement un peu vaseuses, mais c'était la règle du genre. Que cela rejaillisse à un moment ou à un autre sur vous, cela fait partie des risques du métier. On vous mettra dans le même sac que le véreux que vous côtoyez, même si vous n'avez jamais touché un centime de sa main. On ne peut cependant prétendre faire de l'espionnage et se dérober complètement à cet univers parfois un peu glauque... »

Pour se protéger, Raymond Nart limitait les contacts. Il refusait en général les déjeuners. Boire un café lui suffisait : cela lui paraissait moins compromettant. Seconde précaution : comme il est de règle, il rédigeait systématiquement une note après chacun de ces rendez-vous, histoire d'informer sa hiérarchie.

Démasqué

« L'intérêt n'est pas forcément de traiter des gens de très haut niveau, mais d'avoir face à soi le service adverse. Si vous allez frapper à la porte du directeur du service, il vous recevra, peut-être, mais vous n'irez pas bien loin. Si vous envoyez quelqu'un photographier un site militaire, il se fera prendre. L'objectif est de repérer au sein du système adverse celui qui sait tout, mais qui est soit un marginal, soit un mécontent, puis de le suivre et de se retrouver avec lui au cœur du dispositif. »

Retourner un agent envoyé par la partie adverse présente certains avantages. Pour commencer, cela limite le temps de formation. Il connaît en effet les consignes de base : surtout, pas de contacts avec la police ; éviter de brûler un feu rouge ; ne pas prendre sa carte au Parti communiste, etc. Dûment chapitré, il sera immédiatement opérationnel, une fois retourné. Il saura passer inaperçu, ce qui est l'une des qualités premières d'un agent. Il sera coutumier des règles contraignantes de la clandestinité. Il sera à l'écoute, enfin, une écoute sans laquelle l'agent, qu'il soit simple ou double, n'est d'aucune utilité.

Le contact avec la police de l'ordre public peut se révéler fatal. C'est de cette façon-là que l'un des plus célèbres espions envoyés par les Soviétiques au cœur de l'OTAN, Hugh Hambleton, fut démasqué. D'origine canadienne, il vit dans ce pays avec son épouse italienne. Là, un soir plus tendu que les autres, il se laisse aller à la battre comme plâtre ; elle court aussitôt se réfugier dans le commissariat de police le plus proche pour se plaindre de son mari... et dénoncer ses activités clandestines. Son nom était déjà apparu dans les confessions d'un transfuge. Aussitôt informée, la CIA est évidemment comblée : cela fait alors vingt ans qu'elle piste Hambleton ! Malheureusement pour les services de renseignement américains, la législation canadienne ne prévoit pas de poursuites, passé un tel délai. Hambleton ne perd cependant rien pour attendre : selon les bons conseils de l'aïeule de Raymond Nart, on l'attrapera « sans courir »[1].

« Il faut créer une intimité »

Le GRU (pendant militaire du KGB) avait pour habitude de fonctionner en réseau : une fois recruté, un agent principal débauchait ses amis dans les sphères professionnelles les plus diverses. Un système « très artisanal », mais qui présentait l'avantage de multiplier les sources de façon quasi industrielle. Le KGB, lui, pratiquait de façon plus sophistiquée : quand il disposait d'un agent bien placé, il ne venait à l'idée de personne de lui demander de recruter un sous-agent.

« À la DST, nous avons toujours conservé un raisonnement très opérationnel, au ras du sol. La ligne directrice consistait à ne pas prendre de risques inutiles. »

Comment déterminer si cette Chinoise rencontrée à Paris pouvait être digne de confiance ? Elle était diplomate, semblait compétente. Raymond Nart décide de la revoir. Ils déjeunent ensemble une fois, deux fois. Elle est volontaire pour aider le service. Que cherche-t-elle ? Une faveur ? Des papiers français ? Elle veut dénoncer quelqu'un ?

« Dans ces situations, on doit conserver son esprit critique pour flairer une éventuelle manipulation. Il faut un

---

1. En 1982, il sera arrêté à Londres et condamné à dix ans de prison. À cette époque, Marcel Chalet comprend que Georges Pâques (pour ce dernier, voir page 165) et Hambleton étaient deux espions au sein de l'OTAN, sans relation l'un avec l'autre. On découvre également qu'Andropov lui-même, alors patron du KGB, a félicité personnellement Hambleton pour son travail. Il avait de qui tenir : son père avait lui-même été un agent soviétique.

talent particulier pour nouer une relation avec un ou une inconnu(e), mais il ne suffit pas que le courant passe. Il faut lever rapidement les ambiguïtés, plus encore s'il s'agit d'une femme. »

Un jour, Raymond Nart s'est vu contraint de muter un fonctionnaire parce qu'il était tombé amoureux de son agent, une Japonaise travaillant pour le compte des Russes. La Chinoise, elle, est devenue traductrice occasionnelle pour le compte de la DST.

« On peut éprouver de la sympathie pour un agent, mais cela doit s'arrêter là, commente Raymond Nart. S'il convient de faire des concessions, se garder de trop en dire est aussi indispensable. »

Pour recruter, il faut aussi de la chance. Ce jour-là, il en a eu. La scène se passe dans l'enceinte de l'aéroport d'Orly. L'avion pour Alger, qu'il doit prendre, a du retard. En face de lui, un Chinois s'exprimant en français, dont il apprendra bientôt qu'il s'agit d'un officiel en poste à Alger. L'homme s'impatiente, il est même en colère, car il a en soute deux cents kilos de porc frais destinés aux fonctionnaires de son ambassade à Alger. Raymond Nart lui indique le lieu où il pourrait se renseigner sur les causes du retard et dire sa colère. Et voilà que les deux hommes échangent leurs cartes de visite.

Arrivé à Alger, le contre-espion rappelle son nouvel « ami » : lorsque l'homme est « accroché », il ne faut pas trop tarder. « Il convient de multiplier les rencontres, de créer si l'on peut une forme d'intimité, de voir si on est vraiment le bon interlocuteur ou si l'on va devoir au contraire envoyer au contact quelqu'un mieux à même de poursuivre le traitement. Celui qui veut recueillir des informations sur un pays, sur le climat politique qui y règne, doit en effet posséder des éléments pour nourrir la discussion. Sinon, la source risque de très vite s'assécher. »

Les affinités que l'on se découvre avec un agent conditionnent l'avenir de la relation. Homme de combat, Raymond Nart apprécie ceux qui, comme lui, aiment l'engagement. Il recherche le caractère des Russes, la force des Algériens, sans oublier les Juifs, comme lui « planifiés pour la bagarre », selon ses propres termes. Il se protège de tout jugement hâtif sur les personnes, qui pourrait l'éloigner d'une source riche. Il préfère juger ses interlocuteurs sur leurs actes, sans nécessairement passer au crible toute la vie de celui qui a apparemment déjà payé – « les repentis, ça existe aussi », dit-on.

Il prend un jour contact avec une certaine Mirha, journaliste dans un grand quotidien français. D'origine serbe, elle est la spécialiste de la Yougoslavie sous Tito, où elle se rend régulièrement. C'est la lecture de ses articles qui a attiré l'attention du directeur du contre-espionnage, sensibilisé par ailleurs à la proximité de la journaliste avec les services yougoslaves. Le contact établi, Mirha finit par avouer être un agent du KOS (les services secrets militaires yougoslaves) en France. Elle informe les Yougoslaves sur la vie politique française, mais aussi sur les milieux journalistiques et militaires. Fidèle à sa logique, le contre-espion maintient cette liaison dans l'espoir de contrôler la jeune femme : un choix à ses yeux plus productif que l'ouverture d'une information judiciaire. Mirha disparaîtra de la circulation après la mort de Tito.

Le chien de la secrétaire

« Un bon agent est une personne qui a la capacité d'évoluer dans tous les milieux, qui a un bon bagout et des capacités intellectuelles certaines, résume Raymond Nart. C'est en même temps quelqu'un de très ancré dans sa culture ou dans son milieu. Cela peut être le balayeur qui a accès à la poubelle de la direction générale de tel groupe. L'information ne vient cependant pas seule. Il faut maintenir une pression continue sur l'agent, sans pour autant le faire "exploser". Il est aussi nécessaire de lui fournir des objectifs précis, de vérifier scrupuleusement ses informations et de les rémunérer en fonction de leur qualité. »

La loyauté est un critère récurrent dans le recrutement. C'est ce qui a pesé le plus lorsque le commissaire, encore jeune, a noué une relation professionnelle durable avec une secrétaire qui, après avoir été PFAT (personnel féminin de l'armée de terre), avait longtemps travaillé en Asie. Âgée d'une cinquantaine d'années, elle avait eu quelques ennuis après s'être mis en tête d'adopter des chiens errants, que les Chinois consomment volontiers. Ils l'avaient fait passer pour folle, au grand dam de son patron français, qui avait dû ordonner son rapatriement. C'est à ce moment que la DST l'a approchée pour l'entendre au sujet d'un soupçon d'espionnage flottant autour de l'ambassade de France dans le pays où elle venait de séjourner. Elle a accepté de revoir le commissaire, qui a su faire vibrer sa fibre patriotique et l'a convaincue de l'informer régulièrement dès qu'elle surprendrait une attitude suspecte dans les services du ministère des Affaires étrangères qui l'employaient désormais.

Quelques mois plus tard, grâce à cette secrétaire, la DST démasquait un espion yougoslave qui venait s'approvisionner régulièrement en télégrammes confidentiels auprès d'un haut fonctionnaire du Quai d'Orsay promis à un poste d'ambassadeur. Les papiers, pour la plupart relatifs aux positions de l'OTAN, étaient destinés à alimenter la réflexion du maréchal Tito, maître tout-puissant de la Yougoslavie.

Le ministre des Affaires étrangères, Maurice Schuman, n'apprécie évidemment pas cette intrusion de la DST. Mauvaise pour l'image de la maison, l'affaire coûte son emploi à la secrétaire, aimablement recasée par la DST dans une ambassade africaine à Paris. Loyale jusqu'au bout envers le service qui l'a recrutée, elle reste également fidèle à sa passion canine : Raymond Nart a un mal fou à la convaincre de se débarrasser d'un compagnon sans doute fidèle, mais vieux et podagre, un corniaud, qu'elle a d'ailleurs conservé après sa mort... dans son réfrigérateur. Elle menace même de rompre les ponts avec le contre-espionnage si on insiste trop. Fidèle au service, d'accord, mais pas plus qu'à ses bêtes !

Le bel officier revient clochardisé

C'est l'histoire plutôt triste d'un agent appelé Fransitek Vojtasek. Officier de l'armée tchèque, il se retrouve attaché militaire adjoint en France en juillet 1968. Il a 38 ans et anime depuis son ambassade un réseau d'espions à la solde de Moscou.

C'est là que la DST l'approche et le recrute. Le contexte joue pour elle : le militaire fait partie de ceux qui ne digèrent pas l'intervention des blindés soviétiques à Prague, qui provoquera maintes autres défections dommageables au renseignement soviétique. Vojtasek veut saper le régime communiste de l'intérieur. Le Tchèque a d'ailleurs pris les devants. Par un courrier anonyme, il est entré en contact avec les services secrets militaires français, le SDECE, qui n'ont pas donné suite : il a vainement guetté une petite annonce dans *Le Monde*, qui aurait donné le signal. Il a également approché l'officier français officiellement chargé des liaisons avec les attachés militaires des pays de l'Est, qui l'a aiguillé vers la DST.

Durant huit ans, le contre-espionnage français le traite avec succès, faisant de lui un agent fort utile. Une équipe entière est sur l'affaire, plutôt brillante au dire des connaisseurs. Les rencontres ont lieu à Vienne, en Autriche, pour limiter les risques. Vojtasek donne des codes, des adresses de planques, fournit même les noms de cinq Français travaillant pour le STB (les services tchèques) ou le KGB. Lorsqu'il est rapatrié d'office à Prague, en 1972, il garde le contact, expliquant à ses supérieurs qu'il a retourné un agent français ; le rôle de l'agent retourné est interprété par un officier de réserve en poste dans une ville du centre de la France, qui donne le change sans trahir de secrets, à tel point que les Tchèques fournissent bientôt à Vojtasek un émetteur et des codes de cryptage, à la grande satisfaction de la DST.

En octobre 1976, Vojtasek revient comme attaché militaire à Paris avec le grade de lieutenant-colonel. Ce que le contre-espionnage français ignore malheureusement, c'est que son épouse, communiste jusqu'au bout des ongles, est non seulement un agent du KGB, mais la maîtresse d'un agent de ce même service.

L'officier tchèque finit par se faire arrêter à Prague, le 3 février 1978 à 6 heures du matin, après huit ans de collaboration avec les Français. Dénoncé par sa propre compagne, il croit fermement qu'il a été trahi par les Français. Ne lui ont-ils pas envoyé trop tard cette carte postale montrant une étendue d'eau, la même que celle qu'ils lui avaient montrée lors de son recrutement et destinée, selon le code préétabli, à lui enjoindre de fuir le plus rapidement possible ?

Condamné à vingt-cinq ans de prison, le Tchèque ne doit sa liberté qu'à l'intervention personnelle du président Vaclav Havel, en 1990, après douze années d'emprisonnement à régime sévère. La Cour constitutionnelle ne tarde pas à casser le jugement rendu dans le passé en invoquant un mobile osé : il ne pouvait y avoir crime, encore moins trahison, puisque la Tchécoslovaquie n'était pas, à l'époque, un pays pleinement souverain.

Un moment, la DST entrevoit la possibilité de venir en aide à son ancien agent. « J'ai décidé d'intervenir en sa faveur pour respecter l'engagement de mes anciens et lui montrer qu'on ne le laissait pas tomber, raconte Raymond Nart. Il n'est pas bon d'oublier complètement un agent qui vous a rendu service. Cela finit par se savoir, et plus personne ne veut travailler pour vous. »

La décision intervient après plusieurs demandes restées lettre morte. Au nom de cette solidarité, et soucieux de l'image de son service, Raymond Nart parvient à faire revenir en France l'ancien officier. L'homme a malheureusement l'apparence et la mentalité des détenus qui viennent de purger, dans des conditions très dures, une longue peine dont ils n'entrevoyaient pas l'issue.

« Totalement cassé, il avait l'air d'un clochard », se souvient Raymond Nart. Le service décide cependant de mettre à sa disposition une somme rondelette dans l'espoir de voir son ex-agent recouvrer cette classe qui était la sienne quinze années plus tôt, avant que le système ne le broie comme il savait broyer les « traîtres ». Mais au lieu de se ressaisir, le Tchèque réclame davantage. Trop, aux yeux de la DST, d'autant que l'homme a engagé une campagne de presse pour dénoncer l'ingratitude des contre-espions français !

« Ne tuez pas Roberto ! »

En vacances dans son Gers natal, Raymond Nart reçoit un jour l'ordre de monter le plus rapidement possible dans un avion à destination de Montevideo, capitale de l'Uruguay. Reçu sur place par un représentant de la junte militaire (nous sommes dans les années 70), il est conduit devant un jeune homme avec qui il va sceller une sorte de pacte secret : il lui confie la moitié d'un billet de cinq francs et conserve l'autre partie ; il devra l'avoir sur lui lors du rendez-vous qu'on lui fixera à Paris. Une précaution destinée à éviter les faux pas : on ne recrute pas un agent patenté du KGB sans se couvrir.

Jeune communiste pourchassé par les militaires dans son pays, Roberto avait été recruté par les Soviétiques à Cuba, où il avait trouvé refuge. Ils l'avaient embarqué pour Moscou et lui avaient expliqué qu'il allait être envoyé comme « illégal » en France. Pour l'aider à se fondre dans le paysage parisien, où il recevrait bientôt des ordres précis, mieux valait qu'il s'y installât en couple avec une jeune femme russe à laquelle on comptait bien le marier. Il avait beau croire au communisme, cette dernière concession lui avait parue insurmontable. Lui, le Juif sud-américain, avait refusé d'épouser la Russe choisie par le KGB.

Le KGB avait finalement accepté de le laisser partir seul à Paris. L'objectif qu'on lui avait fixé s'était malheureusement dérobé sous ses pieds : à peine avait-il pris ses fonctions que le principal bureau parisien de l'OTAN avait été transféré à Bruxelles. Discipliné, il avait attendu les ordres suivants, lorsqu'une mauvaise nouvelle lui était parvenue de Montevideo : le décès de son père.

À son arrivée en Uruguay, en pleine dictature, les militaires ne l'avaient évidemment pas raté. Ils s'étaient fait un plaisir de l'enfermer dans l'un des camps les plus sordides du pays, où les détenus ne disposaient que d'une seule lame de rasoir pour tous. Et de lui rafraîchir la mémoire en recourant aux sévices les plus barbares.

Là, suspendu par les pieds, il avait cru un instant pouvoir en réchapper en avouant son engagement auprès des Soviétiques. Les militaires uruguayens étaient à deux jours de passer Roberto par les armes lorsqu'un représentant de la CIA avait, par le plus pur des hasards, pointé son museau.

« Ne le tuez surtout pas, avait-il dit. Confiez-le plutôt aux Français : ils sauront comment l'utiliser. »

Les Uruguayens avaient obtempéré. Et c'est ainsi que

Raymond Nart s'était retrouvé face à un jeune homme en piteux état, incapable de bouger l'un de ses bras. Le marché qui lui est mis entre les mains est clair : pas question qu'il évoque sa terrible escale uruguayenne avec ses commanditaires soviétiques.

Les cibles de Roberto

Pendant plus de dix ans, Roberto va jouer les agents doubles à Paris et respecter le pacte de Montevideo.

Illégal, il vit aux crochets de la « princesse » soviétique, qui finance ses besoins quotidiens. Loin du train-train des travailleurs, sans avoir à se demander comment il paiera son loyer en fin de mois, il flâne et court le jupon à sa guise. Jusqu'au jour où ses traitants lui demandent de se débrouiller pour recruter une femme, une Américaine employée dans l'une des dernières annexes parisiennes de l'OTAN.

Comme convenu, Roberto informe la DST avant de se mettre à l'œuvre. Raymond Nart n'a d'ailleurs jamais pensé qu'il lui ferait faux bond. Le rapport des forces n'était pas en sa faveur, notamment parce que sa mère était restée à Montevideo, à la merci d'éventuelles représailles. Plus important : le policier a noué une relation amicale avec son agent. Raymond Nart et son épouse ne ratent aucune des soirées sud-américaines organisées par Roberto. Même les soirées déguisées ne les rebutent pas.

Les Russes ont fourni à l'« illégal » l'adresse personnelle de sa cible. De quoi faciliter les travaux d'approche. Tous les matins, il se glisse dans l'ombre de l'Américaine et la suit dans le métro parisien.

La DST, pendant ce temps, tente une percée de l'autre côté du décor. Ce qui intéresse Raymond Nart, c'est de comprendre comment, pourquoi et par qui cette fille a été désignée comme une cible potentielle. Cela signifie clairement que les Soviétiques disposent d'une taupe au sein de l'annexe de l'OTAN.

L'Américaine est rapatriée aux États-Unis avant même que Roberto ait pu concrétiser sa relation avec elle. Qu'importe : les Soviétiques fixent un nouvel objectif à leur agent, toujours une femme. Cette fois, elle travaille à l'intérieur même de l'ambassade américaine à Paris, comme secrétaire.

Pour la DST, suivre à distance les pérégrinations de Roberto est un vrai régal. Chaque nouvelle cible apporte un élément nouveau sur les véritables objectifs des Soviétiques. Et sur l'état de leurs connaissances.

Ainsi l'agent double uruguayen permet-il bientôt de démasquer un Russe installé de longue date en France. Passé maître dans l'art de photocopier les documents de l'OTAN, il est employé par l'Agence pour l'armement futur, un vivier de militaires américains à Paris...

Le photocopieur démasqué, les Soviétiques comprennent-ils que leur agent joue double jeu ? Raymond Nart répond par l'affirmative, mais pense qu'ils n'ont jamais su précisément le fin mot de l'histoire.

Lors d'un voyage à Moscou, bien plus tard, le contre-espion tentera d'évoquer le sujet avec le général Ivanov, le fonctionnaire russe qui avait longtemps supervisé les illégaux travaillant à Paris. Entre professionnels, le Russe lui citera les quatre ou cinq sources fiables qu'il avait gérées à distance, notamment un fonctionnaire en poste dans une grande mairie communiste et qui lui fournissait régulièrement des documents. Mais pas un mot sur Roberto.

Privé des devises que lui versaient les Soviétiques, l'Uruguayen a depuis longtemps pris son avenir en main. Loin de se tourner vers la DST, qui s'attendait pourtant à le voir venir, il s'est débrouillé sans elle. « Sans doute s'est-il rappelé qu'elle lui avait sauvé la vie », note Raymond Nart.

Esclave

« L'agent est un esclave tenu par son officier traitant. Quand on est satisfait d'un agent, on a tendance à vouloir le conserver sous sa coupe pour toujours. Pourtant, une fois que l'on a appris tout ce qu'il était possible d'apprendre sur les méthodes de travail des services secrets de son pays, mieux vaut rompre la relation. Un agent n'est pas une fin en soi, d'autant qu'il atteint nécessairement son degré d'incompétence. Cultiver un lien sur le très long terme ne rapporte rien. À la DST, nous faisions chaque année le compte de la production de chacun de nos agents. Les choses étaient claires : on savait combien de notes chaque agent avait permis de rédiger. Cela évitait le travail fictif, ces soi-disant agents qui se font rémunérer vous font espérer, mais ne donnent jamais rien. »

Un certain Rudolf Noureïev

Le transfuge n'est pas un agent comme les autres : c'est un agent qui s'offre, quelqu'un qui quitte le dispositif adverse pour s'offrir à vous avec armes (des renseignements) et bagages (ses soucis personnels). Un luxe rare, à la fois considéré comme un *must* du contre-espionnage et comme la source de tous les imbroglios possibles.

À la DST, chacun se souvient de ce Russe affublé du pseudonyme de « Viru[1] », aussi appelé « Saint Viru », pied de nez à la « vérité » que ce transfuge était censé diffuser.

---

1. Nom de code donné par la DST à Anatoli Golitsyne, selon les critères définis par René Wybot lors de la création du service : chaque nom était composé de quatre lettres, choisies en fonction du pays d'origine de l'agent (ou de l'affaire).

À force d'être pressuré par les Américains, « Viru » avait fini par raconter n'importe quoi, ce qui avait eu pour effet d'alimenter les fantasmes paranoïdes de James Angleton. Le chef du contre-espionnage américain, homologue du patron de la DST durant plus de vingt ans, s'était mis à flairer des espions partout. On l'avait même vu se focaliser sur un phénomène rarissime, celui des faux transfuges, obsédé par l'idée que tous ces hommes qui voulaient collaborer avec l'Amérique étaient en fait des agents doubles. Or le procédé consistant à introduire dans le circuit un faux transfuge est extrêmement complexe à manier. Le candidat doit en effet quitter à la fois son pays, son milieu et sa famille pour une immersion d'une durée indéterminée. Un profil que la DST n'avait encore jamais rencontré, ayant seulement eu affaire à quelques transfuges bidon qui tentaient de se faire passer pour plus importants qu'ils n'étaient...

Les vrais transfuges, eux, ont nourri plus de la moitié des affaires traitées par la DST. Au total, durant toute la période de la guerre froide, ce ne sont pas plus de cent individus qui ont tourné le dos à l'Union soviétique et se sont portés volontaires au recrutement. Assez peu, si l'on considère le nombre de personnes susceptibles de franchir le mur. Une dizaine d'entre eux seulement ont vraiment compté.

Qui sont ces hommes qui décident de trahir ? Au nom de quoi quittent-ils finalement une patrie qu'ils adulaient, au risque du banissement ? « Les traîtres sont souvent des gens à problèmes, certains se sont même révélés être de vrais caractériels, sans compter ceux qui ont carrément fini à l'asile. Ce sont souvent des personnes qui ne se sont pas intégrées à leur société et qui viennent avec leurs soucis sur le dos. Avec eux, on a évidemment ramassé de bons renseignements, mais on a récolté en même temps une tonne de soucis. Il fallait leur trouver un appartement, organiser les déménagements, jouer dans le même temps l'espion, l'agent immobilier et la nounou... En prenant bien soin de ne jamais faillir, car un transfuge mal traité se débrouille toujours pour vous faire une mauvaise publicité. Vous courez alors le risque de voir les candidats suivants choisir une autre destination ! »

Les transfuges n'ont pas toujours été des superespions. Parmi les premiers Russes à faire défection en France se trouvaient deux pianistes venus participer au concours Marguerite-Long. Une jeune fille, prénommée Barbarova, et un garçon, Rudi, à l'aube d'une carrière internationale. Jeune commissaire, Raymond Nart comprend qu'ils n'apporteront pas à la DST des révélations fracassantes. Mais ce n'est pas forcément ce qu'il recherche. Loin de leur réclamer l'impossible, par exemple les plans du sous-sol du KGB, il tisse des liens étroits avec les deux jeunes artistes et apprend à leur contact une foule de détails sur la vie quotidienne en pays communiste.

Un danseur étoile du Bolchoï, un certain Rudolf Noureïev, alors inconnu, les avait devancés : il avait raconté par le menu à la DST comment les hommes du KBG faisaient mener à la troupe une vie impossible. « Un témoignage parmi d'autres, à l'époque, sur un système soviétique ô combien prégnant pour les artistes ou les sportifs », se rappelle aujourd'hui Raymond Nart.

« Ce genre de transfuges charrient avant tout avec eux une ambiance, un climat, ce qui n'était pas négligeable dans le contexte de l'époque, où nous ne savions presque rien de la vie au-delà du mur. Si on ne leur ouvrait pas la porte, on courait le risque de les voir repartir pour Moscou et se livrer à une contre-propagande catastrophique. Or, avec les Américains et les Anglais, nous avions mis sur pied une politique commune consistant à inciter au maximum les gens à venir chez nous et à y rester. »

L'Oldsmobile du « journaliste »

Djirkvélov est arrivé par la Suisse à bord d'une énorme voiture américaine, une Oldsmobile qui a terminé (provisoirement) sa course au fond du petit jardin de Raymond Nart, histoire de la soustraire aux regards des Soviétiques.

L'homme n'est pas le transfuge du siècle, mais il en sait long sur les milieux journalistiques. C'est un officier du KGB œuvrant sous couverture : officiellement, il a été correspondant de l'agence Tass (l'agence de presse officielle de Moscou) au Soudan. Il a ensuite été muté en Suisse pour y suivre les activités des organismes internationaux basés à Genève, en particulier celles du siège européen des Nations unies. Passionné de politique et de stratégie, approchant la soixantaine, c'est un bon vivant et un personnage fantasque : avec ses grosses bagues et ses lunettes aux verres fumés, il a des allures de gitan.

Nous sommes en 1979. Djirkvélov sent que le système soviétique est au bord de l'apoplexie, et c'est ce qu'il veut raconter à la DST. Parlant couramment l'anglais, il souhaite se rendre à Londres, ce que les Français vont évidemment accepter, non sans avoir pris note de tout ce qu'il sait sur l'infiltration du KGB dans les milieux journalistiques français et sur les vrais-faux correspondants de l'agence Tass.

La DST a plutôt la réputation de bien recevoir les transfuges, ce qui n'a pas toujours été le cas des Américains. La CIA en a même dégoûté plus d'un avant de se rendre compte que ce mauvais traitement pouvait les inciter à repartir. Djirkvélov est ainsi longuement entendu, même si les informations qu'il apporte sont pour la plupart déjà connues de la DST – hormis les noms de certains résidents du KGB en Afrique. L'Oldsmobile est également bichonnée jusqu'au jour où on lui colle des plaques d'immatriculation anglaises, non sans en déloger le chat de la maison, qui a élu domicile sur ses molles banquettes de moleskine.

La DST marque des points en Albanie

Les Anglais disposent alors d'un service chargé à plein temps de gérer les transfuges. Les Américains profitent de la forte attractivité qu'exerce leur pays. La DST, elle, ramasse des miettes plus ou moins grosses. Elle voit cependant passer par Paris les deux premiers grands mathématiciens décidés à « choisir la liberté ». Elle aurait évidemment préféré les garder et les « traiter » jusqu'au bout, mais le gouvernement français de l'époque n'accorde pas à ces choses un soin énorme. Raymond Nart, dont les mathématiques et la physique quantique ne sont pas forcément la tasse de thé, les retient juste le temps de quelques conversations poussées.

« Ces deux mathématiciens étaient inséparables, se souvient-il, mais je n'aurais jamais pu les convaincre de rester en France. »

La DST prend rapidement contact avec la CIA, qui donne son feu vert trois semaines plus tard : les deux transfuges quittent alors la France pour les États-Unis.

Un spécialiste russe de la guerre bactériologique et chimique connaît peu après un sort similaire. Venu à Paris, où il est accueilli par la DST, il est assez vite confié aux Anglais. La France n'est pas assez attractive pour les scientifiques.

« C'était une erreur de nos gouvernants que de ne pas avoir su, dès cette époque, créer un programme pour récupérer les scientifiques soviétiques, affirme aujourd'hui Raymond Nart. Nous savions tous, à la DST, que les guerres futures se concocteraient dans les laboratoires. »

Puis c'est le tour des militaires, domaine beaucoup plus classique, avec la défection d'un cadre du KGB à l'occasion du salon aéronautique du Bourget. Une mine de renseignements, mais pas forcément plus utiles que ceux que pouvaient apporter un danseur du Bolchoï ou un chimiste.

« Les transfuges étaient indispensables, mais pas toujours très précis, remarque Raymond Nart. Une fois qu'ils désignaient quelqu'un comme étant un espion à la solde de Moscou, tout le travail restait à faire. Parfois, ils étaient encore plus flous. Ce n'était pas forcément volontaire. C'est que les différents services, au sein du KGB, étaient très cloisonnés. Il y avait certainement, comme partout, des gens qui bavardaient au mess ou ailleurs, mais les noms des agents qui roulaient pour l'Union soviétique circulaient peu... »

Il fallait en général réaliser des prouesses pour mettre des identités précises sur les informations apportées par ceux qui changeaient de camp. Les Britanniques ont remué ciel et terre pour rendre opératoire l'information apportée par le résident du KGB à Londres qu'ils avaient depuis longtemps retourné. À l'occasion d'un voyage à Moscou, leur agent avait simplement entendu dire qu'un officier du MI5 (les services secrets anglais) avait rencontré à Londres un espion soviétique ; il n'en savait pas davantage, mais les Anglais procédèrent par élimination et finirent par identifier le traître.

En ces temps de guerre froide, la DST a toujours eu une vingtaine de suspects en ligne de mire, désignés comme « agents » par les transfuges passés à l'Ouest. Les responsables du service, Raymond Nart en tête, savaient que le temps jouait pour eux : à un moment ou à un autre, l'agent commettrait forcément une petite erreur. Il suffisait de se montrer patient.

La DST marque aussi des points importants dans des pays moins explorés par les Anglo-Saxons, notamment en

Yougoslavie, où elle recrute un militaire de haut rang, et en Tchécoslovaquie, mais également en Albanie, ce qui est plus rare : ayant fui par l'Italie, l'homme se présente un jour au siège de la DST après avoir séjourné pendant quelques semaines parmi la petite colonie albanaise de Paris, alors sous étroite surveillance. Ses renseignements permettent à la DST de dresser le premier organigramme complet des services secrets albanais, dont on savait alors peu de chose.

Tous les transfuges accueillis par la DST ne viennent d'ailleurs pas de l'Est. Le service traite notamment à cette époque des dizaines d'Algériens venus chercher refuge en France, parmi lesquels elle effectue quelques recrutements de grande qualité.

Pour traiter les confidents de marque, la DST dispose de l'appui de plusieurs spécialistes. Une aide indispensable pour décrypter les informations militaires ou scientifiques « pointues », parmi les plus recherchées. Mais aussi pour être crédible quand il s'agit d'approcher un ingénieur français de retour de Russie et de le débriefer – un jeu auquel peu de scientifiques se soustraient, sauf lorsque la justice est à l'affût : quand se profile l'ombre d'une comparution en salle d'audience, il n'y a en général plus personne...

L'intérêt de ces contacts ? « Il ne s'agissait pas vraiment de les recruter, mais ces voyageurs revenaient avec des informations précises sur l'état de la science soviétique. Les scientifiques russes parlaient assez facilement à leurs confrères venus de l'Ouest. Les entendre à leur retour nous permettait de nous faire une idée du niveau réel des laboratoires russes, de leurs ressources humaines, de leurs lacunes. L'aéronautique était évidemment l'un des secteurs qui nous intéressaient le plus, de même que tout ce qui se rapportait au complexe militaro-industriel. »

La DST ne laissait pas non plus passer sans les approcher les stagiaires soviétiques séjournant en France, soit une centaine par an, aux termes d'accords conclus au temps du général de Gaulle. « Le choix du laboratoire qu'ils ciblaient était pour nous une information de taille. Cela nous disait ce que les Soviétiques recherchaient. Nous mettions alors en place une sorte de cordon sanitaire avec l'aide des fonctionnaires de la Défense présents dans la plupart des ministères, tout en évitant de les harceler de questions : d'une façon ou d'une autre, cela nous serait revenu en boomerang. »

Les amis belges

Un officier des services belges est venu un jour apporter à la DST une affaire « sur un plateau d'argent », selon son expression. La raison en était tout à fait circonstancielle, et de plus les Belges n'étaient pas en mesure de poursuivre seuls l'opération. Sur le plateau, un agent double traité par un général est-allemand qui s'intéressait à l'OTAN, mais aussi à l'armée française.

Le militaire est-allemand, ancien chef d'état-major de l'armée de l'air, rendait à son agent des visites régulières à Bruxelles, profitant naturellement de son passage pour faire ses emplettes dans les magasins de la capitale belge. Jusqu'au jour où l'agent propose à la DST un flagrant délit.

« Je vais faire en sorte que mon prochain rendez-vous avec l'Allemand ait lieu à Lille », propose-t-il.

Raymond Nart, qui a reçu le surprenant visiteur, accepte.

Quelques jours plus tard, Heinz Bernard Zorn est sous les verrous. Durant sa garde à vue, il reste parfaitement muet. Une caméra de surveillance atteste en revanche qu'il avale une boulette de papier au moment de la visite médicale réglementaire : probablement des notes qu'il ne souhaitait pas voir tomber entre les mains de l'ennemi...

Où cette relation aurait-elle conduit ses protagonistes ? L'Allemand de l'Est récoltait quelques informations auprès du Belge, qui avait l'avantage de graviter dans les cercles de l'OTAN. En retour, le Belge avait identifié un agent actif et appris pas mal de choses sur les méthodes de travail des Allemands de l'Est ; mais, à la fin, les rencontres ne lui apportaient plus rien.

« Un agent double qui serait en poste en France et aurait des contacts réguliers avec la résidence soviétique à Paris, cela s'entretient évidemment avec soin, dit Raymond Nart. Mais une personne du calibre de Zorn, qui vient faire ses courses en Europe deux ou trois fois par an, cela ne mène nulle part. »

Avec l'agent double, la menace de la double trahison n'est d'ailleurs jamais loin. Il existe en la matière une règle destinée à se protéger un minimum : l'agent double doit rapporter quelque chose de concret au service. « Sinon, il est préférable d'arrêter toute relation avec lui », dit Raymond Nart, dont la religion est faite depuis longtemps : entretenir un cheptel d'agents doubles pour le plaisir n'a guère de sens. « On ne peut servir deux maîtres à la fois, explique-t-il. En cas de double allégeance, la balance est rarement équilibrée. Et puis, il faut que l'agent *rapporte*, comme les affaires rapportent aux actionnaires dans le privé. Sinon, mieux vaut couper court, à moins que l'on ne s'en serve pour faire passer des messages à l'autre camp, ce qui est loin d'être facile. »

Mort d'un agent polonais

Les affaires de transfuges tournent parfois à l'aigre.

Jusque-là patron de la section des illégaux au sein des services secrets de son pays, le Polonais Vladislav Mroz arrive en France sous une fausse identité au milieu des années 60. Lorsque, après quelques jours, il entre en contact avec la DST, c'est pour annoncer qu'il change de camp. Une aubaine inespérée, car l'homme connaît évidemment les noms de toutes les taupes recrutées dans le monde par la Pologne.

Francophone, Mroz est assez facile à réinsérer. La DST lui trouve un logement en région parisienne, comme c'est l'usage, ainsi qu'un emploi : on l'installe comme photographe sous un nom d'emprunt. Jusque-là, l'affaire reste l'une des plus belles réalisée dans les milieux polonais avec les moyens du bord pendant la guerre froide. Mais, comme la DST le confirmera plus tard avec le cas « Farewell », on n'est pas responsable des erreurs de ses agents.

Comment les services secrets polonais apprennent-ils cette défection et parviennent-ils à « loger » leur ancien cadre ? Selon toute vraisemblance, par l'intermédiaire d'un de leurs relais au sein du PCF, le transfuge s'était installé dans une municipalité communiste.

Toujours est-il que le transfuge est retrouvé mort, tué par balles, quelques années plus tard, à Carrières-sur-Seine. Un assassinat qui n'est pas une première dans les annales du contre-espionnage, jamais élucidé, officiellement du moins.

Aurait-il fallu le protéger davantage ? « Mroz a été traité correctement, estiment les anciens de la DST. Il a été materné durant quelque temps, puis on l'a laissé vivre sa vie. Lui-même était fort imprudent et intempérant. Aurait-il fallu le mettre sous cloche ? Les Américains enferment leurs transfuges dans des prisons dorées où ils finissent souvent par craquer avant de retourner dans leur pays, comme ce fut le cas avec Vitali Yourtchenko. »

Hystérie à Moscou

Fils de tchékiste, lui-même recruté par le KGB en 1962, Oleg Gordievsky était resté longtemps chargé des opérations à l'étranger. Il est en poste à Copenhague depuis plusieurs années lorsque les chars russes interviennent à Prague. Choqué, comme beaucoup de ses compatriotes, il décide de prendre contact avec les Anglais. Ce sont eux qui l'aideront, en 1982, après des années de collaboration souterraine, à obtenir sa nomination à Londres en lui fournissant en douce des analyses sur la stratégie de Margaret Thatcher, documents bien propres à impressionner ses supérieurs.

Le message qu'il délivre aux services secrets anglais va avoir une grande influence sur l'attitude des hauts responsables de l'armée américaine. Le Russe explique en effet que les hiérarques soviétiques sont obsédés par l'idée qu'une attaque de missiles nucléaires est planifiée à plus ou moins court terme par Washington. Aux yeux de Leonid Brejnev, précise Gordievsky, l'insistance américaine à vouloir déployer des engins à moyenne portée en Europe signifie que l'OTAN ne va pas tarder à entrer en guerre. La dernière fois que les troupes de l'OTAN ont passé en revue leurs procédures de tir, l'ambiance à Moscou a même frisé l'hystérie.

À Londres comme à Washington, ces informations stratégiques sont prises au sérieux. Cet affolement ne risque-t-il pas de précipiter le monde dans une guerre totale ? L'une des notes issues des confidences de Gordievsky incite carrément Ronald Reagan à simuler la modération à un moment critique. Le transfuge, lui, retarde au maximum l'annonce de sa défection, laquelle n'intervient que le 12 septembre 1985. À compter de ce jour, il modifie son aspect physique et se place sous la protection permanente de la police.

Au royaume des transfuges, Vassili Mitrokhine, ex-colonel du KGB, occupe lui aussi une place de choix. De 1972 à 1984, année de sa retraite, ce copiste fou a puisé dans les quelque 300 000 dossiers accumulés par le KGB depuis la révolution bolchevique. Il s'est particulièrement concentré sur les archives de la direction « R », consacrée à l'étranger, et sur la très secrète direction « S », chargée de la gestion des illégaux.

En mars 1992, il frappe à la porte de l'ambassade de Grande-Bretagne dans une république balte : c'est aux Anglais qu'il a lui aussi décidé d'offrir ses archives, six valises bourrées de papiers.

Trois mois plus tard, Mitrokhine est à Londres pour un premier débriefing. L'hiver suivant, il quitte définitivement son pays, où il est revenu chercher sa famille. Devenu citoyen britannique, il fournit bientôt des centaines de noms d'illégaux postés aux quatre coins du camp occidental. La DST récupère sa part : une liste de 300 noms. Celui du socialiste Charles Hernu, soupçonné par la DST d'accointances avec l'Est, n'y figure pas, mais cela ne signifie rien. Mitrokhine a en effet arrêté de prendre des notes en 1984, date à laquelle le Français, susceptible d'être à nouveau « opérationnel », ne pouvait faire l'objet d'un dossier aux archives. Selon la presse anglaise, d'autres noms sont en revanche cités, comme ceux des socialistes Pierre Cot et Claude Estier, qui donneront bientôt du grain à moudre à une droite soucieuse de renvoyer la gauche dans l'opposition.

Les dégâts générés par les documents de Mitrokhine sont cependant plus importants à Washington et à Londres, où l'on apprend que les espions de Staline avaient pénétré les dispositifs d'espionnage américains et anglais comme s'ils les avaient faits ! Un coup de tonnerre.

Un Américain à Paris

Les traîtres étaient des deux côtés : apparemment, les Soviétiques avaient eux aussi de solides arguments pour s'attirer des collaborations dans le camp occidental. Non pour les faire venir à eux et les héberger à Moscou, mais pour avoir un « œil » chez l'ennemi, si possible en son cœur.

L'une de ces taupes, sans doute la dernière, a fait beaucoup parler d'elle à la DST. C'était en 1989, peu avant les festivité du bicentenaire de la Révolution et l'effondrement du mur.

Un Américain, représentant de la CIA à Paris, la tête de l'emploi, vient trouver Raymond Nart à son domicile durant le week-end de la Pentecôte, après un appel à la permanence. Il voudrait que la DST effectue une surveillance pour le compte de son service. Il s'agit d'un couple. Lui est russe, membre de la section spéciale du KGB. Il devrait se présenter à Paris en compagnie de sa maîtresse autrichienne, officiellement étrangère au milieu de l'espionnage. L'objectif de ce voyage est, selon lui, de « traiter » un agent dont la CIA ignore à peu près tout.

Le jour dit, le couple prend possession d'une chambre dans un hôtel parisien. La chambre est placée sous surveillance permanente grâce à une batterie de micros et de caméras.

Au cours d'une sortie qu'il effectue seul, l'officier russe, habitué à relever des boîtes aux lettres dans le monde entier, de Kaboul à Stockholm, conduit les agents de la DST jusqu'à l'hôtel Meurice, l'un des plus luxueux de la capitale.

Deux enquêteurs, un homme et une femme, s'installent à une table voisine de la sienne. Habillés pour la circonstance – costume de qualité et robe de grand couturier –, munis d'assez de liquidités pour régler leur addition, fondus dans le décor, ils sont équipés d'un micro-appareil photographique qui leur permet d'immortaliser une scène inouïe : l'homme qui remet un plein sac de documents au Russe est un Américain répondant au nom de Felix Bloch. Il est rien de moins que le conseiller économique de la Maison-Blanche.

La DST a reçu l'ordre de ne pas bouger : pas d'interpellation, la CIA s'en chargera en temps voulu. Raison invoquée : un deuxième contact entre le Russe et l'Américain doit avoir lieu lors de la prochaine visite à Paris du président Ronald Reagan.

Cette deuxième rencontre n'aura jamais lieu. Les Américains sont furieux. Il y a eu une fuite, expliquent-ils. Ils en ont la certitude grâce aux écoutes téléphoniques. Felix Bloch a été prévenu. Et ils soupçonnent les Français d'être responsables de ce lâchage.

Le « traître », néanmoins interpellé, niera farouchement ce qui lui est reproché. Écarté de son poste, privé de toute fonction officielle, il finira comme employé d'un supermarché. Les poursuites judiciaires ne seront que très molles, la DST ne disposant d'aucun cadre légal pour transmettre ses photos. Et Raymond Nart ne sera jamais cité devant aucun tribunal, contrairement à ce qu'il s'était imaginé.

Ce n'est que quelques années plus tard que les Américains découvriront que la taupe à l'origine de la fuite était dans leur camp. Elle s'appelait Robert Hanssen et avait commis bien d'autres dégâts. Des années auparavant, Marcel Chalet avait senti que quelque chose ne tournait pas rond au sein du FBI : c'était, entre autres, du fait de cet homme-là.

En ces années 80 qui allaient voir la chute de l'empire tant redouté, Robert Hanssen, n'était d'ailleurs pas le seul informateur des Soviétiques tapi au cœur de la machine américaine. L'autre grand traître s'appelait Aldrich Ames. Lors de son arrestation, on évaluera à au moins une dizaine le nombre d'agents de la CIA en Union soviétique fusillés à cause de lui. Ce fut même un miracle si les Français, qui avaient mis les Américains au courant de l'opération en cours, avaient pu traiter « Farewell » sans que celui-ci eût été dénoncé par Ames.

L'explication ? « Le traître ne se trouvait pas au bon endroit encore moins au bon moment pour disposer de cette information », répond Raymond Nart.

Ces deux trahisons majeures ont « asséché » le renseignement américain pendant près de dix ans. « Durant une très longue période, la DST n'a plus disposé d'une seule information en provenance des États-Unis. » Pourquoi ? « Parce qu'ils n'avaient plus rien, mais surtout parce qu'ils n'avaient plus confiance en eux-mêmes. »

À trop recruter, ils avaient oublié que le mécanisme fonctionnait dans les deux sens.

6.

Ces Français au service de l'Est
(ou de l'Amérique)

Sur la piste des gardiens de la paix

L'homme, un passionné d'armes, par ailleurs assez vénal, était venu raconter aux officiers du SDECE (l'espionnage français) qu'il était en liaison avec un agent du KGB. Éconduit sans trop d'égards, il avait débarqué peu après au siège de la DST avec son histoire. Il fréquentait un stand de tir à Strasbourg. C'est là qu'il avait noué le contact avec cet illégal pour qui il conservait des microfilms.

« Vous avez des preuves de ce que vous avancez ? lui demande sans détour le commissaire de la DST qui le reçoit.

– Oui. Les microfilms sont chez moi », répond l'étrange visiteur.

On dépêche aussitôt un fonctionnaire à Strasbourg. Lequel récolte effectivement une bombe de peinture transformée en cache pour microfilms. L'espion, en fait, n'était autre que le dépositaire de ces films. Il avait touché un peu d'argent des Soviétiques, qu'il avait directement démarchés en frappant aux portes de l'ambassade. Sa mission consistait à recruter des fonctionnaires de police fréquentant un stand de tir. Imaginait-il, en venant voir la

DST, pouvoir jouer les agents doubles ? Ou simplement doubler ses modestes revenus d'homme de l'ombre ? Ce retournement était-il l'aboutissement d'un chantage qu'il exerçait sur ses employeurs, ou bien la manifestation d'un gros remords ? La DST ne répond pas à ces questions, mais profite de l'aubaine pour démanteler son réseau et identifier son traitant.

À l'époque – nous sommes au début des années 80 –, la capacité d'écoute de la police est vive. Les fonctionnaires se parlent sans doute davantage d'un service à l'autre, et un gardien de la paix n'hésitera pas à venir se confier à la DST. Soucieuse d'éviter les ennuis, la préfecture de police de Paris ne veut pas le savoir, mais la DST gère en fait une poignée de fonctionnaires de base, sans toujours passer par la hiérarchie policière. L'un a pris contact après avoir été démarché par un Soviétique à l'occasion d'une opération de maintien de l'ordre ; tel autre a été approché dans le cadre d'une foire. Une dizaine de policiers sont ainsi devenus de véritables agents doubles sous contrôle étroit de la DST : on les incite à cultiver le contact avec ceux qui les ont approchés tout en leur demandant de rendre compte de ce qu'ils sont amenés à dire ou à faire.

Le système a fonctionné ainsi plusieurs années. Jusqu'au jour où, à l'occasion d'un voyage à Moscou, un ministre de l'Intérieur a exigé des Russes qu'ils interrompent leur jeu et laissent les gardiens de la paix parisiens tranquilles. Ils n'étaient d'ailleurs pas les seuls à avoir approché les hommes en uniforme : la jurisprudence parisienne a retenu le cas d'un certain M., gardien de la paix de son état, qui avait été recruté par les services tchèques ; conduit devant les tribunaux à la fin des années 50, il avait bénéficié de l'« excuse absolutoire », arguant du fait qu'il avait rendu compte à la DST de son recrutement.

« Il faudrait que vous vous expliquiez ! »

Fille d'un édile du Morbihan, elle occupait un emploi subalterne au Quai d'Orsay ; lui était journaliste, plutôt spécialisé dans la politique intérieure. C'est par conviction qu'il l'avait entraînée dans l'espionnage au profit du bloc soviétique, dans la France des années 60. Il avait également transformé sa mère, âgée de 70 ans, en agent de liaison.

Voilà des années que la DST était sur leur dos, sans parvenir à les coincer. Le couple d'illégaux n'était pas très actif. C'était le genre de relais que l'autre camp entretenait sur le territoire français : des femmes et des hommes que l'on mobiliserait en cas de confrontation majeure. Un temps, les agents du contre-espionnage avaient cru tenir une bonne piste. Tous les matins, la jeune femme faisait sur le chemin de son travail une halte à la gare Montparnasse et se rendait aux toilettes. L'explication était plus simple que ce qu'ils avaient d'abord imaginé : l'appartement où elle vivait ne disposait pas de tous les équipements sanitaires nécessaires.

Le journaliste paraissait plus vaseux que véritablement dangereux. Moyennant quelques subsides, il avait fourni de vagues tuyaux à ses traitants du Mfs, le service est-allemand ; rien de bien méchant, cependant. Les Allemands s'étaient probablement intéressés au fait que sa compagne travaillait au ministère des Affaires étrangères. C'est aussi la raison pour laquelle les gens de la DST franchirent un jour une étape, après le décès du journaliste, en sonorisant l'appartement où vivait encore sa mère et où avaient eu lieu les précédentes rencontres clandestines avec l'émissaire du Mfs. Ce dernier, un certain Hans Völkner, alias « Richter », fils de membres de l'Orchestre rouge[1] décapités à Berlin

---

1. Réseau soviétique en Europe de l'Ouest pendant la Seconde Guerre mondiale. voir Gilles Perrault, *L'Orchestre rouge*, Fayard, 1989.

pendant la guerre et lieutenant-colonel, est interpellé finalement au Café de la Paix, place de l'Opéra.

Ce jour-là, la mission de Raymond Nart consiste à aller
chercher la vieille mère, un commissaire plus expérimenté
s'étant réservé l'interpellation de la jeune femme. Alors qu'il
se rend au domicile de l'« agent de liaison », sa voiture
heurte malencontreusement celle d'un conseiller d'État,
place de la Concorde. Cet accident lui permet de foncer au
kiosque à journaux, attiré par la une du journal *France-
Soir* sorti cet après-midi-là : « Un officier des services est-
allemands choisit la liberté en Allemagne de l'Ouest »,
annonce la manchette. Il achète à la hâte un exemplaire,
bien conscient de l'usage qu'il fera de ce journal providentiel
dans les heures qui suivront, puis glisse une carte de visite
entre les mains du conseiller d'État afin de reporter le
constat amiable à plus tard.

Conduite à la DST, la mère du journaliste nie toute
relation avec une puissance étrangère ennemie. Particulièrement revêche, elle s'annonce du genre « imprenable ».
Raymond Nart a alors une idée qui fait basculer à la fois
l'interrogatoire et l'affaire. Feignant l'énervement, il s'em-
porte tout en glissant ostensiblement le titre de *France-Soir*
sous les yeux de la femme :

« Il faudrait que vous vous expliquiez, à la fin ! Vous
voyez bien que vous avez été trahie ! » lance-t-il à toutes
fins utiles.

Et la mère craque sans se douter un seul instant que le
policier qui l'interroge bluffe complètement. Elle expose les
détails de sa collaboration avec les Allemands de l'Est, qui,
dans cette affaire, vont perdre d'un seul coup le crédit
conquis sur le terrain diplomatique à une époque où ils
recherchaient la reconnaissance diplomatique de la France.
La mère en rajoute même un peu dans le genre James Bond
au féminin. « Ah oui, je vois, vous avez mis des microsillons
[*sic*] dans les murs ! »

Il n'y a évidemment aucun lien entre le transfuge signalé par le journal du soir et ces gens-là, mais l'affaire est rapidement bouclée. La jeune fille s'« étale » à son tour après avoir été brièvement confrontée avec sa belle-mère – elles en sont presque venues aux mains. L'officier est-allemand, sera échangé quelques années plus tard contre plusieurs Français prisonniers de l'autre côté du mur, comme cela se pratiquait alors régulièrement, toujours au pont de Glinick, dit « le pont des espions ».

Ce n'était ni la première ni la dernière fois que la DST se retrouvait face à une personne âgée. Les services des pays de l'Est avaient visiblement un faible pour le troisième âge. Ce que Raymond Nart explique par le fait que les vieilles personnes ont en général beaucoup de temps libre, et, avec un peu de chance, de vieux copains dans de nombreux secteurs d'activité. Un retraité de l'aviation civile a ainsi été pris en flagrant délit. Il avait la manie de rendre visite à ses anciens collègues, de leur voler tous les papiers qu'il pouvait et de les remettre aux officiers du GRU, la branche militaire de l'espionnage soviétique, qui le traitait discrètement.

L'histoire de ce colonel descendant de l'aristocratie française est à peu près similaire. Ancien pilote au sein de l'escadrille Normandie-Niémen, il avait combattu les troupes allemandes aux côtés de l'armée russe. Il en avait conservé un certain faible pour les Soviétiques, qui l'avaient bien compris et l'avaient recruté en Allemagne alors qu'il était affecté a une base de l'OTAN. À un moment donné, considérant que les Russes ne le payaient pas assez pour ce qu'il leur apportait, il se tourna vers les services roumains. Cette âpreté au gain le perdit, ainsi que sa compagne, qui l'assistait dans ses œuvres d'espion. Un transfuge surgi de Bucarest ne tarda pas à balancer son nom aux services occidentaux. Le jour où les inspecteurs de la DST débarquèrent chez lui pour procéder à une perquisition, le colonel se donna la mort.

Sa compagne, elle, a été confondue de façon peu commune. Grâce à une taupe œuvrant au sein du GRU, les Américains avaient récupéré des documents confidentiels qu'elle avait elle-même photographiés. Sur l'une des photos, on voyait sa main, ornée d'une bague facilement identifiable. Cette bague, elle la portait le jour même de son arrestation, ce qui rendait toute dénégation difficile. Grâce à ses aveux, la DST put décrypter les codes radio utilisés sur le sol français par l'espionnage militaire soviétique. L'espionne entrait en effet en contact avec ses traitants par radio, tous les mercredis, en utilisant des phrases clefs qui allaient permettre aux techniciens français de remonter toute la chaîne du trafic. Par habitude, la DST enregistrait, sans toujours comprendre, toutes les émissions radio en provenance de Moscou ou d'Odessa et à destination du sud de l'Angleterre, de la France et du nord de l'Espagne. Les indications fournies par la maîtresse offraient une grille de lecture inestimable, donnant enfin toute sa valeur et son efficacité à la station d'écoutes implantée en région parisienne à proximité d'une nappe phréatique, l'eau rendant les sons plus audibles...

Amis des Soviétiques

Un agent peut causer à lui seul d'immenses dégâts. Tel a été le cas d'un médecin français originaire de la Côte d'Azur. Âgé d'une cinquantaine d'années, marié avec une Vietnamienne, il s'était débrouillé pour avoir un poste à Saigon. Quand a-t-il commencé à collaborer avec les Soviétiques ? C'est lors de l'un de ses passages par Paris que la division « Surveillances » de la DST a assisté à la rencontre du médecin avec un Soviétique, à Neuilly-sur-Seine.

Les soupçons ne suffisant pas pour l'interpeller, on l'a laissé repartir pour l'Indochine. Des écoutes téléphoniques ont permis de comprendre le jeu dangereux auquel il se livrait. Fort de ses amitiés parmi les militaires occidentaux présents au Vietnam, il recueillait des informations privilégiées sur les vols de bombardiers américains, les fameux B52, puis les transmettait aux Soviétiques.

Toujours grâce aux écoutes, la DST guette le prochain voyage du médecin français à Paris, puis attend son rendez-vous avec les Soviétiques. Pris en flagrant délit, l'homme est placé en garde à vue. Au cinquième jour, l'ami des Viêtcongs, dont on peut penser qu'il avait contribué à faire abattre plusieurs avions, se met à parler. Il est déféré devant la justice un 14 juillet ; la fête nationale lui porte chance : il est remis en liberté ! Un geste d'apaisement ? La conférence pour la paix au Vietnam s'ouvrait le lendemain à Paris, avec les entretiens au sommet entre Henry Kissinger et Lê Duc Tho.

Quelques semaines plus tard, le médecin adresse à la DST une carte postale sur laquelle figure une photo du général de Gaulle à Colombey-les-Deux-Églises, avec ces mots : « Monsieur Nart, ce que vous avez fait n'est pas beau ! » Une missive restée sans suite. Même lorsque Raymond Nart rencontrera son auteur dans la rue, par hasard, une ou deux années après, le médecin jettera un regard oblique en direction du policier, qui le saluera...

À peu près à la même époque, dans la même zone géographique, apparaît un bien singulier gendarme, devenu agent des Soviétiques par choix idéologique. En poste à l'ambassade de France à Vientiane (Laos), ce capitaine récupérait discrètement les télégrammes diplomatiques les plus confidentiels pour les transmettre aux Soviétiques. Son secrétaire, suspicieux, n'a pas hésité à alerter la Sécurité militaire, le service de renseignement et de contre-espionnage interne à l'armée. Laquelle choisit bientôt de se dessaisir de ce brûlant dossier au profit de la DST.

Le capitaine de gendarmerie se présente devant la DST comme un gaulliste de gauche, avant de raconter qu'il a rencontré quelques années plus tôt, en 1968, un tiers-mondiste convaincu (et convaincant). Les aveux de cet agent soviétique peu ordinaire ont été transmis au parquet de Paris, mais cette affaire-là non plus n'a pas connu de suites : pour éviter de ternir l'image de la gendarmerie, on a choisi de la classer, ce qui, dans ces années-là, ne posait pas de problème. Cela a permis à l'ancien gendarme, rayé des cadres, de se lancer plus franchement dans la politique, et même de se présenter à la députation. Sans succès.

Quelle ressemblance entre le journaliste, le médecin et le gendarme ? « Aucune, sinon qu'il faut avoir un profil atypique pour se mettre au service d'une puissance étrangère », observe un cadre de la DST. « Le commun des mortels ne connaîtra pas un parcours aussi extravagant, ajoute-t-il. Toutes sortes de mobiles peuvent intervenir, depuis la conviction politique jusqu'au cas pathologique, en passant par les déviations sexuelles. On en a même connu qui se sont mis au service du bloc communiste parce qu'ils culpabilisaient d'avoir choisi Pétain pendant l'Occupation... » Notons pour mémoire qu'à cette époque, selon les sondages les plus fiables, près de 35 % des Français ont encore un avis favorable sur l'URSS...

La confession de Pâques

Les agents, c'est comme les poupées russes : vous en tenez un, il vous en donne un autre qui en dénonce un troisième.

Le nom de Georges Pâques a été cité par Anatoli Golitsyne, l'un des plus grands transfuges jamais accueillis par les Américains (mais aussi l'un des plus contestés quant à ses analyses).

« Il y a un espion chez vous au cœur du secrétariat général de la Défense nationale », font un jour savoir les Américains aux Français sur la foi des déclarations du transfuge.

Marcel Chalet, qui dirige alors au sein de la DST un service ultracloisonné créé pour la circonstance, décide d'en faire son affaire : il trouvera.

Les premiers éléments sont extrêmement vagues. Les Américains insistent sur la « grande importance » de l'espion, et prêtent curieusement au nom de ce « traître » une connotation italienne. Avec ça, le nombre de suspects n'est pas mince...

Comme à son habitude, Marcel Chalet procède par recoupements et éliminations. Les premiers soupçons se portent sur un général des sapeurs-pompiers. Mais, bien vite, Marcel Chalet a une de ces intuitions qui ne viennent qu'avec l'expérience.

Les premières écoutes donnent corps à cette piste. L'homme ciblé par Marcel Chalet a tout l'air d'être un menteur professionnel, ses conversations les plus banales en attestent. Le directeur ordonne alors ce que les Soviétiques appellent une « surveillance globale ».

Les filatures fournissent des résultats rapides : on surprend bientôt un contact entre le suspect et les Soviétiques près de l'église de Saint-Nom-la-Bretèche, en région parisienne.

L'arrestation de cet agent apparemment isolé, ayant ses entrées au secrétariat général de la Défense nationale, est décidée sur-le-champ. Mais, au lieu de nier, Georges Pâques décide de faciliter la tâche à ceux qui l'interrogent : le suspect livre plus que des aveux, il offre une véritable confession, au sens religieux du terme. Il demande même à voir un prêtre pour se confesser dans les règles. La DST place-t-elle des micros dans le confessionnal ? Officiellement, cela n'a pas été nécessaire...

Georges Pâques avait été recruté par les Soviétiques en Algérie, pendant la guerre, en 1943. Ancien élève de l'École normale supérieure, condisciple sur ses bancs de Georges Pompidou, il avait d'abord été approché par un homme que la DST connaissait : le docteur Bernstein. Ce qui frappa Marcel Chalet, dans cette histoire, c'était l'option politique de l'agent Pâques : il était entré chez les Républicains indépendants, un parti sans envergure. Sans doute, pensa Chalet, avait-il calculé qu'il y aurait plus de chances d'y jouer un jour les premiers rôles.

Les déclarations du transfuge Golitsyne laissaient aussi entendre que le SDECE lui-même, cœur de l'espionnage français, avait été pénétré par les Russes. De ce côté-là, on en est resté au stade des suppositions. Pour sa part, filière Normale Sup' oblige, Pâques a fini par être gracié par le président de la République Georges Pompidou, saisi du dossier par un homme politique appelé Georges Gorse, gaulliste et maire de Boulogne-sur-Seine.

Un autre transfuge, Oleg Gordievsky, a apporté quelques années plus tard son propre éclairage sur le personnage et sur son rôle réel. Spécialiste de la défense à partir de 1958, Georges Pâques aurait largement pillé l'état-major général des forces armées françaises et l'OTAN. Tous les quinze jours, il rendait compte dans les bois de Meudon à ses deux traitants, Nikolaï Lyssenko et Vassili Vlassov. Toujours selon le même transfuge, Pâques avait été davantage motivé par la recherche de sensations fortes que par le combat idéologique, comme un enfant fasciné par ce qui est interdit, ou un adolescent amateur de sensations fortes.

L'espion prosélyte

Encore jeune commissaire (nous sommes dans les années 70), Raymond Nart se voit ordonner par la justice d'aller chercher un Franco-Russe, encore au milieu de sa peine, à la porte de la prison. L'homme en a pris pour dix ans. À la suite du décès de son père, il a obtenu une permission de sortie.

Un jour, cet homme s'était présenté à l'ambassade soviétique à Paris, étroitement surveillée par la DST. Il y avait été bien reçu et recruté. Scientifique, versé dans la physique nucléaire, il avait même bigrement intéressé ses interlocuteurs. Arrêté peu après, le Franco-Russe avait avoué sans difficulté à la DST ses activités occultes. Le plus curieux, ç'avait été les motivations qu'il avait avancées : s'il avait accepté de rester en contact avec les gens du KGB, c'était par charité chrétienne, pour les aider, puis, avait-il ajouté au cours de son interrogatoire, pour les convertir ! La justice n'avait pas pu prendre en compte ses nobles intentions.

Le commissaire conserve d'ailleurs un souvenir pénible de cet enterrement. Menotté au fils, il dut assister parmi les proches à toute la cérémonie. En revenant à la prison, le principal souci de l'espion prosélyte n'était cependant pas de prier pour le salut de son père ; ce qui le tarabustait, c'était le menu du repas qui l'attendait à son retour, en particulier s'il aurait droit à une assiettée de frites.

Une véritable « épreuve », au dire de Raymond Nart, qui prit cependant sa tâche au sérieux : quelques jours plus tôt, il avait appris l'histoire survenue à un détenu qui s'était mis à préparer son bac en prison. L'administration pénitentiaire ayant cru bon de ne pas le dispenser des épreuves sportives, il avait été conduit menotté jusqu'au stade. Et là, profitant du 1 000 mètres, il s'était tout simplement fait la belle !

Une maîtresse à Berlin-Est

Tout est à nouveau parti des confessions du transfuge Oleg Gordievsky, ancien résident du KGB en Angleterre. À l'en croire, ses chefs lui avaient demandé de préparer la venue à Londres d'un agent dont il ignorait le nom mais dont on lui avait dit qu'il parlait français.

Lorsque cette information parvient à la DST, au début des années 80, elle est prise très au sérieux. L'ambassadeur de France à Londres se déplace même à Paris pour rencontrer Raymond Nart et tenter d'apporter son concours à la solution de l'énigme.

Le plus probable, selon les bribes d'information livrées par le transfuge, est qu'il devait s'agir d'un chiffreur, ces personnes chargées de coder les renseignements avant leur transmission par câble. Le ministère des Affaires étrangères utilisait un grand nombre de ces spécialistes, qui permettaient aux diplomates en poste à l'étranger de communiquer en toute confidentialité avec Paris.

Le jeu consiste donc à découvrir le nom du suspect, qui, finalement, pour une raison inconnue, n'honore pas le rendez-vous de Londres. Les agents de la DST se mettent à décortiquer toutes les listes de mutations et de nominations de chiffreurs attachés au Quai d'Orsay. Recherches aussi fastidieuses qu'infructueuses. D'autant que le ministère, peu désireux que l'on révèle l'existence d'un espion dans ses murs, n'y met pas que de la bonne volonté. Jusqu'au jour où les contre-espions tombent sur un faire-part de décès annonçant la mort d'un chiffreur des suites d'une longue maladie. Ils se concentrent sur le passé de cet homme, dont il apparaît qu'il a été affecté à Londres mais n'a jamais rejoint son poste. Ils s'aperçoivent alors que l'on connaît à ce fonctionnaire une maîtresse de l'autre côté du mur, à Berlin-Est.

Comment en savoir plus ? « Nous avons décidé d'aller voir cette femme pour en avoir le cœur net, raconte Raymond Nart. A priori, ce déplacement de l'autre côté du mur était assez périlleux, pour ne pas dire insensé. Mais, sans cela, nous n'aurions jamais su si le chiffreur décédé était bien l'espion recherché. Et nous aurions continué à enquêter. »

Une expédition est donc mise sur pied. Le stratagème imaginé est assez simple : il s'agit de se rendre auprès de cette femme et de se faire passer pour des membres de la famille du défunt, soucieux de rassembler ses affaires personnelles.

Techniquement, faire entrer un véhicule à l'Est ne pose pas de difficulté : le gouvernement militaire français à Berlin dispose de laissez-passer valables vingt-quatre heures. Le jour venu, quatre fonctionnaires prennent place à bord de la voiture officielle. Le raid en territoire ennemi n'est cependant pas sans risques : au moindre incident, les quatre Français peuvent se retrouver sous les verrous. Une situation éminemment délicate sur le plan diplomatique...

« Le succès de l'opération a été total, raconte Raymond Nart. Les fonctionnaires se sont rendus à l'adresse dont nous disposions, ils ont laissé la voiture à quelques centaines de mètres de la maison et ont fini le trajet à pied. La jeune femme était là, et par chance elle n'a pas hésité à leur ouvrir. Ils sont revenus avec toutes les archives du chiffreur, qui avait eu l'excellente idée de confier à sa maîtresse l'inté-gralité de sa documentation. Elle comportait notamment de précieuses indications sur les boîtes aux lettres "mortes" utilisées par son réseau en France. Cela nous a permis de remonter toute l'organisation, qui émanait directement du KGB. »

La procédure, une fois ficelée, a évidemment été transmise à la justice française. La mort du principal suspect rendait caduques toutes poursuites judiciaires, mais la DST avait rempli sa mission : en retrouvant les archives, elle avait authentifié les dires du transfuge russe. Dans le petit milieu de l'espionnage, ce sont des choses qui comptent bien plus que le renvoi d'un coupable devant le tribunal – fût-ce d'un chiffreur passé à l'ennemi.

« Nous avons gagné en connaissance des méthodes de l'adversaire, et c'était pour nous l'essentiel. »

Pour le Quai d'Orsay, l'affaire n'était cependant pas terminée. Le chiffreur passé à l'Est avait en effet sévi durant au moins dix années. Il convenait de changer d'urgence un certain nombre de procédures servant à la transmission des données. Il fallait ensuite tenter de mesurer l'ampleur des dégâts. Et, surtout, laisser la DST poursuivre discrètement son enquête interne, à la recherche d'un éventuel complice au sein du service des archives.

Des gaullistes alignés sur Moscou

Il y avait certes les techniciens, les membres des forces de l'ordre, les militaires, mais les politiques représentaient aussi un important terrain de chasse aux yeux des services de renseignement des pays de l'Est.

C'est parmi les rangs gaullistes que les Soviétiques se sont fait le plus d'alliés, c'est dans cette famille-là qu'ils ont eu le plus de facilités pour recruter. La DST a démasqué de nombreux cas, mais a souvent conservé ces informations sous le coude pour ne pas déranger le pouvoir en place.

L'un de ces présumés agents s'appelait François Saar Demichel. Ancien résistant, ancien représentant des services secrets français en Autriche, reconverti dans le commerce avec les pays de l'Est, pilier de l'Union pour la nouvelle République en 1958, lors du retour au pouvoir du général de Gaulle, il a longtemps fait figure d'intouchable aux yeux de la DST. Jusqu'au jour où, le gaullisme passant de mode,

Raymond Nart et Jacky Debain décidèrent d'aller lui rendre une visite de courtoisie dans son appartement parisien, en novembre 1980.

Le crâne chauve, à l'instar du buste qui le représente dans son salon, voici François Saar Demichel qui se met à parler, sans même que les visiteurs de la DST aient trop à le forcer. Comme s'il ne demandait que ça, en réalité. Oui, reconnaît-il, il a été très lié avec le patron de la première DP (Direction principale, chargée de l'étranger) au KGB, avec qui il s'entraînait volontiers au tir, lors de ses voyages à Moscou, dans les jardins de sa résidence. Oui, il a organisé le financement du mouvement gaulliste en 1958, à l'occasion du retour au pouvoir du Général. Oui, il est intimement persuadé que François Mitterrand va remporter l'élection présidentielle de 1981.

François Saar Demichel a-t-il joué les espions de haut vol auprès du Général, notamment lorsque la France a tourné le dos à l'OTAN, en 1966 ? C'est encore le transfuge Anatoli Golitsyne qui a suggéré la présence d'un « homme de Moscou » au sein même de l'Élysée, soupçon que de Gaulle et ses proches ont toujours balayé d'un revers de main.

Un autre transfuge, plus crédible et plus précis, le colonel Vassili Mitrokhine, a pourtant insisté lui aussi sur la qualité de la source Saar Demichel, répertoriée selon lui sous le nom de code « NN ». À en croire ce transfuge, il avait été recruté en 1955 et s'était servi des réseaux issus de la Résistance pour pénétrer la mouvance gaulliste, à laquelle il avait fait don de quelque 15 millions de francs vers la fin de la IVe République. Ayant bientôt ses entrées auprès du Général, il aurait plaidé l'idée d'une Russie plus russe que communiste, et prôné l'entente Paris-Moscou. Plus concrètement, il aurait négocié en 1963 la vente à l'URSS du procédé français de télévision couleur (SECAM). Sur le plan de l'espionnage pur, c'est lui qui aurait annoncé aux Russes l'imminence d'une visite du général de Gaulle, trois mois après que la France serait sortie du commandement intégré des forces de l'OTAN. En sens inverse, il remettait à l'Élysée des notes de synthèse sur la politique soviétique – en fait plus ou moins directement rédigées par le KGB.

Raymond Nart et Jacky Debain n'en sauront pas plus, hésitant encore à son sujet entre le rôle de super-espion et l'activité de l'homme d'affaires au large entregent, obligé de ménager ses contacts pour faire prospérer ses contrats.

André Labarthe, ancien membre du cabinet du général de Gaulle à Londres, s'est montré plus explicite que Saar Demichel, du moins pour ce qui est de l'histoire ancienne. Au terme de l'une des nombreuses visites qu'il lui a rendues au service, il a avoué à Marcel Chalet avoir travaillé pour le compte des Soviétiques pendant la Résistance. Avait-il poursuivi ses activités par la suite alors qu'il dirigeait une revue mensuelle, *Constellation*, qui consacrait de nombreux articles aux sciences ? Le directeur de la DST dut là encore repartir avec ses doutes.

Face à ces présumés agents de l'Est, gros ou petits, la DST considérait qu'il ne fallait jamais lâcher prise. Par jeu ou par conscience professionnelle, sans doute les deux à la fois, elle est toujours allée au bout de ses intuitions. Souvent, la confirmation n'est venue que très tard, après la mort de l'agent présumé, ou à une époque où il avait délaissé ses activités souterraines. Désinformer l'opinion française pour le compte d'un service étranger laisse moins de traces qu'un enlèvement ou un assassinat.

Si le cas Saar Demichel a pu être considéré comme très sérieux, de très nombreux autres hommes politiques ont simplement été suspectés. À la veille de la Seconde Guerre mondiale, Anatole de Monzie, ministre et homme de culture, avait été brièvement catalogué comme « agent soviétique ». Mais, semble-t-il, agent à la manière d'Edgar Faure, dont les relations avec les pays de l'Est n'allaient pas beaucoup plus loin que la fréquentation d'une ou deux jolies Soviétiques. Monzie, en fait, développa surtout, avant l'heure, une vision gaulliste du monde : soucieux de ne pas s'enfermer dans l'atlantisme, il rencontrait des Soviétiques – c'est même ce qui avait alerté la DST –, mais aucun des fonctionnaires n'avait estimé utile de rédiger la moindre note sur ses accointances intellectuelles. Et ils étaient réputés ne rien laisser passer !

La désinformation par la gauche

« Ce n'est pas la peine de vous casser la tête avec les Français. Ils passent tellement de temps à s'autoflageller publiquement qu'il suffit, pour être au courant de ce qui se passe dans le pays, de lire *Le Monde*. »

Rapportés par un transfuge, ces propos furent attribués à l'ancien chef de l'agit-prop Mikhaïl Souslov, l'idéologue en chef du PCUS, membre du politburo jusqu'à sa mort. Vrais ou faux, ils en disaient long sur la façon dont Moscou considérait la France. Elle était aux yeux de ses stratèges un allié objectif, du fait du fort anti-américanisme qui y régnait. Ce qui expliquait la relative facilité avec laquelle le KGB recrutait dans le pays. Chez les gaullistes, mais aussi à gauche, où les exemples ne manquaient pas.

Guy Desson a-t-il été un agent patenté du KGB, comme on l'a longtemps pensé à la DST ? Né en 1909 en Seine-et-Marne, l'homme a entamé après la guerre une carrière dans les cabinets ministériels. Député socialiste des Ardennes de 1947 à 1958, il est ensuite entré au Parti socialiste autonome (PSA), puis au Parti socialiste unifié (PSU). Journaliste, il est surtout devenu en 1973 président délégué de l'association France-URSS. La DST le considérait comme un important relais de la désinformation soviétique, utilisant, comme d'autres avant lui, les colonnes du *Canard enchaîné*, bien sûr à l'insu des responsables de la rédaction. Fantasmes d'un service qui a tendance à voir des agents partout ? En pleine guerre froide, Desson a pris le parti de mener plusieurs campagnes troublantes, notamment contre le nucléaire. Il a également cherché à faire imprimer une documentation sur la bombe à neutrons, information qui est parvenue aux oreilles du contre-espionnage. Autant de préoccupations qui coïncidaient parfaitement avec les objectifs fixés par le KGB dans ses « mesures actives » de désinformation...

Cela n'a évidemment pas suffi à monter un dossier, mais la DST a toujours estimé qu'elle n'avait pas eu complètement tort de s'intéresser au zèle du député socialiste.

Par le truchement des Tchèques, les Soviétiques avaient également recruté un ancien secrétaire de Guy Mollet, franc-maçon, entré comme sous-préfet à la préfecture de police et recensé sous le pseudo de « Samo ». La DST, là encore, n'a jamais réussi à le coincer. À l'époque, elle n'avait d'ailleurs pas encore compris le système de poupées gigognes mis en place par les Russes : l'ambassade tchèque à Paris abritait une résidence soviétique qu'elle n'avait pas décelée.

La DST est également convaincue que les Soviétiques disposaient de taupes au sein du mouvement trotskiste, il lui est même arrivé de soupçonner des individualités précises, notamment un journaliste qui, à l'époque, collaborait comme pigiste à *Libération*.

Plus sérieusement, le cas Harris Puisais a longtemps mobilisé le contre-espionnage. Ancien collaborateur de Pierre Mendès France, financier plus ou moins occulte du Parti socialiste, lui aussi franc-maçon, il était logé au Kremlin lorsqu'il se rendait à Moscou, où l'une de ses filles dansait avec la troupe du Bolchoï. Recruté au début des années 80 au cabinet de Claude Cheysson, ministre des Affaires étrangères, puis à celui de Pierre Bérégovoy, ministre de l'Économie et des Finances, il reçut plusieurs fois Raymond Nart pour évoquer ce passé. Plus exactement, entre une conférence sur le cas « Farewell » tenue au Quai d'Orsay devant cinquante diplomates, et à laquelle assistait Harris Puisais, et une rencontre fortuite avec lui dans la rue, le contre-espion parvint à nouer une relation avec cet homme dont le parcours le préoccupait depuis si longtemps.

Au sujet de Harris Puisais, qui était un jour revenu la mine lugubre d'un voyage d'affaires à Moscou, en pleine perestroïka, Raymond Nart avait tout entendu. Anticlérical de père en fils, il avait hérité d'un prénom volontairement absent du calendrier chrétien. Volontiers présenté comme espion soviétique à plusieurs époques de sa vie, il n'avait jamais vu fondre sur lui la DST, pas même lorsqu'il avait fait son entrée dans les cabinets ministériels, où ses collègues l'avaient surnommé « le Colonel ». La DST avait juste réussi à l'écarter du cabinet de Pierre Mendès France en 1954 pour « accointances avec les Soviétiques ». Vieux copain d'Antoine Pinay mais aussi du socialiste Charles Hernu, il les avait souvent accompagnés dans leurs virées nocturnes, ainsi qu'il le raconte bientôt à Raymond Nart, venu à lui en fonctionnaire de la DST, mais aussi en ami de la maison : certains n'avaient-ils pas fait courir le bruit que Puisais était proche de Rémy Pautrat, éphémère directeur de la DST sous le ministère de Pierre Joxe, et lui aussi ancien du cabinet de Claude Cheysson ? Une rumeur entretenue par l'Élysée, Gilles Ménage et François Mitterrand, qui n'avaient pas digéré l'indépendance d'esprit de Pautrat, ayant trouvé là un bon moyen de lui savonner la planche... Harris Puisais avait-il servi de tête de pont au KGB au temps de la guerre froide ? Avait-il poursuivi ses activités, une fois entré au Quai d'Orsay ? La DST le savait en rapport avec un haut dignitaire de la centrale soviétique. Elle n'avait jamais eu la certitude que ses comptes rendus allaient au-delà d'un simple décryptage de la vie politique française. C'est ce mystère qui avait poussé vers lui un Raymond Nart, toujours soucieux de privilégier le face-à-face et avide de comprendre comment cet homme était passé des marchés pétroliers, en Roumanie et en Tchécoslovaquie, à la création du système Urba, destiné à assurer la pérennité matérielle du Parti socialiste...

Le cas du Parti communiste français est plus ambigu. À tort ou à raison, la DST a toujours considéré que Gaston Plissonnier, du temps de sa splendeur, « tenait » le Parti pour le compte de Moscou. Mais elle n'a jamais perçu les apparatchiks de la place du Colonel-Fabien comme des dangers pour le pays.

« Il serait historiquement faux de croire que le Parti communiste français faisait office de super-espion pour le compte de Moscou », dit un ancien responsable de la DST. À ceux qui voyaient trop facilement le PCF en nid d'agents du KGB, Raymond Nart a lui-même toujours expliqué qu'ils faisaient fausse route. « Il y a des cas isolés, mais les cadres du Parti, dans leur majorité, jouent la patrie avant le grand frère », leur disait-il, exemples à l'appui. Ce qui n'a pas empêché la DST d'infiltrer discrètement le PCF dans les années 60, afin de prévenir toute velléité...

Voyage à Bucarest

Le cas Charles Hernu a fait couler beaucoup d'encre et mobilisé bien des tribunaux, les descendants de l'ancien ministre de la Défense de François Mitterrand ayant choisi de combattre en justice les soupçons surgis des années sombres de la guerre froide. Comment cette affaire a-t-elle fait surface ? C'est probablement l'aspect le moins connu du dossier « Hernu ».

Dans le secret de la DST, ce dossier a vécu une longue phase de gestation. L'action se déroule entre Paris et Bucarest au début des années 90. Le contre-espionnage français a réduit à néant les réseaux secrets roumains implantés dans l'Hexagone au temps de la splendeur du « roi » Ceausescu. La DST reste vaguement en relation avec un homme en poste à l'ambassade de Roumanie à Paris, sans plus. Décision est cependant prise, en 1992, de renouer des liens avec ce pays, si proche de la France par sa latinité. Une délégation des services roumains est d'abord accueillie à Paris, puis la DST rend à son tour visite à ses homologues.

Raymond Nart est du voyage. Sur place, il ne manque pas de demander des nouvelles d'une vieille connaissance : l'espion Mihaïl Caraman, expulsé du territoire français en août 1969 après avoir été démasqué par la DST et condamné par la justice française à vingt ans de prison. Une affaire énorme, couronnée par la défection du numéro deux de l'ambassade, le colonel Ion Iacobescu, qui avait demandé l'asile aux États-Unis.

Convaincu que les réseaux roumains ont été bien plus actifs que le contre-espionnage ne l'a jamais su, Raymond Nart veut revoir Caraman pour comprendre ce qui a échappé, vingt-quatre ans auparavant, à la vigilance de la DST. L'expulsé d'autrefois est rapidement localisé par ses pairs dans une petite ville des Carpates où il coule une retraite paisible. C'est trop loin de la capitale pour qu'on puisse prétendre organiser une rencontre sur-le-champ. Mais l'envoyé de la DST insiste : « Pour moi, dit-il à ses interlocuteurs, Caraman est un type bien, et un très bon officier. J'ai la certitude que ce n'était pas un agent à la solde des Soviétiques. Il peut revenir en France s'il le souhaite. Nous sommes même prêts à lui offrir le billet d'avion. »

Pourquoi une telle insistance ? Le contre-espion éprouve du respect pour l'espion Caraman. Arrivé à Paris à l'âge de 30 ans en décembre 1958, le Roumain a plutôt bien joué sa partition. L'attirant à lui en usant des moyens les plus classiques, à commencer par les mondanités, Caraman a réussi à approcher un Français, champion de tir et de karaté, mais surtout documentaliste à l'OTAN. Apprenant que son « poisson pilote » trafiquait à l'occasion du foie gras du Quercy, non sans prélever au passage une commission de 10 %, il lui avait passé de grosses commandes en lui suggérant de faire monter sa part à 20 %. Un jour, il lui avait réclamé la copie d'une étude pour son ambassadeur, puis ce fut l'engrenage : grâce à deux Minox, le Français s'était mis à photographier tout ce qui lui passait sous la main, dissimulant ses pellicules derrière une pile de livres.

Caraman, qui voyait grand, recruta en tout onze Français, traités par de faux diplomates qui passaient les frontières avec les films dans leurs poches, enveloppés dans de simples mouchoirs. Jusqu'au transfert du siège de l'OTAN à Bruxelles, en 1967, il avait ainsi expédié à Bucarest des centaines de documents militaires. Il avait même réussi à convaincre l'employé de l'OTAN de poursuivre sa collaboration depuis la Belgique, moyennant 5 000 francs pour chaque livraison, ainsi que des pièces d'or.

C'est finalement Raymond Nart qui refait le voyage : il retourne à Bucarest, où l'attend cette fois Caraman. Les deux hommes se dévisagent longuement avant d'opter pour une promenade commune. Marqué par son passé, Caraman craint les micros. Pour parler librement, il préfère déambuler dans les rues. Les deux hommes se mettent d'accord pour la suite :

« Dès que possible, je vous expédie des billets d'avion par le canal de l'attaché militaire français », annonce le Français au moment de quitter son interlocuteur.

Le dossier Hernu

L'ex-officier roumain débarque à Paris au printemps 1992.

Dans la voiture qui les conduit de l'aéroport à l'hôtel, Mihaïl Caraman glisse une enveloppe entre les mains de son hôte français. C'est son cadeau, comme d'autres auraient apporté une spécialité gastronomique. Car Raymond Nart est formel : il ne lui a absolument rien réclamé.

« Regardez simplement, dit Caraman. Mais n'en faites rien pour le moment. »

De retour au service, le responsable du contre-espionnage remet à son directeur, Jacques Fournet, les documents dont il vient d'hériter, mais sans vraiment s'attarder : Caraman l'attend pour aller déjeuner à Versailles.

Au cours du repas, les deux hommes décident d'un commun accord de tourner la page de l'affaire Van de Wielhe, histoire de ne pas nuire à une coopération balbutiante. Lui aussi recruté par les Roumains, également payé en pièces d'or, ce Français avait cru bon d'enfouir son trésor dans le jardin de sa résidence secondaire, en Bretagne. Un voisin chargé de tondre la pelouse l'avait découvert, ce dont Van de Wielhe s'était plaint auprès de Caraman... L'affaire devait s'arrêter là : on laisserait les pièces au jardinier et on n'en parlerait plus.

Le Roumain revient brièvement sur son « présent » :

« Vous vous souvenez comme moi de la façon dont Charles Hernu a solennellement coupé les liens avec Pierre Marion après l'avoir poussé à la tête des services secrets français ? » commence-t-il.

Raymond Nart a évidemment cet épisode à l'esprit.

« En lisant les papiers que je vous ai donnés, poursuit le Roumain, vous allez tout comprendre. Vous trouverez la clef qui vous manquait jusqu'à aujourd'hui. »

Quelques jours plus tard, les deux hommes se revoient. La DST a fait traduire le dossier en français. Nart attire l'attention du Roumain sur une mention écrite à la main, dans la marge, sur l'un des documents : « Prière de mettre cet agent à la disposition de la résidence du KGB à Paris. »

Caraman fournit l'explication de texte :

« Cette mention manuscrite est de ma main », dit-il.

Ces quelques mots laissent entendre que l'agent Hernu a revêtu une importance certaine aux yeux de ses traitants, au point de ne pas seulement intéresser les Roumains, mais aussi les Soviétiques.

Les autres éléments en provenance de Bucarest ne sont pas d'une actualité brûlante, ni d'un niveau à faire se pâmer un Raymond Nart. Il s'agit de notes de contact établies par un représentant des services roumains à Paris. D'après ces notes, Charles Hernu aurait d'abord été démarché par les Bulgares dès le mois de mars 1953. Puis les Roumains auraient pris le relais. Que leur a-t-il raconté ? Des analyses politiques à peine mieux renseignées que les articles publiés dans la presse quotidienne. Il leur a bien sûr parlé de François Mitterrand et s'est livré à quelques pronostics à propos des divers scrutins électoraux. Rien de sensationnel, mais les Roumains ne se sont pas lassés. Ils ont même sérieusement envisagé, sans que l'on sache s'ils mirent leur plan à exécution, de participer financièrement à la campagne électorale de leur « pigiste » de luxe, qui comptait se présenter dans une circonscription parisienne. L'enveloppe allouée à Charles Hernu ne devait pas dépasser les 30 000 francs. Une somme à ajouter aux 3 000 à 5 500 francs qu'« André » (son pseudo) aurait touchés mensuellement durant au moins deux années, en 1956 et 1957, si l'on se fie au dossier de Caraman.

Sur l'une des notes apparaît un mystérieux « Russe blanc », sous un nom de code que Raymond Nart identifie d'emblée : il s'agit d'Alexandre Kojève, un philosophe installé en France, qu'il a toujours soupçonné d'œuvrer pour le compte des Soviétiques (voir page 196).

Une fois élu député, en 1956, Charles Hernu voit apparemment sa valeur augmenter. Un signe : le « diplomate » soviétique Vladimir Ivanovitch Erofeïev entre en piste pour le traiter. Il envoie notamment l'homme politique français assister à Moscou à une réunion du Conseil mondial pour la paix.

Plus tard, entre les mains de Caraman et de ses hommes, « André » devient « Dinu ». Caraman n'est pas toujours satisfait de sa production, mais suit de près les premiers pas du PSU, parti répertorié à Moscou sous le nom de « Monaco ».

Sur une autre note est évoqué un projet d'attentat de l'OAS – les ultras de l'Algérie française – contre Charles Hernu, le 26 juillet 1958. Le bras armé de cet attentat, un ancien inspecteur de police devenu journaliste, avait, à en croire cette note, prévenu sa cible avant de passer à l'acte. Ce qui lui avait valu la Légion d'honneur, croyaient encore savoir les Roumains. Une information a priori digne de foi : quelques années plus tôt, Raymond Nart avait été mis au courant de ces faits par le journaliste lui-même. Devenu ministre, Charles Hernu l'a d'ailleurs remercié en le décorant de la Légion d'honneur.

Après cet attentat, les Roumains ont pris leurs distances avec Charles Hernu dans la mesure où il bénéficiait pendant quelque temps d'une protection rapprochée de la police française.

Le 14 décembre 1962, Hernu fait l'objet d'une note de la Securitate roumaine, avant que celle-ci ne passe le flambeau au KGB.

Le dossier contient également une photographie de Charles Hernu, mais le plus intrigant est sans doute cette note rédigée par un responsable des services roumains à l'intention de Ceausescu à l'occasion de la nomination de leur « agent » au poste de ministre de la Défense, en 1981. Il passait depuis plusieurs années pour le spécialiste des questions de défense au Parti socialiste ; le voici désormais coiffant la hiérarchie militaire.

« Reprenez contact avec Charles Hernu », aurait décrété le *Conducator* tout-puissant de la Roumanie. Ce que ses services auraient alors tenté de faire, sans savoir que leur ex-agent avait viré... anticommuniste.

Difficile de savoir si Caraman a livré la totalité du dossier Hernu, ou seulement quelques bribes. À l'époque, l'ancien directeur de la DST, Marcel Chalet, observe que manquent à l'appel des pièces essentielles, notamment celles qui concernent le domaine militaire. Ne figure pas non plus le nom de Jacques Patault, ancien coordinateur du renseignement auprès de Georges Pompidou, dont la DST sait qu'il a été une cible privilégiée des Roumains. Ces lacunes et cet aspect disparate plaident cependant pour l'authenticité du dossier. « Si les Roumains avaient voulu faire un montage, il aurait été complet », diagnostique Marcel Chalet. Peut-on parler ici de trahison ? « On devient agent dès que l'on perçoit de l'argent », disait-on à la DST. On peut aussi être un agent de l'Est et afficher des positions publiques qui le démentent : Georges Pâques a bien défendu l'Algérie française alors qu'il travaillait pour le KGB. André Labarthe, autre espion présumé, s'était fait pour sa part le défenseur de la bombe nucléaire française. « Les agents ont toujours une attitude ambiguë, constate Raymond Nart. Certains pensent même sérieusement servir la France en pactisant avec un pays étranger... »

La liste caviardée

Que faire de ces informations aussi délicates que réchauffées ? La vague terroriste aux couleurs d'Allah qui frappe alors la France mobilise la DST à cent pour cent. Charles Hernu est mort d'une crise cardiaque le 17 janvier 1990 alors que débutait une campagne de presse sur ses débuts professionnels sous Vichy. Ces vieux documents intéressaient l'homme de renseignement ; allaient-ils exciter les politiques ?

Respectueux de la hiérarchie, Raymond Nart transmet à son directeur une copie des notes traduites. Nous sommes à l'automne 1992 lorsque Jacques Fournet, en politique soucieux de l'avis et des intérêts de François Mitterrand, qui l'a nommé, décide de se rendre à l'Élysée, les originaux roumains et leur traduction dans sa sacoche. Fort loin de la popularité mondiale qu'il a connue jusqu'en 1989, le président socialiste, rongé par la maladie, voit tout lui échapper peu à peu. Le directeur de la DST songe évidemment à l'exploitation que la droite pourrait faire de ce dossier à l'occasion des élections législatives du printemps suivant. À son retour, il rapporte presque mot pour mot à Raymond Nart les propos que lui a tenus le sphinx socialiste :

« Encore les âneries d'Hernu ! se serait exclamé le président, non sans émettre quelques doutes sur l'authenticité des documents. Mettez ça où vous voudrez, mais je ne veux plus en entendre parler ! De toutes façons, il n'est plus là pour se défendre. L'histoire jugera ! »

Ce qu'il ne dit pas, c'est que le président n'a même pas souhaité jeter un regard sur le dossier des Roumains.

Assez lapidaire, Jacques Fournet annonce qu'il enferme le « cadeau » des Roumains dans son coffre-fort. Il y reste jusqu'à l'arrivée de Philippe Parant, nommé par Charles

Pasqua, qui n'a pas souhaité conserver plus longtemps à la tête de la DST un directeur mis en place par François Mitterrand. C'est même l'un des rares dossiers que Philippe Parant trouve dans son coffre à son arrivée, en même temps que le reliquat des fonds secrets non utilisés et un ordre, fraîchement signé par Charles Pasqua, de traquer le terroriste Carlos par tous les moyens.

Si François Mitterrand avait préféré éconduire Jacques Fournet, il aurait été bien naïf de croire que le sujet n'éveillerait pas la curiosité des politiques. À l'Élysée, le conseiller Gilles Ménage n'avait pas attendu Caraman pour commander à la DST une étude sur les tentatives soviétiques de pénétration au sein du Parti socialiste. Le rapport qui lui avait été fourni sur la base des archives du service ne mentionnait évidemment pas le nom de Charles Hernu.

Philippe Parant réitère bientôt cette demande en l'élargissant à tous les partis politiques. Le rapport qui lui est remis reprend les éléments fournis à Gilles Ménage, augmentés d'un certain nombre de noms. C'est cette liste qui arrive bientôt sur le bureau d'un journaliste du *Figaro*, largement caviardée par son expéditeur, un membre du cabinet de Charles Pasqua. On y trouve pêle-mêle Léo Hamon, Louis Joxe, Gaston Palewski, Raymond Schittlein, Jean de Lipkowski, Philippe Dechartre, René Capitant, Jacques Debû-Bridel, Jacques Bloch-Morhange, Louis Vallon, Jacques Chaban-Delmas, Edgar Faure, Louis Jacquinot, Michel Baroin, Pierre Cot, Georges Boris, Léon Hovnanian, Roland Dumas, Claude Estier, Édouard Depreux, Pierre Joxe, Didier Motchane, l'amiral Sanguinetti, Jacques Mitterrand, Geneviève Tabouis, Anatole de Monzie, André Boutemy, Max Busset, Harris Puisais, Alexandre Kojève, Jean-Pierre Vigier, François Saar Demichel, ainsi que le général Petit. Une addition de personnalités de gauche, de gaullistes et de gaullistes de gauche dont les survivants sont tous présumés hostiles à la candidature d'Édouard Balladur, ce qui n'échappe à personne, surtout pas à la DST.

« *Le document est un montage* »

Lorsque les liaisons de Charles Hernu avec les services secrets roumains sont relatées en détail dans *L'Express* du 31 octobre 1996, plus personne ne sait au juste où se trouvent les documents originaux... que l'on retrouve finalement dans le coffre-fort du directeur, d'où ils n'avaient pas bougé[1].

Raymond Nart n'est pas du tout surpris par cet article. Il s'étonne même que la fuite n'ait pas eu lieu avant. Va-t-il être soupçonné d'en être l'auteur ? Sans aucun doute...

Un appel téléphonique de Jacques Fournet, devenu préfet de la région Champagne-Ardennnes, le rassure plus ou moins : « Je sais, lui dit-il, que ce n'est pas vous qui avez donné le dossier. »

Un autre appel le refroidit à nouveau : c'est Caraman, furieux de voir comment on a exploité son « cadeau ». « Amitié perdue », pense Raymond Nart, qui ajouterait volontiers ce chapitre à la litanie des trahisons du milieu politique.

Bientôt la justice s'en mêle. Convoqué chez le juge d'instruction chargé de la plainte déposée par les fils de Charles Hernu, Raymond Nart s'en tient au strict minimum. « Le dossier est resté secret durant quatre ans, dit-il au juge Jean-Paul Valat. C'est en France une forme d'exploit. »

---

1. Dans un jugement du 3 décembre 2002, la justice a prononcé la relaxe des journalistes Jean-Marie Pontaud et Jérôme Dupuis poursuivis par la famille de Charles Hernu pour « recel de biens provenant de la violation du secret professionnel », après la publication d'un livre sur le sujet, *Enquête sur l'agent Hernu*, Fayard, 1997.

L'essentiel, pour l'homme de renseignement, n'est cependant pas de savoir si ces informations auraient dû ou non être publiées. C'est d'éclaircir les choses et de déterminer avec précision l'époque à laquelle Hernu a vraiment cessé sa collaboration avec le bloc soviétique, même si cette affaire n'est pas à ses yeux une affaire prioritaire (c'est même une « affaire morte », selon le jargon en vigueur, et la DST a d'autres chats à fouetter). Connaissant le fonctionnement des services secrets de l'autre côté du mur, il était dans la nature des choses que Roumains ou Soviétiques aient tenté de profiter, voire d'abuser, des liens tissés avec l'homme politique français. L'avaient-ils fait ? Il est de notoriété publique que les Soviétiques considéraient les Roumains et leurs services comme quantité négligeable. Mais l'expulsion de Caraman a fait grand bruit, et le « grand frère » s'est aperçu que l'élève roumain n'était pas si mauvais. À l'époque, les Russes ont même envoyé un avion à Bucarest pour rapatrier à Moscou les documents soustraits par les Roumains aux archives de l'OTAN. Caraman a d'ailleurs payé assez cher cet épisode : il a dès lors été estampillé « agent soviétique » par ses compatriotes, ce qui était assez mal perçu et lui a valu d'être mis sur la touche dès 1969.

Si l'on s'en tient à une lecture événementielle de l'histoire, le ministre de la Défense de François Mitterrand, plus atlantiste que la plupart de ses amis socialistes, a pris des positions contraires aux intérêts soviétiques. Il a incité François Mitterrand à se rendre dans l'enceinte du Bundestag, le Parlement allemand, pour y prononcer un discours historique en faveur des euromissiles. Plus notable encore : lors du vote de la loi de programmation militaire adoptée en 1985, Charles Hernu a clairement désigné l'Union soviétique comme l'ennemie de la France. Un geste jusque-là inédit qui montre que l'ancien agent avait pour le moins « refoulé son passé », comme on l'entend alors dire à la DST.

La rumeur dit que Charles Hernu aurait quitté le ministère de la Défense en emportant une cantine pleine de documents. Qu'un gendarme avait été dépêché pour la récupérer et qu'il s'était fait éconduire. Mais ce genre de rumeur est plus fréquent qu'on ne le croit, et aucune personne sérieuse ne saurait en déduire quoi que ce soit. Les spécialistes du contre-espionnage s'en tiennent aux faits : Charles Hernu n'a pas trahi alors qu'il était devenu ministre de la Défense. Pour le reste, il y a sans doute eu des dizaines de « collaborateurs » de son calibre au temps de la guerre froide : les uns collaborèrent avec le camp d'en face par ambition, les autres, seulement pour l'argent, quelques-uns, par conviction. Charles Hernu n'a pas fourni de renseignements vitaux, une partie étant directement inspirée des notes de l'un de ses amis, vieil inspecteur des RG en poste à Lyon. Mais les Roumains ont certainement misé sur lui, car ils lui prêtaient un grand avenir politique, ce en quoi ils ne se trompaient pas.

L'ancien espion français Constantin Melnik, coordinateur des services de 1959 à 1962, est encore plus circonspect. Selon ses propres sources à Moscou, Charles Hernu a peut-être entretenu de troubles relations avec les services secrets soviétiques, mais il n'a jamais été au sens strict un « agent » soviétique. Après 1963, la résidence de Paris aurait même décidé unilatéralement d'interrompre ses versements, car elle soupçonnait Hernu de se contenter de recopier la presse française.

Un dernier indice : Ion Pacepa, ancien conseiller chargé du renseignement auprès de Ceausescu, passé à l'Ouest en 1978, n'a jamais entendu parler, quant à lui, de Charles Hernu, alors qu'il connaissait les noms de tous les espions importants en activité.

Sans même parler des héritiers de Charles Hernu, scandalisés par ces révélations posthumes, les amis socialistes de l'ancien ministre n'ont jamais accordé un grand crédit au dossier roumain. « Les Soviétiques nous approchaient tous systématiquement, explique Pierre Joxe. Ils nous invitaient à déjeuner, nous offraient du caviar. Hernu, qui était presque toujours sans le sou, a peut-être répondu plus souvent que nous aux invitations. Il passait son temps dans les cocktails et dînait avec les uns et les autres. Mais ce n'était pas un agent soviétique ! » Et de conclure qu'à son avis ce n'est pas dans cette affaire que le contre-espionnage français, qu'il couvrait par ailleurs de compliments, avait été à son meilleur. Lui-même, dans les années 50, avait eu droit à un dossier à la Sécurité militaire pour ses activités d'étudiant communiste !

Même Robert Pandraud, député UMP et ancien ministre délégué à la Police auprès de Charles Pasqua, considère que Charles Hernu a surtout fait preuve d'imprudence. « Il n'avait d'ailleurs aucun secret à dévoiler », remarque-t-il.

Ultime commentaire de Raymond Nart dans le bureau du juge Valat, le 7 mai 1999, alors qu'on lui met sous le nez la fameuse liste caviardée publiée par la presse : « Le document que vous me présentez est un montage. Il ne correspond pas sur la forme [...]. En ce qui concerne le fond, il s'agit effectivement d'un texte que j'avais établi initialement au début de la décennie 80 et que j'avais réutilisé dans les années 90 en rajoutant trois lignes sur Charles Hernu. Le passage concernant Hernu ne figurait pas en tête de cette note réactualisée. Je constate que dans cette république des fuites, on ne peut rien garder secret. »

Une manière de remettre les pendules à l'heure : si ce dossier s'était retrouvé dans la nature, ce n'était pas le fait du contre-espionnage, mais bel et bien celui de la classe politique.

La CIA a un pied à Paris

Il n'y avait pas que les pays de l'Est : les Américains aussi étaient friands de sources françaises.

À une certaine époque, le général de Gaulle a, dit-on, ouvertement reproché à la DST d'être trop proche des Américains. Il aurait même écarté pour ce motif l'un des patrons du service, Tony Roche, en poste entre 1964 et 1967.

Un jour, au cours d'une réception, de Gaulle aborde Tony Roche en lui posant cette question insidieuse :

« Vous parlez toujours aussi bien l'anglais ? »

Quelques semaines plus tard, il perdait son poste.

« La DST travaillait avec les services des pays alliés, et notamment sur des informations venues des États-Unis, souvent livrées par des transfuges, explique un ancien cadre du service. Mais, au moment de l'éviction du préfet Tony Roche, le Général avait clairement l'intention de montrer l'indépendance de la France. »

L'avenir allait-il donner la preuve que Washington disposait de plus d'obligés à Paris que n'en avaient jamais compté les Soviétiques ?

7.

Désinformer, tromper, manipuler

« La vérité est en général assez simple »

À la fin de la guerre d'Algérie, ayant dit adieu à son régiment, Raymond Nart aurait pu faire son entrée dans le clan des « magistrats cassoulet », issus de la faculté de Droit de Toulouse. Il aurait aussi pu devenir journaliste. Il proposa même sa candidature au service des sports de l'ORTF, mais un certain Thierry Roland lui souffla la place.

Son métier l'a ensuite conduit à cultiver une certaine distance vis-à-vis de la presse. La coutume voulait même que chaque contact avec un journaliste fût signalé par écrit par les fonctionnaires de la DST : « Ai rencontré ce jour à sa demande... », « Conversation téléphonique ce jour avec... ». Les formules étaient bien rodées.

Si Raymond Nart a reçu quelques journalistes, c'était le plus souvent sur ordre du ministre de l'Intérieur. Il ne leur voue pas de haine particulière, mais s'en méfie certainement. Un homme incarne à ses yeux les excès du métier : Viktor Louis, qui avait mis sa carte de journaliste au service du système communiste.

Au rayon propagande, le nom de Viktor Louis figure encore en lettres d'or. Officiellement correspondant à Moscou d'un journal anglais, il était considéré par tous les services occidentaux comme le porte-parole officieux du KGB, dont il distillait les messages au jour le jour. C'est lui, notamment, qui avait annoncé aux journalistes occidentaux la chute du camarade Khrouchtchev. Francophone, il avait vécu à Paris avec ses parents jusqu'en 1945, date à laquelle sa famille, comme beaucoup d'autres, avait décidé de rejoindre sa patrie où triomphait le communisme. Raison de plus pour se pencher sur son cas.

C'est d'abord le train de vie du journaliste qui intrigue les enquêteurs français. Vivant dans le luxe, roulant volontiers à bord d'une voiture de sport, dont il possède une collection, fait rarissime à Moscou, autorisé à sortir du pays quand il le désire, Viktor Louis cache forcément des activités occultes. Lors de ses passages par Paris, on le voit fréquenter assidûment les boutiques, les Galeries Lafayette et Hermès. Pour qui, ces emplettes ? En partie pour lui, mais aussi pour le compte de quelques influents apparatchiks du Parti, dont il est visiblement l'un des « coursiers » de luxe : les produits occidentaux, en particulier les alcools, sont très appréciés de la classe dirigeante soviétique.

Un jour, Raymond Nart tente une approche, au culot, pour en savoir un peu plus long sur ce mystérieux télégraphiste, et, le cas échéant, lui soutirer quelques informations. L'entrevue est courtoise. Viktor Louis raconte qu'il connaît et voit de temps à autre à Paris un certain nombre de journalistes. À l'occasion, confirme-t-il, il rapporte aussi quelques bouteilles de cognac introuvables à Moscou.

La DST décide de rester aux basques d'un homme pareil, susceptible de relayer la propagande communiste, mais Viktor Louis ne dépasse jamais les limites, et sa discrétion le protège.

À cette époque, la DST a du travail à revendre avec les journalistes. Les transfuges se sont en effet montrés extrêmement généreux sur ce chapitre : ils ont fourni de très nombreux noms. Comment vérifier ces informations sensibles sur le monde de la presse ? En ce domaine plus qu'en d'autres, le gouvernement trahit facilement la DST. Ce qui signifie que les journalistes auxquels le contre-espionnage s'intéresse de près l'apprennent en général par la bande...

Organe influent de la vie politique française, alimenté en sous-main par des informateurs placés au cœur de l'État, *Le Canard enchaîné* est alors, aux yeux d'une DST suspicieuse, le canal idéal pour diffuser des nouvelles d'origine non contrôlée. Difficile, cependant, d'aller démontrer que tel ou tel journaliste aurait sciemment relayé les thèses soviétiques, main dans la main avec le KGB. Sauf à mettre au jour d'éventuels versements d'argent, ce qui relève de la mission impossible.

Au-delà de l'emblématique Viktor Louis, la DST a connu d'autres cas, parfois même hors du contexte de la guerre froide, certains journalistes offrant leur plume sans même s'en rendre compte.

« Avec ce journalisme-là, dit Raymond Nart, je suis en désaccord. »

Plus profondément, la crainte des fuites a toujours hanté les responsables de la DST. Il y a eu à ce sujet des périodes plus chaudes que d'autres. Chaque ministre de l'Intérieur a fixé ses règles, plus ou moins strictes.

« Dans une démocratie, la presse doit être libre, admet le contre-espion, qui n'est pas adepte d'un musellement systématique, façon régime totalitaire. Mais l'époque de la guerre froide ne se prêtait pas vraiment à la transparence. »

C'était avant l'explosion de la communication, qui, aujourd'hui, a tout changé...

« La société soviétique était une société fermée, qui ne communiquait pas. À cette époque, si l'on rencontrait des journalistes français, c'était pour leur proposer de devenir nos agents, ce qu'un certain nombre ont accepté facilement, sans faire d'histoires... »

Surtout, le monde de l'espionnage considère l'information comme une arme de première importance, à manier avec la plus grande précaution. On y déploie sans cesse mille ruses pour faire croire à l'ennemi ce qu'il veut entendre. C'est là un domaine dans lequel les Russes, inventeurs de la désinformation, ont toujours été « excellents », selon le mot de Raymond Nart, qui se souvient de Sergueï Tchakhotine, auteur de l'ouvrage de référence sur le sujet, *Le Viol des foules*, publié en 1930 à Paris et consacré aux effets de la propagande politique.

« La désinformation, ce n'est pas seulement ce qui va provoquer le grand chambardement, le stratagème mis en place par un grand cerveau pour bousculer la planète, explique le contre-espion. Au coup par coup, c'est ce qui permet de faire passer une idée fausse à un chef d'État pour l'amener à se concentrer sur autre chose que sur l'action en cours. C'est, par exemple, le faux testament de Zhou Enlai, mis en circulation par les Soviétiques pour tenter de changer le cours des relations sino-soviétiques : un sommet du genre... »

L'ancien cadre des services secrets tchèques Ladislav Bittman, ex-animateur du département « D » (comme désinformation), a lui aussi écrit un livre sur le sujet après avoir fait défection en 1968 (*Desinformation Game*). Il y dévoilait notamment les dessous d'une vaste campagne destinée à démontrer que l'Allemagne fédérale n'avait pas changé depuis l'époque nazie : on avait d'un seul coup vu fleurir des croix gammées dans plusieurs cimetières de la région strasbourgeoise, peintes en réalité par des professionnels du renseignement. Pour accroître la tension entre la France et l'Allemagne, une boîte de cigares piégée avait même été envoyée au préfet Trémeau, en poste dans la capitale alsacienne ; l'explosion avait coûté la vie à son épouse, le 17 mai 1957. Le but de cette campagne d'intoxi-cation était de soulever l'opinion publique française contre la mise sur pied de la Communauté européenne de défense (CED). Tous les relais avaient d'ailleurs été mis à contri-bution, notamment l'association France-Russie, chargée d'inspirer le plus d'articles possible à ce sujet dans la presse française. En agitant notamment le spectre de la bombe à neutrons, la campagne obtint un certain écho auprès des foules. Certes, les gaullistes étaient viscéralement opposés à la CED, mais le résultat avait été au rendez-vous : le projet de défense commune, jugé nuisible à Moscou, avait été ajourné.

Le KGB était passé maître dans cet art subtil, grâce auquel la guerre se déplace sur le terrain des idées. Selon le vocabulaire en usage au Kremlin, cela rentrait dans le cadre des « mesures actives ». Une véritable culture qui se prolon-geait à tous les niveaux. Ainsi les personnes interrogées par la DST et qui étaient passées entre les mains du KGB rapportaient-elles parfois cette histoire : à un moment ou à un autre de leur interrogatoire, un fonctionnaire du KGB leur avait tenu ces propos menaçants : « Si vous ne coopérez pas, nous répandrons le bruit que vous êtes des nôtres. » Une opération d'intox qui marchait à tous les coups et allait bien sûr leur rendre la vie impossible.

« Le premier travail d'un professionnel du rensei-gnement, c'est d'apprendre à recadrer, à replacer les choses dans un contexte, à démythifier, dit un vieux routier de la DST. La vérité est en général assez simple, à condition de savoir se préserver des lubies, des idées reçues et des intoxi-cations. »

Kojève, le « conseiller du prince »

Dans cet univers, un homme a marqué la carrière de Raymond Nart. Ce n'est pas un espion comme les autres, ni même un traître. C'est ce que l'on pourrait appeler un « agent intellectuel ». Son nom est connu de tous ceux qui se sont intéressés à la philosophie, en particulier à la philosophie allemande et à Hegel, dont il a été l'un des meilleurs diffuseurs en France : Alexandre Vladimirovitch Kojevnikov, alias Kojève. « Un personnage extraordinaire », lâche d'emblée Raymond Nart, qui ne l'a, à son très grand regret, jamais rencontré. « Un homme de grande qualité et d'une formidable clairvoyance, en avance sur son temps par la justesse de son analyse et la dimension universelle de sa pensée », ajoute-t-il, lui qui en avait entendu parler pour la première fois en classe de philo. Un intellectuel qu'il n'aurait jamais imaginé envoyer en prison, mais dont il n'a eu de cesse de percer le mystère.

Comment ce Russe était-il arrivé en France ? Né à Moscou en 1902, Kojève est encore tout jeune lorsque la révolution bolchevique le prend par la main. Il y croit, mais on l'interne quelque temps, simplement parce qu'il est issu d'une grande famille bourgeoise. On confisque sa garde-robe, puis on le relâche.

Dans les années 20, Kojève part pour Berlin, où il s'inscrit à l'université. Il laisse derrière lui une thèse remarquée sur le philosophe russe Vladimir Soloviev. Mais c'est Hegel qui le passionne. Il épouse une Allemande et débarque dans le Paris des années 30, où il est naturalisé français par décret sept ans plus tard.

Kojève prend alors ses quartiers à Boulogne, vivant grâce aux bijoux de famille que l'un de ses amis parvient à faire sortir d'Union soviétique. Mais, bientôt, l'épouse allemande le quitte et il doit se mettre au travail. Des amis français lui confient un séminaire à l'École des hautes études, où il croise le chemin de Lacan et de Queneau. Sa connaissance de Hegel, au sujet duquel il publie plusieurs ouvrages de référence[1], lui vaut bientôt une certaine renommée.

Kojève rencontre bientôt à Paris une jeune femme d'origine russe, Nina Ivanova, scientifique attachée au CNRS, avec qui il se réfugie à Marseille pendant la guerre. Lorsque, en 1943, il apprend que les troupes allemandes comptent des soldats russes dans leurs rangs, il décide de se rendre à leur rencontre dans le Cantal et exhorte ses compatriotes à se soulever contre les nazis.

La fin de la guerre marque pour Kojève la fin de l'enseignement. On lui ouvre une autre porte, celle du commerce extérieur français. Il devient conseiller auprès du ministre, tout en supervisant quelques stagiaires envoyés par l'ENA : entre autres, Raymond Barre et Valéry Giscard d'Estaing, futurs « poids lourds » de la vie politique. Kojève est de toutes les conférences internationales et se spécialise, auprès de son ami Pierre Moussa[2], dans l'aide aux pays sous-développés. « Redoutable orateur et débatteur, disent ses admirateurs, il est capable de soutenir n'importe quelle thèse. »

Le 30 mai 1968, Kojève meurt d'une crise cardiaque en pleine conférence, au siège de l'OTAN. Il laisse derrière lui, dans son appartement de Vanves, une bibliothèque impressionnante où voisinent, soigneusement classés, Nietzsche (en VO), Thomas d'Aquin, Kant, Spinoza, Kierkegaard, Heidegger, Plutarque et Platon, à côté d'ouvrages consacrés à la vie des crapauds ou aux mœurs des coléoptères.

Voilà pour la biographie officielle (succincte) d'un

---

1. Notamment *Introduction à la lecture de Hegel*, publiée en 1947 chez Gallimard, et *Essai d'une histoire raisonnée de la philosophie païenne*, chez le même éditeur, en 1968.
2. Futur président de la banque Paribas.

homme qui aimait à l'occasion se faire passer pour juif, mais qui descendait d'une famille orthodoxe. Et à qui la France accorda sa Légion d'honneur.

Officieusement, la DST le considère comme un possible agent soviétique depuis 1949. Un rapport écrit cette année-là le dit « susceptible de déployer une activité occulte ». Bibliothécaire, chargé de cours aux Hautes Études, il posséderait, selon ce même rapport, « de hautes relations dans les milieux français ». Dès les premiers jours de sa prise de fonction, en 1966, Raymond Nart s'intéresse au cas, et pas seulement parce qu'il a un penchant pour la philosophie. Un intérêt qui va tourner à la quasi-passion.

Tout a commencé alors que le contre-espion traînait dans la salle des archives, à l'heure où ses collègues se pressaient au mess. Il est là, seul face à ces quelque 400 000 fiches manuelles, lorsqu'il sort la fiche « Kojevnikov ». Trois informations distinctes y sont consignées. La première évoque un incident survenu à la terrasse d'un café du boulevard Saint-Michel, auquel ont été mêlés Kojevnikov et un autre Russe ; la police en tenue est intervenue pour ramener l'ordre ; aucune suite judiciaire signalée. La deuxième consigne un événement survenu dans le Cantal durant l'Occupation : Kojevnikov y haranguant des supplétifs russes de l'armée allemande. La troisième mentionne que la préfecture de police a conclu positivement l'enquête qui lui avait été demandée pour accompagner la demande de naturalisation de Kojevnikov.

« Un dossier insignifiant », songe Raymond Nart. Mais trop maigre, selon lui, pour contenir toute la vérité. Et si cet homme était un agent soviétique ? Il le pense très fort, dès cet instant. Et décide de pousser plus avant ses investigations.

Certes, Kojève a été arrêté par les bolcheviks, mais trop peu de temps pour s'acheter une conduite. Des milieux universitaires français lui parvient l'image d'un homme

« assez farfelu », qui s'affiche procommuniste et se présente parfois comme un « fils de Staline ». Des milieux diplomatiques lui arrive un son de cloche quelque peu différent. Comment en savoir plus sur ce personnage connu pour sa facétie ? L'inspecteur, pourtant habile, à qui Raymond Nart confie l'enquête se plaint : « Kojève » passe sa vie en réunions internationales. Insaisissable, il lui échappe. Même ses relations personnelles sont difficiles à cerner.

Kojève et son gouvernement universel

Lorsque Raymond Nart prend la décision de rencontrer lui-même cet homme qui l'intrigue plus qu'il ne l'inquiète, il est trop tard : Kojève meurt prématurément. En résulte chez le contre-espion l'une de ses plus profondes frustrations. Depuis des années, Kojève était sa lubie. Il ne se lassait pas d'évoquer avec ses collègues ce dossier qui n'en était pas vraiment un, au point de passer – sur ce sujet au moins – pour aussi « farfelu » que celui qu'il avait fini par baptiser l'« espion philosophe ».

Qu'aurait-il dit à Kojève s'il s'était retrouvé face à lui ?

« J'aurais essayé de nouer une relation avec lui, simplement pour parler. J'aurais cultivé ensuite cette relation pour comprendre un homme dont j'avais entendu dire qu'il s'était lui-même programmé pour devenir le conseiller du tyran, c'est-à-dire, à une époque, peut-être de Staline. »

Cette recherche ne l'aurait-elle pas éloigné des rives habituelles du contre-espionnage ?

« Non, le contre-espionnage se situe tout autant au niveau du secret de fabrique que des idées et de leur influence. Il ne consiste pas uniquement à défendre le pré carré, mais à contrer les ingérences étrangères, palpables ou non. Le communisme est resté une idéologie dominante pendant près d'un siècle ! Kojève prônait l'instauration d'un gouvernement universel, une sorte de gouvernement mondial dans lequel il aurait évidemment joué un rôle important, mais il n'était pas en phase avec tous les fondamentaux du communisme. Était-il dangereux ? S'agissant des idées, on ne l'est pas d'emblée, mais on peut l'être à très long terme. Kojève n'apparaît pas comme propagandiste, mais plutôt comme agent d'influence. La propagande, c'est le viol des foules, cela fait appel à des réflexes basiques ; l'influence, c'est le domaine du raisonnement. »

Loin d'abandonner avec la mort du sujet, Raymond Nart persiste à vouloir en percer le mystère. Et trouve bientôt, par le plus grand des hasards, des raisons d'espérer avoir eu raison. Très exactement avec la défection de l'archiviste du KGB Vassili Mitrokhine, passé en Angleterre avec les carnets secrets sur lesquels il avait recopié tout ce qui lui passait entre les mains. Des carnets où apparaît le nom de Kojève, apparemment répertorié par le KGB sous le pseudo de « Philosophe ».

Une confirmation providentielle aux yeux du contre-espion, qui s'emploie dès lors à recoller à titre posthume les bribes de biographie qu'il a recueillies au fil des années.

En 1945, selon l'histoire qu'il parvient à reconstituer, Kojève s'est rendu à l'ambassade soviétique à Paris et y a bien rédigé un courrier à l'intention de Joseph Staline. Peut-on pour autant en faire un « agent » du communisme ? Le rapport archivé en 1949 évoque une « activité sur les plans scientifique et culturel au profit des SR soviétiques ». Depuis 1945, le Russe occupait un poste de chargé de mission au ministère de l'Économie nationale, poste qui est resté le sien durant vingt-trois ans. « Il a exercé une influence considérable et probablement positive sur les décisions économiques prises par les gouvernements successifs », affirme Raymond Nart.

« Kojève n'était pas un agent comme les autres,

poursuit-il. Ce n'était pas un agent vulgaire. Il renseignait le pouvoir soviétique sur la politique économique de la France dans le tiers-monde, dont il était par ailleurs l'un des inspirateurs. Il a aussi offert son expertise aux Soviétiques sur leurs propres forces et faiblesses, rédigeant notamment une longue note sur l'URSS en 1957, au terme d'un voyage sur place. »

Tout cela sonne vrai. Assez pour inviter Nina Ivanova, la fidèle compagne, née en 1911 à Moscou, à rendre visite à la DST. Nina Ivanova dont il considère à tort ou à raison qu'elle a, des années durant, joué les agents de liaison, les Soviétiques ayant eu autant de mal à coincer Kojève que ses propres inspecteurs en avaient rencontré.

Pour lui, les Soviétiques étaient passés au domicile du couple après la mort brutale du « Philosophe », en 1968. Ils avaient dû faire main basse sur les calepins et carnets d'adresses compromettants. Il voulait en avoir le cœur net.

« *Philosophe, oui ; espion, non...* »

La DST reçoit Nina Ivanova dans les premiers jours de février 1996. Nous avons tenté de reconstituer cet entretien.

« Vous vous doutez peut-être de la raison pour laquelle on a eu besoin de parler avec vous, lance l'interrogateur.

– Oui... c'est au sujet de Kojève et de ses relations avec les pays de l'Est... enfin, les pays de l'Est, il n'y avait pas de pays de l'Est, il y avait seulement la Russie... Kojève avait des relations, si vous voulez, mais c'était seulement des relations familiales avec sa mère, son père... »

Française depuis 1948, docteur ès sciences, entrée au CNRS en 1945, Nina Ivanova évoque sa mère, son père, quelques vieux souvenirs. Le nom de Charles Hernu est cité ? Elle élude.

« Quel était le rapport de Kojève avec l'argent ? Il méprisait l'argent ?

– Il ne méprisait pas spécialement l'argent...

– Il dépensait beaucoup ?

– À quelle époque ? Depuis que je l'ai connu, il n'avait pas d'argent.

– Pendant la guerre, il n'avait pas d'argent ?

– Non, il n'avait pas d'argent.

– De quoi vivait-il ?

– Il vivait de ce que lui a laissé madame Harrari... »

Morte deux années plus tôt, cette riche héritière avait beaucoup aidé Kojève, lui permettant notamment de toucher les loyers d'une luxueuse maison à Deauville.

« Ce que l'on voudrait évoquer, ce sont les relations de Kojève avec les Soviétiques : des diplomates... Il était en rapport avec les Soviétiques. Vous souvenez-vous des contacts qu'il a eus avec des diplomates soviétiques ?

– Peut-être... j'ai vu quelqu'un. Des gens qui étaient parfaitement inconnus... très gentils... Sincèrement, j'ai oublié les noms.

– Qu'est-ce qu'ils vous faisaient faire ?

– Ils ne me faisaient rien faire. Ils ne m'ont jamais rien demandé sur la chimie et le CNRS... »

L'interrogateur sait parfaitement que Nina Ivanova est employée comme ingénieur par le Centre national de la recherche scientifique, mais ce n'est pas de ce côté que portent les soupçons.

« Ils ne vous ont jamais dit d'aller porter un paquet ou une enveloppe ?

– Oui, peut-être. Je savais que vous alliez me demander ça. Je ne cache rien, vous savez.

– On sait tout, madame, on sait tout...

– Vous pensez que Kojève était farfelu, ou vous pensez qu'il était intelligent ?... Vous pensez aussi qu'il était un vulgaire informateur ?... C'est absolument faux... c'était un philosophe...

– Nous allons vous surprendre, madame, mais nous sommes d'accord avec ce qu'écrit à son sujet Henri Amouroux, ne croyez pas que nous voulions le faire passer pour farfelu... Nous avons beaucoup d'estime pour ce philosophe. Nous ne le connaissons pas aussi bien que vous, mais nous connaissons des aspects cachés de la vie de Kojève que vous ne soupçonnez peut-être pas. Mais notre démarche est sympathique, madame...

– Mais je ne peux pas avoir de preuves... Quant à l'argent, jamais il n'a cherché à tirer de l'argent de quoi que ce soit.

– Ce qui nous intéresse, c'est que Kojève était à la fois un philosophe et un homme d'action. Il voulait jouer un rôle... et nous croyons qu'il l'a joué, d'ailleurs, en donnant des idées... en proposant des solutions... au sous-développement, par l'aide aux pays sous-développés... C'est lui qui a proposé des solutions aux hommes politiques, et je pense qu'il a joué aussi un rôle avec l'Union soviétique.

– Peut-être qu'il pensait pouvoir jouer ce jeu, mais avec l'Union soviétique on ne peut pas jouer. Vous savez, c'est presque le seul pays à n'avoir publié aucun livre de Kojève.

– Vous savez pourquoi ? interrogent les contre-espions.

– Il n'appartenait pas au Parti.

– A-t-il pris contact avec des diplomates pour publier ?

– Je pense que oui. »

Le contre-espionnage français a conservé la trace de ce jour de 1940 où Kojève avait fait porter à l'ambassade soviétique ses cours sur Hegel. « Que Staline les lise ! » aurait-il lancé à ses interlocuteurs. Les archives mentionnent également quatre ou cinq voyages en URSS entre 1950 et 1960.

« Il vous a présenté des Russes ?

– Oui, comme ça, oui, des diplomate de l'Unesco.

– Ils ne vous ont pas demandé de servir de relais avec Kojève ?

– Oui, il est possible qu'on leur ait passé quelque chose.

– Vous n'avez gardé aucune trace, aucun souvenir plus précis ?

– Non », répond Nina Ivanova, qui rappelle que Kojève avait reconstitué un journal rédigé entre 1917 et 1920, années de ses vingt ans, égaré en passant la frontière russo-polonaise.

La DST émet l'idée d'un Kojève « conseiller du prince ».

« Il n'était patriote de rien, répond Nina Ivanova... Si vous voulez, la Russie l'intéressait, car il aimait sa mère...

– Il était partisan d'un État universel ?

– Oui.

– Il pensait que la Russie, devenue Union soviétique, pouvait jouer ce rôle...

– Il le pensait sans le penser..., corrige Nina Ivanova.

– Après sa mort, des Soviétiques n'ont pas essayé de récupérer des papiers, des archives ? »

Elle se souvient alors d'une visite du psychanalyste Jacques Lacan qui avait surgi alors que l'amitié entre les deux hommes s'était nettement estompée. Elle s'était méfiée et avait confié les papiers à la fameuse madame Harrari, désormais installée en Suisse.

« Quel était l'objet des conversations qu'il avait avec ces types de l'Unesco, qui étaient en fait des types du KGB ?

– À l'époque, je ne le savais pas... Il ne s'intéressait à la politique que philosophiquement. Il y avait là-bas sa famille, sa mère, à qui il tenait beaucoup... Vous savez, Dzerjinski a interrogé sa mère...

– Pourquoi ?

– Il suspectait tous les anciens bourgeois, et elle était absolument anticommuniste.

– Comment avez-vous su que Kojève était en relation avec le KGB ? Il vous l'a dit ?

– Il a dû me le dire, probablement... Il a dû me demander de porter quelque chose... Je ne cherchais pas à le savoir.

– Quelle explication voyez-vous à cette relation ?

– Sa mère avait une maison où vivait sa famille, qui était classée monument historique. Un petit hôtel d'où l'on devait les exproprier. Ça inquiétait Kojève. Il voulait faire quelque chose pour qu'ils puissent avoir un appartement correct. Dans les années 60, quand nous sommes allés à Moscou...

– Qu'est-ce qu'il vous envoyait porter à l'ambassade ?

– C'étaient des feuilles de papier.

– À qui les remettiez-vous ? Aux types de l'Unesco ?

– Mais je dînais avec ces gens-là !

– Ils ne donnaient pas de l'argent ?

– Non.

– De la vodka ? Du chocolat ?

– Non, c'est pas pour de la vodka qu'on se voyait... »

Elle demande à son interlocuteur où il veut en venir. Il la rassure :

« On voulait juste jeter un coup de projecteur sur Kojève, et vous êtes le seul témoin...

– Je me sens bonne conscience, c'est une affaire de grand amour... Pour lui aussi, je suis persuadée qu'il n'a fait aucun mal... à l'État de droit français...

– Madame, c'était un grand philosophe... Alors, cela efface tout ! »

Dans l'appartement de Vanves, six ans plus tard, nous retrouvons Nina Ivanova, fidèle gardienne de la formidable bibliothèque du philosophe. Le mot « espionnage » déclenche désormais chez elle une sourde fureur.

« Tout cela n'est que légende ! s'exclame-t-elle. Vous

savez, il aimait beaucoup se moquer des gens, dire des choses pour épater le bourgeois et entretenir le mystère[1]... »

Kojève en conseiller de Staline ? Elle ne peut (ou ne veut) pas y croire.

« Ceux qui disent ça n'ont aucune idée de ce qu'était Staline ! » lance-t-elle.

Kojève expert et philosophe, oui. Kojève espion, non !

Le « rusé » resurgit

Ses fonctions ont donc placé Kojève sur le chemin de Valéry Giscard d'Estaing et de Raymond Barre. L'intellectuel a même été le mentor de ce dernier, à en croire un livre publié par Henri Amouroux sous le titre *Monsieur Barre*[2].

« J'ai eu la chance d'avoir pour amis, dans ma jeunesse, trois hommes dont je ne pouvais me dissimuler à moi-même la supériorité : Jean-Paul Sartre, Éric Weil, Alexandre Kojève », écrit Amouroux, citant Raymond Aron. Plus loin, c'est Raymond Barre lui-même qui s'exprime : « Il y a un homme qui a influé aussi [...] sur ma formation intellectuelle. J'ai eu pendant deux ans le privilège de travailler au ministère de l'Économie nationale auprès d'Alexandre Kojève... L'acuité intellectuelle de l'homme et le côté sarcastique de son esprit m'avaient particulièrement séduit. »

L'ancien Premier ministre n'est pas le seul à avoir été séduit par cet homme invisible du grand public : en 1930, Georges Bataille, Raymond Queneau, Jacques Lacan, Maurice Merleau-Ponty, André Breton, Éric Weil, Raymond Polin, Raymond Aron, Robert Marjolin assistaient aux cours du « professeur Alexandre » sur la phénoménologie de

---

1. Entretien le 29 mars 2002.
2. *Monsieur Barre*, Robert Laffont, 1986.

Hegel[1]. Autre avis, celui de Maurice Couve de Murville, futur Premier ministre, qui se disait très « agacé » par le philosophe « touche à tout », « capable de démontrer tout et son contraire ».

« En 1945, directeur des Relations extérieures au ministère de l'Économie nationale, Robert Marjolin offre à Kojève un poste de chargé de mission, écrit encore Henri Amouroux. Il ne s'agit que d'un intérim de trois mois... mais ces trois mois dureront vingt-trois ans, et Kojève, sans jamais changer de fonction, aura une influence considérable, hors de proportion avec sa position administrative. Ne sera-t-il pas l'un des quatre principaux acteurs de la mise au point de l'Accord général sur les tarifs et le commerce (GATT) ? Un accord hautement stratégique, puisqu'il fixera les règles des échanges commerciaux, comme les conditions permettant la création d'un marché commun ou d'une zone de libre-échange. Pour quelle raison Kojève a-t-il glissé de la philosophie vers la politique et l'économie ? Raymond Aron répond qu'au fond de lui-même, croyant probablement avoir tout dit en philosophie, "il voulut, tel Platon conseiller d'un tyran, exercer dans l'ombre une influence sur les acteurs visibles, Olivier Wormser[2] ou Valéry Giscard d'Estaing".

« Éminence grise et se plaisant à ce rôle qui le tenait éloigné des effets de surface, mais le mettait en permanent contact avec les détenteurs du véritable pouvoir, orientant leurs décisions par ses conversations fulgurantes, sa capacité d'analyse et la profondeur de ses vues, Kojève, "capable de tout démontrer et de tout démolir" (Olivier Wormser), paradoxal,

---

1. Éric Weil, philosophe et auteur d'un ouvrage sur Hegel, *Hegel et l'État*, Vrin, Paris, 1974 ; Raymond Polin, universitaire et auteur de nombreux ouvrages ; Robert Marjolin, ministre sous la IVe République (Républicains indépendants).

2. Issu de la Banque de France, il devient directeur de la Direction des relations économiques extérieures au ministère des Finances, puis responsable de la Direction économique du Quai d'Orsay. L'un des principaux artisans des relations économiques internationales entre 1954 et 1963.

séduisant, irritant, enrichissant, s'il n'a pas marqué son époque, a influencé ceux qui faisaient l'époque. »

Puisque Raymond Aron le dit, Raymond Nart se sent moins seul à le penser !

De ces analyses émanant d'un univers fort éloigné du sien, le contre-espion déduit qu'il n'a pas fait fausse route, même si la preuve définitive manque pour toujours à l'appel.

Un nouvel élément vient cependant enrichir le dossier au détour de l'affaire Hernu. Les documents fournis par les services roumains précisent que Charles Hernu a partagé un bureau, au ministère du Commerce extérieur, avec un personnage cité sous le pseudonyme de « Schlawer » (il est précisé qu'il s'agit d'un Russe blanc !), entre 1954 et 1955. Ce qui signifie clairement qu'ils connaissaient le lien unissant le philosophe aux Soviétiques. Une pierre de plus dans son jardin...

« Ces intellectuels du niveau de Kojève ne présentent pas un caractère de dangerosité immédiate, comme les agents infiltrés au cœur de nos programmes de recherche nucléaire, dit Raymond Nart. On n'est pas dans le même registre. Mais ils peuvent avoir une influence considérable sur des générations de disciples. Lisant Hegel à sa façon, Kojève expliquait notamment qu'il n'y avait pas d'horizon au-delà du totalitarisme, idée reprise bien plus tard aux États-Unis par Francis Fukuyama, cette fois au bénéfice de la démocratie libérale, dans son ouvrage sur la fin de l'histoire[1], avec des interprétations et des conclusions différentes. Ces hommes-là n'ont certes pas été des agents au sens strict, mais on peut revêtir l'habit d'espion de mille et une façons. Leur présence en Occident montre en tout cas la globalité du système mis en place par les Soviétiques. Ils s'intéressaient autant aux plans du Concorde qu'à des secrets de fabrique ou à la pensée... »

---

1. *La Fin de l'histoire*, Éditions Commentaires, 1989.

Qu'allait faire le contre-espionnage de ces dernières découvertes ? En s'accrochant au cas Kojève, il s'était avant tout fait plaisir. Ce dossier ne l'avait-il pas « nourri » depuis le début de sa carrière ?

Kojève avait eu un précurseur à l'université de Cambridge en la personne de Ludwig Wittgenstein. Ce philosophe avait formé lui aussi des générations d'étudiants, dans les années 30. Parmi eux, les fameux « quatre de Cambridge » : Kim Philby, Guy Burgess, Donald MacLean et Anthony Blunt, tous accusés d'espionnage au profit des services soviétiques.

Pour les Anglais, Ludwig Wittgenstein n'avait pas été seulement le professeur de ces agents communistes, mais aussi leur complice, voire leur recruteur. Pour compliquer le cas, l'homme était au lycée en compagnie d'Adolf Hitler, avec qui il avait partagé une double passion pour Schopenhauer et Wagner ! Une amitié qui aurait fort mal tourné, selon les analystes anglais. Au point que Hitler, qui évoque son condisciple dans *Mein Kampf,* le livre de référence du nazisme, en aurait conçu un énorme ressentiment vis-à-vis des Juifs[1]. Preuve de son allégeance au communisme, l'Union soviétique lui aurait offert en 1935 une chaire à Moscou, qu'il aurait refusée. À sa mort, en 1951, il laissait derrière lui une image trouble, entre condisciple de Hitler, espion du NKVD et dévoyeur d'étudiants déboussolés...

Mitterrand prend la plume

« La désinformation n'a qu'un temps, dit un ancien cadre du contre-espionnage. Une opération se conçoit sur le long terme, se développe, s'évente et meurt de sa belle

---

1. Lire *Wittgenstein contre Hitler, le Juif de Linz,* de Kimberley Cornish, publié aux PUF en 1998.

mort. » Pourquoi les services français n'y ont-ils jamais eu vraiment recours sur le sol français ? « Dans une démocratie, on ne dispose pas des outils nécessaires », poursuit notre interlocuteur, qui rappelle qu'une vraie campagne de désinformation se décide au sommet de l'État. Difficile, selon lui, d'imaginer la DST ou la DGSE aller démarcher Valéry Giscard d'Estaing ou François Mitterrand pour leur vendre une magnifique opération contre les Américains. « Il aurait fallu pour cela que les services, comme en URSS, soient en symbiose totale avec le politique, ce qui fort heureusement n'était pas le cas en France », estime pour sa part Raymond Nart, qui ajoute : « La vraie désinformation est forcément une affaire d'État. »

La DST n'a pas eu non plus à contrer de très nombreuses campagnes de désinformation en territoire français, pour la bonne raison que les Soviétiques avaient tendance à considérer que la presse française roulait en grande partie pour eux.

Une affaire a cependant laissé quelques souvenirs.

Le recrutement, comme souvent, avait été facilité par la recrue elle-même. Pierre-Charles Pathé venait de publier un livre fort peu prémonitoire intitulé *Le Phénomène soviétique*, dans lequel il était notamment écrit que les Russes n'envahiraient pas l'Afghanistan. Profitant de l'aubaine, les Soviétiques l'invitèrent tout simplement à venir leur rendre visite à l'ambassade. Ils ne firent que tendre les bras à un homme qui venait à eux. Son profil pouvait le rendre intéressant : fils adoptif d'un personnage célèbre[1], beau-frère d'un grand industriel, directeur d'une feuille périodique destinée aux parlementaires, *Synthésis*, il présentait plusieurs atouts. Il ne leur restait qu'à savoir bien l'utiliser dans le cadre de leur propagande, en finançant notamment

---

1. Le célèbre Charles Pathé, pionnier de l'industrie cinématographique en France.

l'agence de presse qu'il avait fondée en 1961, le Centre de formation scientifique, économique et politique. Ce qu'ils firent merveilleusement, à en croire la DST. Laquelle, en démasquant Pierre-Charles Pathé, boucla l'une des seules affaires de ce genre à avoir jamais abouti en France, et même à l'étranger. Tout simplement, à vrai dire : aveuglé par ce qu'il considérait être la vérité, l'agent Pathé avait oublié de prendre les plus élémentaires précautions. Il buvait les paroles des Soviétiques sans le moindre recul et les véhiculait avec un enthousiasme tel qu'il ne songeait sans doute même pas à se cacher. Chacun de ses rendez-vous avec ses traitants soviétiques était noté dans son agenda, et chacun d'eux était suivi d'un versement auprès de sa banque. Nul besoin, avec ce genre de personnages, de travailler l'interrogatoire ni de chercher un éventuel aveu : au moment de leur arrestation, ils portent en général sur eux les preuves de leur compromission, parfois une enveloppe remplie de billets.

François Mitterrand dit cependant tout le mal qu'il pense de cette affaire dans les colonnes de *L'Unité*, journal du Parti socialiste, le 6 juin 1980 :

« Pierre-Charles Pathé, journaliste, écrivain, fils adoptif du célèbre cinéaste Charles Pathé, publie en 1959 un *Essai sur le phénomène soviétique* où il étudie l'évolution de l'URSS depuis 1917. Ce livre attire sur lui l'attention des diplomates soviétiques qui l'invitent et le choient : déjeuners, cocktails, rencontres, voyages. Il apprécie devant eux, ou par notes, la politique française et mondiale. Pour ses livres et articles édités en Union soviétique, il touche 50 000 francs en vingt ans, qu'il place sur son compte en banque. Rien ne montre et personne ne démontre qu'il ait livré aucun secret de Défense nationale, qu'il ait exercé aucune activité de "renseignement" au sens strict du terme. Mais ce n'est pas l'opinion de nos services spéciaux. "M. Pathé", déclare le commissaire Nart, de la Direction de la surveillance du territoire (DST), a été de 1959 à 1979 un pigiste du KGB (service d'espionnage soviétique).

« Le suspect comparaît du 20 au 27 mai dernier devant la Cour de sûreté de l'État. Tombé sous le coup de l'article 80, alinéa 3 du Code pénal, selon lequel "sera puni de la détention criminelle à temps de dix à vingt ans quiconque entretiendra avec les agents d'une puissance étrangère des intelligences de nature à nuire à la situation militaire ou diplomatique de la France ou à ses intérêts économiques essentiels", Pierre-Charles Pathé soutient qu'il s'est contenté de faire un travail de recherches et d'études dans l'intention de le publier, qu'il aime les Russes et leur pays, qu'il l'a écrit et proclamé et qu'il n'a rien à cacher, et que, s'il a commis des imprudences, sa faute s'arrête là.

« La Cour de sûreté reconnaît pour une part la valeur de ces arguments, puisque l'arrêt ne condamne pas Charles Pathé pour transmission de renseignements secrets à des agents soviétiques, mais pour "le contenu et les sources de ses écrits", non parce qu'il serait un espion, mais un "agent d'influence et de désinformation". Verdict : cinq ans. Pathé a 70 ans. Il ne comprend rien de ce qui lui arrive [...]. Je lance un appel à tous ceux qui voudront bien m'entendre. Il faut sauver Pierre-Charles Pathé et, avec lui, au-delà de lui, l'idée de justice en France. »

François Mitterrand n'a pas été le seul à prendre la défense du journaliste contre la raison d'État. Raymond Nart se rappelle parfaitement comment, dans la salle des témoins de la Cour de sûreté, un certain Bernard Kouchner l'a alors sévèrement interpellé :

« Vous n'avez pas autre chose à vous mettre sous la dent que ce pauvre Pathé ! » a lancé celui qui militait alors au sein d'une organisation vaguement prosoviétique, le Mouvement pour l'indépendance de l'Europe. Raymond Nart n'a pas répliqué sur-le-champ. La riposte est venue des années après, alors que Bernard Kouchner était devenu ministre du gouvernement de Michel Rocard. Une de ses relations vietnamiennes, jugée « problématique » par la DST, provoquera alors un rappel à l'ordre du ministre par son Premier ministre.

Kouchner n'était pas le seul, à gauche, à considérer avec méfiance le regard posé par la DST sur les pays de l'Est et le communisme. « Je n'ai jamais cru que les chars soviétiques arriveraient à Paris, révèle ainsi l'ancien ministre de l'Intérieur Pierre Joxe (PS). J'avais connu Moscou étant jeune et je savais que la moitié des chars ne démarreraient pas, tandis qu'une autre moitié tomberaient en panne d'essence. Mais une partie des fonctionnaires de la DST était complètement anticommuniste. »

Esbroufe à la russe

Enregistré sous le nom de « Cormeilles », le transfuge russe est traité avec égards par la DST, jusqu'au jour où le service subodore un piège grossier.

« Cormeilles » insiste alors lourdement pour noircir un expert de la chose militaire très présent dans les hautes sphères du pouvoir, en l'occurrence proche des socialistes. Il tente d'accréditer l'idée que cet homme serait un agent à la solde de l'Union soviétique. L'ennui, c'est qu'il s'agit d'un fervent atlantiste dont les prises de position marquent une nette préférence pour les États-Unis. La DST est même bien placée pour savoir qu'il est en passe de gagner le ministre de la Défense en exercice, Charles Hernu, à ses thèses.

Le soi-disant transfuge est provisoirement tenu à distance, le temps de confirmer les soupçons qu'il suscite. Conclusion : « Cormeilles » avait bel et bien été expédié à Paris pour intoxiquer les services français. Accessoirement, l'objectif du KGB était de semer la discorde entre le pouvoir socialiste et la DST, tout en discréditant l'activité de ce service.

« Une façon, analyse-t-on à la DST, de nous faire payer l'affaire "Farewell" et les expulsions qui avaient suivi. »

Mais le service avait pour lui ses réflexes et un peu de bon sens. Assez pour convaincre le directeur qu'il n'avait pas en mains une nouvelle affaire « Farewell ».

La DST à l'école du KGB

Durant la période postcommuniste, la DST n'a pas à chercher de quoi occuper son temps, ses hommes et son énergie : elle a assez à faire avec le terrorisme, qui a fait une irruption remarquée, dès le milieu des années 70, un certain Carlos jouant le rôle principal. Otages au Liban, attentats palestiniens puis iraniens confèrent au service une véritable culture antiterroriste qui ne tardera pas à être reconnue au-delà des frontières.

La communauté du renseignement découvre aussi l'intelligence économique. Elle spécialise quelques hommes dans la prolifération des armes nucléaires, bactériologiques et chimiques, domaine dans lequel les Américains, non sans parfois quelques arrière-pensées, sont en pointe.

Une liste des pays à risques est établie. La France est d'ailleurs bien placée pour savoir qu'elle a effectivement formé des ingénieurs de nombreuses nationalités dans ses centres de recherches, notamment à Saclay. Les milieux spécialisés savent également avec certitude que les islamistes cherchent à obtenir les moyens de fabriquer une arme de destruction massive. Il leur manque plusieurs ingrédients ou matériaux indispensables. Les précurseurs, notamment, ne sont pas faciles à acquérir. La DST sait même très précisément ce que les islamistes recherchent et vers quels pays ils sont en train de se tourner : l'Argentine, la Chine, la Russie, le Pakistan et la Corée du Nord.

Après une mise en garde américaine, la DST déploie tous les moyens dont elle dispose pour exercer de fortes pressions sur les pays démarchés par les islamistes. Et parvient, à force de les faire courir sur de fausses pistes, à neutraliser certaines de leurs actions.

Si ce n'est pas de la désinformation, ces pratiques y ressemblent fort. La DST a d'ailleurs été à bonne école, elle qui a subi les multiples assauts des réseaux soviétiques, passés maîtres dans l'art de désinformer.

8.

Servir l'État plus que le gouvernement...

L'arbre du Conducator

Lors d'une visite que Raymond Nart effectue en Roumanie au milieu des années 90, le général Ion Talpes, chef du service roumain d'information, lui rapporte cette truculente histoire dont il a été personnellement le témoin.

Nous sommes dans les années 80. Nicolae Ceausescu, le *Conducator*, maître à vie de son pays, a conçu l'idée d'un canal reliant directement le Danube au port de commerce de Constanza, sur la mer Noire, au travers de la plaine de la Dobroudja. La mobilisation générale a été décrétée pour faire avancer les travaux. Fer de la nation, les Jeunesses roumaines sont sur le pont.

Un jour, Ceausescu vient visiter le chantier, qui n'avance pas assez vite à son gré. Vert de rage, il réunit tous les responsables pour les sermonner :

« J'exige que d'ici un mois le canal soit creusé jusqu'à cet arbre ! » lance-t-il en pointant sur un arbre isolé un doigt menaçant.

Consternation des responsables. Couvrir une telle distance en si peu de temps leur paraît totalement irréalisable. La solution leur vient peu après : pour échapper aux foudres du *Conducator*, il n'y a qu'à déplacer l'arbre témoin. Ce qui est fait !

Le jour dit, Ceausescu vient à nouveau inspecter les travaux. Beaucoup sont tétanisés par la peur ; l'ombre de la prison plane sur les têtes. Mais l'incroyable se produit : Ceausescu, qui s'aperçoit visiblement de la manœuvre, reste immobile face à l'arbre. Et ne dit mot.

« C'est ce qu'on appelle l'empire du mensonge », observe Raymond Nart. À grande échelle et de façon systématique.

Nettement plus caricatural que les subtils jeux de pouvoir auxquels la DST assiste dans l'Hexagone...

Les micros du Canard

Se méfier de la politique politicienne, s'en tenir éloigné, rester fonctionnaire : depuis toujours, Raymond Nart a placé cette règle au centre de sa vie professionnelle. À l'entendre, tout est dans l'art de savoir cultiver une saine distance avec le gouvernement. « Trop de promiscuité avec le pouvoir, trop de mélange des genres, et c'est la pérennité même de la DST qui est en jeu », explique-t-il. Et de rappeler qu'à chaque fois qu'une menace a pesé sur le service ç'a été pour des raisons politiques.

Privilège de celui qui n'a jamais été numéro un, Raymond Nart a toujours cultivé avec soin cette distance vis-à-vis du pouvoir en place. Toujours, il a cherché à faire passer les intérêts de l'État avant tout, qui ne se confondaient pas nécessairement avec ceux du gouvernement en place, par nature fragile.

« Le vrai travail de contre-espionnage et de renseignement ne peut s'effectuer que dans la sérénité des missions imparties par les textes, dit-il. Ce sont d'ailleurs souvent les courtisans, très présents dans les cabinets ministériels, qui posent problème, plus encore que les ministres eux-mêmes. Ces collaborateurs se veulent plus royalistes que le roi. Ils représentent parfois pour le travail de la DST de véritables dangers, faute de savoir manier l'information qu'ils reçoivent. La règle, dans le monde politique, ce n'est pas en effet le secret, mais plutôt la place publique, ce que l'on peut comprendre. »

Plusieurs épisodes ont conforté les services français dans cette méfiance et cette distance. Si la DGSE reste profondément marquée par le sombre épisode du *Rainbow Warrior*, ce bateau de l'association Greenpeace coulé aux antipodes, la DST se souvient, elle, de la douloureuse affaire des micros du *Canard enchaîné*. La preuve qu'un directeur peut entraîner la DST vers le pire s'il se laisse aller à son penchant naturel : plaire à ceux qui l'ont nommé.

« À chaque fois qu'un arriviste ou un courtisan s'est retrouvé à la tête du service, il a été tenté de mélanger les genres », observe un ancien peu habitué à la langue de bois. En l'occurrence, la décision de poser des micros dans les locaux du journal satirique n'était même pas une « connerie politique ». « C'était une opération montée par un directeur qui n'avait pas su dire non et cherchait à se rendre intéressant », résume-t-il, assez lapidaire. Un énorme ratage qui a évidemment longtemps nui à la réputation du service.

En ce temps-là, la DST bénéficie pourtant d'une sorte de protection naturelle, directement liée à la matière traitée : les espions intéressent peu les politiques, sauf bien sûr en période de guerre.

« On se fout de vos espions soviétiques ! lance un jour de l'hiver 1973 un membre du cabinet du ministre de l'Intérieur à l'intention du sous-directeur de la DST, Guy Xoual, qui tentait de le sensibiliser à un dossier. Occupez-vous plutôt du *Canard enchaîné* ! Il y en a marre, de ce journal ! » ajoute-t-il, espérant peut-être vaguement que son interlocuteur le prendra au pied de la lettre (et dépistera les sources du journal satirique !).

Ce que le consciencieux fonctionnaire, cet « attardé de la guerre froide », comme disaient les détracteurs de la DST, ne manque pas de faire, avec les conséquences que l'on sait : un scandale d'État sur fond de micros espions.

On découvrira par la suite que ce haut fonctionnaire français n'était pas le seul à chercher noise au *Canard*. La CIA avait elle aussi quelques raisons de se soucier de cet hebdomadaire satirique, qui avait, de même que plusieurs autres journaux européens, publié des informations émanant d'un ancien agent de la centrale de renseignement américaine. Plusieurs enquêteurs de la CIA avaient été mobilisés pour retracer le parcours de ces fuites survenues alors que la guerre du Vietnam touchait à sa fin. L'apprenant, la DST aurait décidé de prendre l'affaire en main, sous-traitante un peu obligée – et jalouse de son territoire. Sauf qu'au sein d'un cabinet ministériel quelqu'un aurait eu vent de l'opération en cours et aurait décidé d'alerter le *Canard*. Simultanément, un employé du GIC – l'organisme chargé de centraliser les écoutes téléphoniques – aurait lui aussi été mû par un élan civique. Des pistes que nul n'a jamais pu étayer, le « secret-défense » ayant eu raison des éventuelles archives.

Le scandale, que n'a pas eu à connaître Raymond Nart, est resté gravé dans la mémoire de la classe politique française à côté de l'affaire Ben Barka. Sorte de contre-exemple permanent, c'est l'illustration de ce qu'il ne faut surtout pas faire. Robert Pandraud, alors ministre délégué à la Police, y a certainement repensé une fraction de seconde lorsqu'il a, ce jour de 1987, refusé de donner son feu vert à une autre opération que lui proposait le directeur de la DST, Bernard Gérard.

Le préfet était venu lui soumettre un marché singulier : les services secrets syriens disaient vouloir prêter main forte à la France dans sa lutte contre le terrorisme, mais posaient une condition : que la DST les laissât liquider sur son territoire un journaliste syrien considéré comme un ennemi du régime.

« Où se trouve actuellement ce journaliste ? demande le ministre.

– À Bagdad, mais il ne devrait pas tarder à arriver à Paris », répond le directeur.

Flairant le mauvais coup, Robert Pandraud ne donne pas son feu vert. Du moins pas tout de suite. Il envoie d'abord un commissaire de police en Irak avec mission de convaincre les autorités locales d'empêcher le journaliste syrien de quitter Bagdad. Ce n'est qu'après, une fois cet accord obtenu, qu'il invite Bernard Gérard à traiter avec Damas.

« La loyauté ne consiste pas à rendre compte de tout »

« Il y avait une sorte de garde de fer à la tête de la DST, composée de quatre ou cinq hommes, dit un ancien responsable du service. L'une de nos préoccupations était précisément d'empêcher que des erreurs importantes ne soient commises. Les directeurs qui se succédaient au-dessus de nous avaient tous les yeux rivés sur le ministre ou les hautes autorités politiques. La plupart du temps, nous faisions notre travail comme nous l'entendions, entourés de plusieurs excellents conseillers : un militaire, un diplomate, un scientifique et un spécialiste des télécommunications... »

Parfois, cependant, il a bien fallu reculer devant les politiques. Le Français n'est-il pas le roi de l'intervention, surtout lorsqu'il est haut placé ? Il ne va pas apprécier une convocation, même anodine, comme elle l'est le plus souvent en matière de contre-espionnage. Son premier réflexe consiste alors à s'en plaindre auprès du ministre et à demander des explications. Le ministre se retourne ensuite naturellement vers la DST, qui parfois cède et renonce à la convocation, mais pas toujours...

Dans le même registre, le ministre des Affaires étrangères en personne, Bernard Rémond, ancien ambassadeur à Moscou et RPR, plaide un jour auprès de la DST la cause de quatre Soviétiques dont le service bloque la nomination en France, les soupçonnant d'être tous quatre des agents du KGB. Un ministre ambassadeur des Soviétiques en France ? Bernard Rémond a sans aucun doute de bonnes raisons. La DST a beau protester, elle n'est finalement écoutée qu'à demi : après intervention de Robert Pandraud, alors ministre délégué à la Police, on transige et on accorde leur visa d'entrée à deux espions sur quatre.

Face aux ordres de l'autorité politique, la DST a cependant du répondant. Le plus simple, lorsqu'un ordre est jugé contestable, c'est encore de le coucher sur papier. C'est ce qui sera fait lorsque le ministre de l'Intérieur socialiste Philippe Marchand ordonnera à la DST de faciliter l'obtention de la nationalité française à Ibrahim Souss, représentant de l'OLP à Paris. Le fonctionnaire chargé d'exécuter cet ordre fera mention dans un courrier du nom du directeur de cabinet qui le lui a transmis. Cette lettre, censée faciliter les démarches du Palestinien, sera rejetée par la Place Beauvau. La DST archivera alors le courrier avant de rédiger une nouvelle version très édulcorée dans laquelle on évoquera tout de même la demande expresse du cabinet du ministre.

Motif de ces précautions : le désir de ne pas voir le service mêlé à une décision d'ordre purement politique.

Ces oukases sont restés assez rares. Un Valéry Giscard d'Estaing n'a jamais prêté beaucoup d'attention à la DST (hormis l'un de ses séides, au moment de l'« affaire des diamants »). Les échos en provenance de l'Élysée restèrent même exceptionnels tout au long de son septennat. Trop rares aux yeux du service, qui n'a jamais compris pourquoi les dirigeants politiques avaient omis d'écrire un mot, à l'époque, après l'assassinat de deux inspecteurs de la DST, à Paris, par le terroriste Carlos. Il fut un temps où les milieux politiques ne réagissaient pas non plus lors des grandes affaires, craignant même au contraire que l'activité de la DST ne leur valût des soucis. Roger Frey, Raymond Marcellin, Christian Bonnet et Michel Poniatowski passèrent place Beauvau sans un regard pour le contre-espionnage. « Sois belle et tais-toi », telle était la consigne adressée à la DST par des hommes politiques pour qui le contre-espionnage était surtout une activité ludique, avec ses boîtes à lettres mortes, ses codes de boy-scout et ses jeux pour initiés.

Est-ce pour capter l'attention d'un pouvoir politique distant, voire pour s'attirer ses bonnes grâces, que Jean Rochet, directeur de la DST de 1967 à 1972, se lança dans la chasse aux autonomistes bretons flirtant avec le terrorisme ? « Il faisait son devoir », disent ses défenseurs. « Une fois nommés à la tête de la DST, les préfets ont une tendance naturelle, ce qui est bien normal, à vouloir peaufiner leur carrière », observe pour sa part un ancien de la maison. Résultat de cette campagne bretonne : la DST ayant laissé se perpétrer un attentat à l'explosif, non sans avoir discrètement fait évacuer le bâtiment, les responsables du service se retrouvèrent au cœur d'une forte campagne de presse. Certains affirmèrent même qu'ils avaient carrément téléguidé l'attentat à des fins politiques... Rien de moins !

En fait, il s'agissait simplement de protéger la source dont disposait le service au sein de l'organisation indépendantiste : empêcher l'attentat l'aurait sans aucun doute mis en danger. Y avait-il vraiment matière à écrire une page de plus pour nourrir la légende noire de la DST ? Les anciens, dont Raymond Nart, se le demandent encore.

Mais, comme les ministres, les directeurs de la DST

passaient. Les cadres, eux, restaient. Ils contrôlaient plus ou moins le flux d'informations destiné à leur propre directeur et, par ricochet, au gouvernement. Un système que défend Raymond Nart :

« La loyauté ne consiste pas forcément à tout raconter dans le détail, à tout expliquer en permanence à tout le monde. Un directeur n'a d'ailleurs pas besoin de tout savoir. »

Jalouse de ses informations, la DST ? « Ce n'est pas dans la culture de ce service de tout dire aux politiques », affirme Gilles Ménage, ancien directeur de cabinet de François Mitterrand, qui ajoute aussitôt : « Ce n'est pas non plus dans la culture des politiques de tout demander. »

« La confiance commande tout », dit Raymond Nart, qui affirme que la DST, contrairement à ce qu'on dit dans les milieux politiques, rend compte de son travail. « Pourquoi se donner du mal pour recueillir du renseignement si c'est pour le garder par-devers soi ? La DST pratiquant la rétention d'informations, c'est une légende ! Il s'agit seulement de ne pas répéter bêtement n'importe quoi parce qu'on vous l'a dit. » Le contre-espion admet cependant que son ancien service n'a pas pour habitude de se répandre dans les réunions institutionnelles rassemblant parfois jusqu'à trente personnes, réunions que l'on qualifie volontiers à la DST de « marchés aux voleurs ». « Là, explique-t-il, il est nécessaire de parler pour ne rien dire, ou de faire la carpe Car les vraies affaires ne se traitent pas sur la place publique. »

Retenons cependant l'aveu circonstancié d'un ancien directeur du service, Rémy Pautrat, qui reconnaît avoir « fait des tas de choses, au nom de l'intérêt général, sans en référer au pouvoir politique, qui m'en aurait voulu de prendre des risques ». Il va même plus loin : « Si les politiques ne se désintéressaient pas autant du renseignement, ou s'ils en avaient moins peur, nous aurions évité bien des malentendus. En attendant, force est de constater que, lorsque vous dirigez la DST, vous devenez très vite autonome. »

L'art du compte rendu

« On ne conserve pas d'informations déterminantes dans les coffres ou les tiroirs, pour le plaisir, explique un ancien cadre de la DST. On fait vivre les dossiers tout en veillant à les faire oublier des responsables politiques. On ne doit pas dire les choses dans toute leur ampleur, mais cultiver l'art du compte rendu à géométrie variable. Dans la coulisse, on continue à agir en tout bien tout honneur, loyalement, mais on essaie d'éviter à l'autorité la précipitation, l'erreur de communication, politiquement bonne mais techniquement fatale, celle qui "plombe" définitivement une affaire. Il y a aussi la routine. Il arrive même que l'on omette d'informer sur un point de détail qui se révélera par la suite important. »

Ce fut notamment le cas lorsque la Police judiciaire demanda un jour à la DST de l'aider, ce qui était tout à fait exceptionnel, en puisant dans son stock d'écoutes téléphoniques internationales. Il s'agissait de contribuer au démantèlement d'un trafic de cocaïne organisé à partir de la Colombie, la fameuse affaire « Margarita ». Sans aucune malice, les sous-directeurs de la DST donnent leur accord à la PJ sans en référer immédiatement à leur directeur, Philippe Parant, très à cheval sur ses prérogatives. Ce qui donnera lieu plus d'un an après à un quiproquo curieux, après la clôture de l'enquête. Où l'on verra le directeur de la PJ, Jacques Franquet, remercier sans arrières-pensées un directeur de la DST interloqué.

« Il faut aussi prendre garde au moment où l'on va livrer une information au directeur et à la façon dont on va le faire, explique l'ancien cadre. Ces comptes rendus demandent un minimum de doigté. On peut se tromper. » Cela est arrivé à Raymond Nart avec l'affaire « Farewell », au mois de janvier 1981. Marcel Chalet venait de subir une sérieuse opération. Le directeur adjoint, Désiré Parent, était lui aussi malade.

« Pendant près d'un mois, je n'ai évoqué le dossier avec personne, dit-il. Les intérimaires n'étaient là que pour expédier les affaires courantes, et je considérais cette affaire comme importante. J'ai donc attendu que Chalet soit en meilleure forme. En choisissant le bon moment, je lui ai alors annoncé que je souhaitais le voir pour une affaire soviétique.

« "C'est grave ?" s'est-il borné à me demander, visiblement inquiet.

« Je l'ai rassuré et il m'a reçu dans son bureau en fin de journée, avec mes adjoints. L'ennui, c'est qu'il avait, dans l'après-midi, répondu à la convocation du juge d'instruction chargé d'enquêter sur la mort du militant tiers-mondiste Henri Curiel, et subi plusieurs heures d'interrogatoire (voir page 228).

« Ce jour-là, j'ai choisi de ne pas lui encombrer l'esprit. Marcel Chalet savait d'ailleurs parfaitement qu'il ne devait pas tout connaître de ce dossier brûlant, ce qui n'allait pas être le cas de son successeur : dès sa nomination, Yves Bonnet demanderait avec enthousiasme la véritable identité de "Farewell"... »

La DST anticipe la victoire de la gauche

Leur métier fait qu'ils sont plusieurs, au sein de la DST, à avoir anticipé la « vague rose » de 1981. Les représentants à Paris de plusieurs éminents services étrangers l'ont eux aussi prévue. Les Japonais ont même donné le résultat du second tour avec quinze jours d'avance, à 10 000 voix près ! Six mois plus tôt, c'est celui que le service appelait l'« espion de De Gaulle », Saar Demichel, qui avait alerté la DST sur une probable victoire de François Mitterrand. Une information qu'il tenait, avait-il dit, de ses amis soviétiques. Les responsables de la DST s'étaient contentés de classer cette information dans un coin de leur mémoire, sans en faire la moindre note écrite : prendre le pouls de la vie politique intérieure est la raison d'être des Renseignements généraux, pas celle du contre-espionnage.

Les seuls propos dont on se souvienne sont ces mots prononcés par le directeur de l'époque, Marcel Chalet : « Il faudra que nous prenions soin de bien cloisonner nos dossiers. » Rien de bien dramatique, mais la preuve que la DST ne voyait pas la victoire de la gauche comme un cataclysme.

Raymond Nart lui-même possédait suffisamment d'entrées dans le camp de la gauche pour ne pas s'affoler. Il entretenait notamment une relation suivie avec Philippe Robrieux, un ancien des Jeunesses communistes, avec qui un inspecteur du service l'avait mis en contact. Auteur d'une volumineuse *Histoire intérieure du Parti communiste français*, visionnaire à ses heures, il était de ceux qui avaient annoncé à François Mitterrand l'inexorable déclin du PCF.

Un autre de ses amis, considéré alors comme un apparatchik du Parti socialiste, attaché parlementaire du premier secrétaire du PS de 1971 à 1974, puis député de l'Oise, lui avait par ailleurs vanté les qualités de François Mitterrand. Dès 1977, il lui avait longuement expliqué pourquoi le candidat de la gauche ferait un bon président. Des mots qui, au printemps 1981, reviennent à l'esprit de Raymond Nart, lequel sait également comment Roger Wybot, directeur de la DST de 1945 à 1958, sauva la mise au ministre François Mitterrand à au moins deux reprises, sous la IVe République, en refusant notamment de donner suite à la sulfureuse affaire des (supposés) micros de l'Élysée, en 1954, à une époque où le futur leader socialiste était installé place Beauvau.

Le 11 mai 1981 ne fait souffler dans les couloirs de la DST aucun vent de panique. Le directeur adjoint, Désiré Parent, n'a donné aucune consigne particulière. Raymond Nart, lui, est totalement absorbé par la gestion à distance de l'agent « Farewell », une affaire à ses yeux bien plus importante que l'alternance droite-gauche.

La mince inquiétude qui avait envahi les inspecteurs les plus sceptiques s'est rapidement dissipée après l'installation à Matignon d'un Pierre Mauroy au visage rassurant. Des communistes siègent au Conseil des ministres, et le monde ne s'effondre pas. Seule la présence à l'Élysée, autour de François Mitterrand, de quelques individus que la DST considère comme « farfelus » retient l'attention. Le vrai danger, aux yeux des responsables du service, se situe bien plus du côté de quelques jeunes conseillers au passé gauchiste que du côté des ministres estampillés « PCF ».

Marcel Chalet, le directeur, rend alors une visite discrète à l'Élysée, les proches de François Mitterrand s'en souvienne. Il rencontre François Rousselet, l'ami et l'un des plus proches conseillers du président. Pour parler « réconciliation » et négocier son maintien au-delà de la limite d'âge.

Le cactus Curiel

« La politique est l'ennemie des services, dit Raymond Nart. Comme l'armée, la DST ne doit pas y être mêlée. Il faut la laisser accomplir sa mission en paix, ce qui ne veut évidemment pas dire qu'elle doit échapper à la tutelle ministérielle et s'autodiriger, ce qui serait tout aussi mauvais. »

Les premiers pas des socialistes au pouvoir en 1981 marquent en ce domaine une sorte d'apothéose, tant certains semblent animés de ressentiments hargneux. Les responsables de la DST sont restés marqués par l'extrême naïveté de certains des plus proches conseillers de François Mitterrand. Le magistrat Louis Joinet, successivement conseiller technique auprès de Pierre Mauroy et de Laurent Fabius à Matignon, les a plus d'une fois fait trembler par sa gestion du dossier « terrorisme ». Mais Louis Joinet revient surtout plusieurs fois à la charge au sujet du dossier Curiel. Épaulé par un autre magistrat, Roland Kessous, conseiller auprès du ministre de l'Intérieur, il recherche une certaine vérité : leur vérité sur cette affaire, qui prête à la DST un rôle actif dans l'assassinat de cet activiste proche de l'extrême gauche. Cette vision inquiète évidemment le service, qui s'est fait depuis longtemps une religion sur cette mort encombrante : le bras armé est à rechercher plutôt du côté des services secrets sud-africains, poussés au crime par les campagnes répétées de la victime contre l'apartheid.

Mais les deux magistrats de gauche ne veulent pas en démordre : pour eux, la « police secrète de Giscard », comme ils l'appellent, est nécessairement impliquée dans cette sale affaire comme dans quelques autres – et ils réclament la transmission d'une dizaine de dossiers.

Le fulgurant parcours de Curiel a évidemment retenu l'attention de la DST. Né en Égypte en 1914, fondateur du Parti communiste égyptien, expulsé vers Paris en 1950, Henri Curiel s'est retrouvé porteur de valises pour le FLN algérien. Les gaullistes l'ont utilisé par la suite pour approcher le nouveau leader égyptien, le colonel Nasser. Enregistré sous le matricule S531916, il a monté sous les yeux du contre-espionnage français son propre réseau de soutien aux peuples du tiers-monde opprimés, Solidarité, qui intervient aussi bien au Chili que dans le Sahara occidental. Faux papiers, écoutes et filatures : Curiel semble rompu aux aléas de la vie clandestine. Est-il financé par le KGB ? La DST le soupçonne, mais doit bien constater en même temps qu'il s'oppose à la « dictature » soviétique. Opposé aux Brigades rouges italiennes, Curiel soutient en revanche pleinement la cause palestinienne et s'engage avec ardeur dans la lutte contre l'apartheid.

La DST suit ce militant qu'elle n'estime nullement dangereux pour la France. Elle le surveille, c'est tout. Elle n'est pas la seule : la CIA remet un rapport à son sujet au gouvernement français. Le SDECE, l'espionnage français, qui ne voit pas d'un bon œil les liens anciens de Curiel avec le KGB, transmet pour sa part des informations sur son compte aux services sud-africains, affirme un témoin digne de foi.

Assigné à résidence jusqu'au 10 janvier 1978, à la suite de l'assassinat du patron des patrons allemand Hans Martin Schleyer par l'ultragauche, Henri Curiel tombe sous les balles, le 4 mai suivant. L'AFP reçoit peu après cette mystérieuse revendication : « Aujourd'hui à 14 heures, l'agent du KGB Henri Curiel, militant de la cause arabe, traître à la France qui l'a adopté, a cessé définitivement ses activités. Il a été exécuté en souvenir de nos morts. Lors de notre dernière opération, nous avions averti. » Signé : « Delta. »

L'arme du crime, un Colt 45, a déjà servi : elle a tué le gardien de l'Amicale des Algériens à Paris, le 2 décembre 1977. Maigre indice.

« Dans quel esprit pervers peut naître l'idée que la DST avait intérêt à liquider un homme dont elle suivait les pas et dont elle se servait à l'occasion, notamment pour pousser ses pions dans le monde arabe ? » interroge un ancien responsable du service. La seule source valable de mécontentement, c'était les témoignages publiés en 1959, sous la direction de Curiel, au sujet de la DST et des tortures commises en Algérie. Sauf que la DST, dit-on, avait elle-même choisi de relayer ces informations durant le conflit, « pour impressionner le FLN ».

La piste qui mène au BOSS – les services sud-africains –

semble plus étayée. Le SDECE n'a jamais accepté, malgré les pressions exercées par le gouvernement socialiste en 1981, d'ouvrir ses archives sur le sujet : quand le juge s'est présenté pour en prendre possession, les documents s'étaient volatilisés. La participation à l'assassinat de deux inspecteurs de la DST, militants connus de l'extrême droite, n'est pas non plus exclue, mais à titre personnel, comme l'a suggéré *Le Canard enchaîné* du 15 septembre 1982. Le reste relèverait de la calomnie, destinée, à en croire la DST, à nuire et à préparer sa dissolution plus qu'à élucider un crime dont personne, en définitive, ne sait rien de très précis.

Curiel, cet « homme à part », comme l'a appelé dans sa biographie l'écrivain Gilles Perrault[1], est ainsi devenu le premier *casus belli* entre une gauche tout juste sortie de l'opposition et le contre-espionnage français. Sans qu'aucune issue pacifique ait jamais été trouvée.

L'adoucisseur « Farewell »

Contrairement à ce qu'affirmait une rumeur insistante, le pouvoir socialiste n'a visiblement pas l'intention de prononcer la dissolution de la DST. Le ministre de l'Intérieur, Gaston Defferre, tient même à l'honorer d'une de ses premières sorties sur le terrain. Un choix aussitôt interprété comme une marque de respect.

Durant cette visite, le ministre évoque longuement ses souvenirs de la Résistance. Ce passé commun contribue à réchauffer l'atmosphère et à dissiper les doutes. Marcel Chalet, le directeur, doit lui-même une grande partie de son savoir-faire à son engagement dans les rangs de la Résistance. De nombreux commissaires présents ce jour-là en

---

1. *Un homme à part*, Bernard Barrault, 1984.

sont également issus. De quoi installer une véritable conni-vence, par-delà les suspicions politiques. Une connivence renforcée par la présence de Maurice Grimaud, un haut fonctionnaire que tous apprécient et connaissent, devenu directeur de cabinet de Defferre.

Rassuré, Marcel Chalet glisse quelques mots à l'oreille du ministre :

« J'ai quelque chose à vous raconter, je passerai bientôt vous voir place Beauvau. »

Gaston Defferre a gagné la confiance du contre-espionnage. Il va très prochainement être mis dans la confidence du dossier « Farewell », désormais assez mûr pour être porté à la connaissance des politiques.

Le ministre de l'Intérieur revient quelques semaines plus tard dans les locaux du contre-espionnage. De l'avis des personnes présentes, particulièrement brillant ce jour-là, Marcel Chalet achève de mettre le cacique socialiste dans sa poche. Au point de voir *Le Canard enchaîné* se fendre quelques jours plus tard de ce joli titre : « La DST à la paille Defferre ».

« Rien n'a été négocié avec lui, affirme-t-on à la DST. Gaston Defferre a simplement vite compris l'état d'esprit du service. »

Les relations entre la DST et la nouvelle majorité ont cependant du mal à se stabiliser. Malgré tous les démentis, les ténors du PS restent convaincus que la clef du dossier Curiel se trouve à la DST. Et n'ont de cesse de bousculer les responsables du service pour obtenir des archives secrètes qu'ils ne possèdent apparemment pas.

Certainement en signe d'allégeance, un inspecteur du contre-espionnage a alors la curieuse idée de photocopier dans les archives de la maison une fiche consacrée à François Mitterrand et de l'expédier à l'Élysée. François de Grossouvre, chargé par le président de la République de superviser tout ce qui touche au renseignement, se précipite aussitôt pour obtenir une copie intégrale du dossier. Celui-ci n'est guère épais, et la DST obtempère sans broncher. À l'intérieur sont consignés les différents voyages de François Mitterrand dans les pays de l'Est et les noms des personnes qu'il y a rencontrées. Rien de très brûlant, rien surtout qui permettrait à François de Grossouvre de clamer haut et fort que la DST « fait de la politique », comme le pensent depuis toujours certains leaders de la gauche. Car tel est le but inavoué du bouillant Grossouvre : déstabiliser la DST pour mieux la tenir en respect.

François Mitterrand lui-même n'a pas une très bonne opinion du service. La fameuse « affaire des fuites » – en réalité orchestrée par d'Astier de La Vigerie et non par la DST – lui est restée sur l'estomac. Lors de son passage au ministère de l'Intérieur, il n'avait pas hésité à dire tout haut le mal qu'il pensait de cette « maison ». Sa sévérité avait même surpris plus d'un commissaire. Mais tout cela remontait au temps de la guerre d'Indochine. Et Gaston Defferre semblait en mesure de dissiper le malaise, même si « la plupart des cadres de la police sont à l'époque persuadés que la gauche ne vas pas s'éterniser au pouvoir », comme le confie Gilles Ménage, jeune conseiller technique devenu directeur de cabinet du président socialiste.

L'affaire « Farewell » accélère les rapprochements. Le directeur de la DST se retrouve très vite en contact direct avec le chef d'état-major particulier de François Mitterrand, le général Saulnier. Les bons résultats du service, qui offre sur un plateau l'une des plus belles affaires d'espionnage jamais réalisées par un service français, dissipent les brumes persistantes.

François Mitterrand adoucit ses positions. Entré à l'Élysée avec l'idée que la police était ultra politisée et forcément de droite, prompt même à lui préférer la gendarmerie pour les missions délicates et confidentielles, il se rend à quelques évidences. La ressource humaine de la DST, sa matrice, porte davantage la marque de la SFIO, ancêtre du Parti socialiste, que celle d'une droite extrême tentée par la sédition. Et, pour y dénicher un commissaire portant les couleurs giscardiennes, il eût fallu se lever très tôt ! On avait collé un peu rapidement cette étiquette sur le dos de Marcel Chalet, le directeur, à cause des origines auvergnates qu'il partageait avec le président de la République battu. Mais, au dire de ceux qui travaillaient avec lui, cela n'avait guère de sens.

« Contrairement à sa réputation, la DST était très peu politique, affirme Raymond Nart. À l'intérieur, on se moquait du vote des uns et des autres. »

Marcel Chalet demande à être relevé de ses fonctions dans un délai assez court, mais ses motivations sont plus personnelles que politiques.

Le poids croissant de François de Grossouvre reste cependant un sujet d'angoisse dans les rangs de la DST. Marcel Chalet revenait chaque fois plus effrayé de ses rencontres avec l'homme de confiance du président de la République. Son successeur allait-il savoir le tenir à distance ?

La création de la fameuse « cellule élyséenne » à dominante gendarmesque annonce bientôt de sombres perspectives. Et puis il y a ces informations encore secrètes, mais que des socialistes savent entre les mains de la DST, sur la façon dont le mouvement trotskiste a infiltré le PS. Cet entrisme ne sera rendu public que plus tard, sous l'ère Jospin, mais certains, à gauche, craignent dès cette époque de voir un jour révéler ce passé par le contre-espionnage... Les pieds-noirs, entrés massivement dans le service après l'indépendance de l'Algérie, n'ont-ils pas le cœur à droite ? Ce fantasme, en tout cas, est encore largement partagé à gauche.

Un attentat contre Mitterrand ?

L'autre ennemi de la DST à l'Élysée, qui apparaît quelque temps après, s'appelle alors Gilles Ménage. Cultivant une méfiance tenace envers la DST, le puissant directeur de cabinet de François Mitterrand, homme de l'ombre par excellence, privilégie depuis le premier jour ses liens avec les gendarmes de la « cellule » élyséenne.

Les sombres aventures de Dominique Érulin, mélange de voyou, d'agent secret et de trafiquant d'armes, fournissent à Gilles Ménage et à la DST un motif d'embrouille digne du théâtre de boulevard.

Lorsque surgit dans les milieux du renseignement la rumeur selon laquelle Dominique Érulin a voulu attenter à la vie de François Mitterrand, rumeur aussitôt relayée par un de ces gendarmes auxquels le président voue une confiante admiration, la DST sait qu'il s'agit là de propos d'ivrognes captés par l'oreille indiscrète d'un agent de police dans un restaurant proche du commissariat du Panthéon (Les Écuries). « On va lui faire la peau ! » a clamé Érulin après un verre de trop. Depuis la dissolution du SAC, le service d'ordre des années gaullistes, les complots d'extrême droite ne sont-ils pas eux aussi dans toutes les têtes ? Le suspect n'est-il pas soupçonné d'avoir trempé dans un trafic d'armes en Belgique, ou d'avoir participé au vol de 100 pistolets-mitrailleurs dans une caserne de l'Ariège, en novembre 1981 ?

Manigance-t-on des complots dans des restaurants fréquentés par des gardiens de la paix ? Gilles Ménage prend pourtant l'affaire très au sérieux. Et découvre rapidement des raisons de porter ses soupçons sur la DST.

Se sachant pris en chasse, Dominique Érulin, fils de famille qui n'a pas très bien tourné, a en effet décidé de s'enfuir en abandonnant derrière lui la Légion d'honneur de son grand-père et de vieilles photos de famille. Celui qui lui a fourni le passeport avec lequel il a quitté le territoire sous le nom de « Locatelli » n'est autre qu'un inspecteur de la DST, devenu son ami au fil des rencontres.

Conscient du danger, convaincu que le supergendarme Paul Barril imagine déjà que la DST protège Dominique Érulin, Raymond Nart décide de laver le linge sale en interne. L'affaire du passeport risque d'éclabousser la DST au pire moment, alors que le service n'est pas vraiment en odeur de sainteté dans l'entourage de François Mitterrand. Officiellement, le sous-directeur défend son inspecteur ; en coulisses, il le convoque pour une séance cinglante au cours de laquelle il lui arrache des aveux circonstanciés avant de lui annoncer son éjection du service.

L'histoire du passeport donné à Érulin tombe évidemment à pic pour régler d'autres comptes : non content de bloquer une éventuelle promotion de Raymond Nart, Gilles Ménage songe à lui créer d'autres ennuis. Et ce pour une raison qui tient précisément au mode de fonctionnement du contre-espion : celui-ci refuse à plusieurs reprises de fournir à Ménage les informations qu'il réclame. Ce qui est ressenti comme un affront par l'homme du président. Mais le pilier de la DST n'en démord pas : à ses yeux, les militaires qui entourent François Mitterrand confondent trop souvent renseignement et barbouzerie ; ils subordonnent le renseignement au politique. Exactement l'inverse de ce que lui-même prône depuis le début de sa carrière.

Gilles Ménage souhaite avoir un double de toutes les notes importantes de la DST. On accepte du bout des lèvres, et on transmet au compte-gouttes, préférant définitivement le risque de la marginalisation à une trop grande proximité avec cette sphère politique.

Seule calme le jeu l'arrivée de Pierre Joxe au ministère de l'Intérieur. C'est le premier socialiste à avoir perdu depuis longtemps toute naïveté sur cette sorte de sujets. Ancien officier de la Sécurité militaire, le dirigeant socialiste a eu l'occasion d'exercer ses talents contre l'OAS pendant la guerre d'Algérie. Il a surtout côtoyé les nombreux résistants qui gravitaient autour de son père, Louis Joxe. Même l'Union soviétique ne lui est pas complètement étrangère : son père y a été ambassadeur au milieu des années 50.

Un an avant d'arriver à la place Beauvau, en juillet 1984, Pierre Joxe se prépare en suivant les sessions de l'Institut des hautes études de défense nationale (IHEDN), où il côtoie notamment les responsables des services de renseignement. C'est lui qui convainc François Mitterrand d'écarter François de Grossouvre, confiné dès 1988 aux chasses présidentielles, comme il avait, quelques années auparavant, contribué à marginaliser Christian Prouteau, l'ami ombrageux et le gendarme mis dans les bras du président socialiste par son ministre de la Défense, Charles Hernu. Il ne parvient pas à nouer le dialogue avec Yves Bonnet, le directeur de la DST, surtout lorsque celui-ci tente de le convaincre de l'importance capitale de l'affaire « Farewell », qui reste aux yeux de Joxe une « manipulation américaine destinée à tester la gauche française ». Et se fâche très sérieusement avec lui lorsque le directeur prend l'initiative, sans en référer à son cabinet selon Pierre Joxe, de divulguer dans la presse les secrets du dossier.

Le ministre se rapproche en revanche des commissaires qui secondent le directeur, dont le doyen d'entre eux, qu'il appelle le « *primus inter pares* ». Et c'est avec Raymond Nart, « un passionné », qu'il gérera quelques-uns des dossiers de terrorisme. Raymond Nart, pour lequel il conservera, à son départ, un poste de contrôleur général, qu'il demandera à son successeur, Charles Pasqua, de lui attribuer. Ce sera fait deux mois plus tard.

Course aux otages

« Les faux experts, les amis des ministres, les spécialistes des partis politiques viennent régulièrement parasiter le renseignement, dit un ancien commissaire de la DST. Leur discours parvient même régulièrement à neutraliser l'information transmise par les services. »

En ce domaine, un sommet est semble-t-il atteint avec l'affaire des otages français au Liban, au milieu des années 80. Au sein de l'appareil d'État, le nombre des personnes qui prétendent connaître les ravisseurs du journaliste Jean-Paul Kauffman et de ses malheureux compagnons de captivité est grand, si bien que personne n'écoute plus les messages en provenance de la DST. À chacun son réseau, et les otages continueront d'être bien gardés !

La plupart de ces « experts » n'ont aucun contact sérieux avec le Hezbollah. Mais, dans cette cacophonie, l'homme de Charles Pasqua, Jean-Charles Marchiani, finit tout de même par trouver la faille, et par arracher les Français aux Libanais chiites (pro-iraniens). Un succès qui inspire à Charles Pasqua cette réflexion, seize ans plus tard : « Un adversaire doit toujours savoir à qui il parle. Le fait que nous soyons corses tous les deux nous a certainement aidés. Les preneurs d'otages du Hezbollah se sont dit : "Nous avons affaire à une tribu, ils sont capables de tout !" » Et de rapporter cette scène, restée gravée dans la tête de l'ancien ministre, où son homme de confiance, Jean-Charles Marchiani, braque le canon d'une arme en direction d'un Libanais. « Il aurait été tout à fait capable de tirer », dit-il.

« En matière de terrorisme, l'information est exigente, explique Raymond Nart, et la DST rechigne à transmettre n'importe quoi à l'autorité politique. On a en effet souffert moins d'un manque d'informations que d'un trop plein, comme à cette époque où l'on voyait Carlos à tous les coins de rue. Un jour, on vous annonce qu'un attentat va être perpétré quelque part dans Paris. Deux cibles ont été désignées, la tour Eiffel et l'Assemblée nationale. L'agent ne sait pas qui va commettre l'attentat, ni quand, ni comment. Il est cependant disponible pour pousser plus avant la collaboration et démasquer éventuellement les commanditaires de ces attentats. Si, à cet instant, on fonce au ministère, on va forcément affoler. Il y a même de fortes chances pour que les autorités réclament l'arrestation immédiate de l'oiseau de mauvais augure, en installant éventuellement une surveillance devant l'objectif, qui incitera tout simplement les terroristes à choisir une nouvelle cible. Or l'intérêt est peut-être, à l'inverse, de conserver cet agent même si on ignore encore à cet instant son degré de fiabilité. Dans l'hypothèse où il raconte n'importe quoi, le service risque le discrédit. En fait, à ce stade, l'affaire n'est pas mûre pour être transmise telle quelle à l'autorité. Si on ne dit rien et que l'attentat se produit, on peut évidemment être pris en défaut. Voilà le risque... »

C'est arrivé avec l'Armée secrète arménienne, l'Asala : la DST n'était pas sûre à cent pour cent de son agent, qui avait simplement désigné les commanditaires, hors d'atteinte à l'étranger, mais n'avait donné ni la date ni le lieu de l'attentat, ni même aucun indice sérieux. Lorsque celui-ci s'est finalement produit, parce qu'elle n'avait pas prévenu le pouvoir politique, les critiques se sont déchaînées contre la DST, même si elle a largement contribué par la suite à l'arrestation de ses auteurs.

« Communiquer avec un gouvernement, pour un service de renseignement, est un exercice périlleux, commente un fonctionnaire en poste à cette époque. S'il faut annoncer l'imminence d'un attentat, autant arriver devant le ministre avec des réponses et des solutions de riposte. Avant de transmettre l'information, mieux vaut, en fait, tenter d'abord d'en savoir le maximum. Le jour où l'information est circonstanciée, il est temps de prévenir le politique, dont on aura besoin pour préparer la riposte. Ce n'est qu'avec l'accord du gouvernement et de la justice que l'on peut, par exemple, organiser une rafle. En lançant de larges filets, on se donnera les moyens de ramasser les suspects tout en protégeant sa source éventuelle. Mais, là encore, il faut rester sage : proposez une rafle à un ministre ou à un juge antiterroriste, et il prendra facilement goût à ces mesures spectaculaires qui parlent à l'opinion publique. Alors qu'il faut au contraire garder beaucoup de flegme et de mesure face aux terroristes... »

Parfois, la DST n'a pas eu à se forcer pour rester silencieuse. Les responsables politiques ne veulent en effet pas toujours savoir, surtout lorsqu'on leur annonce une catastrophe. L'une des histoires les plus célèbres, dans le genre, reste celle de l'annonce de la révolution iranienne. Cette révolution était prévisible pour quiconque se serait donné la peine d'y regarder de près. La CIA, sur la foi de bons agents, avait alerté le président Jimmy Carter de l'imminence d'une révolution chiite en Iran et du renversement du shah. Les Français étaient eux aussi bien placés pour le savoir, eux qui avaient hérité par accident de l'imam Khomeyni : Valéry Giscard d'Estaing, qui avait demandé au shah ce qu'il convenait de faire de cet hôte encombrant, s'était vu répondre un « Gardez-le ! » sans appel. Mais personne à Paris n'avait eu envie d'entendre une information aussi dérangeante que l'avènement à Téhéran des ayatollahs. Un peu comme Marcel Dassault lorsque les ravisseurs de son épouse lui avaient réclamé une rançon.

« Nous sommes les ravisseurs de Madame, lui avaient-ils annoncé. Nous la détenons. Elle va bien. Mais il faut payer !

– Ah ! c'est vous... Vous l'avez, eh bien gardez-là ! » aurait répondu l'avionneur.

Le directeur sauve son état-major

Lorsque Rémy Pautrat se trouve propulsé à la tête de la DST, en 1985, il rencontre naturellement François Mitterrand à l'Élysée.

« Avez-vous des instructions précises à me transmettre ? demande benoîtement le préfet, qui sait qu'on l'a désigné parce qu'on connaît ses amitiés socialistes (et accessoirement parce qu'il parle l'anglais).

– Non, aucune, répond laconiquement le président de la République. Mais votre maison ne m'aime pas.

– Avez-vous un conseil à me donner, un avis ? insiste Rémy Pautrat, qui ne souhaite pas entrer dans une quelconque polémique.

– Oui, juste un conseil : faites-vous oublier », lui dit François Mitterrand.

Moralité : pour le président socialiste, un bon directeur de la DST est un homme qui ne prend aucune initiative intempestive, reste tranquille et ne fait pas parler de lui.

À la recherche d'une autorité politique capable de fixer les axes de travail de son nouveau service, le préfet frappe à la porte du ministre de l'Intérieur, Pierre Joxe. Qui lui fait comprendre qu'il analysera la situation au gré des circonstances (et lui demande au passage de lui apporter, une prochaine fois, le dossier *Canard enchaîné*, qui se révèle, après recherches... être dépourvu du moindre intérêt).

Pourquoi cette extraordinaire méfiance des hiérarques socialistes vis-à-vis de la DST ?

« Pour les politiques, tranche Rémy Pautrat, le renseignement est avant tout une source d'ennuis, comme s'ils réduisaient l'histoire des services secrets à ses accidents : à l'affaire Dreyfus, à l'affaire Ben Barka et au coulage du bateau de *Greenpeace* ! »

Brusquement plongé dans le bain, Rémy Pautrat

comprend dès ces premiers instants la philosophie du système. Qu'il résume ainsi : « On fait du renseignement dans ce pays, mais il n'y a pas de politique du renseignement digne de ce nom, ce qui est parfois ressenti comme une sorte d'humiliation par les professionnels. » Et de prendre possession d'un service dépourvu, dit-il, de tout « projet d'entreprise ».

Sans doute est-il le premier à vraiment s'en inquiéter. Mais Rémy Pautrat n'est pas au bout de ses surprises. Sans le lui dire clairement, on l'a fait venir pour faire le ménage au sein de la DST. L'éviction d'Yves Bonnet ne suffit à rassasier ni François Mitterrand ni Pierre Joxe. Les retombées médiatiques de l'affaire « Farewell » méritent à leurs yeux des sanctions plus larges. La première « commande » que reçoit Rémy Pautrat concerne d'ailleurs ce dossier : le ministre veut un rapport complet sur les conditions du traitement de la taupe soviétique, en particulier sur le rôle précis joué dans l'opération par les Américains et la CIA. Puis commence à s'exercer une redoutable pression visant à convaincre Rémy Pautrat de se débarrasser de l'état-major de la DST, sur fond de reprise en main politique.

Premier acte : Pierre Joxe crie au scandale lorsque Pautrat vient lui soumettre une demande d'écoute téléphonique, quelques jours à peine après sa nomination comme directeur. Motif, selon le préfet : le ministre découvre dans le dossier préparé par la DST une note manuscrite stipulant : « Si ça ne marche pas, mettre au nom de la belle-mère. » En clair, si la demande d'écoute est refusée par l'autorité politique, on pourra toujours biaiser. Comprenant que l'on tente de lui dissimuler la mise sur écoute d'une personnalité du monde médiatique, le ministre proteste avec véhémence : « Ceci est intolérable ! On veut tromper le pouvoir politique ! »

Puis il laisse le directeur patienter une heure dans la

salle d'attente, le temps d'aller s'entretenir de cette affaire avec François Mitterrand en personne. Lorsqu'il revient, c'est pour annoncer à Rémy Pautrat qu'il doit passer toutes les écoutes au peigne fin. Un prétexte pour convaincre le préfet de se débarrasser de ses plus proches collaborateurs ? C'est ainsi que le comprennent les principaux intéressés, à commencer par Pautrat lui-même.

Pour se sortir de l'impasse, le directeur concède au ministre deux écoutes téléphoniques « impropres ». « Nous avons fait le ménage, cela ne se reproduira plus », lui dit-il en espérant que le chapitre est clos.

Entre-temps, Rémy Pautrat rend à Pierre Joxe et à François Mitterrand son rapport sur l'affaire « Farewell ». Conclusions : 1) Il ne peut s'agir d'une manipulation de la CIA, qui a juste apporté une aide technique, raison pour laquelle il a fallu lui fournir les informations qui concernaient les États-Unis. 2) Le dossier a été traité de bout en bout par la DST. En clair, si François Mitterrand a eu le sentiment de ne rien apprendre à Ronald Reagan lors de son premier entretien avec le président américain, au mois d'août 1981, ce n'est pas à cause d'une quelconque trahison. C'est parce qu'il avait bien fallu, un mois plus tôt, convaincre la CIA de mettre à disposition le petit appareil photo. Quant à l'état-major de la DST, il avait tout de même réussi à stopper un Yves Bonnet prêt à imprimer une affichette pour commémorer l'anniversaire de l'expulsion des Soviétiques ! Une démonstration convaincante... pour qui aurait souhaité porter un œil neutre sur une affaire devenue (artificiellement) trop polémique.

Acte suivant : le directeur général de la police, Pierre Verbrugghe, insiste lourdement : « Vous avez carte blanche, dit-il à Rémy Pautrat. Vous pouvez faire venir qui vous voulez au service. » Puis, quelques jours plus tard : « Vous avez réfléchi aux mouvements de personnel à la DST ?

– Oui, mais il y a des dossiers en cours, répond le préfet, fuyant.

– Le ministre veut changer des responsables, j'espère que vous l'avez bien compris », relance Verbrugghe.

Le ministre lui-même revient à la charge peu après :

« Alors, demande-t-il, vous en êtes où ?

– Je ne suis pas venu pour virer les gens, je ne peux l'accepter, ose le directeur de la DST. Laissez-moi au moins vous présenter mon projet d'entreprise... »

Rémy Pautrat tombe-t-il sous le charme de cet état-major dont les socialistes voulaient la peau ? Toujours est-il qu'il fait corps avec son équipe et la protège sans en démordre. Il lui propose même d'imaginer un drapeau symbole pour la DST, à l'américaine, ce qu'elle accepte sans se faire prier[1].

Trois mois après son arrivée, après avoir rencontré un nombre impressionnant de fonctionnaires du service, Rémy Pautrat accouche de son « projet d'entreprise », ainsi baptisé : « Réflexion sur une stratégie de la riposte ». Ce texte fait l'unanimité dans les rangs et parvient à ébranler les premières certitudes de Pierre Joxe, qui revient à de meilleurs sentiments vis-à-vis de la « garde de fer » de la DST : non seulement il ne parle plus de « trahison », mais il s'appuie désormais ouvertement sur elle, notamment contre le terrorisme.

Plus tard, le ministre confie à Pautrat qu'il comptait effectivement sur lui pour « cisailler l'état-major de la DST ». Le motif, il l'avait deviné depuis le début : Pierre Joxe et quelques autres, notamment à l'Élysée, avaient la conviction que les membres de cet état-major auraient pu et dû stopper les « dérives » de leur ex-directeur, Yves Bonnet.

---

1. Ce drapeau provoquera la colère de Pierre Verbrugghe, alors directeur général de la police, qui demandera à Bernard Gérard, successeur de Rémy Pautrat, de s'en débarrasser.

Terrible malentendu qui aurait pu déboucher sur la pulvérisation de la DST si Rémy Pautrat n'avait, à plusieurs reprises, mis sa démission dans la balance. Entre-temps, le directeur de la DST a vu ses relations se distendre avec l'Élysée. C'est Gilles Ménage qui a mis les pieds dans le plat, l'accusant de ne lui transmettre que des notes à caractère général. Sauf qu'il s'agissait là d'un ordre de Pierre Joxe !

Le collaborateur de François Mitterrand avait d'ailleurs un autre motif de courroux : Rémy Pautrat avait refusé de reconduire la fameuse « brigade du chef », constituée autour de son prédécesseur, censée organiser la collecte des ragots sur la place de Paris pour le compte de l'Élysée. Le dernier en date, que le directeur a passé au broyeur : une information selon laquelle une éminence grise du pompidolisme avait fait effectuer un prélèvement sur un grain de beauté mal placé, lequel n'avait révélé aucune maladie grâve. Le genre de renseignement que Rémy Pautrat n'aurait jamais cru pouvoir trouver à la DST !

Pour achever de mettre l'Élysée en colère, il avait refusé de continuer à laisser à sa disposition une partie de son contingent d'écoutes téléphoniques. Sage précaution qui lui a sans doute épargné une mise en examen dans la fameuse affaire des écoutes.

Les ministres passent

Lorsque le socialiste Pierre Joxe quitte le ministère de l'Intérieur au soir de la défaite électorale de la gauche, en mai 1986, il fait venir Raymond Nart dans son bureau. Tout en lui servant un verre de porto, le ministre lui glisse ces mots empreints de sympathie :

« Je réserve pour vous un poste de contrôleur général. Ce sont les consignes que j'ai transmises à Charles Pasqua. »

Quittant à son tour la place Beauvau après la défaite de

la droite, en 1988, le gaulliste Robert Pandraud, ministre délégué auprès du ministre de l'Intérieur, chargé de la Sécurité, tient pour sa part à recevoir une délégation de chaque service. Celle de la DST est la dernière convoquée. Le coffre-fort du ministre est grand ouvert, mais il n'y a plus à l'intérieur qu'un trombone orphelin et pas mal de poussière. Robert Pandraud, assez agité, ne cesse d'entrer et de sortir de son bureau.

Profitant d'un moment où il s'est éclipsé, quelqu'un tend machinalement le cou pour lire un document négligemment abandonné sur son bureau. Son directeur, le préfet Bernard Gérard, le rappelle aussitôt à l'ordre.

Ce jour-là, le ministre boite curieusement et arbore un méchant orgelet au-dessus de l'œil droit. Visiblement pressé d'en finir et de quitter les lieux, il s'approche brusquement de ses deux visiteurs et les embrasse en prononçant ces mots :

« Avec la gauche, vous allez souffrir ! »

Les ministres passent, mais les pots d'adieu ne se ressemblent pas. Les traces laissées par les uns et les autres ne sont pas forcément celles que l'on croit. Pierre Joxe, ministre de gauche, a marqué favorablement les esprits alors que la police s'attendait au pire. Et voilà qu'un ministre de droite, Charles Pasqua, laisse une DST traumatisée.

Le service s'est en effet difficilement remis de l'affaire du « vrai-faux » passeport fourni par le directeur de la DST au fugitif Yves Chalier, pris en tenailles dans le scandale du Carrefour du développement. Un document administratif délivré sur ordre du ministre de l'Intérieur ! Ce coup politique, les hommes du contre-espionnage s'en seraient bien passés. Ils en rendent entièrement responsable leur directeur, Bernard Gérard, coupable de n'avoir pas su résister aux injonctions de la Place Beauvau. Coupable, disent-ils, de « servilité ».

De quoi inciter les cadres des services de renseignement

à cultiver une certaine distance vis-à-vis des directives des hommes politiques... Bernard Gérard avait traité directement avec un technicien de la DST, sans lui expliquer à quoi allait servir le document. Il avait accédé à la demande ministérielle sans penser un instant qu'il eût été préférable (on lui aurait volontiers donné une adresse) d'aller acheter ce passeport sur les trottoirs de Pigalle, comme aurait très bien pu le lui suggérer Charles Pasqua, qui évoque aujourd'hui une « erreur » : « Nous n'aurions pas dû faire ça comme cela, c'est clair. » D'autant que le passeport provenait d'un lot commandé à la préfecture de police par le précédent directeur, Rémy Pautrat... Les fameux passeports avaient servi des causes plus honorables : on en avait fourni aux officiels israéliens partis organiser en Éthiopie l'exfiltration des Falachas, ces juifs d'Afrique.

Grâce à Bernard Gérard, reconnaissait-on dans les couloirs du service, le mot « vrai-faux » avait cependant fait son entrée dans le dictionnaire !

Dossier caché et alcool d'arbouse

Les ministres passent, mais les huissiers restent. Ce sont les mêmes hommes en noir qui ont introduit les mêmes fonctionnaires dans le bureau de Pierre Joxe et dans celui de Robert Pandraud.

Le socialiste Pierre Joxe ne tarde d'ailleurs pas à revenir occuper le bureau. Demande-t-il, comme le veut la légende, de pouvoir lire les archives consacrées à son père, Louis Joxe, qui fut notamment ambassadeur en Union soviétique ? Le principal intéressé dément, précisant qu'il conserve un souvenir très net du dossier que la Sécurité militaire lui avait consacré, au temps de sa jeunesse étudiante engagée : tout était érroné, ou presque. Cette mauvaise impression ne l'aurait pas empêché, un ancien directeur s'en souvient parfaitement, de demander à pouvoir lire son propre dossier. Son interlocuteur répond ce jour-là par la négative, expliquant qu'il ne veut pas s'attirer les sarcasmes des hommes qu'il ne commande que depuis quelques heures seulement. « Gaston Defferre a formulé avant vous la même demande, poursuit-il. Et tout le monde en rit encore à la DST, car le dossier, évidemment, était vide. »

Puis c'est au tour de Charles Pasqua de reprendre les commandes, cinq ans plus tard, par la grâce d'une nouvelle cohabitation imposée par les électeurs à François Mitterrand. Ce n'est pas d'un pot de départ qu'il s'agit cette fois, mais d'un pot d'anniversaire : c'est à Charles Pasqua qu'il revient de célébrer le cinquantenaire de la DST. Une journée historique frappée au coin de l'humour et des incongruités.

Le ministre tient d'abord à boire avec les cadres du contre-espionnage une bouteille d'alcool d'arbouse offerte par des Corses, clandestins ou non, l'étiquette ne le précisait pas. Puis, la chaleur de la réunion aidant, Charles Pasqua se met à raconter de quelle façon il bat l'aïoli, avant de rapporter une anecdote assez croustillante au sujet de Paul Ramadier : l'ancien président du Conseil avait pour habitude de rapporter à la fin de ses vacances de la morue qu'il mettait à dessaler... à l'intérieur du réservoir d'eau de ses toilettes. Et le ministre gouailleur d'en rajouter sous le regard circonspect du directeur général de la police nationale, Claude Guéant, et l'œil inquiet du directeur de la DST, Philippe Parant. Le coup suivant est pour Valéry Giscard d'Estaing, qui, un jour, demanda la permission d'emprunter un ouvrage à la bibliothèque du ministre de l'Intérieur ; Pasqua donna son accord, mais l'ouvrage ne fut jamais restitué.

Dans la bonne humeur, le ministre parvient ce jour-là à

estomper au moins provisoirement le mauvais souvenir laissé par le scandale du vrai-faux passeport. Il se sent en phase avec ces fonctionnaires, lui qui aime à rappeler ses années d'agent de renseignement pour la France libre, lorsque, fin juin 1944, il faillit être découvert par les SS alors qu'il livrait un paquet contenant les photos des lieux du débarquement des troupes alliés. Au passage, il gratifie le service d'une devise qui lui faisait jusque-là défaut : « Inflexible dans l'ombre, étincelante dans la lumière ». Une image probablement empruntée à la culture basque, référence au makila, le bâton traditionnel des bergers, renfermant une pointe acérée cachée dans un fourreau en bois de néflier.

Quelques mois après cette visite surprise, Charles Pasqua convoque la DST au ministère pour une séance d'une tout autre tonalité. Il vient de prendre connaissance d'une bourde commise par la DGSE, le service d'espionnage, relevant du ministère de la Défense. Très en colère, il n'a pas de mots assez durs pour qualifier le patron de ce service, Claude Zilberzhan.

« Il n'y a pas un préfet capable de diriger cette DGSE ! » répète-t-il avec véhémence, des récriminations plein la bouche.

Petites guerres à la française dont les responsables du contre-espionnage n'ont que trop l'habitude... Exacerbées par un ministre de l'Intérieur qui affirme « ne pas pouvoir compter à cent pout cent sur la DGSE ». Raison de cette distance ? Son homme de confiance, Jean-Charles Marchiani, a quitté ce service dans de très mauvaises conditions. Mais ce n'est pas tout. Au lendemain de l'attentat sanglant perpétré contre les militaires français stationnés au Liban, un général haut placé au sein de la DGSE vient lui proposer une riposte à la hauteur : une bombe lâchée depuis un hélicoptère contre le quartier général du Hezbollah, mouvement terroriste téléguidé par Téhéran. Lorsque

Charles Pasqua demande des précisions, quelques jours plus tard, on lui envoie un autre interlocuteur. Lequel lui propose, sans rire, de faire couler un bateau dans un port libanais (comme si l'épisode du *Rainbow Warrior* n'avait pas déjà coûté assez cher au pays !). « Depuis, explique-t-il, je me méfie des compétences de la DGSE. »

Cartons d'archives

La DST s'est plusieurs fois retrouvée en possession d'informations sensibles qu'elle n'a pas souhaité traiter parce qu'elle considérait qu'elles ne relevaient pas de sa mission. Des informations sciemment transmises à ses oreilles pour des mobiles plus ou moins clairs...

Les services secrets d'un pays arabe ont ainsi tenté à plusieurs reprises d'interférer sur la scène française en transmettant à leurs homologues de la DST des renseignements plus explosifs que des bombes. Vrai, ou faux, la DST n'a pas donné suite.

« C'est aussi cela, servir l'État, commente Raymond Nart. La DST n'est pas un service que l'on utilise pour régler des comptes. » D'autant moins si les coups sont portés par une puissance étrangère, ce qui était en l'occurrence le cas. « Nous ne marchions pas là-dedans. »

Dans un autre registre, plus intérieur celui-ci, les sous-directeurs de la DST n'ont pas souhaité se mobiliser sur les prétendues archives de Roger-Patrice Pelat. Quelque temps après le décès brutal de cet ami et soutien financier de François Mitterrand, voilà en effet qu'une source plus ou moins crédible signale avoir retrouvé des cartons d'archives ayant appartenu au richissime homme d'affaires. Raymond Nart lui-même préconise alors de ne « rien faire », c'est-à-dire de ne pas aller mettre son nez dans ces cartons.

« C'est une faute professionnelle », juge sèchement le

directeur du service, à l'époque Jacques Fournet, proche du Parti socialiste, qui a notamment légué à la DST un code de déontologie, probablement inspiré par l'affichage de la Déclaration des droits de l'homme dans les commissariats, une initiative de Pierre Joxe. Jacques Fournet, lui, veut savoir ce que contiennent ces cartons. Il les fait donc apporter au service par un inspecteur. Le résultat ne se fait pas attendre : Thierry Jean-Pierre, juge d'instruction fouineur et déterminé à épingler les socialistes, convoque quelques jours plus tard Jacques Fournet au palais de justice du Mans, où il officie. La presse en parle.

Une publicité inutile, aux yeux des caciques de la DST. Doublement inutile, même, puisque les cartons, comme ils le subodoraient, ne contenaient rien d'important. Rien de plus que des cartes de visite à l'en-tête de l'Élysée, détournées par la femme de ménage de Roger-Patrice Pelat, qui s'en était notamment servi pour noter ses listes de provisions ! Des cartes de visite tombées on ne sait comment entre les mains d'un escroc qui avait dans l'idée de faire chanter le maximum de personnes...

« Les dossiers à connotation politique, j'ai quelquefois préféré les ignorer, insiste Raymond Nart. Je les ai toujours considérés avec la plus grande circonspection. "La ceinture plus les bretelles", comme on dit lorsque l'on prend deux précautions plutôt qu'une. »

Telle n'est cependant pas la conception d'un Jacques Fournet. Lui préfère mettre les pieds dans le plat, surtout lorsque François Mitterrand ou l'un de ses proches est concerné par un renseignement – ce qui lui coûtera sans doute sa carrière administrative. Au lieu de se taire, alors que l'un de ses sous-directeurs vient de lui faire savoir ce que les services secrets américains prétendent au sujet du ministre des Affaires étrangères Roland Dumas – ils le disent mêlé à des « affaires troubles » –, il fonce à l'Élysée pour en avertir le président. François Mitterrand le prie d'aller s'en ouvrir au principal intéressé. Et l'on voit Jacques Fournet se rendre à un discret rendez-vous organisé dans l'appartement acheté rue de l'Université, à Paris, grâce aux subsides du groupe Elf – une visite qui a failli lui attirer les foudres de la juge Eva Joly.

« La politique était le fait des préfets nommés à la tête du service », insiste-t-on à la DST. Des préfets avec lesquels la fameuse « garde de fer » conserve volontiers une certaine distance, surtout lorsque eux-mêmes s'entourent, comme cela fut précisément le cas de Jacques Fournet, d'une sorte de garde rapprochée. D'« un cabinet noir », disent à l'époque les mauvaises langues – ce que ne dément pas le principal intéressé –, composé de fidèles qui ont le tort, aux yeux des piliers de la DST, de venir d'autres horizons, notamment des Renseignements généraux qu'a dirigés auparavant Jacques Fournet. Et d'être toujours prioritaires lorsqu'il s'agit d'avoir accès au bureau du patron. Au point que la DST ne retient finalement que leurs faux pas, comme celui que commet cet ancien des RG lors d'un déplacement en Suisse : parti chercher des renseignements sur une vente de Mirage Dassault ébauchée mais jamais concrétisée, au cours de laquelle des millions se seraient évaporés, le novice (qui s'en souvient encore) a laissé sa carte de visite à un membre du gouvernement suisse. Erreur de débutant ! tranchent les anciens.

Comme au début de son premier septennat, la DST se retrouve bientôt confrontée à l'appétit de François Mitterrand en matière de renseignements. C'était même la raison d'être de ce « cabinet noir », chargé d'effectuer des enquêtes hors normes pour le compte de l'Élysée.

S'ils ne peuvent fermer les yeux, les responsables de la DST observent à distance. L'un d'eux découvre ainsi un jour qu'un travail d'investigation est en cours sur le compte du Premier ministre Michel Rocard, destiné à percer les réseaux de son financement occulte ! Par chance, les hommes du directeur ne lui ont rendu aucun compte de leurs investigations. Ce qui lui a permis de faire comme si elles n'existaient pas.

Charles Pasqua piste les socialistes

Avec Jacques Fournet, les relations auraient pu ne pas partir d'un bon pied. Raymond Nart avait en effet été proposé au poste de directeur de la DST par Pierre Joxe et Michel Rocard. François Mitterrand avait tranché en faveur d'un homme qu'il avait eu l'occasion de côtoyer comme préfet de la Nièvre et dont il était assuré qu'il lui serait fidèle.

Lors du pot du directeur partant, Bernard Gérard, Jacques Fournet, encore à la tête des RG, croise brièvement Raymond Nart.

« Je sais que vous étiez candidat, mais je vais prendre le poste, lui dit-il.

– C'est peut-être un grand service que vous me rendez », réplique Raymond Nart, pince-sans-rire à ses heures, assuré de prendre dans les semaines suivantes son galon d'inspecteur général en même temps que le poste de directeur adjoint, avec bureau au treizième étage de la rue Nélaton (celui des chefs).

En 1993, après la défaite de la gauche et l'intronisation d'Édouard Balladur, un nouvel épisode complique les relations entre les deux hommes.

À peine installé place Beauvau, Charles Pasqua compose le numéro du patron de la DST. Jacques Fournet absent, l'appel bifurque vers Raymond Nart, pour l'occasion petit télégraphiste.

« Heureux de vous avoir ! » lance le ministre qui entre aussitôt dans le vif du sujet : selon des informations en sa possession, des « choses terribles » se seraient produites au sein de la Sofremi sous le règne des socialistes.

La Sofremi ? Un organisme né dans le giron du ministère de l'Intérieur et destiné à vendre à l'étranger les matériels de la police française, mais aussi de la protection civile. Une rumeur évoque un curieux marché de déminage au Koweït, géré par la Sofremi. Charles Pasqua veut que la DST fasse son enquête.

Sitôt Jacques Fournet rentré au service, Raymond Nart le rejoint et rend compte. Le directeur, qui ne sait pas encore à quelle sauce la droite veut le croquer, se sent-il visé ? Comprend-il plus vite que les autres que Charles Pasqua veut utiliser la DST pour prendre le contrôle de cette Sofremi, par certains aspects si « juteuse » ? Jacques Fournet n'est pas franchement à l'aise.

Une enquête est confiée à un contrôleur général de la direction chargé de la défense du patrimoine, qui planifie assez rapidement une perquisition dans les locaux de la Sofremi.

Résultat : néant. Rien à redire a priori, pas même au contrat de déminage au Koweït : pour effectuer ce travail dangereux, la Sofremi a recruté d'anciens militaires qui ont embauché à leur tour des petites mains pakistanaises. L'un de ces démineurs pakistanais est mort à la tâche : un accident du travail classique. La seule entorse à signaler est que l'on n'a déminé qu'une bande de 50 centimètres de profondeur, alors que le contrat prévoyait une bande d'un mètre. Pour le reste, pas de fausses cartes de police, comme de bonnes âmes l'avaient prétendu, ni de contrats bidon. Charles Pasqua n'en espérait d'ailleurs peut-être pas tant. Il avait semé la panique dans le camp socialiste et cela suffisait amplement à son bonheur : la Sofremi était désormais sous son contrôle.

« *Au service de l'État* »

Selon les périodes, on l'a classé à droite, puis à gauche. On l'a rangé sous la bannière du socialiste Pierre Joxe, puis sous celle du gaulliste Charles Pasqua. Raymond Nart affirme que quiconque se serait donné la peine d'observer de près son travail aurait été incapable de dire s'il était socialiste ou gaulliste.

« Ce n'était pas dans ma philosophie de mélanger mon métier à la politique, répète-t-il. J'ai toujours été au service de l'État. Pour moi, un service de renseignement doit être impartial et objectif. »

Une position à laquelle il sait qu'il n'aurait jamais pu se tenir s'il avait été fonctionnaire en Union soviétique, ni même dans la Russie contemporaine.

« Personne n'a m'a jamais demandé quoi que ce soit », affirme-t-il encore, avant de nuancer son propos.

Il se souvient évidemment des commandes de Gilles Ménage, qui était l'un des rares à laisser des traces écrites, notant noir sur blanc ce qu'il exigeait.

Il a aussi en tête cette demande effectuée un jour par Nicolas Bazire, directeur de cabinet du Premier ministre Édouard Balladur entre 1993 et 1995 et ancien de chez Thomson : mener une enquête sur l'avocat de nationalité américaine William Lee. Raymond Nart accepte, pensant que l'histoire met en cause une puissance étrangère, en l'occurrence la Chine. Lorsqu'il met au jour les dessous peu glorieux de la demande, il freine toutes les recherches. Il les interrompt complètement lorsqu'il comprend qu'il s'agit d'un règlement de comptes en bonne et due forme entre sociétés françaises : l'avocat a été recruté par un géant de l'armement français, Thomson, pour abattre un autre géant, Matra.

« Nous ne pouvions deviner à l'avance dans quel piège

nous étions en train de tomber », plaide-t-on à la DST. C'est d'ailleurs la version que Raymond Nart donnera à la gendarmerie quand elle l'interrogera sur ce sujet : la DST n'a fourni dans cette affaire aucun renseignement à personne, flairant le mauvais coup. Elle a conservé sous le coude ses renseignements sur l'agent Lee, dont personne ne savait vraiment s'il penchait du côté de la Chine, de Taïwan, des États-Unis, ou plus simplement s'il agissait pour son compte. Et dont Nicolas Bazire ignorait probablement tout, à moins qu'il n'ait cherché à apprendre ce que la DST savait sur le sujet.

« *Vous restez assis et vous réfléchissez* »

Le deuxième épisode des archives de feu Roger-Patrice Pelat s'inscrit lui aussi sous la rubrique « vaudeville ». Philippe Parant, un homme qui gagne à être connu, aussi raide que bon gestionnaire, est directeur de la DST. Depuis Matignon, par la bouche d'un conseiller d'Alain Juppé, Jean-Philippe Roulet, Philippe Parant reçoit l'ordre d'aller saisir des cartons de documents ayant appartenu à Christian Prouteau, l'ancien patron de la cellule élyséenne. Encore des cartons !

Philippe Parant, qui n'a pas la réputation de se laisser manipuler, n'hésite pas à envoyer son interlocuteur sur les roses, un de ces jeunes préfets dont il ne supporte pas de recevoir des ordres.

« Si demain je n'ai pas de résultat, j'en parle au Premier ministre ! » menace le préfet.

C'est Jacky Debain, l'ami et collègue, qui trouve la solution. Pour se tirer de là et éviter une opération de « basse police », il propose de mettre le parquet de Paris dans la confidence. Trois magistrats sont désignés pour accompagner la DST dès le lendemain jusqu'au fameux garage. Ce sont eux qui embarquent les cartons, dans lesquels il n'y a finalement rien de passionnant, hormis une liste des écoutes pratiquées au temps de la cellule élyséenne. Et s'il y avait eu des documents classés secret-défense ? La justice aurait aussitôt saisi la DST, qui avait pour une fois tout à gagner à se ranger sous sa bannière...

Le contre-espion a acquis dès ses premiers jours dans la police ces réflexes de prudence. Alors qu'il débutait dans la maison, un commissaire l'avait reçu et lui avait posé une question piège : « Monsieur, le téléphone sonne et quelqu'un vous annonce que vous avez cinq cadavres dans la rue. Que faites-vous ?

– J'y vais, évidemment, avait répondu le novice.

– Non, surtout pas ! Vous restez assis et vous réfléchissez avant de sortir. »

Au risque, en l'occurrence, de priver le gouvernement Juppé d'une arme secrète destinée à saper le moral de l'adversaire politique.

Le temps du renseignement

« Je n'irai pas jusqu'à dire que nous nous sommes souvent retrouvés pris au piège par des hommes politiques, et que certains nous ont trahis », dit Raymond Nart. De fait, cependant, le service a fait subir à plus d'un ministre sa culture du secret : lors des contacts avec les autorités, les responsables du service s'en tenaient strictement à l'ordre du jour. Et lorsqu'ils étaient contraints de donner à lire une note importante, ils se débrouillaient pour la reprendre aussitôt après, afin d'éviter les copies baladeuses.

Les exemples d'indiscrétion abondent. Pour les ministres, il ne s'agissait ni plus ni moins que d'informer le public, ou parfois d'utiliser une information confidentielle à des fins politiques.

On a même vu une officine liée à la droite (mais la gauche s'est également illustrée dans ce domaine) orchestrer une fuite au sujet de la pénétration soviétique dans les milieux politiques français, dans le but de nuire au directeur de la DST, dont certains entendaient se débarrasser. Fuite qui s'est forcément retournée contre le service, lequel n'avait effectivement pas consigné des noms à des fins publicitaires – n'ayant souvent même pas de preuve formelle, juste un fort soupçon.

« À propos de combien de fuites a-t-il fallu enquêter et se justifier, alors que chacun savait d'où elles provenaient ? » interroge Raymond Nart, qui se rappelle même avoir dû se justifier devant... l'auteur même de la fuite – « un grand moment » !

La fuite est toujours la principale inquiétude du contre-espion lorsqu'il transmet ses informations au pouvoir politique, à qui revient tout de même le privilège de nommer le directeur de la DST et de faire (ou défaire) les carrières de ses adjoints. Mais le malentendu avec les politiques ne se limite pas à l'usage qu'ils peuvent faire des informations, confidentielles ou pas. Il porte sur le fond du métier, selon cet ancien cadre du contre-espionnage :

« Dans un service comme la DST, s'agissant du contre-espionnage classique, il faut être capable de se projeter sur les vingt années à venir, bien au-delà du septennat ou du quinquennat dans lequel s'inscrit le mandat du président de la République. Le temps du renseignement n'est pas le temps des politiques : c'est pour cela que ça ne marche pas ! Pourtant, à condition qu'il fonctionne bien, un tel service peut être un outil de gouvernement. Les Anglais l'ont compris, même si leurs services ont été dans l'après-guerre archipénétrés par les Soviétiques. Les Américains savent aussi se servir de la CIA pour gouverner ; ils ont aussi compris l'intérêt économique qu'ils pouvaient en tirer. Ce n'est pas en France, où les services sont toujours restés les parents pauvres, que l'on verra un ancien du renseignement mettre un pied en politique[1] ! »

Quelques rares ministres échappent à la règle. C'est notamment le cas de Pierre Joxe en 1990, le jour de l'invasion du Koweït par les troupes de Saddam Hussein. En déplacement en Espagne, le ministre de l'Intérieur décide de rentrer d'urgence à Paris. Avant de partir, il fait appeler Raymond Nart pour lui demander de venir l'accueillir à l'aéroport de Villacoublay. Signe que l'homme politique accorde une importance certaine au renseignement en général et à la DST en particulier. Sur le chemin de la place Beauvau, le ministre et le sous-directeur commencent à évoquer les conséquences de l'événement sur la scène intérieure. Une fois sur place, préoccupé mais calme, Pierre Joxe demande à son conseiller diplomatique de les rejoindre ; le diplomate est peu disert, alors le ministre le bouscule : il veut une évaluation rapide.

« Les Irakiens présents sur le territoire ont été recensés, explique Raymond Nart au moment où son directeur rejoint cette réunion de crise. Le travail est en grande partie déjà fait. »

L'autre dossier Mitterrand

Dans la série « informations dérangeantes » qui arrivent sans qu'on les cherche, la DST a eu entre les mains une sorte de bombe : il s'agissait de rien de moins que du dossier militaire de François Mitterrand.

Durant quatorze années, à partir de son élection à la présidence, François Mitterrand avait purement et simplement escamoté ce dossier, le retirant de la circulation afin

---

1. À l'exception du préfet Yves Bonnet, député UDF de 1993 à 1997, exception qui confirme évidemment la règle.

que nul n'ait l'idée d'en exploiter le contenu. Jusqu'au jour où, après la mort du président, le directeur des Archives nationales le reçoit par la poste. Que faire de ce brûlot ? « Remettez-le au Service historique des armées », lui conseille-t-on.

Entre-temps, quelques lecteurs imprévus parviennent à en prendre connaissance. Et que découvrent-ils ? Une réalité assez éloignée de la légende que s'est forgée de son vivant le chef de l'État.

D'abord, contrairement à ce qui a été dit maintes fois, François Mitterrand ne se serait jamais évadé du stalag XC, à Cassel ; il aurait seulement tenté de s'en évader avant d'être repris. Une seconde fois, il a réussi à prendre la fuite avec la complicité d'un tailleur juif qui avait confectionné deux costumes taillés dans des toiles de tente. Les deux hommes avaient longuement étudié une carte accrochée derrière une chaudière du camp. Ils avaient emporté des réserves de nourriture, la plus compacte possible, notamment du chocolat. Durant trois semaines, ils avaient traversé à pied l'Allemagne enneigée. Juste avant de passer en Suisse, ils avaient commis l'erreur de passer dans un village à l'heure de la sortie de la messe. Et s'étaient fait reprendre.

François Mitterrand avait toujours évoqué deux tentatives d'évasion et une évasion réussie. À en croire les éléments consignés dans ce dossier, aucune n'avait réussi. Il n'était en effet pas rentré en France par lui-même, affirmaient les sources militaires. Il avait été rapatrié.

Curieusement, ledit dossier était caviardé (au Tipp-Ex) en plusieurs endroits. Y figuraient cependant plusieurs notes rédigées pour reconstituer la carrière militaire de François Mitterrand, ce à quoi l'armée s'était toujours opposée. « Il est notoire que François Mitterrand a été un très grand résistant, écrivait notamment, non sans une certaine dose d'hypocrisie, l'un des scribes de l'armée. Néanmoins, poursuivait-il, il ne paraît pas opportun de lui donner satisfaction quant au versement d'une pension militaire. »

Plusieurs tentatives avaient ainsi échoué. Jusqu'au jour où un général, alors gouverneur militaire de Paris, avait décidé, à la fin des années 70 de voler au secours du recalé : François Mitterrand fut enfin reconnu comme officier de réserve, mais l'armée traîna les pieds une fois encore, se dérobant au dernier moment.

Que faire de ces informations ? La DST pouvait au moins se targuer d'exercer le métier d'historien.

Les contrôlés

La mode est au contrôle des « services » par les politiques, qui semblent craindre leurs propres centrales de renseignement. C'est le cas en France, mais plus encore dans les pays anglo-saxons, où aucune enquête ne peut être ouverte sans l'aval du pouvoir politique. Comparativement, la DST a toujours disposé d'une certaine marge de manœuvre.

« Nous étions libres d'enquêter sur qui nous voulions, admet un ancien sous-directeur. La seule limite à ne pas franchir, c'était de mettre un journaliste ou un avocat sur écoutes. »

Petit tabou, grande liberté : aux États-Unis, enquêter sur un citoyen américain relevait à la même époque du parcours du combattant. Les dérives du légalisme américain ont eu pour inconvénient de multiplier les sociétés privées d'enquête et de sécurité, note-t-on avec inquiétude à la DST. Celles-ci ont aussi fait leur apparition dans le paysage français, mais la commission de contrôle des écoutes téléphoniques, perçue comme la conscience morale nationale, est accusée rue Nélaton d'ignorer délibérément les écoutes sauvages des « privés », laissant ces officines libres de tout contrôle !

L'ancien directeur de la DST Rémy Pautrat défend la création d'une commission parlementaire permanente du renseignement, à l'instar de celles qui existent dans la plupart des grandes démocraties. « Le renseignement a besoin de son jardin secret, dit-il, mais il ne doit plus être un monde clos. » Mais, pour la grande majorité des membres de la DST, si la mission du service de contre-espionnage est parfaitement cadrée et si les responsables du service connaissent bien leur métier, le contrôle politique par une nouvelle superstructure n'a pas lieu d'être. Il existe déjà et devrait se fixer pour principal objectif de faciliter le travail de la DST, ajoute-t-on rue Nélaton.

« Sinon, le risque est grand de se retrouver avec un outil inefficient, prévient l'un d'eux. Tout est question de confiance. Les politiques français ont rarement accordé leur confiance aux services de renseignement. Ils vivent dans la hantise de la conspiration et du "coup tordu", atteints du fameux syndrome des Carbonari. Une incompréhension qui repose sur un malentendu historique dans la mesure où la plupart des coups tordus auxquels le service a été mêlé sont nés du désir de ces mêmes politiques. »

Tous admettent cependant la fragilité de l'édifice : « Il suffit de très peu pour que le service dérape s'il est placé entre les mains d'un directeur trop marqué », dit un ancien cadre de la maison. De quoi renvoyer les politiques à leurs propres choix, puisque ce sont eux qui nomment les directeurs. Des politiques que l'on verrait bien également se prononcer davantage sur le fond : ces missions dont la DST s'autosaisit faute de directives précises sur les zones à investir autant que sur les contacts à approfondir.

« On veut bien que la DST soit contrôlée, mais avec

intelligence ! poursuit notre interlocuteur. D'ailleurs, elle l'est effectivement, car en France tout finit toujours par se savoir. N'a-t-elle pas déjà au-dessus d'elle le pouvoir politique, sa propre hiérarchie, la justice, les finances, la Commission sur les interceptions de sécurité, la Commission informatique et libertés et la Commission sur le secret-défense ? »

L'ancien directeur Yves Bonnet propose une solution radicale : « Je trouve un peu désuet de voir la DST considérée comme l'une des multiples directions de la police, dit-il. Elle devrait à mon sens être placée sous le contrôle direct de l'Élysée. Cela résoudrait, entre autres, les difficultés qu'elle éprouve dans ses relations avec le monde politique. »

Il y a fort à parier que le service, sous le contrôle direct du chef de l'exécutif, changerait alors profondément de nature. Une évolution que n'approuverait aucun ancien cadre du contre-espionnage, sans même parler du ministre de l'Intérieur, quel qu'il soit... À commencer par Nicolas Sarkozy (UMP), parfaitement à l'aise avec la configuration actuelle. « Le Parlement contrôle le ministre de l'Intérieur, et c'est déjà bien », dit-il lorsque l'on évoque un contrôle parlementaire renforcé[1]. Ce qui ne l'empêche pas de pousser le directeur de la DST à sortir de l'ombre. « Un État sans visage n'a pas d'humanité, assène le ministre de l'Intérieur du gouvernement Raffarin. La DST n'est pas un cabinet noir. Nous avons longtemps été victimes, en France, d'une forme de pudibonderie, de pensée unique, selon laquelle le renseignement était sulfureux. Le renseignement de basse police, qui avilie celui qui le fait et celui qui le reçoit, n'est plus d'actualité. Le vrai renseignement, sur le terrorisme ou la grande criminalité, lui, est vital. » Pierre de Bousquet de Florian, nommé directeur de la DST par Jacques Chirac, dont il fut l'un des conseillers techniques en 1995, abonde

---

1. Entretien du 24 juin 2003.

dans le même sens. Jacques Chirac, explique-t-il, échaudé par ce qu'il considère comme une immixtion anormale des services de renseignements dans la dernière campagne présidentielle, DGSE et DST confondus, « a souhaité mettre le pays au-dessus de ça ».

9.

Les espions diplomates

Pister les menaces hors des frontières

Être en contact avec l'adversaire : telle est la règle qui a conduit la DST, dans une ambiance résolument mondialisée, à nouer des contacts avec les ressortissants de très nombreux pays. Statutairement, le service aurait dû rester cantonné dans les frontières de l'Hexagone. Dans les faits, pour des raisons évidentes, ses activités intérieures ont systématiquement débordé à l'étranger. Elles se sont prolongées vers Moscou et dans tous les pays de l'ex-bloc communiste, mais aussi, après la chute du mur, partout où a été identifié un foyer du terrorisme international. Sans oublier l'Afrique noire, la fameuse « Françafrique » – ces liens consanguins et parfois sulfureux qui lient les milieux d'affaires français et africains, entreprises publiques et présidents noirs, souvent sur fond de corruption.

Pour les enquêteurs de la DST, Paris est une plate-forme idéale où croisent des personnes venues du monde entier. Un véritable vivier d'agents dans lequel il n'y a eu qu'à puiser. Au risque, évidemment, de marcher quelquefois sur les plates-bandes de la maison rivale, la Direction générale de la sécurité extérieure (DGSE), vouée à l'espionnage et dépendant historiquement du ministère de la Défense.

Pourquoi deux maisons sur un même créneau ? Les ennuis du capitaine Dreyfus, à la fin du XIXᵉ siècle, ont légitimé la présence d'un service civil face à la toute-puissance de l'armée. Toutes les Républiques ont conforté ce contre-pouvoir depuis novembre 1944, date officielle de la création d'un service de contre-espionnage – une loi avait été votée en ce sens en 1939, mais elle était restée lettre morte.

L'antagonisme entre civils et militaires a connu une forme de paroxysme durant la guerre d'Algérie. Les militaires se sont plutôt engagés en faveur du maintien de la France dans la colonie, en participant à l'occasion aux activités clandestines de l'OAS (Organisation de l'armée secrète) ; la DST s'en est tenue à une relative neutralité qui coûta tout de même la vie à l'inspecteur Ernest Bellair, assassiné par l'OAS le 2 juin 1962.

« Il y a peu de temps que nous avons commencé à sortir des bagarres de la Seconde Guerre mondiale, des querelles et des rancunes de la Résistance », analyse Michel Lacarière, passé de la DST à la DGSE avec escale aux RG. « Les strates héritées du temps où la France avait trois capitales, Londres, Alger et Vichy, ont chacune essayé de survivre, confirme l'ancien directeur de la DST, Marcel Chalet. Elles se sont affrontées au lieu de communiquer. »

Les attributions respectives ont été de nouveau inscrites dans la loi par François Mitterrand le 11 décembre 1982, le nouveau texte autorisant clairement la DST à entretenir ses propres contacts au sein de toutes les ambassades importantes. Une forme de diplomatie parallèle s'est alors développée, n'attendant d'ordres ni de bénédiction de personne pour se mettre en action – surtout pas du Quai d'Orsay. Des contacts se sont noués naturellement, au gré des facilités linguistiques des uns et des autres, des compatibilités d'humeur, des hasards aussi, souvent au plus grand bénéfice des démocraties, notamment en matière de terrorisme.

Les militaires de la DGSE procédaient autrement : eux plaçaient depuis toujours des hommes dans les ambassades de France à l'étranger, où leur présence a souvent manqué de discrétion ; tout le personnel de l'ambassade connaissait en général la véritable mission du collègue espion, les diplomates, dit-on à la DGSE, se faisant un plaisir de « percer leur couverture ». Dans la plupart des pays « sensibles », ce militaire était repéré par les autorités locales. Il ne faisait pas deux pas dehors sans être suivi par deux ou trois véhicules, certain par ailleurs que son téléphone était écouté. Il lui fallait ensuite naviguer péniblement entre les provocations et gérer une série de difficultés souvent accentuées par le fait qu'il ne parlait pas toujours couramment la langue du pays. C'était arrivé au moins une fois, et pas dans n'importe quel pays : l'homme de la DGSE présent à Moscou en pleine affaire « Farewell » parlait à peine le russe !

Les éventuelles lacunes de la concurrence ne justifiaient cependant pas à elles seules l'esprit de conquête qui animait la DST.

« Un service de contre-espionnage enfermé dans ses frontières est, dans le monde actuel, un service sans envergure et inefficient, plaide un responsable actuel. Pour assurer la sécurité intérieure dont elle est officiellement chargée, la DST doit se pencher sur toutes les racines des menaces ; celles-ci se trouvent souvent à l'extérieur du territoire, en particulier dans le domaine du terrorisme. La menace, on le voit aujourd'hui, vient de tous les coins. »

La DST à Pékin

Comment a-t-on approché des services secrets chinois réputés si peu abordables ? Ils récoltaient des fonds en se livrant à des activités commerciales sur le territoire français ; la DST a utilisé ce prétexte pour nouer des liens.

Elle a laissé carte blanche à un fonctionnaire d'origine chinoise qui a mis sa proximité culturelle au service du contre-espionnage. Le contact établi, une délégation a effectué un premier déplacement en Chine en 1984. Une visite sans précédent, organisée grâce aux contacts personnels que le fonctionnaire avait eus avec un général chinois, attaché militaire auprès de son ambassade à Paris.

C'est au cours de ce voyage qu'est planifiée la venue historique à Paris du patron des services secrets chinois, visite à laquelle Pierre Joxe, ministre de l'Intérieur, a donné son aval.

Le Chinois n'est cependant pas reçu en grande pompe en France. Pas de rendez-vous ministériel sur son agenda, juste une rencontre avec un vague directeur de cabinet. Mais, symboliquement, le pas est franchi. Et c'est un véritable échange qui s'instaure peu à peu entre les gens de la DST et leurs homologues chinois. L'information circule dans les deux sens. Les Français épargnent à leurs interlocuteurs quelques graves erreurs d'appréciation dans la lecture de ce qui se passe en Europe. « À l'inverse, les Chinois nous fournissent des clefs pour comprendre les événements qui se déroulent en Chine », dit-on à la DST. Les discussions portent sur tout ce qui fait l'actualité de la communauté du renseignement. Français et Chinois parlent bien sûr de terrorisme, de l'Union soviétique, mais aussi des Japonais, dont les Chinois connaissent mieux que quiconque les services secrets et leur fonctionnement.

Nouvelle mission de la DST à Pékin en 1986. Loin des discours officiels et des grandes théories, la scène la plus instructive que la petite délégation enregistre au cours de ce voyage se déroule dans une soierie que les fonctionnaires français sont invités à visiter. La visite commence par un petit discours dans une salle de conférence particulièrement austère. Puis la délégation chemine le long d'un couloir avant de parvenir devant les portes d'un énorme ascenseur.

Le liftier, qui a fort bien compris qu'il avait affaire à des hôtes étrangers accompagnés par des représentants des services chinois, lance une annonce à la cantonade :

« L'ascenseur ne marche pas, vous devez prendre les escaliers ! »

Alors que les Français gravissent les marches, convaincus que le mauvais entretien est à l'origine de ce contretemps, l'un des deux interprètes se rapproche de Raymond Nart et lui dit :

« Monsieur, ce n'est pas vrai, l'ascenseur n'est pas détraqué. Il fonctionne très bien. »

Le Français vient de retrouver à Pékin cette fameuse résistance passive, sport national dans les pays de l'Est avant l'effondrement du mur de Berlin. Ce geste de mauvaise volonté du liftier est en fait un signe destiné au moins autant aux gens des services chinois qu'aux visiteurs étrangers qu'ils accompagnent. Une manière aussi de faire savoir que le système communiste chinois ne fait pas plier tous les hommes.

Une seconde démonstration de résistance passive se produit quelques jours plus tard durant ce même voyage. Alors que la délégation file à plus de 140 km/h, sur l'autoroute, vers la Grande Muraille de Chine, à bord de Mercedes officielles dotées de gyrophares et de vitres teintées, le convoi ralentit brusquement, puis s'immobilise. Un triporteur roule au milieu des voies. Sommé de se ranger sur le bas-côté, son conducteur ne bouge pas d'un centimètre. Pas plus lorsque les deux Mercedes le prennent quasiment en étau à 100 km/h...

Mineur, l'incident n'en est pas moins révélateur de l'état d'esprit de la population. Assez instructif, en tout cas, aux yeux de la délégation française, qui a peu l'occasion d'approcher les Chinois et de discuter librement avec eux. Mission accomplie, donc, pour l'homme au triporteur récalcitrant !

L'objectif principal du voyage, du côté français, n'est cependant pas de pondre un rapport circonstancié sur l'ambiance qui règne dans le pays. L'idée est de convaincre les services secrets chinois que leurs dissidents réfugiés en France – environ deux cents à cette époque – sont entre de bonnes mains, « sous contrôle ». Qu'ils n'ont pas à s'inquiéter, encore moins à monter de périlleuses opérations pour venir les éliminer physiquement sur le sol français, ce qui était pour eux dans l'ordre du possible. Les Chinois n'ont-ils pas clairement formulé leur intention de faire sauter le navire chargé de matériel radio destiné à inonder le pays de propagande anticommuniste, qui fait alors route vers leurs côtes ?

« Ne vous inquiétez pas, nous nous occupons de vos dissidents, nous les surveillons », répètent les Français, chaque fois que l'occasion s'en présente. Ce qui n'est pas totalement faux, puisque la DST s'est à plusieurs reprises rapprochée de ces réfugiés politiques pour leur suggérer de modérer leur discours. En ce qui concerne le navire émetteur, la DST promet également d'intervenir, mais elle n'aura pas à le faire : le bateau stoppera sa course vers la Chine sans que personne n'intervienne, pour des raisons plus financières que politiques.

La danseuse chinoise était un danseur

Les liens tissés avec les Chinois ne peuvent cependant enrayer le mouvement de planification à la mode pékinoise. Ainsi Raymond Nart a-t-il bientôt des nouvelles inattendues et peu amicales de ses nouveaux « amis ».

L'information avait été diffusée à tous les services secrets alliés : un agent des services chinois évoluait au sein d'une ambassade occidentale. Et ce traître avait toutes les chances d'être français, à en croire diverses écoutes téléphoniques pratiquées par les services occidentaux à Pékin.

Comme à son habitude, la DST évite d'ébruiter l'affaire. Le personnel évoluant dans la sphère géographique sino-asiatique est en revanche discrètement passé au crible. Et l'aiguille s'arrête sur un homme au profil peu ordinaire. Ce n'est pas seulement son homosexualité présumée qui retient l'attention. Le personnage, agent consulaire de son état, est classé parmi les « bizarreries » du Quai. Pendant six mois de l'année, l'été, il est en poste auprès de l'ambassadeur de France à Oulan-Bator, capitale de la Mongolie ; l'hiver, il prend ses quartiers à Pékin. En poste depuis très longtemps dans la région, il a eu au moins une fois maille à partir avec son administration.

Décision est prise d'attendre la prochaine venue en France de ce garçon, un certain Bernard Boursicot, dont on sait qu'il doit incessamment rendre visite à ses parents.

Lorsqu'il débarque à l'aéroport, l'agent consulaire n'est pas seul. Il est accompagné d'une personne se prétendant de sexe féminin, appelée Shi Peï Pu, et du fils qu'il aurait eu d'elle, Shi Du Du, âgé de 12 ans.

Les trois voyageurs sont cueillis un peu plus tard dans un appartement situé boulevard de l'Hôpital, à Paris, et conduits sans tarder à la DST.

Boursicot est remis pour interrogatoire entre les mains d'un trio d'inspecteurs ; Raymond Nart prend en charge la « femme », non sans douter fortement de son appartenance à la gent féminine, malgré ses mains graciles, son visage imberbe et cet enfant qu'elle présente comme le sien.

« Quels sont exactement les motifs de votre déplacement à Paris ? interroge un policier.

— Mais je suis en vacances ! proteste Shi Peï Pu avec véhémence.

— Quelle profession exercez-vous exactement ?

– Je suis danseuse à l'Opéra de Pékin », répond-elle dans un français teinté de chinois.

L'interrogateur est partagé entre la stupeur et l'éclat de rire, ne sachant pas très bien encore, lui, sur quel pied danser.

Dans une pièce voisine, Boursicot campe sur sa vérité sans vouloir en démordre : Shi Peï Pu est bien son épouse et la mère de son enfant.

« Affabulation notoire », ne peut s'empêcher de penser Raymond Nart.

Boursicot est nettement plus bavard (et plein de verve) pour conter les multiples turpitudes du personnel de l'ambassade de France à Pékin. Ses collègues, à l'entendre, perdent assez facilement la raison, mais pas seulement. Untel a été vu traversant une réception vêtu de sa seule immunité diplomatique. Untel a égaré un jour les clefs de l'ambassade. Untel a oublié sa sacoche dans une foire à Hongkong. Tel autre, enfin, s'est vu subtiliser son portefeuille. Tout cela dans la plus parfaite ignorance des règles de sécurité apprises à l'école du ministère des Affaires étrangères.

« Et vous, alors ? » tente l'un des inspecteurs, soucieux de recentrer la conversation et conscient de mener l'un des interrogatoires les plus distrayants de sa carrière.

C'est en 1973, en pleine Révolution culturelle, que Boursicot a rencontré Shi Peï Pu.

« Et l'enfant ? relance le policier.

– Il ressemble à sa mère, vous ne trouvez pas ? glisse l'agent consulaire.

– Si vous continuez sur cette voie, nous les remettons dans l'avion de Pékin », ose un inspecteur.

Esprit pervers, mais homme sensé, Boursicot recule de trois pas : cet enfant n'est sans doute pas de lui.

Mais encore ?

Les Chinois lui ont fait croire qu'il était le père. Ils ont même simulé un accouchement pour l'en persuader. Puis ils lui ont mis le marché en main : ce qu'il avait fait, coucher avec une Chinoise, était extrêmement grave. S'il voulait s'en sortir indemne, il devait collaborer avec les services de renseignement. Il avait alors accepté de leur transmettre un double des télégrammes de l'ambassade de France en témoignage de sa bonne volonté. À partir de là, tous les quinze jours, un homme était venu à vélo chercher son paquet de télégrammes dans un lieu convenu à l'avance.

Ce petit trafic aux conséquences incalculables avait duré près de dix ans.

Boursicot était-il vraiment convaincu que Shi Peï Pu, sa compagne, était une femme ?

« Je n'avais pas connu d'autre femme auparavant », lâche curieusement l'agent consulaire.

Devant Raymond Nart, sa compagne se montre moins loquace. Le policier décide de faire venir SOS Médecins pour pousser plus avant l'expertise.

« Vous me dites simplement si c'est un homme ou une femme », indique-t-il au docteur, profitant de cette pause pour rejoindre un Boursicot grand collectionneur d'insignes de l'Armée rouge.

Le médecin achève la consultation avec une morsure et pas de réponse à la question posée.

Les aveux de l'agent consulaire suffisent cependant à déférer le couple devant la justice.

C'est dans le bureau du juge d'instruction que la vérité surgit, quelques jours plus tard, de la façon la plus naturelle qui soit. Alors que Shi Peï Pu demande à aller aux toilettes, un gendarme l'accompagne, attaché à elle par les menottes. C'est alors que le militaire découvre le secret bien gardé de la « Chinoise » : c'est debout, et non assise, qu'elle satisfait son besoin.

Le juge chargé de l'affaire, Bernard Laroche, assez excité par la tournure des événements, appelle derechef la DST pour annoncer la nouvelle : le phénomène Shi Peï Pu a entre les jambes tous les attributs masculins, s'exclame-t-il. Et de rire à gorge déployée. Comment ce personnage a-t-il pu mystifier aussi longtemps l'agent consulaire et ridiculiser au passage la DST ? L'explication renvoie les enquêteurs français aux secrets de l'érotisme chinois : avec un peu de pratique, le mâle peut parfaitement faire disparaître son sexe.

Comment l'opération avait-elle pris corps ? « Les Chinois planifient des opérations sur vingt ans, explique Raymond Nart, instruit sur cette question par ses amis américains. Nous avions sous les yeux un exemple concret. Les services chinois avaient d'abord recruté un danseur de l'Opéra, ce qui n'avait pas dû présenter de difficultés majeures. Puis ils avaient repéré l'agent consulaire français, ce qui n'avait pas non plus été très difficile : Boursicot, qui présentait l'avantage de parler le chinois, était un aventurier assez lettré qui ne reculerait certainement pas devant le "contact" avec une danseuse de l'Opéra de Pékin. Et le piège s'était refermé sur lui. »

Les chiffres sacrés de Mao Zedong

L'agent consulaire français bientôt condamné par la justice à douze ans de prison, Raymond Nart méditait sur l'opiniâtreté et la perversité des services secrets chinois, dont il était encore loin de connaître tous les ressorts cachés.

« Ce sont des services tentaculaires et très performants, mais personne ne les contrôle vraiment », dit-il.

De ses voyages sur place, il avait en effet retenu cette idée que la Chine était un pays assez peu dirigé dans lequel les apparatchiks successifs n'avaient en fait que bien peu de prise sur les événements.

Un jour, un représentant de ces services l'avait ainsi accompagné à l'aéroport de Pékin. L'avion accusant du retard, les deux hommes avaient engagé une conversation moins officielle.

« Dans les services, on peut s'attendre à tout, lui avait confié son interlocuteur. Demain, il peut y avoir une révolution et l'on finira la tête coupée ! » Parfaitement détendu, l'homme s'était encore relâché : « Heureusement que nous n'avons pas de terrorisme, Dieu nous préserve ! » avait-il conclu en faisant le signe de croix à l'envers, à la manière des orthodoxes...

Lors du second déplacement de Raymond Nart, un haut responsable des services chinois s'exprimant en français, langue qu'il avait apprise chez les jésuites de l'université Aurore, à Shanghai, était allé encore plus loin dans la critique du système :

« Le Parti communiste chinois sert exclusivement à collecter les impôts, et à rien d'autre », avait-il expliqué au Français médusé, avant de se lancer dans une tirade sur la corruption généralisée.

Ainsi allaient les discussions entre espions et contre-espions, loin, très loin du langage châtié cher aux diplomates.

D'un voyage à l'autre, l'interlocuteur privilégié des Français disparaissait parfois de la circulation sans qu'on leur fournît la moindre explication. Soit le fonctionnaire chinois avait été muté d'office pour de bonnes ou de mauvaises raisons, soit il avait pris sa retraite. Mais la règle veut que l'on ne demande jamais de nouvelles d'un agent.

Pas aussi déférents qu'on le prétendait à l'extérieur, les Chinois qu'il rencontrait disaient rarement du bien du « Petit Père des peuples ». De Mao Zedong, un responsable des services secrets chinois avait confié à Raymond Nart qu'il était un « psychopathe », un « fou furieux ». Un autre lui avait aimablement fourni la clef d'une énigme qui avait longtemps tarabusté les services occidentaux : la raison pour laquelle Mao avait donné au régiment de sa garde personnelle le numéro 8341.

Le mystère avait pris corps en 1949, peu après la prise du pouvoir par Mao. Le nouvel homme fort du pays se trouvait avec des amis sur la colline parfumée, près de Pékin, lorsqu'il demande à rendre visite au vieux bonze qui résidait là. Il interpella le bonze en ces termes :

« Quel sera mon destin ? Dis-moi mon avenir ! »

Devant le bonze, plantés dans le sable, étaient disposés des morceaux de bambou de taille identique.

« Prends-en quatre, dit le bonze.

Mao obtempéra.

Au bout de chaque tige était inscrit un chiffre.

« Tu as tiré la meilleure chance, en tous cas elle est inégalée à ce jour ! proclama le bonze en découvrant les quatre chiffres : 8, 3, 4 et 1.

« Dis-moi pourquoi ! ordonna Mao qui voulait une explication. Mais le bonze resta silencieux.

Superstitieux, Mao décida plus tard d'attribuer les quatre chiffres au régiment de sa garde. Ceux qui étaient dans le secret, ajouta le confident, avaient été pris d'un certain effroi lorsque le Grand Timonier avait rendu l'âme, le 9 septembre 1976 à 0 h 10, à l'âge de 83 ans, après 41 ans d'un pouvoir sans partage. Légende ? Pour le contre-espion, cette anecdote valait son pesant d'or.

La DST s'était retrouvée une nouvelle fois face à ses interlocuteurs chinois après le bain de sang de la place Tiananmen, qui avait fait pas loin de 500 morts. Ils lui avaient expliqué que ce massacre était un « moindre mal » après la mort des soldats de l'armée chinoise grillés vifs dans leurs camions par les manifestants. Pour venir à bout de la poignée d'insurgés, on avait en effet fait venir à Pékin des unités stationnées dans le nord de la Mongolie. Mal formés au combat de rue, arrivés à Pékin après quinze jours de route, ces militaires avaient vu les étudiants les encercler, déboucher les réservoirs d'essence de leurs véhicules et y mettre le feu. C'est à ce moment que l'ordre avait été donné de dégager la place par les armes.

Pour appuyer leurs affirmations, les Chinois avaient même fait l'effort de montrer un document vidéo à leurs hôtes français, qui avaient pu voir les camions en feu. La DST n'avait cependant pas voulu se faire le porte-parole de la réprobation internationale. Ce n'était pas son métier. Raymond Nart songea simplement, ce jour-là, qu'il était nettement plus à l'aise avec les Soviétiques et leur KGB qu'avec les Chinois et leurs chinoiseries inquiétantes, voire criminelles. Aucun de ses interlocuteurs ne s'était d'ailleurs aventuré à évoquer avec lui l'affaire de l'agent consulaire et de sa danseuse, et il avait dû composer avec ces lourds silences. La foule chinoise ne l'inspirait pas non plus : cette marée humaine dans laquelle il fallait gagner du terrain en écartant les autres le mettait mal à l'aise. Il s'était certainement mieux senti au milieu des foules arabes, notamment en Algérie.

Et dire qu'il n'avait même pas su dire s'il avait en face de lui un homme ou une femme...

Dîner avec le diable

Après les Chinois, et suivant les mêmes principes, la DST s'est rapprochée des services secrets sud-coréens. Elle s'est notamment appuyée sur un journaliste français, spécialiste des questions militaires, qui « pigeait » parfois pour eux ; démasqué par la DST, il avait accepté de présenter son agent traitant en France. François de Grossouvre, l'un des gardiens du temple de la Mitterrandie, aurait pu plus tard apporter lui aussi son concours. Mais avant d'ouvrir son carnet d'adresses en Corée, rempli du temps qu'il commerçait avec ce pays, on peut parier qu'il aurait demandé la Légion d'honneur. Un détail, au regard des contacts (et des contrats) apportés.

Aussi surprenants auraient été, aux yeux des responsables du Quai d'Orsay, s'ils en avaient eu vent, la décision prise par le directeur de la DST, Yves Bonnet, de nouer un contact avec les services secrets iraniens au temps du chiisme triomphant (ce que fera bien plus tard le gouvernement de Jacques Chirac).

L'ambassade de Téhéran à Paris n'est pas encore cernée par des forces de l'ordre soucieuses d'en déloger l'un des coordinateurs présumés de la vague d'attentats qui, en 1986, mettra la capitale française à feu et à sang. Mais il n'y a sans doute pas pire ennemi officiel de la France que l'Iran. Le directeur souhaitait envoyer un émissaire au contact du diable.

« Si les responsables du contre-espionnage passent leur temps à dîner en ville avec leurs homologues anglais, allemands ou américains, ils ne servent pas à grand-chose, dit-on à la DST. Pour progresser en termes de renseignement, il faut à tout prix sortir des correspondants officiels et des allées stratégiques habituelles. Il faut quelquefois dîner avec le diable ! »

C'est notamment sur ce point que divergent grandement le métier de diplomate et celui de contre-espion. Le premier peut difficilement se départir de son costume de représentant des autorités françaises ; le second ne représente rien et peut se permettre d'entrer en contact avec les chefs des mouvements les plus extrémistes, par exemple avec ceux du Hamas, la tendance islamiste palestinienne, sans troubler le jeu diplomatique officiel. C'est une règle que les responsables politiques français n'ont que rarement remise en cause. Personne n'est jamais venu demander à la DST ce qu'elle faisait à Moscou ou en Algérie !

L'un des rares rappels à l'ordre dont se souviennent les

anciens de la DST s'est produit à la suite de contacts noués par le service en Arabie saoudite avec un prince influent. Cette liaison directe gênait vraisemblablement des discussions en cours menées par des émissaires officieux chargés de conclure un contrat d'armement truffé de clauses secrètes et de commissions occultes. L'envoyé de la DST à Ryad risquait de troubler ce jeu peu transparent et fut donc invité à cesser tout contact avec son prince jusqu'à nouvel ordre.

Cet incident plus « commercial » que politique n'a pas influé sur les ardeurs « diplomatiques » de la DST. Ni freiné ses contacts « à la marge », pour lesquels plaide sans fard un ancien du service : « Le métier du contre-espionnage s'exerce souvent à contresens. Le sens interdit est pour nous le sens obligatoire, sauf à accepter d'être réduits à l'impuissance. »

Visite à l'Élysée

Raymond Nart n'avait pas attendu les Chinois pour se familiariser avec les méthodes expéditives des pays totalitaires et des dictatures. Un ancien président latino-américain, qu'il fréquentait régulièrement, lui avait raconté comment le chef de la police de son pays était un jour venu le trouver pour lui signaler une révolte de prisonniers.

« C'est grave ? avait demandé le président.

– Plutôt, oui, avait répondu le policier.

– Vous me réglez ça ! » avait lancé sans plus de précisions le chef de l'exécutif.

Le soir, le même policier était revenu.

« Le problème est réglé, monsieur le président », avait-il fièrement annoncé.

On n'aurait pu imaginer manière plus radicale : tous les

détenus avaient été massacrés, ainsi qu'une bonne partie de leurs geôliers.

Que faisait un sous-directeur du contre-espionnage français auprès d'un haut dirigeant sud-américain ? La première rencontre s'était produite alors que l'homme faisait l'objet d'une menace d'attentat. Raymond Nart l'avait revu une dizaine de fois, notamment à l'occasion d'une prise d'otages impliquant un ressortissant de son pays installé en France.

« Ce responsable politique latino-américain n'est pas un tueur, encore moins un politicard de basse espèce, se défend Raymond Nart. Il voulait que l'on comprenne le retard des populations andines et les difficultés que la classe politique rencontrait pour faire évoluer un pays aussi dissymétrique, avec une classe possédante très réduite et des gens vivant encore à l'âge de pierre. Il nous a aussi longuement raconté comment il était parvenu à éradiquer le terrorisme du Sentier lumineux, dont les membres avaient pour habitude de pendre les chiens dans les villages avant d'embrigader les paysans. »

Hormis quelques incursions au Venezuela, la connaissance que la DST avait de l'Amérique latine se limitait à peu près à cette amitié. Le patron des services secrets argentins a certes été reçu une fois à Paris, où il a semblé étonnamment prospère aux yeux de ses homologues français, mais les exilés latino-américains présents dans l'Hexagone n'ont jamais été aussi encadrés, par exemple, que les opposants africains.

Seule préoccupation récurrente dans cette partie du monde : Cuba. La DST a toujours subodoré que le régime de Fidel Castro disposait en France de nombreux relais, voire carrément d'agents patentés. Quelques intellectuels ont inquiété les fonctionnaires du contre-espionnage. L'intellectuel et écrivain français Régis Debray avait, dit-on, bien malgré lui conduit les militaires boliviens à découvrir la cache du guérillero Che Guevara, contraint par son asthme et le lâchage du Parti communiste à un immobilisme fatal en pleine jungle bolivienne. Depuis lors, la DST suivait ses contacts avec les dirigeants castristes. Jusqu'au jour où Yves Bonnet, directeur du contre-espionnage, décida de le faire mettre en garde par une discrète visite à l'Élysée, où il était au début des années 80 l'un des plus influents conseillers de François Mitterrand. La mission du visiteur : expliquer à Régis Debray que les Cubains pourraient être tentés de l'utiliser à ses dépens, maintenant qu'il avait peut-être accès à des informations confidentielles.

Pourquoi prendre le risque de l'alerter personnellement ? À cause de l'intérêt manifeste que lui portait l'ambassade cubaine à Paris, qui entretenait des contacts réguliers avec lui, sans se cacher le moins du monde. Surpris qu'on lui accorde si facilement rendez-vous à l'Élysée, l'envoyé spécial de la DST le fut également par l'attitude on ne peut plus courtoise de son hôte. Debray l'écouta poliment, probablement intrigué par le zèle du contre-espionnage, et cette rencontre demeura sans suites.

Envoyé spécial au Togo

Raymond Nart reçoit un jour l'ordre de se rendre à Lomé en compagnie d'un autre sous-directeur pour y rencontrer le général Eyadema. Le président à vie du Togo cause du tracas au Premier ministre Jacques Chirac et à Michel Aurillac, son ministre de la Coopération. Incapables d'arranger l'affaire par la voie diplomatique normale, les autorités ont décidé d'envoyer en *missi dominici* les deux sous-directeur de la DST, sans leur donner de consigne très précise.

Lorsqu'ils arrivent sur place, ils sont d'abord reçus par le ministre de l'Intérieur togolais, vert de peur et ne sachant pas ce que venaient faire ces Français en attente d'une audience présidentielle. Tous leurs interlocuteurs sont plein de déférence pour leurs visiteurs français, tout autant intrigués que leurs hôtes par ce déplacement. Le Sofitel de Lomé, lui, est désespérément vide depuis le sommet franco-africain pour lequel il avait été construit.

Au deuxième jour, Raymond Nart et son collègue franchissent la porte en bronze doré qui mène au bureau d'Eyadema. Récit :

« Je l'ai vu, avec ses 130 kilos, taillé comme un boxeur, surgir derrière son immense bureau en marbre blanc, un vrai dolmen. J'ai pris place sur l'un des sièges réservés aux visiteurs, malicieusement placé de telle manière qu'il était impossible de faire face au président, à qui l'on présentait son profil. Il a aussitôt sorti d'un tiroir une vieille carte Michelin passablement usagée, avant de passer aux explications :

« "Le Togo, vous le voyez, est un pays tout en longueur, nous dit-il. Je suis envahi par des intrus venus du Ghana voisin. Il y a déjà eu des morts. Je peux vous les montrer, si vous le souhaitez, ils sont au frigidaire ! Je veux une barrière entre ce pays et le mien ; une ligne Maginot, vous comprenez ?"

« On le questionne sur le relief ; il suggère de me montrer directement les lieux, souhaitant clairement que la France prenne en charge la protection physique de son pays. À un moment, il sonne, et voilà qu'un homme se presse pour nous offrir un invraisemblable choix d'alcools sur un plateau qu'il tient à bout de bras. »

Le déplacement devait ne durer que trois ou quatre jours. les deux sous-directeurs se retrouvent en train de patrouiller à la frontière togolaise avec le chef de cabinet du président. Il leur faut aussi accomplir le parcours du touriste en compagnie du représentant sur place du ministère de l'Intérieur français, parcours qui passe obligatoirement par le marché. L'épouse du coopérant leur propose ensuite la rencontre avec un féticheur, dont Lomé regorge. Et voilà Raymond Nart dans une hutte, assis face à un homme pour le moins hirsute, de la tribu des Bokonos, qui jette les cauris sur le sol pour lui dévoiler son avenir...

Pour son premier voyage en Afrique noire, le voilà servi !

« Diplomatie parallèle », « diplomatie de l'ombre » : les expressions ne manquent pas pour qualifier ces interventions en marge des convenances officielles, toutes rejetées par une DST soucieuse de son grand légalisme. Toujours est-il que la DST, lors de ce déplacement, parvint à rassurer le président du Togo, qu'aucun appel téléphonique n'avait pu jusque-là apaiser.

Comment ce voyage est-il regardé depuis les fenêtres du ministère des Affaires étrangères ? Le ministre de la Coopération avait donné son feu vert. Du reste, au-delà de ce genre de mission ponctuelle, les contacts de la DST en Afrique noire étaient rares.

« L'Afrique était pour la DST sujet d'ennuis et de complications », reconnaît un spécialiste du continent noir. Un terrain que la DST partage avec le Service de coopération technique international de la police (SCTIP), créé dans les années 70 et où nombre de ses fonctionnaires ont pris l'habitude de terminer leur carrière. Plus que par la DST, c'est par eux que passent les demandes de stage, de formation ou de matériel formulées par les polices des États africains, mais aussi parfois le renseignement, en fonction de la doctrine africaine du moment. Sans oublier les multiples réseaux entretenus directement par les hommes politiques français eux-mêmes, du gaulliste Jacques Foccart à Charles Pasqua en passant par le socialiste Guy Penne et Jean-Christophe Mitterrand.

Un pont avec Alger

L'Algérie est dans le jardin de Raymond Nart, dans cette propriété gersoise que la famille se transmet depuis des générations et où sa belle-mère a fait planter des palmiers rapportés d'un long séjour au Sahara. Raymond Nart a cultivé ces racines exotiques. Il a lu (avec admiration) Albert Camus, pied-noir d'origine modeste avec lequel il s'est senti une sorte de mentalité commune. Pour finir par être le premier représentant de la DST à nouer des relations avec les services algériens, en 1983.

Qu'est-ce qui le motive alors ? Le goût de l'aventure, mais pas seulement. « Comme la Russie, l'Algérie me fascinait, dit-il. Je voulais savoir ce qui se cachait derrière le voile qui semblait masquer ce pays. »

Raymond Nart a connu l'Algérie dans une vie antérieure. Il y est parti durant l'été 1958, comme volontaire dans les Sections administratives spéciales, malgré les pressions exercées par son père. Il a vu venir et vécu l'indépendance. En juillet 1962, c'est même lui qui a amené le drapeau français qui signalait sa section, avant de passer symboliquement le relais à un responsable de l'ALN et de quitter l'armée. Il a de nombreux amis en Algérie. « La dureté et la violence de ce pays correspondent à mon tempérament », dit-il. « J'aime l'effort et la dureté de la vie. Chacun son style ! » Il connaît dans le Tassili une forêt de cyprès multi-séculaires. Il s'amuse de l'humour local qui répand par milliers les blagues assassines comme celle-ci : « Vous savez pourquoi ils ont fait autant de trous à Alger ? Parce qu'ils cherchaient les diplômes du président Chadli ! »

Plus prosaïquement, Raymond Nart est probablement l'un des meilleurs connaisseurs français de l'*establishment* algérois. Lié avec l'ancien secrétaire de Muhammad Bukharruba, alias Houari Boumediene, avec plusieurs membres de la présidence, avec une femme députée, avec deux walis (préfets) et de nombreux hauts policiers, il est tout aussi à l'aise dans la classe politique et dans les milieux économiques qu'avec les militaires. Pour l'anecdote, son ami Mokhtar lui a fait un jour visiter le cimetière juif, avant de l'entraîner vers l'endroit où se trouvait autrefois un café, juste en face, qui en guise de raison sociale affichait cet aphorisme en forme de lapalissade : « Quoi qu'on dise, quoi qu'on fasse, on est toujours mieux ici qu'en face. »

Mais le véritable point de départ des relations du commissaire de la DST avec l'Algérie, c'est encore l'affaire « Farewell », du nom de code de ce Russe qui donna tant à la DST.

Un jour, en pleine action, l'attaché militaire français à Moscou croise son homologue algérien dans un parc de la capitale moscovite alors qu'il déambule dans les allées en compagnie de l'agent « Farewell » ; l'Algérien, borgne depuis qu'il a reçu une balle française, est seul. Les deux hommes, qui se connaissent, pour le coup s'ignorent, car l'attaché militaire algérien a visiblement compris qu'il se tramait quelque chose. Il n'en souffle mot à personne. Un silence que la DST tient à récompenser en organisant à Paris une rencontre au cours de laquelle ils le mettent dans la confidence sans entrer pour autant dans tous les détails.

Une coopération plus substantielle se met en place un peu plus tard. L'affaire « Farewell » bouclée, en 1985, la DST reçoit un officier algérien à Paris et lui transmet plusieurs informations pouvant intéresser son pays. L'homme qui se présente ce jour-là devant le Cercle militaire, place Saint-Augustin, à Paris, est d'allure massive et fournit à Raymond Nart le mot de passe convenu à l'avance. Membre de la Sécurité militaire, il se montre fort sympathique, passé les premières crispations. Effet collatéral inattendu, le « transfuge » soviétique a ainsi indirectement permis au contre-espionnage français de nouer une relation qui va se révéler éminemment fructueuse. Presque une connivence, même, alors que les homologues de la DGSE continuent à jeter sur l'Algérie un regard passablement teinté de colonialisme.

« Lors de mon premier voyage, ils m'ont envoyé une R25 à l'aéroport, raconte Raymond Nart. Le trafic radio était en français. La langue commune crée une proximité, mais cela ne suffit pas s'il n'y a pas la confiance et le respect mutuels. » C'est bien de cela qu'il s'agit ici : l'homme rencontré place Saint-Augustin et le commissaire de la DST parlent le même langage dans tous les sens du terme.

Les relations personnelles se doublent peu à peu, dans une relative clandestinité, de relations plus institutionnelles, de DST à Sécurité militaire.

Poursuivre un objectif à long terme, sans se préoccuper de considérations politiques conjoncturelles, tel était le principe qui guidait la DST.

Raymond Nart se rend régulièrement à Alger et reçoit en retour les Algériens à Paris, leur offrant une considération à laquelle ils n'ont pas toujours droit en France, en même temps qu'un marchepied pour entrer dans la cour des grands services de renseignement.

Ces liens finissent d'ailleurs par en agacer certains, à commencer par le préfet Jean-Charles Marchiani. Diplomate de l'occulte auprès de Charles Pasqua, lui aussi s'est piqué de nouer des liens privilégiés avec Alger, en particulier avec Mohamed Betchine, haut gradé algérien, qui aura à l'occasion le privilège de recevoir une note émanant de la DST, aimablement transmise par son ami...

« La DST est sous perfusion des services algériens ! » laisse échapper Marchiani un jour de colère, en 1987, alors que Charles Pasqua trône au ministère de l'Intérieur. Les relations tissées par la DST à Alger (« le seul service officiel français en lequel les Algériens avaient confiance », dit aujourd'hui Charles Pasqua) lui font visiblement de l'ombre.

Elles le dérangent d'autant plus qu'il a un vieux contentieux avec le contre-espionnage. Plus précisément avec certains de ses commissaires, qui, des années auparavant, à l'époque de l'affaire Marcović et des photos truquées destinées à compromettre Georges Pompidou et son épouse, avaient été désignés pour entendre une jeune femme baptisée « Caramel ». La jeune femme avait alors raconté comment Marchiani, encore membre du SDECE, lui avait demandé de lui trouver un photographe capable de fabriquer ces montages. Une sombre histoire au terme de laquelle le futur préfet avait été écarté de la « Piscine »...

Ces liens dérangent visiblement la DGSE, et même au cabinet du ministre de la Défense.

Pour Raymond Nart, nouer des relations avec l'Algérie relève cependant de l'évidence. Pourquoi y fallait-il l'entremise de la DST ? « Les relations entre politiques français et algériens étaient à l'époque exécrables, explique-t-il. Ils ne parvenaient plus à se parler calmement. Les contentieux semblaient trop lourds, insurmontables, les Algériens menaçant sans cesse d'aller se jeter dans les bras des compagnies américaines. » Entre professionnels du renseignement, un terrain d'entente a été rapidement trouvé. Entre amis, car ce n'est pas le directeur adjoint de la DST qui se rend à Alger : c'est Raymond Nart.

Soucieux avant tout de sauver l'Algérie indépendante, ses interlocuteurs répètent sans cesse qu'ils ne se sont pas battus pour laisser les islamistes prendre le pouvoir dans le pays. Et ils fournissent quelques clefs essentielles au décryptage d'une Algérie assez hermétique, dirigée en sous-main depuis 1962 par une vingtaine de généraux et en proie aujourd'hui aux convulsions islamistes.

« La première erreur que nous avons faite, confie un jour un de ces militaires à la DST, c'est de croire qu'avec le FLN on tenait tout, alors qu'on ne tenait pas les mosquées.

La deuxième, c'est d'avoir laissé entrer des imams égyptiens dans ces mosquées. La troisième, c'est d'avoir favorisé le départ de ceux qui voulaient combattre en Afghanistan, et de les avoir laissés revenir ensuite avec la bénédiction d'Oussama ben Laden ! »

Le ferment afghan a généré les premiers massacres dans un pays montagneux où 450 000 soldats français avaient mis sept ans à repousser l'Armée de libération nationale hors des frontières ; 50 000 soldats formés et équipés achoppaient maintenant contre un maquis de près de 2 500 hommes très mobiles ; mélange de bandits vivant d'expédients et de « barbus ». Cette grille de lecture allait servir à une DST qui n'allait pas tarder à se retrouver directement confrontée à certains envoyés très spéciaux de ces maquisards anti-occidentaux.

Des liens personnels, ou rien

Pour la DST, l'Algérie a longtemps gardé une place de choix. Un câble sous-marin est bientôt installé entre les deux pays pour faciliter la communication. Les échanges sont réguliers, les services, réciproques, comme le rapporte Rémy Pautrat, ancien directeur de la DST : « Lorsque nous avions besoin de renseignements sur un islamiste suspect, la Sécurité militaire algérienne ne nous faisait jamais attendre trop longtemps. »

Avec les Marocains, les relations sont moins étroites. Pas de coopération significative, surtout à cause de la très forte influence exercée sur ce pays par les Américains, qui, là-bas, « sont les rois », selon les mots d'un pilier de la DST.

À l'autre bout du Maghreb, la Tunisie n'est pas non plus un champ de manœuvre facile pour la DST. Elle est longtemps restée en dehors de l'actualité, notamment en matière de terrorisme, au moins jusqu'à l'attentat de Djerba, réplique maghrébine du 11 septembre.

Les relations de la DST avec les autres pays arabes ne sont pas particulièrement denses. Un contact annuel avec les Égyptiens. Des discussions très difficiles avec les Saoudiens. Plus encore avec les pays du Golfe, où les émissaires français se retrouvent souvent face à des islamistes purs et durs. Quelques contacts avec les militaires irakiens, au moins jusqu'à la première guerre du Golfe. Très peu de relations avec les Syriens. Des échanges plus réguliers, en revanche, avec les Libanais. Et beaucoup d'appréhension face aux jeux des Libyens.

La preuve que, sans les relations personnelles, le renseignement avait peu d'avenir. Ce que savait parfaitement cet ancien directeur de la DST qui répétait volontiers : « Si je devais bâtir un service de renseignement, je ne demanderais pas énormément d'argent, mais de la compétence. Je recruterais, pour entourer les fonctionnaires, des hommes sortis des écoles d'ingénieurs et des informaticiens. Et je me concentrerais sur les objectifs essentiels, en évitant de courir après tout ce qui bouge. »

Au passage, il imaginerait aussi certainement une façon de faire sortir l'espionnage et le contre-espionnage de leur légendaire concurrence, mais c'est là une autre histoire...

Paris-Berlin-Moscou-Paris

En France, après la chute du mur de Berlin, la DST se retrouve au carrefour des pays « libérés ». N'est-elle pas la mieux placée ? Ne connaît-elle pas le mieux ses anciens ennemis ? Certainement mieux, en tout cas, que les spécialistes de la DGSE.

Lors de son premier voyage à Moscou, en décembre 1991, Raymond Nart n'est pas seul. Il est accompagné du ministre de l'Intérieur de l'époque, Pierre Joxe, de Philippe Rondot, du futur directeur général de la police[1], Patrice Bergougnoux, et de Michel Lacarière, patron des Renseignements généraux de la préfecture de police. L'un des principaux objets de ce déplacement est d'ordre historique : il s'agit de convaincre le patron du KGB d'accorder à la France l'autorisation de rapatrier les archives de la Sûreté nationale embarquées pendant l'Occupation par la Wehrmacht avant d'être confisquées par les Soviétiques en 1945, à Berlin.

Cette disparition est devenue, à Paris, une sorte de ritournelle. Lorsque la DST réclame des documents de l'avant-guerre à la préfecture de police, la réponse revient invariablement : « Nous n'avons rien en stock. Ce que vous recherchez était dans la péniche. »

La péniche a bon dos, mais il arrive que la préfecture dise juste. Pour déménager les archives de la police parisienne, les soldats allemands avaient en effet affrété plusieurs péniches. L'une d'elles sombra dans les eaux de la Seine avec son trésor de papier, touchée par une bombe. Deux autres au moins parvinrent à bon port (à Berlin).

Par la suite, les Allemands avaient eu autre chose à faire que de l'espionnage, mais les Russes, eux, ont su puiser dans ces papiers une matière essentielle à leurs opérations sur le sol français. Il y avait dans ces documents de quoi faire chanter pas mal de monde, d'autant qu'ils avaient en même temps emporté les archives du IIIe Reich où étaient répertoriés une partie des agents de la Gestapo en France. Faisant coup double, ils ont privé la DST de renseignements capitaux sur les voyages à Moscou de ceux qui allaient

---

1. Le général Philippe Rondot a fait carrière à la DGSE, à la DST, puis de nouveau à la DGSE, avant d'être nommé responsable du renseignement au ministère de la Défense, auprès d'Alain Richard (PS), poste qu'il a conservé auprès de Michèle Alliot-Marie (UMP). Michel Lacarière, quant à lui, a œuvré à la DST et aux RG avant d'être pendant dix ans directeur du renseignement à la DGSE.

devenir leurs agents français, déplacements scrupuleusement consignés par la police parisienne dans les années 30...

L'intérêt de récupérer ces papiers n'est pas seulement d'ordre historique. En analysant la manière dont ils furent classés par les Soviétiques, la DST espère bien faire quelques découvertes, voire obtenir de quoi étayer de vieux soupçons.

Sur place, à Moscou, la délégation française est reçue par l'ancien ministre de l'Intérieur, Vadim Viktorovitch Bakatine, un proche de Gorbatchev, nommé le 23 août 1991 à la tête du KGB pour le démanteler et accoucher des futurs SVR (renseignement extérieur) et FSB (sécurité intérieure). À priori, les Soviétiques acceptent de lâcher les archives, mais la décision doit symboliquement être prise par la Douma, le Parlement. Petit détail : les Français acceptent de laisser aux Russes le temps de microfilmer les documents, ce qu'ils n'auraient en fait pas eu le temps de faire.

Difficile de ne pas mettre ce voyage à profit pour demander à pénétrer dans la citadelle autrefois ennemie. Logé dans l'une des cités du KGB, reçu personnellement par Evguéni Primakov, patron de la grande centrale de renseignement extérieur nommé par Boris Eltsine, la délégation parvient à visiter les locaux où a travaillé quelques années plus tôt « Farewell ». Vision étonnante : des femmes dégagent la neige amoncelée devant l'immeuble dont les couloirs empestent par endroits, rappelant l'odeur caractéristique des prisons. Déchue de son ancienne gloire, la maison licencie piteusement. Les serrures des bureaux ont été si fréquemment changées que les portes sont constellées de trous... Seuls restent intacts le buste du fondateur de la maison et, à l'extérieur, un curieux monument à la mémoire des membres du KGB morts dans l'exercice de leurs fonctions...

Une partie des papiers arrive assez rapidement à Paris par camions. Juste à temps : Bakatine, par qui le feu vert a été donné, est écarté de ses fonctions peu après le passage de la délégation française. Motif : croyant la guerre froide terminée, il a fourni aux Américains le plan des micros disposés au sein de l'ambassade des États-Unis à Moscou. Beaucoup trop tôt aux yeux de certains.

Le reste des archives françaises n'est expédié que trois ou quatre ans plus tard. Une mine, qui avait certainement manqué à la DST pour détecter les agents à la solde des Soviétiques... et dans laquelle le KGB avait forcément trouvé son bonheur.

Lors de son deuxième voyage à Moscou, en 1993, Raymond Nart loge cette fois dans l'hôtel particulier de Lavrenti Béria, grand maître du KGB à l'époque stalinienne. La demeure a appartenu autrefois à un grand médecin juif qui y a laissé une belle bibliothèque. Avec ses boiseries tropicales gondolées par la chaleur des radiateurs, le lieu n'a rien de rassurant, comme si des fantômes n'allaient pas tarder à surgir de derrière les portes.

Cette fois, il rencontre Vladimir Poutine, alors numéro trois ou quatre du FSB (sécurité intérieure), futur président de la Russie, mais aussi Viatcheslav Troubnikov, alors numéro un du SVR (renseignement extérieur). Des rencontres professionnelles au cours desquelles les Russes et leurs hôtes abordent des sujets aussi variés que le terrorisme international, la question tchétchène, la situation des pays satellites en proie à l'intégrisme islamiste. De quoi nourrir les comptes rendus que ne manque pas de rédiger à son retour l'homme de renseignement.

Le troisième voyage, Raymond Nart l'effectue seul. Il est reçu à Saint-Pétersbourg par le général Ivanov et revoit quelques-uns de ceux qu'il a autrefois combattus, parce que c'était son métier, mais aussi le leur. En passant, il découvre un peu de ce pays qu'il a su apprécier à distance. Il a même le privilège de s'asseoir dans la loge du tsar, lors d'une soirée donnée par le ballet du Kirov, rebaptisé Marinki, sans oublier une visite guidée de la résidence d'été des tsars, ponctuée de cette étonnante révélation : le lieu n'a pas été détruit par la Wehrmacht, mais bien par l'Armée rouge. La preuve ? L'ami du SVR l'apporte aussitôt : « Mon père était dans l'artillerie, il était sur place ce jour-là. »

Signe que la détente n'est pas un vain mot, il salue au passage la fille d'un directeur du KGB en poste à l'époque stalinienne, qui vient d'effectuer un stage à la DST... avec visite des châteaux de la Loire.

« *Je ne prends pas mes ordres auprès des Américains* »

Raymond Nart a également droit à une réception mémorable en Pologne à l'invitation du général Wawriszniac, autrefois en poste à Paris pour le compte des services secrets de son pays. Discours, émotion, vodka pour tout le monde. Et d'évoquer la collaboration franco-polonaise contre les nazis, dont on a surtout retenu la fameuse machine Enigma : un outil destiné à coder les messages, mis au point par l'armée allemande, dont un exemplaire avait été « offert » par les Polonais au capitaine Bertrand, alors spécialiste du chiffre au Deuxième Bureau, en 1939. La découverte du fonctionnement d'Enigma pour le mathématicien britannique Alan Turing joue un grand rôle dans la lutte contre les sous-marins allemands.

Sous les regards curieux du personnel, Raymond Nart et ses accompagnateurs traversent ce jour-là le mess des officiers polonais pour aller déjeuner dans un salon particulier décoré de charmants rideaux roses. Une grande première. « Plus confraternel, on ne pouvait pas faire. » Cet accueil chaleureux était lié à l'histoire : les services civils polonais n'avaient jamais pleinement collaboré avec les Soviétiques.

Ils avaient même passé une partie de leur temps à leur donner du fil à retordre.

En cadeau, au terme de sa visite, le sous-directeur de la DST reçut un poignard orné du blason des officiers de marine polonais, symbole d'une amitié encore improbable la veille et de la naissance d'un réseau prometteur.

Au nom de la DST, c'est encore Raymond Nart qui ouvre une liaison avec la Slovénie, une autre avec l'Albanie, une autre encore avec la Macédoine. Les contre-espions sont bien placés pour savoir à quelle porte frapper dans ces pays. Si le contre-espionnage peut être parfois l'« art de perdre son temps », selon le mot de Raymond Nart, il s'agit en l'occurrence de tirer profit au plus vite d'une bonne connaissance de quelques-uns des futurs candidats à l'Union européenne.

L'un des objectifs de la DST est évidemment de profiter de ces échanges pour recroiser les renseignements accumulés par le service. Lors de son déplacement à Varsovie, Raymond Nart soumet ainsi aux Polonais la liste des agents qu'ils sont censés avoir envoyés en France, dans laquelle la main anonyme d'un inspecteur de la section polonaise a glissé un nom imaginaire. La veille du départ de la délégation, un général réclame un aparté.

« Il y a un nom, au milieu de votre liste, dont on ne comprend pas la présence », dit-il.

Il s'agit précisément du nom rajouté. Quel meilleur signe de la normalisation des relations entre les deux pays que cet élan de vérité ?

« C'était la meilleure façon d'apurer le passé », dit l'un des participants au voyage, désormais au meilleur poste pour voir en direct les services qui l'ont tant mobilisé se vider lentement de leur substance.

Une surprise parmi d'autres : le jour de son premier voyage en Tchécoslovaquie, souci de transparence jugé « intempestif », un journal local publie les noms des sources des services tchèques en France durant les années de guerre froide. C'est de bon augure pour quelqu'un qui souhaitait élucider quelques mystères, même si Raymond Nart, en son for intérieur, ne peut approuver que l'on trahisse ainsi quelqu'un qui vous a aidé, parfois au péril de sa vie.

La rencontre avec les services bosniaques est plus douloureuse. Ils tiennent à assener à leurs visiteurs français le spectacle des souffrances infligées par la guerre à leur peuple, tout en protestant contre les amitiés serbes de François Mitterrand. À l'appui de leur démonstration, des images vidéo atroces montrant des amas de chair humaine après un bombardement, ainsi qu'un défilé d'estropiés.

Les visées hégémoniques des États-Unis ne sont pas un mystère pour la DST, qui suit d'un œil amical mais néanmoins vigilant l'expansionnisme de Washington. « Ce n'est pas le peuple américain qui est en cause, mais le système », dit Raymond Nart, pas vraiment dupe quant aux vrais mobiles de la guerre en Irak, « prélude à la conquête d'autres eldorados pétroliers ». L'Europe a-t-elle, dans ce contexte, une chance de faire entendre sa voix auprès des anciens pays de l'Est ? Peu après la chute du mur de Berlin, au cours d'un voyage en Pologne, Raymond Nart s'est vu poser cette étrange question par un patron des services secrets polonais à qui il proposait de collaborer régulièrement : « Est-ce que les Américains partagent cet avis ?

– Je ne prends pas mes ordres auprès des Américains, il faudra vous y habituer. »

Touche pas aux Kurdes

Parfois, dans cette diplomatie de l'ombre, des raisons que le renseignement ignore s'imposent pour un temps à la DST. Par exemple lorsqu'elle voulut se pencher sur le PKK, « le dernier grand parti stalinien », pivot de la vie politique kurde. Danielle Mitterrand soutenait en effet le peuple kurde de façon inconditionnelle, et son mari était président de la République. La DST a fait alors profil bas, comme il se devait.

Loin de la DST, cependant, l'idée de couvrir le globe tout entier. « Ce métier est fait d'impasses, dit un ancien cadre. Il faut en même temps focaliser le dispositif sur ce qui peut intéresser au premier chef le pouvoir politique. »

Et puis il y a des pays (et des communautés) difficiles, impénétrables pour des raisons linguistiques ou parce qu'on n'y dispose pas de sources, comme l'Inde ou le Sri Lanka.

Et la Russie ? Raymond Nart a toujours pensé qu'il fallait maintenir une certaine pression sur ce pays, même devenu ami de l'Occident. « Si on perd le fil avec Moscou, dit-il, c'est pour longtemps. Si on licencie nos interprètes tout en reconvertissant le personnel, on dilapide nos acquis. » Ce n'est évidemment pas le cas, même si la DST reconnaît avoir « réduit la voilure », passant d'une centaine de fonctionnaires à une soixantaine pour couvrir l'ensemble des pays de l'Est, notamment ceux qui souhaitent entrer dans l'Union européenne.

« En lâchant prise, dit-on à la DST, on se serait vite retrouvés face à ces pays comme face aux Tamouls : franchement distanciés ! »

« Il n'y a pas d'amis »

« En matière de sécurité de l'État, il n'y a pas d'amis, dit un responsable de la DST. Il faut autant se méfier des proches que des ennemis officiels. »

En fonction de quoi la DST a toujours interféré sur les relations de la France avec ses alliés, en particulier les États-Unis.

Jusqu'en 1962, alors que la France est engluée dans la

guerre algérienne, la CIA prend ses aises à Paris, où elle travaille ouvertement sur les Soviétiques, transmettant à l'occasion quelques bribes de renseignements à la DST. La donne change avec la fin du conflit franco-algérien. Les Américains œuvrant sur le sol français, une cinquantaine, adoptent un profil bas.

Au milieu des années 60, le contre-espionnage français franchit un cap en réclamant la fermeture d'un vaste centre d'écoutes installé par l'armée américaine en région parisienne, destiné à capter les échanges radio des services français. Puis la DST passe à l'offensive : entre 1965 et 1993, elle provoque l'expulsion officielle de neuf membres de la CIA dont les activités sur le sol français « ne respectaient pas les usages entre alliés ». Sans compter les expulsions plus discrètes d'agents qui se livraient à des activités d'espionnage sur notre territoire sans en avoir avisé la DST, comme l'aurait voulu une règle tacitement admise.

Les incompréhensions et rivalités ne manquent pas de venir régulièrement assombrir cette collaboration. Une fois, ce sont les Américains qui abusent d'une cassette vidéo mise à leur disposition par le directeur de la DST et montrant l'interrogatoire du terroriste Georges Ibrahim Abdallah : ils l'utilisent pour ternir la réputation du contre-espionnage français. Une autre fois, ils manifestent leur mauvaise humeur au sujet des armes que la France vend à l'Irak au détriment des fournisseurs américains. Surtout, ils avaient pour habitude de ne jamais répondre aux sollicitations de la DST lorsqu'il s'agissait de terrorisme.

« À cette époque, le terrorisme ne les concernait pas, observe un responsable de l'antiterrorisme. C'est un domaine dans lequel ils n'aidaient absolument pas. Nous voulions qu'ils surveillent pour nous des islamistes installés à Washington ? Ils nous refusaient toute coopération. C'était chacun pour soi. »

Jusqu'au jour où le terrorisme les a brusquement

rattrapés. Ils sont alors venus puiser dans les archives de la DST tout ce qui pouvait les éclairer.

« C'était leur méthode de travail, celle du rouleau compresseur : lorsqu'ils étaient visés, ils menaient des enquêtes de tous les diables, décortiquant tous les documents possibles, poursuit le policier. Je l'avais constaté après l'assassinat du représentant de la CIA à Athènes : ils avaient épluché des dizaines de revendications signées par le fameux groupe du "17 novembre", ciblé des milliers de suspects, avant d'arriver à la conclusion qu'elles avaient été rédigées par un (ou plusieurs) écrivain(s) grec(s) résidant à Paris. Mais, honnêtement, tous les écrits ont été examinés, sans résultat sérieux... »

La réalité, c'est que la France et les États-Unis, aussi alliés soient-ils, se retrouvent fréquemment en concurrence sur le terrain. Par exemple en Algérie, où la DST a vu les Américains tenter de prendre peu à peu position au cœur de la Sonatrach, la société d'État qui contrôle l'exploitation du pétrole.

Hors quelques moments de tension, les relations de la DST avec ses homogues des États-Unis n'ont cependant jamais été exécrables.

« Les services américains savaient que nous étions en mesure de répondre à toutes les questions qu'ils pouvaient nous poser. » Et, pour eux, c'était l'essentiel.

La distance du Mossad

Les Américains ne sont pas les seuls à travailler dans l'Hexagone, carrefour de nombreuses nationalités. Les services espagnols y pourchassent plus ou moins discrètement les terroristes basques. Les Anglais y ont pisté des militants de l'IRA. Les Allemands y nouent des contacts avec les pays africains à des fins essentiellement commerciales, leur service, le BND, ayant à l'origine été mis sur pied à l'instigation du patronat.

Les Sud-Africains sont présents eux aussi. Ils ont même été soupçonnés d'avoir participé à l'élimination physique de plusieurs militants, au temps de l'apartheid : du tiers-mondiste Henri Curiel à la militante de l'ANC Dulcie September.

Le Mossad israélien a régulièrement traqué les chefs palestiniens en France, avec le souci de procéder le cas échéant à leur élimination. Plus surprenant, un « transfuge » des services secrets israéliens a atterri à Paris à la fin des années 70. Francophone, il désirait dénoncer une « dérive » du Mossad et prendre ses distances avec certaines « bavures ». Il fournit aux Français un organigramme assez précis de son service d'origine, lequel fit alors clairement savoir que sa vie était en danger. Estampillé « traître », il s'est réfugié au Canada, non sans avoir conforté la DST dans ses premières impressions : à l'époque, le Mossad rayonnait dans toute l'Europe à partir de Paris, sa plaque tournante, tout en niant fermement recourir à la diaspora juive, où il prétendait être en général mal accueilli.

Un jour, au hasard d'un voyage en Autriche, dans les couloirs de l'aéroport de Vienne, un fonctionnaire de la DST a reconnu un agent israélien rencontré à Paris. L'homme était apparemment en pleine surveillance. Comme le veut la règle en pareil cas, il évita d'aller le saluer. Les contacts entre les deux services étaient alors en fait assez réduits : aux yeux du Mossad, particulièrement méfiant, la France passait avant tout pour être pro-arabe. Ce qui n'a pas empêché les agents d'échanger quelques civilités. Raymond Nart et Jacky Debain sont plus d'une fois repartis de chez Goldenberg, célèbre restaurant juif de la rue des Rosiers, à Paris, avec une boîte de carpe farcie sous le bras.

Mais cela n'allait pas au-delà : lorsque, après l'assassinat à Paris de Yacov Barsimantov, deuxième secrétaire de l'ambassade d'Israël, abattu de cinq balles le 3 avril 1982 alors qu'il faisait son jogging matinal près de la porte de Saint-Cloud, la DST voulut lui faire savoir que les FARL (Fractions armées révolutionnaires libanaises) étaient dans le coup, le Mossad réagit très mollement, à la grande surprise des responsables français. Il ne s'est guère montré plus coopératif lorsque ces derniers se sont retrouvés confrontés au terrorisme arabe.

« On vous aidera », disaient les gens du Mossad ; mais rien n'est jamais venu concrétiser cette promesse.

Comment, par ailleurs, surveiller les activités du Mossad à Paris sans susciter des réactions diplomatiques ? La DST s'en est-elle jamais vraiment donné les moyens ? Elle ne s'est pourtant pas privée de faire connaître son mécontentement à différentes reprises. Notamment après l'assassinat en plein Paris du Palestinien Atef Bseisso, le 8 juin 1992, de trois balles dans la tête.

« Nous n'y sommes pour rien », ont protesté les Israéliens. La DST n'était pas dupe, mais aucune preuve ne venait étayer son soupçon. Dans cette affaire, même les douilles avaient disparu, le tireur ayant pris soin de décharger son arme à travers un sac en plastique.

La réputation des services israéliens, souvent présentés comme un modèle, était-elle usurpée ? « Ils ont certainement été les meilleurs à une certaine époque, dit-on à la DST. Puis le Mossad est devenu un service presque normal, à cette différence près qu'il était sans doute plus cohérent que les autres à cause de la situation de guerre dans laquelle se trouve le plus souvent Israël. »

10.

L'interrogatoire

*« Je n'avais pas affaire
à des délinquants ordinaires »*

Jamais de questions écrites préparées à l'avance. Pas de figures imposées. S'en tenir à la dialectique pour faire avancer la conversation avec le suspect. Privilégier le contact humain. Ne pas établir de plan trop détaillé, un fonctionnaire de la DST n'est pas un militaire. Écouter ses intuitions. Telles sont les règles de l'interrogatoire selon Raymond Nart.

« Quand on sait à l'avance comment on va aborder un suspect, tout peut aller très vite. Lorsqu'on "sent" la personne que l'on a en face de soi, on peut même la conduire où l'on veut. Lorsqu'on ne dispose au contraire d'aucun élément, on n'a aucune chance. Surtout quand on se retrouve, comme c'est souvent le cas à la DST, face à des individus rompus à la clandestinité. Il y a alors bien peu de chances pour qu'ils nous indiquent leurs caches, encore moins pour qu'ils nous offrent leurs archives. D'autant que, dans les affaires d'espionnage, à la différence de ce qui se passe en police judiciaire, on est privé de cet argument choc que constitue parfois l'arme du crime. »

Les interrogatoires, Raymond Nart ne les préparait peut-être pas sur le papier, mais il y pensait longtemps à l'avance. « Je me mettais à l'écoute du personnage, dit-il. Je le regardais vivre, simplement marcher dans la rue pour faire connaissance avec lui à distance. »

Les écoutes téléphoniques ne sont pas non plus aussi déterminantes qu'elles peuvent l'être dans les affaires de grand banditisme. Elles offrent cependant l'avantage de pouvoir se familiariser avec la voix de celui que l'on cherche à démasquer. Souvent, entre midi et 2 heures, pendant que les autres déjeunaient, Raymond Nart coiffait un casque audio après s'être fait porter quelques cassettes. Pas pour suivre un régime Beethoven ou Mozart. Non, il écoutait la voix de sa cible.

« Je n'avais pas affaire à des délinquants ordinaires, mais à des idéologues à la personnalité souvent complexe. Je me devais de mieux les cerner avant de les retrouver dans la salle des interrogatoires. Une démarche en dit long sur un homme. Est-il fatigué, malade, légèrement souffreteux ? Est-il soucieux ou plutôt complètement insouciant ? Marche-t-il d'un pas lent ou plutôt décidé ? Fait-il du sport ? Est-il volontiers débraillé ? Achète-t-il plutôt Le Figaro ou L'Humanité ? L'apparence compte plus qu'on ne le croit, mais rien ne vaut la voix et la façon de s'exprimer. La manière de parler à son épouse ou à son mari, à ses enfants, voire à son amant, à sa maîtresse ou à son dentiste, l'ensemble de ces éléments donne une idée de la mentalité de quelqu'un. Est-il caractériel ? S'agit-il d'un homme d'affaires redoutable ? Est-il en tout d'une rigueur extrême ? Sait-il mentir ? On obtient forcément de nombreux indices en écoutant ses conversations téléphoniques. »

La qualité de ce travail d'approche influe directement sur celle de l'interrogatoire. « D'instinct, en fonction des renseignements dont je disposais, je savais si nous allions sortir l'affaire, dit Raymond Nart. Je savais si nous allions être en mesure d'argumenter avec le suspect. L'interrogateur qui n'y croit pas est d'ailleurs battu par avance, condamné à perdre la partie. Mieux vaut pour lui s'abstenir. Le volontarisme est ici indispensable. D'autant qu'il n'est pas question de se laisser aller à employer des arguments du genre de ceux que la Police judiciaire utilise avec les petits voyous. "Je ne sais pas si vos alibis vont convaincre le juge", disent volontiers les collègues de la PJ. À la DST, on ne peut jouer avec ce type de menaces. L'interrogatoire se mène strictement en fonction de ce que l'on sait de la personne interrogée. Celui qui cache une maîtresse se comporte d'une façon différente de celui qui n'en a pas. Celui qui a trahi a éventuellement un poids sur la conscience, dont il peut avoir envie de se libérer. Celui qui pratique l'arrangement au quotidien est quelqu'un avec qui vous trouverez un terrain d'entente. »

C'est exactement ce qui est arrivé avec le Français d'origine russe Sergiev. Cet homme était un petit magouilleur, commerçant-né, qui dirigeait une modeste société dans l'Essonne. Raymond Nart s'était dit : « Celui-là, je pourrais m'entendre avec lui, discuter. » C'est en jouant sur ce côté commerçant qu'il le poussa aux aveux.

Pour commencer, le présumé agent illégal est interpellé à l'aéroport d'Orly, le 15 mars 1977, alors qu'il s'apprête à s'envoler pour Alger. Ses plans chamboulés, il perd très rapidement le contrôle de la situation. Au beau milieu de l'interrogatoire, il conduit même les policiers chez lui pour leur montrer les caches aménagées au fond de son jardin. Où l'on découvre des produits chimiques destinés à la correspondance clandestine (encre sympathique et carbone blanc), ainsi qu'une comptabilité allant de 1969 à 1974.

Le suspect raconte ensuite comment il a été recruté par le GRU, le service d'espionnage militaire de Moscou, qui a su jouer à la fois sur les racines culturelles de ce fils d'immigré russe, sur son besoin de parler sa langue maternelle et sur sa relative déception vis-à-vis d'une France qui a tardé à le naturaliser.

Au départ, l'enquête ne s'était pourtant pas présentée sous le meilleur jour. La DST était partie des déclarations d'un transfuge assurant que le GRU disposait à Paris d'un important agent connecté avec les milieux industriels, travaillant pour une société basée dans les Yvelines. Deux ans plus tard, le contre-espionnage avait débusqué un certain Sergiev, PDG de la Société d'études et de réalisation générales et industrielles (Sergi).Visiblement alerté, le réseau avait entre-temps été désactivé, à moins qu'il ait été prévu pour fonctionner seulement en temps de crise. Ce qui avait coupé court à toute possibilité de flagrant délit.

Jouant sur un autre registre, la DST obtient cependant ce qu'elle souhaite : Sergiev parle parce qu'il se sent piégé. Il donne assez vite les pseudos des trois membres du réseau qu'il a mis sur pied : « Max », « Rex » et « Jean ».

« Max », 54 ans, travaille chez Fiat ; il a trahi pour de l'argent. « Rex », 74 ans, est un ancien du secrétariat général à l'Aviation civile ; il a été recruté à l'occasion d'une fête de *L'Huma*. « Jean », la cinquantaine, est ingénieur chez CII Honeywell-Bull ; il visitait les « paradis socialistes » par conviction politique. Un certain « Raymond », employé d'une maison d'éditions médicales, complète le tableau ; c'est pour agrandir sa collection de cartes postales représentant des navires qu'il a pris contact avec l'ambassade soviétique à Paris. Il a très vite accepté de servir de boîte aux lettres en échange de pièces rares. À eux tous, ils ont livré des centaines de kilos de documents sur l'armement, les moteurs, les calculateurs de tir et les radars.

Assez bavard, Sergiev raconte au passage qu'il a effectué un stage complet de formation à l'espionnage à Moscou en 1965. Il affirme cependant n'avoir « jamais eu le sentiment de trahir la France ».

Lors du procès, Désiré Parent, sous-directeur de la DST,

explique en quoi ce réseau est selon lui exemplaire : « C'est la première fois que j'assiste à la francisation d'un réseau du GRU dont l'objectif était le pillage systématique de nos techniques de pointe », dit-il.

Sergiev, à qui la DST a promis une peine réduite en échange de ses confessions, a aussi fourni les codes qui ont permis de découvrir une tentative d'espionnage du Concorde, le supersonique franco-britannique. L'ordre était venu de Khrouchtchev lui-même en 1963. Le train d'atterrissage et les moteurs du supersonique l'intéressaient particulièrement.

Oublieuse des recommandations de la DST, la justice a même condamné l'espion à vingt ans de prison[1].

« Détecter les points faibles, c'est déjà influer sur la volonté »

« Nous ne sommes pas là pour faire de la psychologie, dit Raymond Nart, mais pour détecter les points faibles de ceux que nous souhaitons confondre. »

Sergiev était un homme capable de vendre tout et n'importe quoi. Il menait surtout une double vie, comme les inspecteurs de la DST l'avaient rapidement constaté. En écoutant les bandes enregistrées de ses conversations, Raymond Nart avait aussi acquis la conviction que cet homme manquait de franchise. L'angle d'attaque s'était imposé. Restait à mettre entre ses mains un marché, si possible dès les premiers instants de l'interrogatoire.

« Nous avons aussi misé sur la solitude de l'espion qui éprouve forcément le besoin de s'épancher, tant parfois le silence lui pèse. Je savais qu'un secret était encore plus

---

1. On estime à 250 le nombre d'affaires de contre-espionnage transmises à la justice durant la guerre froide.

difficile à conserver pour un bateleur, ce qu'il était lorsqu'il vendait ses appareils électriques. »

Les confidences de Sergiev n'ont pas seulement permis de démonter un « beau » réseau. Elles ont aidé la DST à reconstituer minutieusement la vie d'un agent soviétique clandestin en France. Les ordres et les « commandes » lui parvenaient par radio, dans un créneau horaire prévu à l'avance, afin qu'il ne passe pas sa vie devant le poste. Il notait les signaux envoyés sur du papier quadrillé. Puis il plaçait les lettres de l'alphabet en haut de la feuille et des chiffres sur la colonne de droite. Chaque signal correspondait en fait à une lettre, selon une phrase clef déterminée à l'avance avec ses chefs. Dernière phrase en vigueur, permettant de dessiner cet alphabet très codé : « Le soleil est dans la maison ». Les messages reçus étaient courts et précis, du genre : « Relever la boîte aux lettres située à tel endroit », « Préparez-vous à un voyage », « Dernière production illisible, veuillez recommencer », ou « Votre agent Pierre n'était pas au rendez-vous la dernière fois ». Pas de formule de politesse : l'essentiel, en style plus ou moins télégraphique. Consciencieux, Sergiev brûlait évidemment les papiers une fois l'ordre mémorisé.

Grâce à ces explications, Raymond Nart se découvre une nouvelle passion. Lorsqu'il remonte du Gers en voiture, il s'arrête désormais dans le Massif central pour écouter sur sa radio la petite musique des messages codés. Un langage hermétique pour qui n'est pas de son monde, mais dont il partage maintenant le secret avec ses ennemis soviétiques.

Les agents soviétiques installés à Paris, eux, disposent alors dans leur automobile d'une radio complètement trafiquée. Passant à proximité de leur ambassade, ils sont capables de transmettre des messages (rudimentaires) à distance, sur ondes courtes. Au sein de l'ambassade a été aménagé un grand tableau équipé d'ampoules rouges. Si une lampe s'allume, cela signifie que le rendez-vous du soir est annulé ; deux ampoules passant au rouge, et le rendez-vous est au contraire confirmé.

Pourquoi se gêner et se priver de les écouter quand on connaissait les méthodes du KGB ? Les Soviétiques n'étaient-ils pas allés jusqu'à piéger la machine à chiffrer de l'ambassade de France à Moscou ? L'appareil avait été expédié par la valise diplomatique, mais était resté en rade une quinzaine de jours avant d'arriver à bon port : le temps d'apporter quelques modifications que les inspecteurs français n'allaient débusquer que bien plus tard, après plusieurs vérifications de routine demeurées infructueuses.

Depuis lors, les services diplomatiques croyaient avoir trouvé la parade : ils diffusaient des chiffres en continu, glissant de temps à autre un vrai message au milieu de ce flot impossible à contrôler. La machine effectuant le travail, plus besoin de codes !

« Un peu de cinéma ne fait pas de mal »

Connaître quelques éléments de la vie privée de la personne interrogée peut permettre de lui faire croire que l'on sait tout d'elle. « Vous pouvez d'ailleurs lui dire que vous savez tout, il y a des chances pour qu'elle le croie, dit Raymond Nart. Brusquement, vous lui dites : "Mercredi 17 avril, vous étiez au Trocadéro." C'est un procédé enfantin, mais qui produit en général son effet : si l'information est avérée, la personne croit qu'elle a été suivie en permanence. Il m'est arrivé de faire fausse route, comme cette fois où j'ai dit à l'agent que j'interrogeais : "Vous vous êtes rendu à telle date en Union soviétique. Vous êtes passé par la Finlande. – Non, m'a-t-il répondu, probablement certain que l'on savait tout sur son compte, les soviétiques me l'ont proposé, mais je suis finalement passé par Vienne."

Je m'étais trompé ou plutôt le KGB m'avait trompé, mais sa réponse me suffisait.

« Parfois, lorsque les éléments réunis étaient trop faibles, on tentait le coup de bluff. Je sortais par exemple un dossier épais de 60 centimètres que je posais sur mon bureau, j'en extrayais un papier et le glissais sous le nez de la personne interrogée. Ce qu'il lisait était éventuellement la seule chose que nous savions de lui, mais il imaginait que nous en savions beaucoup plus. L'essentiel du travail était alors accompli. »

Parfois, cependant, les suspects offraient une excellente résistance.

Le pire des suspects, pour un interrogateur, c'est celui qui se réfugie dans le mutisme. Par son silence obstiné, il peut parvenir à bloquer la machine.

L'image de marque du service enquêteur joue un rôle déterminant. Une image forte impressionne le « client ». De ce côté-là, la DST n'a jamais été mal lotie. Jusqu'à la suppression de la Cour de sûreté de l'État, elle pouvait tenir ses suspects au frais durant dix jours. Après, la durée de la garde à vue façon DST est tombée à quatre jours. Le service a cependant conservé une certaine aura. « Avec vos gommes et vos crayons, avait lancé un jour un patron de la CIA à un directeur de la DST, vous obtenez tout ce que vous voulez ! » Il est vrai qu'à maintes reprises les Français avaient sauvé les Américains du désastre : ils avaient peu d'archives, mais elles étaient systématiquement conservées et facilement exploitables. La DST bénéficiait également d'une excellente réputation auprès des Soviétiques qui évaluaient volontiers le nombre de ses membres à deux mille cinq cents, soit près de mille de plus que ce qu'ils étaient en réalité.

« Un peu de cinéma n'a jamais fait de mal », ont coutume de dire les anciens.

« *Vous êtes ici à la DST* »

La mise en scène de l'interrogatoire commence par le décor. Une petite salle doit être aménagée à cet effet, avec un mobilier des plus rudimentaires. Principal élément : un bureau en bois muni de deux tiroirs. L'un était rempli de feuilles de papier, l'autre, bourré de mégots, l'usage voulant que l'on s'en servît, par commodité, pour vider les cendriers – et Dieu sait si l'on fumait pendant les interrogatoires. Sur la table, une machine à écrire, unique outil de ces accoucheurs de mots qui, contrairement à certaine légende, affirment en chœur les anciens, n'utilisaient pas de démoniaques instruments de torture.

Pas de radiateur, donc, où l'on aurait pu voir un suspect attaché tandis que les policiers le cuisinaient : l'usage des menottes est peu recommandé dans ce type d'interrogatoire, précise le contre-espion. La DST, insiste-t-il, n'a rien du service de renseignement d'une vague république bananière : ici, pas de gifles.

« Ce genre de geste est totalement contre-productif en matière de contre-espionnage, dit-il. Et ce n'était pas franchement mon style. »

Dans la pièce, pas une affiche, pas un tableau susceptible de détourner l'attention. Juste une fenêtre équipée de barreaux pour accroître le côté sinistre de l'endroit. Dans un coin, une table basse destinée aux inspecteurs.

Pour celui qui veut s'asseoir, un vieux et bas fauteuil de moleskine noire ; en se donnant la peine de l'examiner de près, on pouvait distinguer les initiales de l'armée allemande, le meuble ayant autrefois appartenu à la Gestapo, qui avait squatté les locaux. Raymond Nart l'utilisait peu. Il préférait recevoir ses « hôtes » debout et marcher de long en large, les mains dans les poches, quand il ne s'en servait pas pour appuyer ses paroles. Ses mots préférés pour ouvrir les débats : « Vous êtes ici à la DST. Vous êtes devant le commissaire Nart. Si vous le souhaitez, l'affaire peut être réglée très vite. »

Et, pour appuyer son propos, il décrochait ostensiblement sa montre de son poignet et la posait sur la table, à côté de la machine à écrire.

« Ce sont des capotes anglaises, je crois »

Raymond Nart entretient des liens suivis avec Roberto, cet Uruguayen arraché aux mains des militaires de son pays, dont l'histoire a fait un agent aussi fidèle que sérieux (voir page 137) de la DST. Un jour, grâce aux indications de ce Sud-Américain, il acquiert la certitude que les Soviétiques disposent d'une source au sein d'une annexe parisienne de l'OTAN, l'Agard, spécialisée dans la recherche aéronautique.

Comment identifier le « traître » ? Raymond Nart se fait apporter la liste des membres du personnel de cette agence. Le seul Français dont le nom apparaisse est un homme d'origine russe. Le contre-espion ne parvient pas à détacher ses yeux du document posé sur son bureau. La sonorité du nom est franchement russe. « Cela ne peut être que lui. »

Raymond Nart se rend aussitôt auprès de son directeur, Désiré Parent, pour faire état de sa découverte. Pas d'éléments probants, juste une intuition, plaide-t-il. Cet homme, ancien soldat du contingent en Algérie à la pire période, affecté là-bas à la morgue, où il a vu défiler les cadavres, cet homme entré à l'OTAN grâce à l'appui d'un ami français, un documentaliste déjà épinglé par la DST, cet homme est probablement le traître.

Autorisation lui est accordée d'entamer des surveillances. Durant le premier mois, rien à signaler. Guère plus de mouvements suspects durant le mois suivant. Désiré

Parent se moque, un brin impatient : « Elle en est où, ton histoire de Soviétique ? »

Raymond Nart relit son dossier. Ce nom d'origine russe... Cet emploi au service de reprographie... Cette habilitation « OTAN très secret »... Ces liens d'amitié avec un Français impliqué quelques années plus tôt dans une affaire d'espionnage, qui a d'ailleurs valu à Vladimir Z.[1] une première convocation à la DST en 1969... Tout cela fait de lui un bon suspect. Décision est prise de passer à l'offensive : d'interpeller Z. en espérant qu'il aura ce jour-là des documents compromettants dans sa sacoche.

La DST lui concocte un petit scénario sur mesure. Les deux fonctionnaires qui l'arrêtent, le 20 octobre 1980, ne déclinent pas leur identité. Ils le conduisent rue d'Argenson, au siège du service, sans lui donner la moindre information sur leur destination. Pour achever de brouiller les pistes, Raymond Nart a demandé aux deux policiers en faction devant le bâtiment de s'éclipser momentanément – mise en scène facilitée par l'absence sur la façade de tout signe extérieur, plaque ou drapeau.

Z. se retrouve au milieu de la pièce aménagée en salle d'interrogatoire, sans savoir où il est ni pourquoi il s'y trouve. Fort de cet effet de surprise, Raymond Nart passe à l'offensive, qu'il imagine déjà courte et efficace, sachant qu'il dispose de trop peu de munitions pour tenir un siège.

« Vous êtes bien monsieur Z. ?

– Oui monsieur.

– Bien. Vous êtes ici au ministère de l'Intérieur, je m'appelle Raymond Nart, je suis commissaire à la DST et j'ai un certain nombre de sujets à aborder avec vous. »

Comme à son habitude, le commissaire décroche alors ostensiblement sa montre et la pose sur la table. Puis il se

---

1. Le lecteur comprendra que nous taisions son véritable nom.

tait, jetant de temps à autre un regard en direction des trois enquêteurs présents avec lui, deux hommes et une femme.

Une demi-heure plus tard, toujours rien. La salle est plongée dans un silence de plus en plus palpable.

Brusquement, sur un signe du commissaire, les deux fonctionnaires restés debout au fond de la salle s'approchent du suspect et l'invitent à ôter ses vêtements. Ils s'emparent de sa veste, de sa chemise, de son pantalon, et fouillent chaque pli avec minutie.

Z. donne des signes d'affolement. Il est quasi nu lorsque l'un des hommes pose sous les yeux du commissaire une pochette semblant contenir des préservatifs.

Raymond Nart possède encore une longueur d'avance grâce aux heures de bandes qu'il a écoutées. Il connaît les relations du suspect avec les femmes. C'est peut-être le moment d'en abuser, alors que l'interressé est nu comme un ver au milieu de la pièce. Le commissaire brandit la pochette et interpelle l'inspectrice :

« Nicole, qu'est-ce que c'est que ça ?

– Ce sont des capotes anglaises, je crois. »

La conversation, un instant, roule sur les maîtresses du suspect.

« On sait tout », dit l'inspectrice, citant le nom d'une personne de sexe féminin dont il a plusieurs fois été question dans les écoutes téléphoniques.

« Non, madame, pas elle, proteste Z. Elle est affreuse ! »

Durcissant le ton, Raymond Nart invite Z. à se rhabiller. Puis, le regardant droit dans les yeux, il tente le coup foudroyant :

« Monsieur, je n'ai qu'une question à vous poser. Je veux que vous y répondiez le plus complètement possible. Je veux que vous m'exposiez dans le détail la nature, le contenu et la finalité de vos relations occultes avec les Soviétiques. »

Désarçonné par son inconfortable position et certainement troublé par la présence d'une femme dans cette pièce où il n'a pas encore eu le temps de se rhabiller, Z. fournit la réponse que le commissaire attendait : « Mais monsieur, dit-il, elles n'étaient pas si occultes que ça... »

« À partir de là, raconte Raymond Nart, l'interrogatoire était terminé. Z. nous a parlé pendant près de cinq jours. Nous avons su comment il avait été recruté, par qui il était traité et ce que le KGB lui demandait. »

Comme pour Sergiev, les Soviétiques avaient joué avec lui sur la corde sensible de la mère patrie. C'est un journaliste de l'agence Tass qui avait d'abord approché Z. dans la librairie russe de la rue de Buci (la librairie du Globe), à Paris, un jour de novembre 1962. Officier du KGB, le journaliste avait noué une relation suivie avec lui. Évitant d'aborder les sujets délicats, il prenait soin, par exemple, de ne jamais prononcer le mot « communisme ». Il lui parlait en revanche énormément de la Russie.

Plus tard, quand l'homme avait paru mûr pour collaborer, le journaliste avait été remplacé par un autre traitant. Ce dernier avait fixé pour leurs rendez-vous une règle simple : lorsqu'il traçait un « V » à la craie sur un mur, non loin du domicile de Z., cela signifiait qu'il confirmait leur rencontre, laquelle avait en général lieu à Pantin, rue du Pré-Saint-Gervais, le troisième mercredi du mois à 20 heures.

L'avantage, pour les Soviétiques, c'est que l'immigré russe ne parlait pas l'anglais. Il ne comprenait donc pas l'importance des documents qu'il photocopiait, provenant des plus grands fabricants de canons et avions de guerre : Dassault, la Snecma, l'allemand Messerschmitt, sans oublier ce rapport d'une haute importance stratégique, le « Plan 2000 » de l'Alliance atlantique.

Z. est finalement condamné à dix ans de prison par la cour d'assises de Paris, le 7 février 1984. Vingt ans après, il conteste toujours haut et fort les fondements de cette condamnation. Au cours d'une conversation que nous avons eue avec lui, le 22 janvier 2003, il avouait conserver de son interrogatoire à la DST le souvenir d'une véritable « séance de torture » :

« On peut extirper n'importe quoi d'un type avec une garde à vue pareille. Si tu ne parles pas, tu finis en forêt de Fontainebleau avec une balle dans la tête ! Je pense qu'ils m'ont drogué. Ils m'ont choisi parce que j'avais un nom russe. Je suis victime de mon nom, tout le reste n'est que du roman ! J'ai juste permis à des policiers de prendre du galon. » (À ce moment de notre entretien téléphonique, une femme, qui semble être son épouse, exige qu'il raccroche.)

La preuve, pour ceux qui en douteraient, qu'un interrogatoire de la DST ne laisse pas les mêmes traces dans la mémoire des questionneurs et dans celle des questionnés...

Les fausses pistes

« En voyant un visage, on sait parfois d'emblée à qui l'on a affaire. Il y a des personnes dont on se dit tout de suite que l'on pourra leur faire dire n'importe quoi. L'allure physique n'est pas le seul indice. Vous mènerez en général où vous voudrez l'homme à la faible personnalité et au vocabulaire très pauvre. Il suffit de lui tendre la perche, de lui dire qu'il sera tranquille s'il avoue, de lui mettre les mots dans la bouche, et vous avez des aveux en bonne et due forme. Il suffit de savoir organiser un contexte propice, et il vous dit ce que vous voulez entendre. »

Il n'y a pas que les faibles, il y a aussi les mythomanes. Raymond Nart se souvient d'un spécimen à la DST : un gars de la marine nationale dont la Sécurité militaire soutenait qu'il avait dérobé d'importants renseignements concernant les sous-marins français.

Dès les premières heures de l'interrogatoire, le suspect déclare rencontrer régulièrement un Soviétique à la sortie d'une bouche de métro, et raconte comment il lui transmet les documents volés. Un jour, détail étrange, le Soviétique serait même venu au rendez-vous avec un morceau de toile émeri à la main. Un détail pour faire vrai ? L'homme n'explique pas à quoi aurait pu servir cet abrasif.

La garde à vue s'éternise. Elle dure même plusieurs jours, jusqu'à ce que la DST découvre que rien de ce que raconte cet homme ne tient la route. Il a tout inventé, mais, par un curieux effet de miroir, ses premiers interrogateurs ont voulu y croire.

La DST n'est pas toujours sortie gagnante des interrogatoires. Elle a même sur la conscience un mémorable ratage, impliquant précisément Z. « Si le travail avait été bien fait, assure Raymond Nart, cet homme aurait pu être confondu dix ans plus tôt. »

Difficile à croire, mais c'est au hasard d'un verre bu dans une brasserie parisienne qu'un inspecteur de la DST avait entendu, à une table voisine, une conversation houleuse entre deux hommes. Celui qui paraissait être le chef insistait lourdement pour que l'autre lui apportât des informations lors de leur prochaine rencontre. Après avoir tendu l'oreille, les deux hommes paraissant décidés à quitter les lieux, le policier leur avait discrètement emboîté le pas. Obligé de choisir, il avait pris le plus petit en filature. Le relevé de ses plaques minéralogiques avait permis de remonter jusqu'aux services secrets roumains, puis d'identifier celui qui semblait bien être un agent : un Français employé de l'OTAN à Paris et répondant au nom de Z.

Quelques mois plus tard, la DST avait lancé ses filets. Mais le suspect, « mal interrogé », selon Raymond Nart, était reparti libre comme l'air. Et le piratage des documents de l'OTAN s'était poursuivi impunément durant plusieurs années.

« *Conversation de salon* »

Un ancien directeur adjoint de la DST, grand résistant et rescapé du camp de Dachau, avait l'habitude de donner à ses hommes une consigne apparemment curieuse qui n'était pas sans rappeler la « graisse de panthère » du vieux Wybot :
« Vous leur mettez la tête dans la baignoire ! »

Façon de parler, bien entendu. « Ces mots venus d'une autre époque n'étaient pas à prendre au pied de la lettre, décrypte Raymond Nart. Ce que voulait dire ce grand patron devait se traduire ainsi : Un interrogatoire n'est pas une conversation de salon, vous devez rester maître de la situation. En prenant évidemment soin de ne pas humilier inutilement des gens déjà passablement secoués par leur arrestation. »

Le malheur de Z. est qu'il ne connaissait rien au « jeu » auquel le conviait la DST. Car c'est bien d'une sorte de jeu qu'il s'agit, « un jeu sans ballon ». Le but de la partie consiste à attirer l'autre dans un piège. Pour l'emporter, il est nécessaire de penser ses coups à l'avance, comme aux échecs. C'est la seule façon, pour l'interrogateur, de conserver une maîtrise plus ou moins totale de sa « proie »...

« Si je m'étais mis dans l'idée de brutaliser Z., poursuit Raymond Nart, j'aurais immédiatement perdu la partie. Au lieu de cela, je lui ai tendu un piège assez sommaire, avec cette fille qui lui tournait autour. Cet homme, je le savais, était sexuellement perturbé, comme j'avais pu le constater par les écoutes. La pression que j'ai exercée sur lui n'avait cependant rien à voir avec une violence physique : elle était d'ordre exclusivement psychologique. »

Prendre un annuaire pour frapper un suspect sur le haut du crâne n'est apparemment pas dans les mœurs du contre-espionnage. Pas même en ces années 70 où l'on ne lésinait pas sur les rapports musclés dans les commissariats de police de France et de Navarre.

« Le monde du renseignement est un monde de gens civilisés, insiste l'ancien directeur adjoint. Taper sur quelqu'un, c'est presque à coup sûr se priver définitivement de son témoignage. Avoir prise mentalement sur un suspect est indispensable ; le détruire physiquement ne mène nulle part. »

L'interrogatoire restait d'ailleurs à la DST le fait de quelques spécialistes. Un véritable métier, disait-on, qui n'était pas forcément celui de tous les fonctionnaires. Marcel Chalet, très imprégné de culture britannique, n'avait pas son pareil pour jouer les « gens de Smiley » et pratiquer l'interrogatoire « déductif ». On l'aurait plus difficilement imaginé dans des postures répressives.

Rester en bonne condition physique

Il fallut ce jour-là à Raymond Nart une bonne dose de psychologie pour démasquer le jeu pervers que jouait en face de lui un couple franco-russe. Lui, français, accuse son épouse russe de collusion avec le KGB. Il le répète avec conviction et, finalement, avec une telle outrance que le policier est saisi de doute... Le commissaire décide alors de poser quelques questions plus précises. Il interroge directement l'accusateur sur ses relations avec son épouse. Et voilà que l'homme, de plus en plus mal à l'aise, avoue de grandes difficultés relationnelles avec sa compagne. Quelques minutes plus tard, il s'effondre et prie que l'on ne tienne aucun compte de tout ce qu'il vient de raconter : tout cela est pure invention. Impossible de prévoir la suite des événements : dans les jours qui suivent cette incroyable confrontation, les deux malheureux se donnent la mort par le gaz.

Les dirigeants de la DST décident de mettre l'accent sur cette histoire et de rallonger les heures de cours de psychologie dans la formation des futurs interrogateurs. Ils renforcent au passage les règles qu'ils se sont fixées.

Pour commencer, prévoir trois personnes pour interroger quelqu'un, dont l'une doit être présente du début à la fin de l'interrogatoire. Aux côtés de ce personnage central, deux assesseurs dont les rôles doivent être définis à l'avance : l'un soutiendra le flux des questions, l'autre, en général le plus jeune de l'équipe, prendra en note ce qui sera dit, apposera les tampons sur les procès-verbaux et vérifiera si les signatures n'ont pas été oubliées. Dans la mesure du possible, présenter les pages au fur et à mesure à une quatrième personne, restée à l'extérieur de la pièce et capable de prendre du recul par rapport à l'interrogatoire en cours. Privilégier le lien direct, propice à l'obtention d'aveux, ou, mieux encore, à la naissance d'une collaboration. Pour en arriver à ce point crucial, ne pas hésiter à accorder une concession, par exemple l'impunité, non sans avoir négocié auparavant, si nécessaire, le concours de la justice.

Si la personne interrogée se met brusquement à parler, il est conseillé de lui proposer un stylo. Cela limite les risques de contestation par la suite, même s'il est toujours possible au suspect de dire qu'on lui a « dicté » ses phrases. Ne pas oublier de vérifier régulièrement le réglage de la caméra vidéo pointée sur le suspect pour enregistrer l'interrogatoire, pratique courante à la DST depuis une quinzaine d'années. Détail apparemment anodin, mais qui a son importance : celui qui interroge ne doit pas hésiter, s'il a devant lui un militaire, à l'appeler « mon colonel » ou « mon général ».

La question des interprètes reste délicate. « Ils sont bons pour les langues, rarement pour l'interrogatoire, dit Raymond Nart. Les affaires sont par ailleurs souvent complexes. Expliquer les choses à l'interprète provoque parfois des discussions sans fin au cours desquelles la personne interrogée compte les points et reprend des forces. C'est une importante perte de temps et cela limite l'impact des questions. Le risque est également de voir l'interprète devenir malgré lui une sorte de médiateur. »

Ultime consigne : rester en bonne condition physique pour éviter de craquer avant la personne interrogée, sachant que l'« exercice » peut s'éterniser.

Surtout, pas de vagues

En police judiciaire, une fois le suspect cerné et arrêté, l'officier de police est censé résumer dans un procès-verbal les faits qui lui sont reprochés et les explications qu'il a fournies. Puis, une fois la garde à vue terminée, il envoie la personne devant le juge qui l'interroge à son tour.

En matière de contre-espionnage, le procès-verbal n'est pas du tout une fin en soi. Et si l'on peut éviter la garde à vue, c'est aussi bien, sauf si les faits sont d'une clarté totale, ce qui est rarement le cas. L'essentiel est de nouer un dialogue, une méthode que la pression actuellement exercée par la justice rend de plus en plus improbable.

« Il n'est pas difficile de sentir que la personne que vous avez en face de vous a envie de parler davantage, dit Raymond Nart. Il faut alors créer les conditions propices, par exemple lui offrir un repas qui lui donnera l'occasion de s'exprimer. L'objectif est d'obtenir le maximum d'informations en évitant toute coercition. Si la pression est nécessaire, elle peut aussi se révéler négative. Si l'on peut éviter de se situer dans le cadre éminemment contraignant de la garde à vue, c'est préférable. Une garde à vue débouche au mieux sur des aveux, dont on sait qu'ils seront forcément partiels. Or il y a toujours une partie cachée, bien plus intéressante, que l'on découvre en général en prenant son temps, parfois même des jours ou des mois après le contact initial. »

Dans le même registre, Raymond Nart a toujours incité les inspecteurs à respecter les silences des personnes interrogées. Une leçon apprise auprès des Chinois, qui lui avaient démontré à quel point le silence peut faire partie intégrante d'une conversation. À condition, évidemment, de ne pas tomber dans l'excès, de ne pas transformer un silence ponctuel en mur de silence, auquel cas il ne reste plus qu'à envoyer le suspect devant le juge d'instruction en espérant qu'un séjour en prison lui déliera la langue. « Une méthode trop souvent érigée en principe », dit Raymond Nart qui conteste cette « présomption de culpabilité ». « Une méthode disproportionnée, ajoute-t-il, s'agissant le plus souvent de simples comparses. »

« Le démarrage d'une affaire est important, observe un pilier de la DST. Il n'y a rien de pire que de commencer à traiter quelqu'un gentiment, puis de changer brusquement son fusil d'épaule. D'autant que l'on court toujours le risque, dans les dossiers de contre-espionnage, d'ennuyer quelqu'un pour rien, le soupçon se révélant régulièrement infondé. »

Parfois, la DST réussit à convaincre un juge d'instruction de jouer avec elle la carte du renseignement au détriment de la justice. Cela fut notamment le cas de Jean-Louis Debré, qui ne s'était pas encore présenté à la députation. Juge d'instruction à Paris, il accepta d'enterrer gentiment l'affaire Matei Pavel Haiducu, du nom de ce Roumain interpellé sur le sol français alors qu'il préparait la liquidation de deux écrivains dissidents réfugiés à Paris : Paul Goma, qui avait déjà reçu deux colis piégés en provenance de Madrid, et Virgil Tanase. Avec de bons motifs : à la veille de passer à l'acte, l'exécuteur roumain, agent illégal en

France depuis 1975, s'était confessé à la DST. Il avait expliqué qu'il devait tuer les deux opposants avec un poison fourni par les services du général Plecita, chef de la Securitate, ce qui avait permis au contre-espionnage français d'organiser un simulacre d'enlèvement doublé d'un simulacre d'empoisonnement. Un tel retournement méritait compensation, à condition que la justice suive.

Il n'était cependant pas imaginable que la justice accède aux dessous d'une telle affaire. Elle n'a ainsi jamais su que les services secrets roumains avaient tenté de stopper la désastreuse « affaire Tanase » en écrivant, en 1982 une lettre pleine de sous-entendus au ministre français de la Défense, Charles Hernu. Le courrier, envoyé de Genève, émanait prétendument de l'agent qui avait traité Hernu à l'époque où il coopérait avec les services roumains. Son auteur prétendait vouloir donner un coup d'arrêt à « la provocation concernant l'affaire Tanase », avant de poursuivre, énigmatique : « Je n'ai pas été d'accord pour que la partie roumaine utilise ces éléments et fasse la publicité de quelques aspects, cela ne me plaisait pas. Je suis convaincu que vous comprenez à quoi je me réfère. » Nul n'a jamais su si Charles Hernu s'était entretenu de ce courrier avec Gaston Defferre, ministre de l'Intérieur, dont relevait ce dossier. Il ne figure évidemment pas non plus dans le dossier d'instruction.

Dans d'autres cas, ce sont les clients mêmes de la DST qui réclament la plus grande discrétion, notamment lorsqu'il s'agit de grosses entreprises ayant pignon sur rue. Il est bien beau, en effet, de contribuer à démasquer un espion dans ses murs, mais rendre l'information publique est une tout autre histoire. Comme une suite judiciaire n'est jamais sans conséquences médiatiques, certains PDG insistent pour étouffer le dossier et régler le sort de l'espion « en famille ». Sans bruit ni vagues, histoire de ne pas troubler la réputation de la marque. Un choix que la DST préfère souvent entériner, de crainte de voir les milieux économiques se couper du contre-espionnage, pour le plus grand bonheur des espions.

Les frustrations du contre-espion

Les sous-sols de la rue Nélaton, nouveau siège de la DST, sont moins austères que ceux de la rue d'Argenson ou de la place Beauvau, à classer aux monuments historiques avec les graffitis laissés par les résistants ! Des cellules y ont été aménagées, ainsi que plusieurs salles d'interrogatoire. Comme dans les anciens locaux, pas de décoration, rien qui puisse accrocher le regard. Des murs aussi lisses et nus que possible. Ceux qui passent par là n'échappent cependant pas au droit commun : Paris n'est pas Guantanamo. « Voulez-vous prévenir un avocat ? Souhaitez-vous aviser un membre de votre famille ? » Les questions posées aux détenus ordinaires s'adressent également à ceux qui tombent entre les mains du contre-espionnage.

Combien d'espions ayant sévi sur le sol français sont-ils passés par là ? Une infime minorité, à en croire les anciens du service, les enquêtes en ce domaine étant particulièrement difficiles à boucler. L'un d'eux, un illégal russe, a d'ailleurs causé dans la « maison » une forte frustration, la détection d'un illégal étant l'un des sports réputés les plus difficiles.

L'espion était parti de Finlande, comme souvent. Il avait séjourné à New York, où les services américains l'avaient détecté avant de signaler aux Français son départ pour Paris. Vivant sous une fausse identité, muni d'un faux passeport britannique au nom d'Eric Svensson, le Russe utilisait, pour subvenir à ses besoins, des chèques de voyage délivrés par une banque suédoise. Ce sont ces chèques qui permirent à la DST de le suivre à la trace au fil des bureaux de change devant lesquels il se présentait. Un jour, le contre-espionnage parvint même à récupérer une photo de lui au guichet d'une banque, grâce à la vidéosurveillance.

« Une enquête magnifique ! » dit-on à la DST. Sauf que le service arriva trop tard : lorsque son domicile fut enfin repéré, l'espion avait déjà quitté la France pour sa prochaine destination. Il était à Johannesburg, en Afrique du Sud, privant la DST d'un interrogatoire de rêve.

Tel est le lot quotidien d'un service de contre-espionnage, où les questions sans réponse sont plus nombreuses que les fins de partie heureuses.

11.

Secret et parano

Le secret

« Le secret opérationnel est indispensable lorsqu'il s'agit de traiter de grosses affaires sur la durée, dit Raymond Nart. Parler prématurément d'un dossier, c'est courir le risque de ne pouvoir le mener à son terme. Parler, c'est tout simplement prendre le risque de scier la branche sur laquelle le contre-espionnage est assis, de livrer la méthode de fabrication, bref, de brader le fonds de commerce ! Le secret n'est pas pour la DST quelque chose qui relève de la philosophie ; c'est une discipline, une méthode de travail, un outil, une culture. Il n'est évidemment pas fait pour plaire aux politiques, pas plus d'ailleurs qu'à la magistrature.

« Le secret, c'est le classement et l'ordre : le fait, par exemple, de ne laisser aucun papier derrière soi. Le secret, c'est encore la protection des sources. Si le dossier "Farewell" a pu être mené à son terme, c'est précisément grâce au secret.

« Cette culture présente quelques inconvénients. Tant que celui qui détient un secret ne le partage pas, il n'existe pas aux yeux de ceux avec qui il pourrait précisément le partager, en l'occurrence le pouvoir politique. Le secret va surtout à l'encontre de la nature humaine et des tendances actuelles, qui prônent partout la transparence.

« Poussé à l'extrême, le secret peut d'ailleurs devenir pervers. Le cas de l'Union soviétique en fournit un exemple caricatural. Dans ce régime, la langue de bois et le mensonge étaient institutionnalisés, organisés de façon à pouvoir nier l'évidence. Mais cette négation était si flagrante que cela en devenait stupide. Tout cela pour préserver un secret qui n'en était plus un : le fait que le système ne pourrait se perpétuer indéfiniment.

« Il faut cependant distinguer le secret opérationnel du secret d'État : le premier peut tenir indéfiniment, mais, en France, un secret d'État ne dure pas. »

Un secret partagé par plus de deux personnes...

Sous-directeur, puis directeur adjoint de la DST, Raymond Nart cultive l'art de travailler sur un bureau lisse. Pas un papier en vue, rien non plus dans la corbeille. Les seules notes qu'il s'autorise à prendre, ce sont les consignes dispensées durant les réunions d'état-major. Tout le reste, aussitôt lu, passe au broyeur.

Le secret est le dénominateur commun de tous les gestes, de toutes les décisions. Il n'est que très exceptionnellement brouillé par la sphère privée : l'épouse de Raymond Nart ne téléphone jamais au service, son fils ne s'est autorisé que de très rares appels, par exemple pour annoncer ses résultats au bac. Quant aux contacts amicaux hors de la DST, ils sont pour le contre-espion assez rares.

Comment vivre aussi totalement le secret sans jamais faillir ? « La recette consiste à avoir près de soi, au sein du service, une personne avec qui partager les secrets, quelqu'un à qui l'on peut parler en confiance. C'est le palliatif indispensable aux bavardages intempestifs. »

Raymond Nart dispose dans la « maison » d'une oreille attentive en la personne de Jacky Debain, son adjoint. Pas besoin, dit-il, de chercher plus loin. Qui est cet homme avec qui il partage bien plus de secrets qu'avec sa propre épouse ? Un ancien professeur de collège, passé par un curieux rebond de l'école normale aux Renseignements généraux de la préfecture de police à l'époque où y officiait encore un certain Philippe Massoni (qui, devenu préfet de police, sera appelé comme conseiller spécial pour la sécurité par Jacques Chirac à la veille de sa réélection à la présidence). Un Poitevin avec lequel Raymond Nart se sent depuis toujours complémentaire, aussi porté sur la réflexion que lui-même maîtrise les phases opérationnelles. Dans la maison, on les appelle alors le « binôme », ou le « couple mythique ».

« Un secret partagé par plus de deux personnes, c'est la foule qui est au courant », répètent volontiers les deux hommes. Durant des années, l'un a été le verrou de l'autre, et vice versa.

« Dans les milieux journalistiques... »

Roger Wybot a autrefois réorganisé les archives de la DST. Le document de base, c'est la note technique. Elle se découpe en trois chapitres.

Le premier contient les noms cités dans la note ; plus de sept noms, et une note annexe devient obligatoire.

Le deuxième rappelle les renseignements archivés ayant un lien avec le sujet.

Le troisième contient le renseignement lui-même, obligatoirement sous forme synthétique, claire, et rédigé de manière impersonnelle.

En conclusion, enfin, une note sur la valeur du renseignement et une autre sur la valeur de la source.

« Un renseignement n'a aucun poids s'il n'est pas situé

dans son contexte », a-t-on coutume de dire à la DST. Pour autant, pas question d'indiquer noir sur blanc l'identité de la source. À la place, on utilise des formules toutes faites, du genre : « Dans les milieux journalistiques... », ou : « Selon une source située dans les milieux ukrainiens... » Démarquages de précaution ou imprécisions sans conséquences.

Une vie au secret

Tout le monde n'est pas apte à passer le plus clair de sa vie dans l'ombre (ou la pénombre). Sur les 1 500 personnes que compte en moyenne la DST, rares sont cependant ceux dont cette ambiance a « fondu le cerveau ».

De mémoire de Raymond Nart, les coups de folie ou les suicides ont été très rares dans les rangs, plus rares que dans le reste de la police nationale. Une fois, un gars s'était mis à voir des agents roumains partout : on l'avait recasé en douceur à l'imprimerie. La grande majorité résiste plutôt bien à ces conditions de travail si particulières qui restreignent considérablement le champ des confidences.

Accessoirement, l'omniprésence du secret a cependant donné de grosses suées à tous les membres de la DST, en 1985, le jour du déménagement : par crainte de voir des déménageurs peu scrupuleux (ou téléguidés) s'emparer de documents ultraconfidentiels, ils furent contraints de déménager eux-mêmes leurs archives au nouveau siège du service.

Le clandestin

Le secret imprime son sceau sur toutes les coutures du contre-espionnage. « Vivre clandestinement requiert une très grande rigueur, souvent inhumaine, dit Raymond Nart.

Il faut être capable de tenir une légende jusqu'au bout et ne rien oublier, surtout pas les initiales brodées sur sa chemise ce qui serait du pur amateurisme ! »

Pour jouer les clandestins à Cuba, il faudrait évidemment parler l'espagnol. Il faudrait aussi avoir une spécialité professionnelle qui tienne la route aux yeux des autorités locales. Par exemple, monter une agence de tourisme, laquelle pourrait servir de prétexte à une multitude de contacts (dans la peau d'un clochard, le clandestin aura en effet peu de chances de recevoir des renseignements passionnants). Pour celui dont le rôle consisterait simplement à recevoir tous les quinze jours des documents à photocopier, un métier anodin – pêcheur de homards... – pourra aussi bien faire l'affaire.

« La clandestinité ne s'improvise pas. » Pour que la couverture officielle tienne la distance, mieux vaut prévoir deux personnes. L'idéal est même d'agir en couple. Cela permet d'éviter d'aller chercher à l'extérieur une personne du sexe opposé, personne qui ne manquera pas de poser, tôt ou tard, des questions gênantes. Mieux vaut également ne pas avoir de soucis pécuniaires et se débrouiller pour passer systématiquement à travers tous les contrôles possibles et imaginables : sociaux, policiers ou fiscaux.

« L'art du clandestin consiste à se fondre dans la population, poursuit Raymond Nart. Il lui est indispensable de cultiver la modestie, d'adopter un comportement passe-partout et d'éviter les feux de la rampe. La longévité de Mata Hari est l'exception qui confirme la règle[1] ! Cela dit, le clandestin finit presque toujours par être trahi. Il ne peut en effet tout contrôler, tout anticiper, surtout pas la trahison au sommet, celle du chef du renseignement qui décide un jour de changer de camp avec le fichier des illégaux. Il faut

---

1. Danseuse et aventurière hollandaise fusillée à Vincennes en 1917, après avoir été accusée d'espionnage au profit de l'Allemagne.

toujours garder à l'esprit que nous avons affaire à des constructions humaines, avec les failles et les faiblesses qui sont celles de tout homme. Il y a toujours quelque part un type qui va trahir pour une femme ou pour de l'argent. C'est une règle de base qu'il vaut mieux intégrer. »

Le grand blond à la chaussure jaune

Quand le secret rôde, la paranoïa n'est jamais loin.

Un jour, une sorte de délire collectif s'est emparé de la DST. Un espion présumé, ingénieur de son état, de nationalité française, mobilisait l'attention depuis peu. Vivant en province, le profil du grand blond, on le voit débarquer par le train dans la capitale. À partir de là, tout s'enchaîne selon un scénario trop bien huilé. Le suspect se rend dans le jardin des Tuileries. Il s'installe sur un banc et se met à lire le journal, sa sacoche posée à ses côtés. Ses suiveurs le voient ensuite s'approcher d'une poubelle où il prend vraisemblablement quelque chose. Puis l'homme emprunte le métro jusqu'à la porte d'Auteuil. Là, on croit déceler une contre-filature, du genre de celles dont le KGB est coutumier. Il s'engouffre à nouveau dans le métro, direction porte Maillot, où il entre dans le hall de l'hôtel Méridien. La contre-filature se poursuit apparemment, le nombre de personnes mobilisées autour de lui semble même très important.

On décide de ne pas lâcher une si belle proie.

Le lendemain matin, plusieurs fonctionnaires sont dépêchés aux trousses de l'homme au comportement si troublant. La présence d'une telle concentration de personnages autour de lui est inhabituelle. Peut-être le signe qu'un rendez-vous de la plus grande importance se prépare ?

À un moment donné, un commissaire de la DST émet l'hypothèse que cet homme en fait peut-être un peu trop pour être un véritable espion. On s'aperçoit peu après de l'énormité du malentendu : homosexuel, l'homme était simplement en quête de rendez-vous galants. Force est d'admettre que, trois jours durant, la division « Surveillances » de la DST venait de vivre une forme d'hallucination collective, façon grand blond à la chaussure jaune.

C'est qu'il est parfois très difficile, lorsqu'on surveille une personne sans connaître les tenants et les aboutissants de sa conduite, de se forger une idée sur le sens de ses faits et gestes. En l'occurrence, le suspect venu de province s'était certainement approché d'une poubelle, dans le jardin des Tuileries, mais plutôt pour y jeter quelque chose que pour y récupérer un quelconque message.

« Soyez lucides »

Au nom du principe de précaution, Raymond Nart a préféré ce jour-là faire l'impasse sur un client possible plutôt que de prendre le risque de commettre une erreur. La scène se déroule un soir, alors qu'il vient de quitter le ministère de l'Intérieur. À quelques centaines de mètres de là, une galerie d'art tenue par une femme d'origine russe. Un couple s'attarde devant la vitrine. L'homme a les mains dans le dos. Un passant s'approche. Il ralentit et semble glisser un objet non identifié entre les mains de l'homme, qui enfouit la chose dans sa poche.

Raymond Nart a-t-il rêvé ? Ce qu'il vient de voir est-il le fruit de son imagination, débridée par une journée de travail trop chargée ? Incertain, il décide de ne rien entamer : ni filature ni enquête.

Trop paranoïaque ou pas assez : les deux attitudes extrêmes présentent de gros inconvénients pour un service de contre-espionnage. Raymond Nart a passé une grande partie de sa vie professionnelle à combattre ces excès. Il a appris à ne pas écouter ceux qui prétendent qu'il se passe systématiquement quelque chose d'anormal là où ils se trouvent, au risque de créer des histoires là où il n'y en a pas. Maintes fois, il a éconduit ses agents, de crainte qu'ils ne soient victimes de l'une de ces hallucinations collectives. Souvent, il a rappelé à l'ordre les hommes de la division « Surveillances » : « Soyez lucides ! répétait-il. Ramenez-moi du concret ! Vérifiez par deux fois que le gars est bien entré dans l'agence de l'Aeroflot [la compagnie aérienne nationale russe], et pas sous le porche de l'immeuble voisin... »

La « bleuite » tue à Alger

En matière d'intoxication et de paranoïa, Raymond Nart avait été à bonne école : celle de la guerre d'Algérie. Il a vécu de l'autre côté de la Méditerranée une expérience unique, qu'il situe aux environs de l'année 1956.

L'acteur principal de cet épisode a pour nom Paul Léger, un commandant de l'armée française appelé en renfort par le général Massu alors qu'il se morfondait à Paris après un long séjour en Indochine. La première bataille d'Alger fait rage lorsqu'il décide de constituer un groupe destiné à récolter du renseignement dans les ruelles de la casbah. Pour distinguer les membres de cette équipe des autres supplétifs, il leur fait endosser un uniforme particulier : des bleus de chauffe. Tout naturellement, en ville, on ne tarde pas à les surnommer les « bleus ». Très vite, et c'est le but de l'opération, les Algérois se mettent à voir des « bleus » partout. La contagion est telle que toute la ville est bientôt atteinte du virus, baptisé par les militaires français du nom qui s'impose : la « bleuite ».

Pour accroître le trouble chez l'adversaire, Paul Léger a une autre idée particulièrement vicieuse : il se débrouille pour que l'on arrête et que l'on conduise jusqu'à son bureau une jeune femme issue d'une grande famille kabyle. En plein interrogatoire, le militaire s'absente volontairement quelques minutes, non sans avoir pris soin de laisser traîner sur sa table, bien en évidence, une liste censée contenir les noms d'agents travaillant en sous-main pour les Français.

La femme attrape la feuille et la glisse dans son soutien-gorge, comme l'avait imaginé le militaire. Il la libère peu après non sans lui avoir collé les deux gifles d'usage, histoire de la motiver.

L'espionne d'un jour remet comme il se devait la liste à son père, lequel la transmet à l'un de ses amis, cadre haut placé au sein de l'ALN (Armée de libération nationale).

Le papier remonte jusqu'au sommet de la hiérarchie ; l'on en prend connaissance au moment précis où l'on envisageait de constituer un organe destiné à négocier avec les Français. Lorsqu'il a vent de l'affaire, Amirouche, chef de file des nationalistes, ne fait pas de quartiers : furieux, il monte aussitôt un comité d'épuration qui revendique bientôt 500 exécutions.

Les cadavres s'accumulant, l'un des conseillers de la direction de l'ALN ose émettre l'hypothèse que personne n'a envisagée : et s'il s'agissait d'une provocation en bonne et due forme ?

Le doute s'installe, mais le chef ne peut admettre s'être laissé intoxiqué et le massacre continue... La preuve qu'une paranoïa bien distillée peut faire des ravages considérables, surtout en temps de guerre.

Alimentez la paranoïa, il en restera toujours quelque chose...

Dans une interview au journal *Le Monde*, après la sortie sur les écrans du *Tailleur de Panama*, adaptation de l'un de ses livres, John Le Carré déclarait ceci : « L'espion est une métaphore de ce que nous sommes et le monde de l'espionnage, un reflet de notre propre inconscient. Si vous voulez connaître les fantasmes collectifs d'un pays, visitez ses services secrets. Nous avons perdu notre véritable ennemi. Nous devons désormais en inventer. Durant la guerre froide, nous observions dans un miroir en regardant le gars d'en face. Nous avons tous fantasmé. Nous pensions que les Russes étaient plus forts que nous, et eux imaginaient le contraire. »

« Les fantasmes collectifs sont la plaie des services de renseignement », dit un ancien de la DST. Le contre-espionnage n'est pas le seul à tutoyer la paranoïa. La maison rivale, encore appelée SDECE à cette époque, n'était pas épargnée non plus.

L'affaire qui suit est venue aux oreilles de Raymond Nart par le biais de son directeur, Désiré Parent, dont un cousin supervisait au SDECE le service « Recherches ». Les patrons du SDECE étaient très inquiets : ils soupçonnaient le KGB d'avoir recruté une taupe au sein de leur service. Peut-être même à un très haut niveau, avait expliqué le cousin qui semblait disposer d'informations assez précises.

Fort de ces confidences, Raymond Nart, au hasard d'un trajet dans le métro parisien, tombe un beau jour sur l'homme suspecté d'avoir pactisé avec Moscou, qu'il connaît vaguement. Alors qu'il tente d'en savoir un peu plus sur l'affaire qui préoccupe ses chefs, il voit son interlocuteur esquiver et se retrancher avec plus ou moins de conviction derrière le secret-défense.

« Je ne peux rien te dire », dit-il tandis que les deux hommes s'asseyent pour bavarder quelques minutes sur un banc de la station Champs-Élysées-Clemenceau. En le saluant, il lui lance un appel au secours : « Dis à ton directeur d'en parler à son cousin, et qu'ils me sortent de là ! »

Ce jour-là, Raymond Nart quitte son interlocuteur avec

une désagréable impression : la mine déconfite du gars du SDECE en disait plus long que tous les secrets.

Son intuition ne tarde pas à se vérifier lorsque Désiré Parent lui apprend les graves soucis qui viennent de s'abattre sur le SDECE. Durement interrogé par ses pairs, l'homme en question avait fini par avouer qu'il était un agent soviétique. Son épouse et son beau-frère, également membres du SDECE, avaient été brusquement mis à la porte, et lui avec.

« Une histoire infernale », songe Raymond Nart qui suit à distance les protestations du prétendu traître. L'homme clame son innocence jusqu'à l'Élysée.

Ce n'est qu'un an plus tard que les dessous des accusations portées contre l'officier du SDECE apparaissent au grand jour grâce à un article publié par *Le Monde*. Les soupçons étaient en fait apparus après les révélations d'un ancien légionnaire revenu d'Indochine, « Cripton » de son nom de code. Selon l'ex-sous-off, un commandant du SDECE était en prise directe avec le KGB. Il avait affirmé disposer de photographies probantes, mais personne ne les avait jamais vues. D'ailleurs, comment le KGB aurait-il pu montrer à un ancien légionnaire des photos d'un agent si haut placé ?

Troublé par ces révélations, le pouvoir politique ordonne une contre-enquête confiée à la DST. Désiré Parent s'implique personnellement dans le dossier. On retrouve difficilement la trace de l'ex-légionnaire, en Allemagne. Où donc ? En prison.

Désiré Parent se rend sur place en compagnie d'un fonctionnaire du service. Ils obtiennent assez facilement l'autorisation de pénétrer dans l'établissement pénitentiaire, accompagnés d'un représentant des services secrets allemands. Visiblement inquiet de cette intrusion, le directeur de la prison reçoit ses hôtes avec un café. Lorsque Désiré

Parent lâche le nom du détenu avec lequel il souhaite s'entretenir de vive voix, le directeur de la prison lève les mains au ciel :

« Il a tout fait ! s'exclame-t-il. Vol, viol, escroquerie : c'est un résumé du Code pénal à lui tout seul !

– Amenez-le-nous », insiste Désiré Parent.

L'interrogatoire ne dure que quelques minutes. L'ancien légionnaire n'est en fait qu'un semi-clochard. Il avoue vite avoir complètement inventé l'histoire du KGB. Pour de l'argent. Comment a-t-il convaincu le SDECE ? Il a affirmé disposer de photos de cet agent, ce qui était tout aussi faux. Dans quelles conditions a-t-il jeté son dévolu sur une personne donnée ? Pourquoi celle-là et pas une autre ?

On l'avait fait venir à Paris. On avait organisé une réception dans un grand hôtel parisien. Puis on l'avait placé derrière un rideau devant lequel on avait fait défiler les cadres du service. Il avait hésité, pris de remords à l'idée d'envoyer quelqu'un à l'abattoir. Jusqu'au moment où était apparu devant lui un homme un peu voûté, les mains croisées dans le dos. Son regard s'était attardé sur lui lorsque le commandant M., qui l'avait fait venir, lui avait soufflé à l'oreille :

« C'est lui ? C'est lui ?

– Oui, c'est lui », avait-il confirmé, soulagé d'en finir, mais remâchant ses scrupules.

C'est ainsi que le SDECE avait enfin pu mettre un nom sur ses propres peurs. Ainsi que l'on avait sacrifié un homme, ses proches et leurs carrières, pour donner corps à une prétendue infiltration soviétique. Au risque de passer à côté d'une véritable affaire d'espionnage...

Pour quelles raisons l'homme avait-il donc avoué ? C'est attaché à un radiateur, au fond d'une sombre cave, qu'il avait signé ses aveux. En guise de compensation, une fois la contre-enquête de la DST terminée, on lui avait accordé une mise à la retraite anticipée.

Le commandant du SDECE qui avait traité l'affaire n'en était pas à sa première erreur. Il cultivait malgré lui une sorte de phobie qui lui faisait voir des taupes partout. Cette fois, cependant, il n'avait pas seulement été victime de ses propres hallucinations, comme on va s'en apercevoir peu après. Il est tombé dans un piège tendu par les services secrets roumains, où l'on savait appliquer l'une des règles fondamentales de l'espionnage : pour neutraliser l'adversaire, rien de plus efficace que de lui adresser de faux signaux. Non seulement on fixe ainsi une partie de ses forces, qu'il emploie à vérifier ces bruits, mais il y a des chances pour qu'il prenne pour argent comptant les informations destinées à l'intoxiquer.

Alimentez la paranoïa, il en restera toujours quelque chose...

La main des Russes derrière la mort de Kennedy...

Savoir se protéger limite les risques de pénétration par l'ennemi, mais il est plus difficile de blinder un service pléthorique, comme la CIA, que la DST.

« Les salles d'attente et les couloirs de la CIA sont de vrais halls de gare, avec des milliers de gens dit Raymond Nart. Cela a évidemment facilité les tentatives d'infiltration du KGB. Dans l'autre sens, les Américains entretenaient eux aussi des taupes au sein du KGB, mais plusieurs de ces informateurs ont été fusillés après avoir été dénoncés... par les agents russes présents au sein des services américains ! »

Quel terreau plus fertile pour les délires paranoïaques que ce terrible cercle vicieux ? Les révélations du Russe Anatoli Golitsyne l'ont à ce point troublé que le chef du contre-espionnage américain, le légendaire James Jesus Angleton, fou d'orchidées et de poésie, en est resté marqué pour le restant de sa carrière...

Angleton avait fait ses premiers pas pendant la guerre, en Italie, où il s'était fait une spécialité de la lutte contre les influences communistes, main dans la main avec d'anciens fascistes. Dès son entrée à la CIA, il était apparu comme le chantre de la sécurité tous azimuts. Ses conversations avec le transfuge russe – passé à l'Ouest le 15 décembre 1961 – font naître chez lui une sorte de psychose de la pénétration soviétique, ainsi que le raconte Raymond Nart : « Après ses entretiens avec le transfuge, Angleton est devenu extrêmement suspicieux. Un vrai chasseur de taupes, qui ne se lassait jamais et aurait presque voulu que l'on fouille toutes les personnes qui entraient et sortaient des locaux de la CIA ! »

Angleton n'a jamais démasqué une seule taupe dans les rangs de la CIA, mais sa phobie l'a conduit peu à peu à restreindre les relations de sa centrale avec les services alliés. Il va même jusqu'à porter ses soupçons sur les plus hauts personnages de l'administration américaine, au point de devenir gênant pour ses propres patrons.

« Cet homme était à nos yeux un des grands maîtres, dit Raymond Nart. L'erreur qu'il a commise a été de clamer trop fort qu'il traquait les taupes. Sans doute est-il également resté trop longtemps au même poste, ce qui a exacerbé sa paranoïa naturelle. »

Un sommet est atteint lors de l'assassinat du président américain John Fitzgerald Kennedy. Un transfuge russe nommé Iouri Nossenko, entendu par la CIA, affirme en effet que l'assassin, l'Américain Lee Oswald, a séjourné quelque temps auparavant en Union soviétique, à Minsk. Son dossier personnel a même été « appelé » en haut lieu à Moscou. Mais les Soviétiques, soutient Nossenko, n'ont en aucune manière fomenté l'assassinat de Kennedy.

Angleton ne l'entend pas de cette oreille. Il est même persuadé du contraire. Certain que Moscou a actionné à distance la main du tireur, il décide de faire enfermer le transfuge Nossenko dans un sous-sol jusqu'à ce qu'il passe aux aveux. Ce que le Russe, n'ayant rien à avouer, ne fait évidemment pas.

Bien plus tard, on se rend à l'évidence : l'Union soviétique ne peut avoir sciemment planifié la mort d'un président des États-Unis. Et Iouri Nossenko est publiquement réhabilité.

La réputation de James Angleton, elle, est écornée. Certes, la suite des événements lui donne partiellement raison lorsque ses successeurs démasquent dans leurs propres rangs deux des plus grands traîtres que la guerre froide ait connus : Aldrich Ames et Robert Hanssen. Malheureusement pour lui, Angleton était quelque peu à contretemps. Et puis il en a trop fait. Entre 1960 et 1974, plus de cent vingt agents américains ont eu droit à ses soupçons, qui ont fini par se retourner contre lui : à bien y regarder, il avait causé plus de tort à la CIA que toutes les éventuelles taupes réunies.

En 1974, William Colby, nouveau directeur de la centrale, retire à James Angleton la direction du contre-espionnage. Au passage, il révèle que l'homme avait pris l'habitude de faire ouvrir le courrier de ses agents et de les placer régulièrement sur écoutes téléphoniques. Une commission se saisit alors du cas Angleton. Après enquête, ce sont plus de 700 000 dollars de dédommagement qui sont versés à chacun des fonctionnaires indûment écartés par la « sentinelle » la plus excessive de toute l'histoire du renseignement américain.

Anatoli Golitsyne avait-il intoxiqué le chef du contre-espionnage ? Capricieux, exigeant, « mégalomane », selon le psychologue de la CIA, celui que l'on a parfois considéré comme le plus grand transfuge de tous les temps ne disposait en fait que d'un lot limité d'éléments exploitables. Au point que certains ont fini par se demander, à Washington, si le duo Angleton-Golitsyne n'avait pas été carrément créé de toutes pièces par le KGB. La centrale soviétique aurait, en ce cas, réussi à fomenter le plus grand jeu de massacre de toute l'histoire de l'espionnage !

Vrai ou faux ? Le jeu des énigmes est au cœur du métier d'espion.

« *Mon côté paysan* »

À côté de ces excès, il y a ce que Raymond Nart appelle la « paranoïa normale », ou la « paranoïa de bonne foi ». Il est naturel, semble-t-il, que les agents du contre-espionnage s'intoxiquent les uns les autres lorsqu'ils sont « en chasse ». Comment se prémunir contre les opérations de déstabilisation initiées par l'adversaire ? « Toute ma carrière, j'ai lutté contre ça. J'ai même dû passer plus de temps à démonter des affaires qu'à en monter. Avec quelles armes ? C'est une question de tempérament, de culture. Je me suis toujours appuyé sur mon côté paysan : tant que tu n'as pas vu la chose, elle n'existe pas. »

Il ne faut pas seulement se protéger des faux bruits lancés par les autres services. « Quand vous êtes à la DST, vous êtes assailli de ragots. Quotidiennement, on vous raconte des histoires à dormir debout, du genre : "X est un type bizarre. D'abord, il couche avec sa secrétaire ; mais ce n'est pas tout : il est dans le trafic d'armes. En plus, il connaît des Libyens..." Il faut garder tout son esprit critique pour effectuer un tri. Les histoires de coucheries, ce n'était pas pour nous. Les services de renseignement ont tout à perdre à s'occuper de savoir qui couche avec qui, à commencer par leur crédibilité. Le renseignement n'a rien à voir avec le ragot. Le renseignement doit être d'autant plus vérifié qu'il sera, à un moment ou à un autre, acheminé vers une autorité qui s'en servira éventuellement, le moment venu. Il est impensable d'entraîner ces autorités sur le chemin de la paranoïa. »

Se méfier sans cesse... sans trop se méfier : seuls semblent pouvoir garder les pieds sur terre les espions qui les ont déjà.

Quand les gendarmes « inventent » des Irlandais

Le délire paranoïaque ne frappe pas seulement les espions, il se répand tout aussi fréquemment dans la nature, chez les magistrats, les policiers, ou encore les journalistes. Il est donc nécessaire d'être bien armé pour trier les personnes qui se présentent à l'accueil de la DST. Assez pour pratiquer la sélection avec discernement, sans rejeter tout le monde ni perdre son temps à écouter des élucubrations aussi encombrantes qu'inutiles.

« Pour contrecarrer un paranoïaque, il faut un bon jugement, dit Raymond Nart. La règle consiste à se forcer à voir les choses de la manière la plus simple, sans trop phosphorer, surtout quand on rentre chez soi à la fin d'une journée de travail. Il faut en même temps veiller à garder une oreille assez attentive pour ne pas passer à côté d'une affaire importante. »

Lorsque, en 1982, on entend pour la première fois parler de l'affaire dite des Irlandais de Vincennes – la fracassante arrestation de trois terroristes irlandais annoncée avec force publicité par les fameux gendarmes de l'Élysée –, tout le monde marche. Quelques semaines plus tard, cependant, à la DST, plus personne ne croit à cette fabuleuse et inattendue prise d'armes, survenue précisément à un moment où le gouvernement avait grand besoin d'afficher des résultats contre le terrorisme. Les confidences de l'un des « clients » de la cellule dirigée par Christian Prouteau et Paul Barril, le gauchiste repenti Bernard Jégat, venu vers la

DST après avoir été abandonné par ses chefs, confirment ces doutes.

L'histoire de ce trucage « abracadabrantesque » est relatée dans un procès-verbal qui restera longtemps sous le coude des responsables de la DST. Même Gilles Ménage, grand manitou du renseignement à l'Élysée, qui en demandait copie, se vit répondre par le directeur, Yves Bonnet, que le papier avait malencontreusement brûlé. Il fut, en fait, discrètement transmis quelques mois plus tard au parquet de Paris par le directeur Rémy Pautrat, sur ordre de Pierre Joxe... et contre l'avis de François Mitterrand.

La DST aurait-elle dû verser ses informations au dossier avec plus de célérité ?

« On ne doit pas se précipiter sur toutes les histoires fantasques », tranche un ancien directeur de la DST qui considère l'épisode comme un paroxysme de la paranoïa : pour redresser l'image d'un pouvoir aux abois et justifier leur propre importance, une poignée de gendarmes avaient cru bon de monter une affaire de toutes pièces.

« Confiez à de tels hommes la tête de la DST, et vous allez droit à la catastrophe », commente l'ancien directeur.

Jusqu'où pousser la transparence ? Sous l'autorité du ministre de l'Intérieur Nicolas Sarkozy, la DST communique aujourd'hui comme elle ne l'a jamais fait. « Never explain, never complain[1] », semblait être jusque-là la devise, explique Pierre de Bousquet de Florian, directeur de la DST depuis la réélection de Jacques Chirac. On ne pourra à l'avenir justifier du secret opérationnel qu'en cessant de nimber tout le reste d'opacité » dit-il. Dont acte.

---

1. Pas de jérémiades, pas d'excuses, comme disait la reine Victoria.

12.

Du terrorisme à l'hyperterrorisme

Carlos, la traque

Ayant semé la pagaille dans les amphithéâtres de l'université Patrice-Lumumba, à Moscou, l'incontrôlable sieur Carlos en est viré comme un malpropre. Il se réfugie alors en Hongrie, à Budapest, où les services de renseignement ne le quittent pas des yeux. Fou de rage, Carlos décharge un jour son revolver en direction de ceux qui étaient chargés de le « filocher ». Les patrons des services hongrois décident alors de le renvoyer à Moscou. Une négociation est entamée avec le KGB, qui s'oppose fermement au retour du gêneur. « Vous l'avez, vous le gardez », tel est à peu près le message.

« Les Soviétiques et leurs alliés soutenaient Carlos comme la corde le pendu, révèle un ancien spécialiste du monde communiste. Ils se le repassaient d'un pays à l'autre, mais personne ne voulait chez soi de ce personnage encombrant. »

Fils de communistes, communiste lui-même et internationaliste fervent, Carlos s'était mué en chef de bande et avait mis celle-ci au service de la cause arabe. Les services secrets russes l'avaient surveillé à distance, sans jamais se départir de leur méfiance initiale : il était clair que cet élément d'ultragauche les dérangeait aussi. Ils l'avaient vu se transformer peu à peu en mercenaire et opter pour la solution terroriste. C'est là qu'ils avaient été tentés de l'utiliser...

« Les espions ne sont pas des gangsters, ils n'agissent pas par la force », observe Raymond Nart. Sauf que le terrorisme, avec Carlos en guise de prototype, plonge bientôt la DST dans un nouvel univers où les armes parlent facilement. Un monde fort éloigné des salons feutrés où se joue le grand espionnage. Un nouvel âge, pour un service qui s'est forgé sa vocation dans le miroir de l'ennemi communiste.

Cette nuit-là, Raymond Nart apprend donc un nouveau métier. Il est en planque dans l'appartement parisien où Carlos, terroriste désormais patenté, est censé se présenter. Il est tranquillement assis dans un fauteuil, une arme à la main – cet ustensile qu'il n'a pratiquement jamais sorti jusque-là de son coffre-fort. L'un des deux autres membres de la DST présents dans la pièce a la carrure d'un deuxième ligne du XV de France. Les trois hommes partagent en silence la compagnie d'une jeune Vénézuélienne qui attend elle aussi des nouvelles de Carlos. Précaution élémentaire : le tiroir de la commode a été vidé des armes laissées là en réserve.

Quelques jours plus tôt, le 27 juin 1975, deux fonctionnaires de la DST étaient allés récupérer à la gare un agent du service, un Libanais, de retour de Londres, qui collaborait avec le contre-espionnage depuis qu'il avait été photographié en compagnie de Carlos. Ils l'avaient conduit jusqu'à un appartement où l'agent était censé prendre possession d'une valise bourrée de documents. Loin de se douter qu'ils allaient faire irruption au milieu d'une surprise-partie organisée par une Sud-Américaine en train d'enterrer ses années d'études, les deux membres du contre-espionnage n'avaient pas pris de précautions particulières. Carlos ne leur avait laissé aucune chance : reconnaissant son « ami » libanais, il avait aussitôt dégainé. Quelques secondes plus tard, il laissait derrière lui trois morts, dont les inspecteurs Raymond Dous et Jean Donatini, provoquant un méchant traumatisme au sein de la DST, qui n'avait pas vraiment l'habitude de ce genre d'accueil.

C'est la raison pour laquelle Raymond Nart est exceptionnellement armé ce soir-là, lui qui dans sa carrière n'a procédé en tout et pour tout qu'à deux exercices de tir. Le début d'une traque qui va durer dix-neuf ans.

À un moment donné, le téléphone sonne dans le petit appartement.

La jeune Vénézuélienne se met à pleurer, refusant de répondre.

La sonnerie cesse, puis retentit de nouveau une minute plus tard.

Raymond Nart décroche et laisse parler son interlocuteur. C'est Carlos qui coupe aussitôt court à la conversation avant de disparaître de la circulation pour un bon moment.

Cette voix, Raymond Nart l'entendra une nouvelle fois, un soir, très tard, sur les ondes d'Europe 1. Il est question, cette nuit-là, d'une prise d'otages au siège de l'OPEP (Organisation des pays exportateurs de pétrole), à Vienne, en décembre 1975. Personne ne connaît encore l'identité du chef des terroristes présents sur les lieux, mais, dès la première seconde, Raymond Nart le reconnaît : c'est la voix de Carlos.

Carlos, la chute

Au début des années 80, la gauche, sortie victorieuse des urnes et peuplée d'« idéalistes », comme les désigne Charles Pasqua, imagine qu'elle peut traiter avec Carlos. Elle négocie secrètement avec lui, tente de le dissuader de poursuivre ses actions sur le sol français.

À la fin de la décennie, lorsque tombera le mur, la DST récupérera à Berlin des traces écrites témoignant clairement de ces contacts secrets.

L'époque a alors tourné. L'heure n'est plus aux palabres avec les poseurs de bombes. Une publicité autour de ces documents dérangeants serait même malvenue pour une gauche qui a revu ses positions sur les terroristes « libérateurs des peuples ». Désormais, on ne discute plus avec Carlos : on le pourchasse sans relâche.

Des émissaires inquiets entreprennent une discrète démarche auprès de la DST. Ils réclament au service la destruction des pièces compromettantes. La DST enregistre la demande, mais ne l'exauce pas : pour elle, on le verra, négocier avec les terroristes n'est pas forcément déshonorant. Concernant Carlos, cependant, seule la traque reste d'actualité.

« Nous prenions contact avec tous ceux qui pouvaient nous fournir un renseignement sur lui, raconte l'un de ceux qui l'ont traqué de bout en bout. Nous allions frapper à toutes les portes, démarchions les Chinois, les Cubains, les Algériens, les Palestiniens tout comme les Soudanais, avec qui nous avions noué une relation sérieuse dix ans plus tôt. »

C'est ainsi que la DST apprend un jour que le terroriste le plus recherché du moment vit plus ou moins clandestinement à Khartoum, capitale du Soudan. Une opération spéciale, unique dans l'histoire du contre-espionnage français, est mise sur pied conjointement avec le général Rondot, grand spécialiste du renseignement. Grâce aux amitiés nouées au Soudan, l'équipe française ne se fourvoie pas sur le terrain, le jour de l'enlèvement-arrestation. Un succès total que seul s'abstient de saluer le Quai d'Orsay. Nouvelle manifestation de l'incompréhension qui a souvent régné entre les services secrets et la diplomatie officielle : les Affaires étrangères font la fine bouche. En récupérant Carlos, expliquent des diplomates, la DST se serait fait avoir par les Américains, soucieux de se débarrasser d'une « patate chaude ».

À la DST, on se félicite chaudement d'avoir piégé et neutralisé l'ennemi numéro un du service, qui avait un sérieux compte à régler avec lui. Charles Pasqua, ministre de l'Intérieur, est de la fête : c'est lui qui a classé l'arrestation de Carlos au rang des objectifs priroritaires, considérant que la France « devait régler ses comptes, sauf à risquer de perdre toute considération ».

Le courroux du Premier ministre

Un incident diplomatique peu banal survient peu après l'entrée de Jacques Chirac à Matignon, en mars 1986.

Le directeur de la DST est absent ce jour-là, en déplacement à Londres.

Raymond Nart s'entretient avec des Koweïtiens lorsqu'un secrétaire fait irruption dans son bureau, affolé.

« Venez vite ! Venez vite ! lance-t-il. J'ai le nouveau Premier ministre au téléphone !

— Je suppose que vous vous moquez ! le coupe Raymond Nart.

— Non, pas du tout, j'ai reconnu sa voix ! Et il a l'air assez fâché ! »

C'est ainsi que Raymond Nart découvre brusquement que le gouvernement a engagé des négociations avec les Iraniens sans en aviser la DST. Jacques Chirac appelle en effet à ce sujet : l'émissaire envoyé par Téhéran pour s'entretenir avec lui a été arrêté à bord d'une voiture de l'ambassade par un gardien de la paix prétendant que le véhicule était déclaré volé. Courroucé, le Premier ministre exige des explications, et la tête du responsable de cette bévue peu diplomatique.

Raymond Nart comprend assez rapidement l'origine de cette bavure : la DST a en effet pris la décision, plusieurs mois auparavant, de placer sous étroite surveillance tous les véhicules de l'ambassade d'Iran à Paris, soit une cinquantaine. Rien d'anormal, alors que ce pays semblait être à l'origine de plusieurs attentats commis sur le sol français. Sauf que la préfecture de police avait enregistré les numéros minéralogiques des voitures dans le fichier des véhicules volés...

La DST a cependant fait beaucoup mieux dans les mois précédents. Grâce aux « grandes oreilles » déployées par les Britanniques, elle a su que les Iraniens retranchés dans les locaux de l'ambassade d'Iran à Paris, dont le périmètre avait été bouclé par les CRS, envisageaient le pire. Voici en effet le message qui avait été capté : « Quand la foule française en délire envahira l'ambassade, faites-vous sauter ! » De quoi inciter un service de contre-espionnage à prendre quelques précautions. Ce qui fut fait dans les règles de l'art : en plein siège, elle réussit à « sonoriser » l'ambassade d'Iran. Mieux : elle parvint à placer des micros dans le bureau de Wahid Gordji, le chargé d'affaires soupçonné d'avoir coordonné les attentats parisiens. Le directeur de la DST en poste à l'époque, Rémy Pautrat, se souvient de l'épisode :

« Nous avions au sein de l'ambassade un gars qui avait accès à ce bureau et qui nous était quelque peu redevable. Il a commencé par nous apporter des photos sur lesquelles nous avons vu qu'il était possible de décoller une latte de bois. Comme nous ne disposions pas du matériel nécessaire, nous avons fait appel à la CIA. En quatre jours, ils nous ont livré une latte équipée d'un système d'enregistrement. Leur seule condition, c'était de pouvoir participer au décryptage des conversations. Ce que nous avons accepté avec l'aval du ministre, Pierre Joxe. »

On put ainsi suivre au jour le jour les sautes d'humeur des Iraniens. Un cas d'école (de renseignement) !

Aventure en zone grise

« Vous négociez avec les terroristes ! »

Combien de fois cette accusation n'a-t-elle pas été lancée par leurs adversaires politiques à la figure de ceux qui gouvernaient ? À chaque fois, en fait, qu'une vague terroriste frappait la France, celui des pays occidentaux qui, malheureusement, accumule en ce domaine la plus riche expérience.

L'accusation était rarement infondée. Tout dépendait, en fait, du poids des concessions qui avaient été faites en douce aux semeurs de terreur.

En menant plus avant les investigations, on tombait presque immanquablement sur la DST, omniprésente sur le terrain des liaisons occultes avec les acteurs du terrorisme. C'est d'ailleurs l'un de ses métiers, qu'elle revendique haut et fort.

Faut-il traiter avec des assassins ? À cette question il y a une réponse morale : on ne peut dîner à la même table que ceux qui sèment la mort, quelles que soient leurs motivations. Il y a une seconde réponse, plus pragmatique, plus politique, qui figure dans le « livre rouge » des responsables de la DST depuis que le terrorisme existe : pour connaître les motivations de l'ennemi, pour prétendre le stopper ou l'éloigner, voire, un jour, le conduire devant un tribunal, il serait dommageable de s'interdire de le fréquenter.

« La règle, connue de tous, est que les responsables politiques peuvent toujours et à tout moment désavouer les représentants de la DST s'ils le jugent nécessaire, affirme un ancien responsable du service. Mais, en attendant, l'État a besoin d'émissaires capables de mener des discussions en secret. »

Un postulat au nom duquel la DST a toujours cherché à entretenir des liens avec les représentants des islamistes algériens comme avec ceux de tous les groupes terroristes palestiniens.

À *table avec Abou Nidal*

Exceptionnellement pourvu du titre ronflant de préfet, Raymond Nart dîne ce soir-là en ville. La DST a réservé au Lido, à Paris, l'une des plus belles tables, à laquelle est assise à ses côtés son épouse, rebaptisée pour l'occasion « madame Reynard ». Face au couple, deux invités de marque : deux intermédiaires Palestiniens dépêchés par le mercenaire-terroriste Abou Nidal pour parlementer avec les services secrets français. Deux garçons manquant singulièrement de savoir-vivre, à voir la façon dont ils renvoient par deux fois la viande en cuisine avant de réclamer le foie gras qu'ils avaient préalablement dénigré.

Mais le repas est secondaire. Nous sommes en 1985, et la DST se réjouit d'avoir réussi à établir, par l'entremise d'un Palestinien résidant à Paris avec sa compagne algérienne, un contact avec l'un des poseurs de bombes les plus actifs de la planète.

« Notre but, dit Raymond Nart, était d'éviter que de nouveaux attentats se produisent à Paris. Pour nous donner les meilleures chances, nous avions mis les petits plats dans les grands en faisant abstraction du fait que nos interlocuteurs étaient probablement mêlés à des actes terroristes et que leur patron était un tueur de la plus belle espèce. Il fallait créer entre eux et nous un climat de confiance, qu'ils nous considèrent comme des amis. »

Abou Nidal et ses hommes viennent de semer la terreur rue des Rosiers en déchargeant leurs pistolets-mitrailleurs sur les passants au cœur du plus ancien quartier juif de Paris. La Police judiciaire mène une enquête qui traîne en longueur, faute d'éléments concrets. Dès qu'il a entrevu une opportunité, Raymond Nart a sauté sur l'occasion pour lancer son invitation.

« Nous voulons bien négocier, mais avec le Premier ministre », a d'abord fait savoir Abou Nidal.

C'est pour rendre plausible cette mise en scène que le contre-espion est ce soir-là déguisé en « préfet, délégué du gouvernement ».

Entre deux plats, les envoyés spéciaux d'Abou Nidal expliquent qu'ils acceptent de discuter, mais à une condition : ils veulent la preuve que les deux militants de leur organisation arrêtés par la France après l'assassinat d'un représentant de l'OLP[1] sont bien en vie. Ce dont ils doutent apparemment, convaincus qu'ils ont été exécutés sans autre forme de procès.

La preuve est facilement fournie, laissant le champ libre à cette diplomatie grise (ou noire) dans laquelle excelle la DST. Dans les mois qui suivent la rencontre du Lido, chacun conserve ses distances. Mais un rapport de confiance est bel et bien en train de s'esquisser.

Des émissaires de la DST, parmi lesquels Raymond Nart, rencontrent une deuxième fois les intermédiaires à Vienne, en Autriche. Puis ils voient Abou Nidal à Alger, au Club des Pins – rencontre à laquelle assiste également le général Rondot, alors attaché à la DST.

La conversation est assez surréaliste : le terroriste palestinien interroge Raymond Nart sur sa vie privée, sa femme, ses enfants, avant de lui demander brusquement pour quel

---

1. Ils ont abattu en avril 1978 Ezzedine Kalak représentant de l'OLP à Paris, meurtre pour lequel ils ont été condamnés à quinze ans de prison.

candidat il va voter lors de la prochaine élection présidentielle.

Alors que l'on évoque les modalités du pacte que les Français entendent passer, Abou Nidal se laisse aller à quelques familiarités avec Raymond Nart : « Tu es mon ami, mon frère », va-t-il jusqu'à lui dire.

Peu après, la DST obtient ce qu'elle est venue chercher : une trêve des attentats sur le sol français pour une durée indéterminée en échange de l'expulsion vers la Libye des deux membres de l'organisation détenus en France.

Au passage, Raymond Nart acquiert la certitude que le groupe terroriste est bien derrière l'attentat de la rue des Rosiers, jamais revendiqué jusque-là. Une information qui vaut son pesant d'or, même si aucune suite judiciaire ne peut y être donnée, faute de preuves matérielles.

« On pourra toujours trouver à y redire, mais, dans cette affaire, nous avons gagné notre vie en évitant le pire », conclut Raymond Nart, qui s'attendait à l'époque à une réédition tout aussi meurtrière de la tuerie de la rue des Rosiers.

L'expulsion des deux Palestiniens était, aux yeux de la DST, moins problématique que l'évacuation d'un homme de la trempe d'Anis Naccache, ce Libanais mêlé à la mort de plusieurs policiers français, mais à laquelle allait bientôt procéder le gouvernement. D'autant que les deux soldats d'Abou Nidal avaient à cette époque purgé plus de la moitié de leur peine, ce qui conférait éventuellement à leur expulsion un caractère légal. La DST n'a d'ailleurs pas mené ces négociations sans en rendre compte : Pierre Joxe, ministre de l'Intérieur à l'époque, se souvient parfaitement de cette double libération sous les auspices de la loi française. Le garde des Sceaux, Robert Badinter, avait pour sa part refusé de signer le document officiel, finalement paraphé par un membre de son cabinet.

Chaque contact avec Abou Nidal fut également signalé à

Gilles Ménage, conseiller technique (puis directeur de cabinet) de François Mitterrand à l'Élysée. Lequel prit soigneusement note de ce que lui rapportait Raymond Nart, avant de lui faire comprendre en quelques mots qu'il agissait à découvert :

« Bien sûr, vous ne m'avez rien dit. Et, en cas de fuite, je démentirai évidemment être au courant. »

Le président est informé en direct par Gilles Ménage, ce qui ne l'empêchera pas d'assurer qu'on l'a placé « devant le fait accompli », après avoir traîné les pieds et avoir par deux fois suspendu les opérations à la dernière minute, poussant le directeur de la DST, Rémy Pautrat, à prendre d'immenses précautions lors de la troisième tentative. « Durant quinze jours, raconte-t-il, j'ai dit au ministre que les deux terroristes avaient quitté la France alors qu'ils étaient encore entre nos mains. L'organisation de leur départ s'est révélée plus complexe que prévu, sans compter la tempête de neige qui a failli tout bloquer au dernier moment. Nous les avions gardés si longtemps que nous les avions surnommés les "intimes". »

Il y aura des fuites, mais bien plus tard, avant que Saddam Hussein, une fois n'est pas coutume, n'ait le dernier mot : histoire d'offrir un (inutile) gage de bonne volonté à des Américains déjà sur le pied de guerre, le dictateur de Bagdad fera liquider Abou Nidal le 19 août 2002.

Moins connues sont les rocambolesques conditions de la libération des deux amis d'Abou Nidal, début 1986. Là encore, Pierre Joxe a conservé un souvenir très frais de l'épisode. Les deux hommes avaient été placés en attente dans une maison de la région lyonnaise lorsqu'un attentat, sans aucun lien avec eux, fut commis sur le sol français. La DST leur avait acheté des chaussures et des vêtements neufs, mais ils refusaient désormais de sortir, effrayés à l'idée que quelqu'un puisse attenter à leurs jours. Le lendemain de l'attentat, François Mitterrand s'était inquiété de leur sort auprès de son ministre de l'Intérieur.

« J'espère que vous les avez gardés en prison ! lance le président à Pierre Joxe.

– Non, monsieur le président, comme nous vous l'avions expliqué, nous les avons libérés.

– Mais vous deviez m'en reparler !

– En général, c'est le genre de chose dont vous n'aimez pas que l'on vous parle deux fois, répond Pierre Joxe.

– Savez-vous seulement où ils sont ?

– Oui, mais je ne peux pas vous le dire. »

Quelques jours plus tard, les deux hommes, tremblant de peur, acceptèrent d'être conduits en Suisse, où leur organisation les attendait.

S'aventurer sur les marges

À l'occasion, le pouvoir politique, volontairement ou non, oublie que le contre-espionnage est en prise directe avec les mouvements terroristes. C'est arrivé notamment sous François Mitterrand lorsque Georgina Dufoix, ministre de la Santé, donna l'autorisation au patron du FPLP (Front populaire pour la libération de la Palestine), Georges Habache, pourtant recherché par toutes les polices, de venir se faire soigner dans un hôpital français. Une autorisation fournie sans consulter la DST, laquelle n'aurait pas manqué d'alerter sur le caractère particulièrement explosif de ce séjour qui n'allait pas manquer de susciter un tollé général.

La DST est prévenue au dernier moment de l'arrivée de l'éminence grise du terrorisme international par un coup de téléphone du directeur de cabinet du directeur général de la police, François Roussely.

« Ne vous occupez de rien, dit-il en substance à son

interlocuteur de la DST, les gars du RAID assureront la protection de Georges Habache. »

Le commissaire de la DST qui a pris la communication a envie d'exploser. D'interroger, par exemple, ledit directeur de cabinet sur les instructions données aux tireurs d'élite du RAID. Leur a-t-on suggéré de tirer une balle dans la tête du malade palestinien ? Mais le policier reste bien entendu parfaitement muet. Il alerte en revanche aussitôt son directeur, Jacques Fournet, sur la lourde bourde commise par le pouvoir politique.

Les responsables de la DST, en liaison permanente avec les dirigeants palestiniens, savent combien un tel déplacement pourrait être mal interprété par l'opinion publique. Ils étaient dans leur rôle en cultivant une relation suivie avec un personnage aussi sulfureux que Georges Habache ; ils l'auraient également été en alertant à temps le pouvoir politique sur les risques d'une telle invitation.

« Se débrouiller pour être en relation avec le Fatah, la branche officielle du mouvement palestinien, comme avec le dissident Abou Nidal, voilà qui n'avait rien d'extraordinaire pour la DST. Mais cela devait rester le fait de la DST, pas celui du gouvernement ! Nous étions là pour faire écran, éventuellement pour protéger les politiques. C'est la même chose lorsqu'un pouvoir est confronté à une demande de rançon : il faut bien des gens pour verser des rançons dont personne ne veut entendre parler ; autrement, on n'avance pas et on court le risque de laisser massacrer des otages. Celui qui veut la paix doit négocier avec ses adversaires. Cela peut choquer un esprit rationnel d'apprendre que des fonctionnaires de la DST cherchent à entrer en relation avec les islamistes algériens. Mais si l'on ne s'aventure pas sur ces marges-là, on n'a aucune chance de récolter du renseignement utile. »

Les relations de la DST avec l'OLP s'étaient nettement

renforcées en 1982, lorsque la France avait procédé à l'évacuation d'Arafat et des siens, bloqués et menacés par les Israéliens, de Beyrouth vers Tripoli, dans le nord du Liban. Dans ces zones grises, la couverture judiciaire n'était pas de mise. La recherche de renseignements échappait complètement aux juges. Cette situation peut paraître choquante. Raymond Nart plaide sans complexes : « En matière de terrorisme, l'État doit évidemment pouvoir prendre des mesures de rétorsion sans en référer à la justice. Nous sommes là dans le droit régalien, lié à la sécurité de l'État. »

Rencontre avec un tueur

L'attentat raté contre le pape Jean-Paul II relance la folle rumeur : l'auteur du coup de feu, le Turc Ali Agça, a été armé par les services secrets bulgares, avec le KGB dans le rôle du « grand manipulateur ». Là-dessus, on peut être fort sceptique : « Cette tentative d'assassinat est d'abord le geste individuel d'un fou, dit Raymond Nart. Un service de renseignement digne de ce nom ne peut s'en remettre à un déséquilibré. »

Le policier a bientôt l'occasion de confronter son intuition avec la réalité, qui dans ce domaine n'est jamais simple, lorsque se présente à lui un autre tueur, Lajos Marton, le Hongrois qui tenait l'arme lors de l'attentat raté du Petit-Clamart visant le général de Gaulle, le 22 août 1962.

Ancien légionnaire et anticommuniste forcené, l'homme a fui la Hongrie en 1956 après avoir participé, les armes à la main, à la révolte qui secoua cette année-là son pays. Réfugié en France, il avait vainement tenté d'intégrer les services secrets, avant de se rapprocher des milieux d'extrême droite. Ce jour du mois d'août 1962, recruté par Bastien-Thiry, antigaulliste viscéral, il avait attendu le passage du convoi présidentiel. Les mauvaises conditions météo, une succession de malchances et le sang-froid du chauffeur du président avaient déjoué les plans des tueurs.

Lajos Marton avait été arrêté un an plus tard. Condamné à vingt ans de travaux forcés en 1963, il avait été gracié par de Gaulle en 1968. Reconverti comme traducteur après sa libération, il s'était tourné vers le ministère de l'Intérieur, en 1986, pour résoudre un problème administratif sans grande importance.

Cette démarche le place bientôt sur la route de Raymond Nart. Mis en confiance, il lui raconte ses états d'âme au moment d'appuyer sur la détente, cette émotion d'une fraction de seconde qui lui a fait rater sa cible, le général de Gaulle en personne, lui qui mettait toujours dans le mille.

« Comment planifier une opération avec un Ali Agça alors que le facteur humain reste implanifiable ? s'interroge Raymond Nart. Pour monter de telles opérations, on ne peut s'appuyer sur personne à cent pour cent, peut-être le Mossad (les services secrets israéliens) ou les Spetznaz du KGB, mais, au-delà, je ne m'aventurerais pas », ajoute-t-il.

La taupe d'Allah

« Au début, reconnaît Raymond Nart, nous ne comprenions rien au terrorisme international[1]. Peu à peu, parce que les affaires dégringolaient, nous nous y sommes mis. La Police judiciaire cherchait des caches d'armes. Nous, nous avons toujours cherché du renseignement. »

Alors que les Fractions armées révolutionnaires libanaises (FARL) revendiquent attentat sur attentat, entre 1981

---

1. En 1982 la section antiterroriste ne compte que cinq permanents épaulés à l'occasion par une quinzaine de fonctionnaires affectés à d'autres tâches.

et 1986[1], Raymond Nart mène avec la DST une enquête dont les résultats entrent rapidement en contradiction avec ceux de la PJ et de certains magistrats. Lui s'appuie sur les contacts privilégiés qu'il a noués avec ses homologues algériens. C'est ainsi qu'il se convainc que le principal suspect mis en avant par la PJ, Georges Ibrahim Abdallah, n'est en réalité qu'un second couteau, un « sous-fifre », un « terroriste de base ». Une position qu'il soutiendra jusqu'au procès, début 1987, à contre-courant des médias, malgré l'insistance de quelques avocats soucieux de faire de ce suspect l'ennemi numéro un. Il rappellera notamment à l'audience comment ce « bras cassé » s'était vu mettre à la porte du service militaire dans son pays...

En attendant, au cours d'une réunion houleuse au ministère de l'Intérieur, l'énergique préfet Rémy Pautrat, directeur de la DST, plaide pour une vaste rafle.

« Inutile, proteste son homologue de la PJ, nous ne trouverons aucune armes. Nous ne trouverons rien ! »

Le ministre, Pierre Joxe, tranche finalement en faveur de la rafle.

C'est ainsi que la DST parvient à boucler l'une des affaires les plus abouties en matière de lutte contre le terrorisme : le démantèlement d'un groupe manipulé à distance depuis Téhéran et qui, du 7 décembre 1985 au 17 novembre 1986, avait posé 14 bombes sur le sol français. Au cœur de l'enquête, une taupe d'une rare qualité, ramenée dans les filets de la DST à l'occasion de la fameuse rafle.

Le jeune homme, prénommé Lofti, d'origine tunisienne, est passé par les écoles politico-religieuses de Khomeyni. D'un maniement difficile, d'un caractère peu malléable, il

---

1. De l'assassinat de Christian Chapman, chargé d'affaires américain à Paris, le 21 novembre 1981, aux attentats de la Saint-Sylvestre à Marseille et de Tain-l'Hermitage en 1983, en passant par l'assassinat de Yacov Barsimantov, diplomate israélien, le 3 avril 1982.

est attiré par la forte récompense promise par le gouvernement. Au début, seuls les deux inspecteurs chargés de le « coacher » croient à son récit ; leurs supérieurs, eux, réclament des preuves que le Tunisien apporte peu à peu. Car, grâce à leur sens aigu de la relation humaine, les deux inspecteurs accomplissent des prouesses.

Les explications que la « taupe d'Allah » fournit à la DST éclairent d'un jour nouveau des événements que le gouvernement peinait à interpréter. Les missiles livrés par la France à l'Irak font quotidiennement d'énormes dégâts en Iran. Les otages français au Liban et les attentats de Paris sont le début de la riposte iranienne.

Surtout, le Tunisien permet à la DST de piéger le réseau terroriste, grâce à des micros disposés dans l'appartement où se tiennent ses réunions de travail. Et de démasquer ses commanditaires iraniens.

« La preuve qu'aucun système n'est complètement impénétrable », dit-on à la DST. À condition de manier et comprendre la duplicité, le mensonge et l'hypocrisie, ce qui n'est pas donné à tous les services, en particulier aux Américains, assez « manchots » sur ce terrain-là. Un signe : eux n'ont pas su employer la « taupe » tunisienne que les Français avait expédiée à Washington, pensant qu'elle y serait plus en sécurité qu'à Paris. Un échec que Raymond Nart met au compte d'une certaine rigidité. Ses homologues de la CIA ne commençaient-ils pas leurs séances de travail par des prières ? Ils s'étaient par ailleurs expressément vu interdire d'user du mensonge...

En attendant, le temps a fini par donner raison à Raymond Nart, du moins en apparence. Condamné à la réclusion criminelle à perpétuité, Georges Ibrahim Abdallah, le prétendu terroriste numéro un, purge en effet sa peine sans remous, ce qui n'aurait probablement pas été le cas s'il avait été le « gros poisson » que l'on a dit, ou s'il avait eu

derrière lui une organisation soutenue par un quelconque
État : des pressions plus ou moins visibles, plus ou moins
bruyantes, auraient alors été exercées.

« En matière de terrorisme, il faut se méfier des grands
stratèges et des gens trop intelligents, dit Raymond Nart. Il
faut aussi savoir regarder au-delà des preuves, miser sur les
hommes et le renseignement. »

Le test

Contre le terrorisme, la coopération internationale est
encore balbutiante. Mais les Américains se placent déjà, en
ces années 80, dans le rôle de grand coordinateur. Et leur
confiance dans les Français est toute relative, à en juger par
cet épisode peu reluisant.

Un jour de l'année 1987, la CIA transmet un message
directement à François Mitterrand. Son contenu est bref :
« Imad Mougnieh, chef d'orchestre bien connu des attentats
du Hezbollah (pro-iranien), doit passer par un aéroport
parisien. Merci de l'interpeller. »

Le président de la République transmet à Pierre Joxe,
ministre de l'Intérieur, qui alerte la DST.

« Tout de suite, rapporte Rémy Pautrat, le directeur,
cette information nous a semblé aussi farfelue qu'énorme.
Cela ressemblait à une mise à l'épreuve, ce que nous avons
dit au ministre en lui proposant de mettre en place un
dispositif de surveillance à Orly et à Roissy. »

Mais le ministre refuse. Il préfère un autre mode d'intervention. Et, plutôt que d'arrêter l'un des terroristes les plus
recherchés du monde, de lui faire simplement savoir qu'on
le suit à la trace, faveur dont les Iraniens ne manqueront
pas de remercier la France d'une façon ou d'une autre. Une
mission délicate confiée à la Police de l'air et des frontières.

Le jour « J », les Américains annoncent le numéro du vol par lequel doit arriver le dangereux Libanais. La DST n'y croit pas. Son directeur est en revanche certain que la CIA a établi son propre dispositif de surveillance dans l'aéroport. Et qu'il s'agit pour elle de mesurer le degré de mobilisation (et de fiabilité) de l'allié français. Décision est donc prise d'envoyer quelques fonctionnaires sur place, non sans en avertir obligeamment le partenaire américain.

L'avion se pose. Les agents de la Police de l'air et des frontières cherchent vainement leur homme. Ceux de la DST photographient discrètement les passagers du vol, pour la plupart en transit, parmi lesquels ils ne repèrent pas davantage Mougnieh. Ceux de la CIA prennent note, en troisième ligne, de cet étrange ballet de dupes.

Peu après, Rémy Pautrat retrouve Pierre Joxe et lui dit ce qu'il sait déjà :

« Imad Mougnieh n'est pas venu.

– Comment le savez-vous ? interroge le ministre.

– J'ai mis une équipe sur place, des fonctionnaires connus de la CIA. Sans cela, ils en auraient probablement déduit qu'on leur avait fait un enfant dans le dos. »

Une précaution qui vaut à François Mitterrand un chaleureux message de remerciements.

La France était plus généreuse avec ses alliés, mais également moins sourcilleuse. Lorsque les services secrets britanniques annoncent à la DST avoir « logé » trois membres de l'IRA (l'Armée républicaine irlandaise) sur le territoire français, elle accepte d'assurer une surveillance. Les amis anglais demandent à être prévenus au cas où la DST percevrait l'imminence d'un déplacement. Connaissant les méthodes parfois hâtives de leurs homologues, les Français hésitent un instant. Puis décident, par camaraderie, d'alerter Londres la veille du départ des trois présumés terroristes.

La DST ne peut que constater les dégâts : à peine les trois Irlandais ont-ils franchi la frontière espagnole qu'ils sont victimes d'un accident de la route dont aucun ne réchappe. Meurtres à l'anglaise ? L'hypothèse est vraisemblable, assure Rémy Pautrat, qui a vécu l'épisode en direct et se dit certain que les Britanniques ont, dans cette affaire, singulièrement manqué à leur parole. (Pour aggraver leur cas, on s'est aperçu par la suite que les trois militants n'étaient même pas membres de l'IRA, mais de la PIRA, l'ancêtre de l'IRA, qui avait pour principe de ne pas s'en prendre aux civils.)

La ferme d'Action directe

Le terrorisme européen mobilise durant une courte période l'attention de la DST. Faut-il voir la main de Moscou derrière ceux qui optent, depuis la fin des années 70, pour la lutte armée ? Faut-il imaginer le KGB en semeur de troubles derrière les Irlandais de l'IRA, les Basques d'ETA, les Allemands de la « bande à Baader », les Français d'Action directe et les Italiens des Brigades rouges ? Raymond Nart n'a jamais cru qu'un « grand maître » dirigeait tout depuis le cœur de l'Union soviétique.

« Le KGB était une machine puissante, mais il serait faux d'y voir un grand manitou, dit-il. Ses dirigeants étaient bien trop prudents pour emboîter le pas à tous les aventuriers. Le communisme était d'ailleurs politiquement opposé à l'extrême gauche qui animait la plupart des groupuscules européens. Et puis, l'Est n'était pas ce bloc que certains ont cru. Tous les dirigeants n'étaient pas d'accord entre eux. Ceux qui ont eu l'attitude la plus sulfureuse avec le terrorisme européen sont éventuellement les Allemands de l'Est. Ils ont eu des relations plus qu'ambiguës avec les membres de la "bande à Baader", sans qu'on ait jamais pu démontrer une quelconque subordination de l'utragauche allemande. Il s'agissait plutôt, pour les services allemands, d'un soutien passif. Quant au KGB, s'il s'est mêlé de lutte armée, c'est davantage dans le cadre de la lutte des peuples pour leur indépendance, en Afrique ou ailleurs, ou du mouvement palestinien, dont ils ont formé de nombreux combattants. »

La rumeur a cependant atteint au moins une fois le sommet de l'État français. C'était au lendemain de l'assassinat du général René Audran, cet agent actif du « lobby militaro-industriel », selon le langage en vigueur dans les rangs de l'ultragauche[1]. Le ministère de l'Intérieur se met brusquement à bruire de l'éventuelle implication du KGB dans l'affaire, derrière la main du groupe Action directe. Raymond Nart est même convoqué pour évoquer ce sujet par le secrétaire d'État à la Sécurité intérieure, Robert Pandraud. Qui voit les Soviétiques derrière les soldats perdus d'Action directe ? L'information vient d'André Giraud, ministre de la Défense de 1986 à 1988, persuadé, comme la plupart des ministres du gouvernement de l'époque, que la gauche a expurgé les archives de la police consacrées à l'ultragauche.

La DST enquête plusieurs mois sur cette piste sans vraiment croire que Moscou soit pour quelque chose dans l'assassinat du haut fonctionnaire français.

La DST n'est cependant pas loin de procéder à l'arrestation des leaders historiques d'Action directe en février 1987. C'est en effet un inspecteur d'origine polonaise, un certain K., membre de la DST, qui, le premier, détecte la planque dans laquelle vivent clandestinement Jean-Marc Rouillan, Nathalie Ménigon et Jean-Louis Schleicher : une ferme perdue en Sologne.

---

1. Responsable des affaires internationales au ministère de la Défense, le général René Audran a été assassiné le 25 janvier 1985.

La maison est située non loin de la résidence secondaire d'un autre inspecteur d'origine polonaise qui a fait carrière aux Renseignements généraux et a aidé K. à entrer dans la police. Au cours d'un week-end passé chez son ami – réflexe professionnel oblige –, K. relève le signalement de voitures immatriculées en Belgique. Bonne intuition : à en croire les premières recherches qu'il effectue à la DST, les véhicules ont été volés.

K. s'ouvre de ses découvertes à sa compagne, une jeune femme d'origine roumaine qui travaille aux RG et alerte aussitôt – réflexe professionnel oblige encore – sa propre hiérarchie.

Le directeur des RG parisiens, Claude Bardon, réagit sur-le-champ et transmet l'information au directeur central des RG, Philippe Massoni. Et voilà que les deux hommes réalisent en quelques semaines les arrestations les plus spectaculaires de l'année, au nez et à la barbe de la DST, fort marrie de voir la concurrence s'arroger primes, vivats et décorations !

En interne, l'affaire ne s'arrête cependant pas là. L'un des supérieurs de l'inspecteur K. a en effet failli laisser sa peau lors d'une précédente tentative d'arrestation des chefs d'Action directe. Il a beaucoup de mal à accepter que l'information lui soit ainsi passée sous le nez. La sanction tombe peu après : l'inspecteur K., après avoir rédigé un compte rendu manuscrit circonstancié des événements, se voit discrètement prier de quitter la DST... pour les RG !

Un DC10 dans les sables

S'il est à l'époque un État terroriste, c'est bien la Libye du colonel Kadhafi. Des contacts ont cependant été établis sur place au moment de l'enlèvement des époux Valente, affaire réglée en douceur par le général Rondot et par Jean-François Clair, chef de l'antiterrorisme à la DST[1]. Une liaison ferme semble même perdurer entre la DST et le ministre des Affaires étrangères Ibrahim Bichari, un francophile originaire des confins tchado-libyens. Elle est mise à très rude épreuve par l'attentat commis le 19 septembre 1989 contre un DC10 d'UTA assurant la liaison Brazzaville-N'Djamena-Paris, avec 170 personnes à bord (156 passagers et 14 membres d'équipage).

La carcasse de l'appareil ayant été localisée en plein désert du Ténéré par des satellites américains, la justice française envoie sur place des hommes chargés de ramasser les débris en vue d'une éventuelle reconstitution. Par une température frisant les 50 degrés, dans une odeur pestilentielle de cadavres en décomposition, les recherches sont éprouvantes.

Les débuts de l'enquête sont difficiles, faute de revendication sérieuse et d'indices dignes de ce nom. Durant deux ans, on patauge. On pense un moment à une action terroriste liée à la détérioration des relations franco-tchadiennes. On se penche aussi sur l'éventuelle implication du Congo, pays d'où est parti l'avion... Jusqu'au jour où un colonel libyen, à moitié bandit, désireux de vendre ses services aux deux camps, le français et le libyen, vient tendre la perche à la DST...

Le directeur décide d'envoyer Raymond Nart sur place à Tripoli. C'est le premier voyage d'une longue série qui le mènera en tout quatorze fois au pays de Kadhafi.

Ces déplacements sont assez acrobatiques pour cause d'embargo. Raymond Nart prend d'abord l'avion pour l'île de Djerba, au large de la Tunisie. Là commence un difficile

---

1. Les époux Valente étaient tombés aux mains des Libyens lors d'une escale dans le port de Syrthe à bord de leur voilier. Devenus otages, ils ont été « achetés » et libérés après l'intervention de la DST.

parcours en voiture, le long d'une route étrangement bombée, jalonnée de nombreuses carcasses accidentées. Les chauffeurs n'hésitent pas, en effet, à se glisser sur une quatrième file imaginaire pour doubler, prenant sans cesse des risques démesurés.

Que cherche le policier français au bout de la route ? À démasquer les éventuels auteurs de l'attentat contre le DC10.

À Tripoli, Raymond Nart prend rapidement ses habitudes. Il s'installe volontiers dans le bureau d'Abdallah Senoussi, beau-frère du colonel Kadhafi. Au cœur du pouvoir, mais aussi au cœur de l'affaire, puisque le beau-frère en question est peut-être directement impliqué dans l'attentat. De quoi parle-t-il avec lui ? Il « négocie », sans trop savoir où cela va le conduire.

Raymond Nart a cependant quelques pistes sérieuses qui lui viennent des enquêtes réalisées au Congo et au Tchad. L'un des deux hommes qu'il recherche assidûment est hospitalisé à Tripoli, « malade », lui dit-on. Il n'hésite pas à se faire conduire auprès de lui par le beau-frère du colonel, qui manque en chemin de rater un virage au volant de sa Golf lorsque sa djellaba se rabat sur son visage après un méchant coup de vent.

Devant l'hôpital, une caméra de télévision guette l'arrivée de l'encombrant visiteur français. Raymond Nart se fâche. Il ne veut pas d'images et le fait savoir au médecin, qui fait dégager l'importun « journaliste », certainement dépêché sur place par une haute autorité locale.

Quelques mois plus tard, on tente de corrompre le contre-espion français en lui offrant des tapis brodés. Il refuse. « En France, dit-il à son interlocuteur courroucé, on ne fait pas de cadeaux aux fonctionnaires. » Il racontera d'ailleurs la scène en détail à son directeur, Jacques Fournet, dès son retour à Paris.

Le voyage suivant est l'occasion d'une visite sur l'emplacement d'un ancienne résidence du colonel – un simple hangar, vu de l'extérieur – sur laquelle s'est abattu un missile de croisière américain. L'engin n'a pas explosé, mais les murs de la chambre de Kadhafi, équipée d'un lit rond de cinq ou six mètres de diamètre, ont été transpercés. Le « héros » national s'en est tiré « avec la grâce d'Allah ».

Sur place, Raymond Nart traite avec Ibrahim Bichari, le francophile ministre des Affaires étrangères. On ne l'éconduit pas, on le fait seulement attendre régulièrement plusieurs jours avant de répondre à ses demandes – c'est sans doute l'une des règles de l'étrange partie qui est en train de se dérouler. Pour meubler son emploi du temps, on conduit le Français sur des sites archéologiques perdus dans le désert.

« Envoyez un bouquet de fleurs à Senoussi, ce sont les usages », lui glisse-t-on un jour dans le creux de l'oreille. Raymond Nart n'obtempère évidemment pas, sûr que l'on cherche encore à le compromettre. « En France, explique-t-il pour s'en tirer, un homme n'offre pas de fleurs à un autre homme. » Même s'il s'agit du chef des services secrets du pays qui l'accueille...

La section « Terrorisme » de la DST piste désormais Abou Ibrahim. Cet artificier, ancien membre du Hezbollah (le mouvement chiite libanais financé par Téhéran), profondément anti-américain, pourrait bien avoir bricolé la valise piégée qui a désintégré le DC10. Son implication met sur le tapis l'hypothèse d'une éventuelle participation à l'opération terroriste de l'Iran et de ses mollahs, aux côtés des Libyens. La concordance d'intérêts n'échappe à personne, les deux pays ayant clairement – quoique pour des raisons différentes –, la France en ligne de mire. Raymond Nart n'imagine cependant pas que le rôle de l'Iran ait pu dépasser la simple fourniture de la valise explosive, dont plusieurs exemplaires circulent à Tripoli.

Curieusement, ce sont les Libyens eux-mêmes qui exhibent plusieurs de ces valises sous les yeux ébahis de Raymond Nart, probablement dans l'espoir de le convaincre qu'ils ont eux aussi été victimes d'attentats. Ils les ont, disent-ils, confisquées à leurs opposants, qui comptaient s'en servir contre le régime. Il s'agit de Samsonite 2000, un modèle qui ressemble étrangement à celui dont on a retrouvé les morceaux dans les débris du DC10, ce que les Libyens, à cet instant, ignorent complètement. Sans laisser paraître sa surprise, le policier prend une série de photos, convaincu de tenir une piste plus que sérieuse : les débris de la Samsonite retrouvée dans le sable portaient des traces de pentrite, un explosif très puissant, sans doute déposé en fine couche sur les parois du bagage.

La chance veut que les enquêteurs de la DST aient aussi récupéré en plein désert le petit objet qui a déclenché l'explosion. La pièce, grosse comme un ongle, a été fabriquée à Taïwan, les lettres « TAIW » l'attestent. Selon les techniciens américains du FBI, il s'agit d'un *timer* normalement destiné à équiper les balises des aéroports.

Des indices matériels importants que le commissaire de la DST mettra tôt ou tard sous le nez de ses interlocuteurs. Ceux-ci s'étaient finalement découverts malgré eux, peut-être trop sûrs que le « Guide de la Révolution », c'est-à-dire Kadhafi, les protégerait éternellement...

Une Oldsmobile sur le sable

Accompagné de quelques collègues, Raymond Nart se retrouve bientôt à bord d'un petit avion des Libyan Airlines qui le conduit dans la ville de Sebah. Il doit normalement y rencontrer le jovial et puissant Abdallah Senoussi. L'aérodrome a peut-être été somptueux autrefois, mais il lui semble qu'il a été rouvert spécialement pour recevoir son appareil, tant la couche de poussière y est épaisse. Une vieille Oldsmobile l'attend à la sortie de l'aérogare, conduite par un Libyen à la peau très noire qui dégage la route en hurlant dans un porte-voix. Une terre ocre, des HLM de couleur rouge en plein désert. Voilà le commissaire cherchant ses preuves au fin fond de la Libye.

Après avoir déposé ses bagages dans sa chambre d'hôtel, Raymond Nart descend pour humer l'air quelques instants. Lorsqu'il regagne sa chambre, il tombe nez à nez avec Abdallah Senoussi. Le chef des services secrets libyens est occupé à fouiller la valise de son invité.

Sans s'excuser, sans gêne aucune, comme s'il ne s'était rien passé, le dignitaire invite Raymond Nart à le suivre pour un repas en ville. Rien à voir avec les succulents perdreaux mangés quelques jours plus tôt à Tripoli : les brochettes de mouton ne paraissent pas cette fois de première fraîcheur. Les risques du métier, songe Raymond Nart.

Cette enquête hors normes est décidément semée d'embûches. Quelques semaines plus tôt, une équipe de la DST est tombée dans un traquenard non loin de Brazzaville, au Congo : un faux barrage militaire en travers de la route, un contrôle bidon ; ils ont été dépouillés de leurs portefeuilles. Un guet-apens, la DST en est convaincue.

Seul au fin fond de la Libye, le policier multiplie les précautions. Pour communiquer avec Paris, il a recours à un langage crypté. Un langage que même les Américains n'auraient pu décoder s'ils avaient intercepté ses conversations : Raymond Nart a établi une grille avec des mots français traduits en gascon. C'est ainsi qu'il rend compte à son service des avancées de l'enquête en cours, non sans avoir pris soin de laisser à ses collègues un lexique approprié.

Des semi-aveux et une valise

« J'aurais pu attendre que le temps passe, rester assis au bord de la piscine de l'hôtel Mehari et abonder dans le sens de la justice française, qui lorgnait avec insistance du côté de la piste iranienne, plaide Raymond Nart. Mais ce n'était pas la vérité, alors j'ai poursuivi mes investigations, que seuls les intérêts supérieurs de l'État auraient pu stopper. »

Au terme d'une enquête qui aura coûté au moins 10 millions de francs à la DST (bien plus que l'affaire « Farewell ») et mobilisé plus de cent fonctionnaires, Raymond Nart n'a plus guère de doutes : c'est bien la Libye qui a orchestré l'attentat, et non pas l'Iran. Les Libyens l'ont même explicitement reconnu – évidemment hors de tout procès-verbal – par la voix du beau-frère même du colonel Kadhafi. « Vous n'allez tout de même pas nous pourchasser toute la vie parce qu'on a fait exploser un avion ! » aurait lancé Abdallah Senoussi à Raymond Nart. Une forme d'aveu. Puis il y a cette Samsonite que, dans un moment d'égarement, les Libyens ont autorisé les enquêteurs de la DST à rapporter à Paris.

Aux yeux de la DST, le mobile ne souffre aucune contestation : les Libyens visaient en fait un de leurs principaux opposants, un certain Mougharief. Jean-François Clair, directeur adjoint du service et pilier de la lutte antiterroriste depuis plusieurs décennies, est formel : l'homme avait effectué une réservation, mais n'était finalement pas monté dans l'avion. Avertis trop tard, les Libyens n'avaient pu stopper le mécanisme infernal. Problème de coordination, en somme, contrastant avec des préparatifs extrêmement méticuleux.

« Un scénario très simple, admet Jean-François Clair, mais qui a le mérite d'être vrai. » Si l'on se fie à l'enchaînement reconstitué par la DST, le premier conseiller de l'ambassade libyenne à Brazzaville avait remis un billet d'avion et une valise piégée à un certain Mangatany, opposant notoire au régime du maréchal Mobutu, dont nul n'a jamais retrouvé la trace. Selon toute probabilité, le Zaïrois était descendu de l'avion lors de l'escale de N'Djamena, au Tchad, où il avait été liquidé par les Libyens, soucieux de faire disparaître le témoin le plus gênant.

Presque parfait : sauf que nul n'avait imaginé que l'opposant libyen ne monterait pas dans l'avion, lui qui avait commandé ses billets dans une agence de voyages... tenue par des Libyens.

Comment aller au-delà ? Comment prouver de manière irréfutable que le commanditaire de l'attentat était bien le colonel Kadhafi ? « En matière de terrorisme, reconnaît Raymond Nart, les enquêtes les plus difficiles à faire aboutir sont celles qui impliquent un État. »

Le naufrage

Le KGB était doté de son propre système judiciaire. Un étage entier était même réservé aux juges, au siège de la Loubianka : système totalitaire oblige. En France, pays démocratique, il y avait le juge Jean-Louis Bruguière, incontournable lorsqu'il s'agissait de terrorisme. Un homme qui se vantait d'avoir cinq générations de magistrats derrière lui, mais dont les interlocuteurs à la DST n'étaient pas loin de penser qu'il en faisait parfois un peu trop. Ils lui reprochaient, entre autres, son goût prononcé pour la communication. Le magistrat manifestait par ailleurs clairement son souhait de contrôler l'activité des services de renseignement. Une gourmandise qui effrayait la DST, soucieuse de rester à distance d'une presse qui avait fort naturellement ses entrées au Palais de justice.

Dans l'affaire du DC10, les griefs ne cessent de s'accumuler. En voyage à Taïwan pour retracer le parcours du *timer* retrouvé dans les sables, Jean-Louis Bruguière pique une énorme colère parce que les policiers ont accepté en cadeau de petits gadgets électroniques.

Un détail, au regard de l'épisode qui suit : sans bruit, le magistrat entend en Suisse un juge libyen en désaccord avec son gouvernement. Une audition qui n'apporte pas d'élément déterminant, mais qui a le don de mettre en colère Tripoli, où l'on se retourne contre la DST en l'accusant de « déloyauté ».

L'incident cache mal de profondes divergences entre les responsables de la DST et le juge, qui poursuit une tactique très personnelle. L'irritation devient très forte lorsque les policiers s'aperçoivent que le magistrat noue dans leur dos des contacts avec le Quai d'Orsay. Ils ont en effet la conviction que Kadhafi va tenir parole et livrer à la justice française les deux agents impliqués dans l'attentat. Ils sont convaincus qu'un compromis est possible, comme celui que les Libyens signeront bientôt avec les Anglais en réparation de l'attentat de Lockerbie (259 morts après l'explosion d'un Boeing de la Pan Am au-dessus de l'Angleterre, le 21 décembre 1988), avec un procès à la clef et la condamnation à perpétuité d'un agent libyen. Mais Jean-Louis Bruguière veut plus : il veut la tête du colonel Kadhafi, convaincu que l'opération terroriste visait en réalité la France, et non un simple opposant (selon lui, le numéro deux du régime, le commandant Jalloud, aurait voulu punir la France après la destruction d'un Mirage de l'armée libyenne au-dessus du Tchad) ; il en a même avisé le ministre des Affaires étrangères, Roland Dumas, non sans lui dire tout le mal qu'il pensait des responsables de la DST, comme si renseignement et justice ne pouvaient à ses yeux faire bon ménage. Une rencontre à l'issue de laquelle il a choisi de lancer avec fracas un mandat d'arrêt contre le chef de la Jamahiriya libyenne...

La publication par la presse française d'une série d'articles relatant le détail de l'enquête a-t-elle empêché la livraison des deux agents lybiens ? Raymond Nart n'est pas loin de le penser. Découvrant en effet que la fameuse valise pourrait servir à les confondre, les Libyens ont changé de tactique et renoncé à toute idée de compromis.

Lors d'un ultime déplacement à Tripoli, Raymond Nart comprend que le vent a définitivement tourné : il ne fait plus un pas sans être suivi par un nouvel interlocuteur qui consulte sans relâche le colonel Kadhafi.

L'« affaire de la corvette » intervient dans ce contexte. C'est Raymond Nart qui lance l'idée de ce bateau. Par raillerie, il suggère à Jean-Louis Bruguière de se rendre en Libye par la mer, puisqu'il refuse obstinément d'y aller par la route et que la voie des airs lui est interdite. Le juge prend cependant la proposition au pied de la lettre. Il frappe d'abord à la porte de Pierre Joxe, ministre de l'Intérieur, qui n'approuve pas l'idée de ce voyage, pas plus que le Premier ministre, Pierre Bérégovoy. Le juge finit pourtant par convaincre le président de la République lui-même, et l'Élysée ordonne à Pierre Joxe de mettre un navire militaire à la disposition de la galerie antiterroriste du Palais de justice !

À bord de la frégate bientôt affrétée par la marine, la nourriture est aux frais de la DST, ce qui n'enchante guère ses responsables. Les inspecteurs tuent le temps comme ils peuvent. Un brin moqueurs, ils avalent des comprimés de Notamine (contre le mal de mer) en faisant croire au juge que ces pastilles les tiendront éveillés durant toute leur mission. Impitoyables, ils font ensuite passer des boules Quiès pour des micros émetteurs...

Tout cela pour une mascarade qui ne donne évidemment aucun résultat, si ce n'est un énorme gâchis. Car, aux yeux des cadres de la DST, l'enquête avait jusqu'alors été « exemplaire ».

Quand Raymond Nart revoit un peu plus tard Ibrahim Bichari, le ministre des Affaires étrangères, tenu pour responsable par Kadhafi du débarquement manqué du juge français[1], a été démis de ses fonctions. Le policier, qui considère toujours que la France aurait dû miser sur cet homme au lieu de compromettre sa carrière, lui demande s'il pense que des excuses seraient les bienvenues.

« Mon jeune ami, dit le Libyen en se tapant l'épaule avec l'aigle qui orne le pommeau de sa canne, tout cela n'a aucune importance ! »

Sans doute sait-il déjà qu'il sera bientôt nommé représentant de la Libye auprès de la Ligue arabe, lot de consolation qui ne lui déplaît pas forcément.

Un rapide procès se tiendra finalement devant une cour d'assises spéciale, à Paris, du 8 au 10 mars 1999. Condamné à la réclusion à perpétuité, Abdallah Senoussi ne perdra pas la confiance de son beau-frère, le colonel Kadhafi, qui le nommera, en janvier 2003, chef de la Sécurité libyenne, non sans avoir promis de s'acquitter des 210 millions de dollars d'indemnité réclamés par la justice française pour les familles touchées par l'attentat. Entre-temps, les deux officiers dont la DST avait imaginé la reddition, également condamnés par la cour d'assises, ont été promus lieutenants-colonels. Quant au colonel lui-même, la Cour de cassation reconnaîtra bientôt qu'il est protégé par son immunité de chef d'État, mais aussi par l'absence de preuves formelles permettant de l'impliquer personnellement.

---

1 Le bateau, l'*Amiral de Pimodant*, a dû rebrousser chemin sans accoster.

Un Algérien à Paris

Le 6 mars 1995, Raymond Nart et ses collaborateurs reçoivent à Paris la visite d'un ami algérien, membre éminent de la Sécurité militaire, la fameuse « SM », bras armé des généraux au pouvoir à Alger. Il leur annonce l'imminence d'une vague d'attentats islamistes sur le sol français, directement commanditée depuis les maquis algériens du GIA. À l'origine de ces certitudes, précise-t-il, l'arrestation à Oran, quelques jours plus tôt, d'un islamiste répondant au pseudo d'« Omar ».

La DST ne garde évidemment pas pour elle ces informations brûlantes : elle rédige deux notes circonstanciées à l'intention de ses supérieurs, une le 11 mars, une seconde, plus détaillée, le 30.

Est-ce le contexte électoral qui focalise alors toutes les attentions et toutes les ambitions ? Aussi alarmantes soient-elles, les notes restent sans écho. Seul le préfet Philippe Marland, détaché pour les affaires de sécurité auprès du Premier ministre Édouard Balladur, accorde de l'importance à ces notes en provenance de la DST. Il appelle le directeur du service, Philippe Parant, qui lui fournit en toute transparence les explications nécessaires : pour lui, les renseignements sont fiables.

Les attentats ébranlent bientôt Paris avec la violence que l'on sait (dix morts au total, et des dizaines de blessés).

« Ce n'est pas le tout de disposer du renseignement, encore faut-il qu'il soit circonstancié, dit-on à la DST. Il faut également savoir le présenter au bon moment et à la bonne personne, ce qui n'est pas aussi simple qu'on le croit. »

Qu'aurait fait le pouvoir politique s'il avait pris en compte la campagne terroriste annoncée ? « Dans un tel cas de figure, le pouvoir peut sommer la DST de retourner voir sa source », suggère Raymond Nart. La source aurait alors précisé ce que la DST n'a appris que beaucoup plus tard : les services de renseignement algériens avaient aussi arrêté un messager porteur de plusieurs lettres annonçant la préparation d'une campagne d'attentats en France. À en croire ses confidences, un certain Kronfel (« clou de girofle »), soi-disant pivot de cette campagne, devait quitter l'Algérie pour la Tunisie, de là se rendre en Turquie, puis de Turquie en Allemagne, d'où il devait entrer en France. Les services algériens disposaient même d'une photo du terroriste présumé. En fait, ce n'est pas lui qui était venu, mais une seconde équipe composée de deux personnes.

Par ailleurs, le contexte intérieur français ne se prêtait pas du tout à la mobilisation générale, et nul n'aurait sans doute voulu prendre la responsabilité de dramatiser l'élection présidentielle à venir en mettant la France entière en alerte.

Les attentats commis, la DST déclenche la guerre contre les GIA à l'échelle européenne. En Belgique, en Italie, en Espagne, les réseaux « dormants » tombent un à un, mais aussi en Angleterre, pays jusque-là totalement insensible à la menace islamiste et devenu, de ce fait, un véritable sanctuaire.

Le gouvernement français ferme les yeux sur cette liaison officieuse établie par la DST avec Alger. Il ne s'en mêlera réellement qu'une fois. Au lendemain de la découverte du massacre de sept moines trappistes français dans le monastère de Tibéhirine, le 21 mai 1996, la DGSE laisse en effet entendre que les dirigeants algériens pourraient porter une part de responsabilité dans l'affaire. Elle suggère dans le même temps que ces mêmes dirigeants pourraient être impliqués dans les attentats perpétrés sur le sol français. Un haut responsable politique prend cette thèse au sérieux et fait savoir à la DST qu'il serait peut-être judicieux d'entamer des négociations avec les clandestins des GIA stationnés en France. Plus judicieux, en tous cas, que de continuer à faire confiance à des services de renseignement peut-être mêlés à la mort des religieux français...

« Fausse piste », tranchent les responsables de la DST, qui laissent passer l'ouragan sans broncher. Avant de reprendre avec Alger et sa Sécurité militaire une collaboration technique jugée aussi efficace que profitable. En essayant d'empêcher les Algériens d'abuser de la mauvaise coordination des services français, voire de la guerre entre services, rendue plus vive encore par la relative impuissance des responsables politiques français.

Les kamikazes de Dieu (2001)

Le terrorisme ne cesse de prendre de l'ampleur sur la planète. Au point que les membres de la section « Russie », lors de la première guerre du Golfe, en 1991, sont tous débauchés pour se concentrer sur la menace d'attentats. Loin du travail de longue haleine qui était encore le leur avant la chute du mur, ils sont réquisitionnés pour faire face à l'urgence. Certains rechignent, mais Raymond Nart est formel : « Un flic qui ne sait pas chercher et trouver des champignons n'est pas un bon flic. » Autrement dit, il doit savoir passer des cèpes aux girolles, c'est-à-dire du KGB à Al Qaïda.

La France, en particulier la DST, a acquis une expérience unique en matière de terrorisme. C'est sur son sol que les Palestiniens ont décidé d'exporter leur guerre à la fin des années 70. Sur son sol que les premières bombes ont visé la communauté juive à une époque où la guerre d'Algérie, ses attentats à répétition, ses sacs de sable disposés en guise de protection devant la grille de la place Beauvau, étaient encore tout frais dans la mémoire policière. Sur son sol encore qu'est venue déborder la guerre du Liban, sans parler de la guerre civile larvée en Algérie.

Depuis 1986, la DST dispose d'une équipe solide contre le terrorisme. Mais le 11 septembre 2001 ouvre une nouvelle ère. Faut-il, comme certains, ne plus associer le mot « renseignement » qu'au mot « terrorisme » ? « C'est une position excessive », répond Raymond Nart.

À ses yeux, la nouvelle menace n'est d'ailleurs plus tout à fait du terrorisme : « Des avions de ligne qui fondent sur un building, c'est de l'hyperterrorisme », précise-t-il. Les mesures prises dans le domaine du renseignement après les attentats d'Al Qaïda à New York et Washington sont-elles à la hauteur des enjeux ? « On s'est beaucoup agité, en particulier aux États-Unis, où le président George Bush junior a annoncé des réformes au sein du FBI et de la CIA, mais on n'a pas forcément pris les bonnes mesures. Certes, le problème posé par cette forme de terrorisme est difficile. Mais on a oublié quelques idées simples. S'est-on par exemple doté des moyens de lutter politiquement contre la propagande d'Al Qaïda ? C'est pourtant l'une des clefs de notre défense. Il est indispensable de lutter au niveau des esprits, de tenter, par la propagande, de mettre de notre côté les masses arabes. En effet, non seulement le recours à la guerre est insuffisant contre le terrorisme, mais il est aussi déplacé. Contre qui faire la guerre, lorsque les sources du terrorisme sont aussi diffuses ? »

L'un des actuels patrons de la DST, chargé de ce secteur, n'est guère plus indulgent pour les réponses mises en œuvre dans l'Hexagone. « Le ministère de l'Intérieur a mobilisé les services, et c'est bien ; mais, globalement, on fait de l'anti-terrorisme dans un contexte de difficultés extrêmes, avec des effectifs limités[1]. Il est de plus en plus compliqué d'infiltrer les réseaux de fanatiques qui utilisent les cités de

---

1. Une dizaine de fonctionnaires, pas plus, sont venus grossir les rangs de la sous-direction antiterroriste après le 11 septembre 2001, alors que certains services étrangers ont vu leurs effectifs doubler.

nos banlieues comme base arrière, des cités où les services ont beaucoup de mal à travailler. Regardez les Israéliens : malgré tous leurs efforts, ils ne parviennent pas à limiter les dégâts. Quant aux Algériens, ils n'ont pu infiltrer les réseaux islamistes qu'en utilisant les moyens de pression les plus radicaux. En France, on ne s'est pas toujours donné les moyens de surveiller l'islam et ses prolongements. On autorise par exemple un tas de radios, mais on n'a pas cherché à savoir ce qui se raconte sur leurs ondes, faute de disposer d'un nombre suffisant de fonctionnaires arabisants. »

Une bonne nouvelle, cependant, à ses yeux : les efforts déployés dès son arrivée place Beauvau par Nicolas Sarkozy pour structurer l'islam de France et lui offrir un statut : « C'est comme pour les accidents de la route : pour empêcher quelqu'un de prendre le volant en état d'ébriété et d'aller écraser un pompier, il faut appliquer la règle de la tolérance zéro. De même, il est indispensable de contrôler de près les pratiques islamistes ; autrement, nous risquons de voir se développer une contre-société qui portera les germes d'une guerre civile. Si l'on veut préserver la démocratie, il ne faut rien céder. Nos dirigeants voudront-ils entendre cela ? Dans l'Antiquité, les porteurs de mauvaises nouvelles disparaissaient pour moins que ça... »

« *On risque de se réveiller au milieu d'un cauchemar...* »

Pas plus qu'ils n'avaient anticipé la chute du mur de Berlin, aucun service de renseignement occidental n'a vu venir l'ère de l'hyperterrorisme. « Avec la même nonchalance, observe Raymond Nart, nos dirigeants peinent aujourd'hui à prendre sérieusement en compte la menace, sans doute par crainte d'affoler les populations. »

« Au temps du communisme, poursuit-il, on savait que les Soviétiques pouvaient tous nous vitrifier en appuyant sur le bouton nucléaire. Aujourd'hui, ce n'est plus pareil. Le risque est de se retrouver avec 1 500 morts après l'attaque d'une tour dans une métropole. Les données ont été complètement bouleversées. En Union soviétique, il y avait une réalité assez dure, mais connue : sur fond de marché noir et de corruption, un système promettait aux gens un avenir radieux. Avec le terrorisme islamique, on se retrouve face à des individus totalement convaincus du bien-fondé non de leur idéologie, mais de leur religion, et décidés à faire sauter la moitié de la planète. Là où les Russes y croyaient de moins en moins, ce qui nous donnait de bonnes prises sur l'information, on a désormais affaire à des individus qui ont la foi. En plus, ils ne sont plus à 5 000 kilomètres des frontières françaises : ils sont là, chez nous, au coin de la rue. Nous ne sommes plus face à des Libanais qui viennent poser des bombes pour obtenir la libération d'un des leurs. Le problème a changé de dimension. Nous sommes ici dans l'irrationnel. Les communistes ne voulaient pas nous détruire, mais nous convertir. Eux veulent nous détruire, car nous sommes par définition des "mécréants". Leur seule loi, c'est la charia, la loi islamique. On aura beau dresser l'école de la République face à cela, les lois républicaines leur échappent !

« Jusqu'à présent, la mégalomanie d'un personnage comme Ben Laden nous a relativement protégés : on ne s'attaque pas à un petit pays comme la France, on cible les États-Unis. Ou bien on s'y attaque parce qu'on n'a pas les moyens de toucher l'Amérique, par facilité. Le vrai danger qui nous guette est celui des attentats-suicides. Un jour, les candidats à la mort frapperont chez nous. Or, sur ce point, je ne suis pas certain que les services français se préparent comme ils le devraient. »

La lutte antiterroriste commence, aux yeux de Raymond

Nart, de façon très empirique : par le contrôle des gens qui entrent et sortent du pays. Une méthode que l'on a aujourd'hui tendance à négliger, les frontières s'étant estompées au sein de l'Union européenne. Mais ce n'est pas la seule faiblesse que relève l'ancien patron du contre-espionnage, très sceptique face à certaines dérives relevées récemment au sein des services français : une tendance à dépenser une grande énergie pour monter des dossiers très politiques, au lieu de se consacrer aux menaces de l'hyperterrorisme... Ainsi lorsque la DGSE enquête sur les relations de Jacques Chirac au Japon, son pays de prédilection, pour le compte du gouvernement de Lionel Jospin ! La DST n'est d'ailleurs pas en reste, qui transmet à la justice, à la veille de la dernière campagne pour l'élection présidentielle, une note blanche consacrée aux fonds que les amis du même Jacques Chirac auraient clandestinement récupérés en marge d'une rançon versée pour obtenir la libération des otages français au Liban en 1988...

« Pour lutter contre le terrorisme, dit Raymond Nart, il ne faut pas disperser inutilement ses forces. Techniquement, je ne vois cependant pas l'intérêt d'un Monsieur Antiterrorisme qui centraliserait tout. Une très bonne coordination suffit, évidemment à condition d'élaborer un plan à l'échelle nationale et de mener une réflexion appropriée. Pour se préparer aux actions dévastatrices de l'hyperterrorisme, il faudrait davantage sensibiliser et faire participer la population. Sinon, le jour où l'on aura une catastrophe, tout le monde se mettra à courir dans tous les sens. Il faut notamment refondre le plan Orsec à la lumière du terrorisme. Des papiers ont été saisis, tendant à prouver que des poseurs de bombes avaient imaginé de pourrir le contenu des réservoirs d'eau potable et d'attaquer des centrales nucléaires. À ma connaissance, aucune conséquence n'en a été tirée. Il est urgent de se saisir de cette menace. Sinon, on risque de se réveiller au milieu d'un cauchemar. Et il ne restera plus qu'à accuser l'État, une nouvelle fois, de n'avoir rien fait ! »

Sur le plan de l'organisation, Raymond Nart a quelques lueurs. L'idéal prendrait à ses yeux la forme d'une Direction générale de la sécurité intérieure, confiée à « un préfet de haut niveau » qui aurait sous ses ordres deux directeurs : un pour la DST, un pour les Renseignements généraux. En interne, un service de police judiciaire propre, « pour en finir avec les guerres intestines ». Parmi le personnel, des policiers, mais pas uniquement, afin de dépasser la culture strictement policière. De quoi superviser dans sa totalité le champ du terrorisme... tout en échappant à ces réunions, sous l'égide de la Direction générale de la police nationale, où le représentant de la DST rivalise aujourd'hui d'adresse pour en dire le moins possible en présence des patrons des CRS et de la Police de l'air et des frontières...

Pas question cependant, aux yeux de Raymond Nart, de mélanger complètement les RG et la DST. « Cela s'est fait au Canada, dit-il, et cela a tourné au désastre : plus personne ne voulait recevoir les membres du contre-espionnage, par peur d'une inquisition politique. » Les rapprocher, oui ; les fusionner, non.

Augmenter indéfiniment les effectifs ne lui paraît pas non plus la solution adaptée. À Charles Pasqua qui lui avait demandé un jour s'il pouvait lui garantir l'arrestation de tous les terroristes avec cent fonctionnaires de plus à la DST, le directeur de l'époque avait répondu ceci :

« Non, je ne peux rien garantir, car il faudra le temps de les former, de les mettre dans le bain. Ce qu'il nous faut, ce ne sont pas nécessairement des hommes en plus, mais surtout de la compétence. »

Le ministre aurait-il proposé de miser la moitié du budget de l'État, le directeur aurait répondu à peu près de même : pour avoir du résultat, il faut chercher la qualité. Et continuer à privilégier ces contacts avec l'étranger qui ont fait la force de la DST dans sa lutte contre le terrorisme.

Le visage de l'ennemi

« L'ennemi est relativement structuré, mais pas comme on l'entend dans le monde occidental. Nous sommes confrontés à des individus qui n'ont nul besoin d'ordres ni de contremaîtres pour agir. Les penseurs d'Al Qaïda cultivent un terrain sur lequel les plantes poussent toutes seules, comme les métastases d'un cancer. Sur ce terrain, les hommes connaissent leur mission, qui peut se résumer à ces mots : sus à l'Occident !

« Ils disposent de moyens assez rudimentaires, largement suffisants cependant pour causer de gros dégâts et de nombreuses victimes. Un cutter, un couteau ou une ampoule de botulisme peuvent entraîner plus de morts que des armes perfectionnées. Il est absurde, dans ces conditions, de déclarer la guerre aux Arabes. Le "Bien", le "Mal" dont parle George W. Bush, je ne sais pas ce que cela signifie. C'est le terrorisme contre lequel il faut partir en guerre, et rien d'autre ! »

Face à cette menace, l'atout de la DST pourrait passer pour un signe de faiblesse. Il est résumé par Jean-François Clair, directeur-adjoint : « La DST est une petite maison, ce qui lui donne l'avantage de la souplesse. » Le fait de s'être retrouvée dès 1991 aux premières loges des maquis algériens a sans doute aussi largement contribué à la culture de la maison, lui donnant une longueur d'avance, en ce domaine, sur les autres services occidentaux.

13.

Armes, sciences et business

Après le KGB, les blanchisseurs

« Quand j'ai pris mes fonctions, raconte Raymond nart, nous avions un ennemi bien cadré : le communisme. Bien avant la chute du mur de Berlin, une crise larvée couvait au sein des services de renseignement européens, à l'exception notable des Britanniques. Pour la majorité, le bilan de la lutte contre les Soviétiques était maigre. Les Allemands étaient restés polarisés contre le Mfs, l'espionnage est-allemand, et rien d'autre. Le communisme disparaissant, le monde politique entendait unanimement engranger les "dividendes de la paix". Cependant, la montée de nouveaux périls a freiné cette crise existentielle, dans laquelle la DST n'a jamais vraiment sombré, elle qui s'immergeait sans cesse davantage dans le terrorisme depuis 1975 et l'affaire Carlos. L'idéal, après la chute du mur, aurait sans doute été que l'État élabore une sorte de plan national du renseignement. Le gouvernement aurait alors accordé à la DST des crédits pour une période limitée, avec des objectifs précis. »

La France étant ce qu'elle est, dirigée par des politiques dotés d'une faible culture du renseignement, la DST s'est à nouveau prise en main. Alors que l'on commençait à voir des membres du GRU mendier dans les rues de Moscou, elle s'est inventée de nouvelles cibles.

Parfois, ces cibles nouvelles rappelaient les anciennes. L'effondrement du Parti communiste russe n'a pas laissé tout le monde sur le carreau. Certains apparatchiks se sont lancés dans la banque, d'autres sont carrément partis avec l'argent des entreprises publiques. « Une véritable razzia », dit-on à la DST, où l'on est bien placé pour connaître le savoir-faire des anciens ennemis en matière de business. « Le régime communiste fonctionnait comme un système mafieux, dit un ancien spécialiste du KGB. Ce ne sont pas des bandits de grand chemin que nous avons vu apparaître en Europe, accompagnés de valises bourrées de billets de banque : ce sont les anciens piliers de l'*establishment* soviétique. »

Après l'ouverture des frontières, les flux humains en provenance de l'Est prennent une ampleur de moins en moins contrôlable. À partir de 1995, la DST voit s'installer à Paris des centaines de personnes originaires de l'ancienne Union soviétique. Tous ou presque montrent des velléités d'investir dans l'économie occidentale.

Les billets affluent dans les banques françaises, aussitôt approchées par des émissaires de la DST qui réclament notamment aux banquiers la photocopie des passeports de ces généreux investisseurs.

La première alerte sérieuse est donnée lorsque des Russes se mettent à racheter des haras en Normandie, lads compris, tandis que d'autres négocient la prise de contrôle d'une petite station de ski en territoire andorran.

Difficile de provoquer l'interpellation de ces présumés mafieux aux méthodes encore peu sophistiquées (et peu discrètes). Mais la DST collecte le maximum d'éléments et dresse ses premières listes de « blanchisseurs » suspects. À l'occasion, lorsque le service s'inquiète des menées par trop envahissantes de l'un de ces hommes d'affaires d'un nouveau genre, le fisc est appelé à la rescousse : à défaut d'infraction au Code pénal, on trouvera bien à redire sur le plan fiscal. Au passage, le message est clair : on signifie aux personnes ciblées qu'elles sont repérées.

L'une des premières fois que la DST décide de perturber les affaires de ces messieurs venus de Moscou, c'est à Monaco, où l'on a cru judicieux de faire sponsoriser le grand prix de formule 1 par une prétendue marque de vodka russe. Une vaste opération de blanchiment que les services français, stupéfaits par la valse des billets, stoppent en plein vol, avec l'aide de banquiers peu désireux de « plonger » avec leurs clients.

Depuis, le contre-espionnage a placé la grande criminalité au cœur de sa cible, comme l'explique le préfet Pierre de Bousquet de Florian, nommé par Jacques Chirac à la tête du service : « La criminalité organisée dépasse les frontières. Elle pourvoit le monde en femmes, en drogues, en armes, en explosifs, en faux papiers. Il faut répondre à ces mafias qui règnent par exemple dans les pays de l'ex-Yougoslavie. Car elles sont assez puissantes pour constituer un danger d'État. »

Voyage à Taïwan

Les services secrets allemands sont nés d'un vœu du patronat rhénan, soucieux de renforcer les capacités de conquête de leurs entreprises sur les marchés extérieurs. La CIA n'a jamais caché ses interventions au profit des industriels et commerçants américains. La France est-elle en retard sur ce terrain ? Plutôt, mais nul ne soutiendra que la DST ne s'est jamais mêlée de contrats ni de grand business. D'abord parce qu'un système de veille permet de détecter les intrusions inamicales, voire carrément offensives, de la concurrence, notamment américaine. Ensuite parce qu'en une occasion au moins la DST a joué elle aussi les VRP d'entreprises nationales. Il s'agissait de vendre aux

États-Unis le système de communications militaires Rita, fabriqué par Thomson. Pour forcer la main aux acheteurs, on a fait miroiter aux responsables de la CIA les informations hautement stratégiques obtenues auprès de « Farewell », la fameuse taupe gérée par le service français à Moscou. Un tout petit chantage par rapport à ceux auxquels se livrent quotidiennement, sans pudeur aucune, les Américains.

Plus rarement, la DST se mêle d'affaires politico-financières. Elle l'a fait lorsque les enjeux touchaient aux intérêts de la France. Ce fut le cas des ventes d'armes françaises à Taïwan, les fameuses frégates, dont l'ombre a plané sur le dossier Elf.

Jacques Fournet dirige à l'époque la DST. Nommé avec l'aval de François Mitterrand, socialiste, il juge utile de vérifier le bien-fondé des rumeurs de corruption que véhiculent les médias. Il effectue alors un déplacement à Taïwan. Les services américains ne sont-ils pas sur le coup ? Ne cherchent-ils pas, d'une façon indirecte, à exploiter les ennuis de Roland Dumas, ancien ministre des Affaires étrangères et acteur secondaire de ce dossier ? Ne dit-on pas que le Parti socialiste, entre autres, aurait bénéficié de ces commissions occultes ? Jacques Fournet, que l'on ne peut soupçonner, à la différence de certains anciens de la DGSE, d'avoir joué les « apporteurs d'affaires » pour les entreprises d'armement françaises, voulait probablement se faire sur place sa propre opinion.

Les moteurs d'Ariane V

Les contacts informels noués par la DST avec les milieux scientifiques ont maintes fois servi. À l'occasion, tel ou tel ingénieur, mis en confiance, rapportait d'au-delà du mur des renseignements de premier choix.

Un jour, un chercheur de haut niveau, attaché à un laboratoire parisien, vient ainsi poser à la DST une question surprenante : « Est-on autorisé à rapporter en France des germes du botulisme ? »

Il a appris que de telles cultures se trouvaient facilement sur le marché, à Moscou. Le prix demandé par les Russes était particulièrement bas, assez pour permettre à son laboratoire de réaliser, le cas échéant, une économie conséquente. Les ampoules sont environ trente fois moins chères qu'en France, précise-t-il au fonctionnaire qui lui demande s'il en a déjà rapporté.

« Deux ou trois fois », répond-il.

Aveu qui a le don de mettre le contre-espion assez mal à l'aise.

« Et si l'une de ces ampoules avait été brisée dans l'avion ? » demande-t-il au scientifique.

Mais l'homme, aussi instruit soit-il des dégâts susceptibles d'être provoqués par le botulisme, n'a apparemment pas mesuré le danger. Ni l'importance stratégique de l'information qu'il vient d'apporter.

« Nous n'étions pas forcément là pour dire qui était coupable et qui ne l'était pas, mais pour dire ce qui était dangereux », observe Raymond Nart.

En fonction de quoi il fallut un jour expliquer à un physicien de renom, Georges Charpak, prix Nobel, spécialiste du nucléaire, pourquoi tel étudiant dont il réclamait le retour avait été volontairement éloigné du territoire français et du CERM (Centre d'études et de recherches médicales) : on le soupçonnait d'appartenir à une organisation islamiste radicale.

L'espionnage scientifique et technique avait constitué une priorité pour les Russes. Les affaires conclues par la DST n'ont que rarement défrayé la chronique, parce que les entreprises concernées préféraient mille fois garder le silence plutôt que de réclamer réparation haut et fort. Elles s'affolaient systématiquement lorsqu'un ingénieur se faisait voler son ordinateur portable, mais finissaient par se rétracter quand la DST proposait une expertise des systèmes de sécurité en vigueur dans l'entreprise.

Le CEA (Commissariat à l'énergie atomique) a lui-même minimisé une histoire d'espionnage qui lui avait pourtant certainement coûté cher. L'un des chercheurs de la maison, un physicien en poste à Vanves, avait en effet été « recruté » par le biais d'une petite annonce : il donnait des cours du soir dans son quartier. Un Russe s'était présenté, se faisant d'abord passer pour un Suédois. Puis les deux hommes avaient sympathisé. L'appât du gain avait facilité le recrutement, l'ingénieur en étant réduit, pour boucler ses fins de mois, à sortir des rames de papier du CEA pour les vendre dans la papeterie tenue par sa mère. Moyennant finance, il avait fourni à son nouvel ami les derniers résultats de la Direction des applications militaires. Un trésor !

Autre « catastrophe », selon les propres termes du ministre de l'Intérieur Paul Quilès (PS) : le cas T. L'enquête a commencé à l'époque de l'affaire « Farewell ». Il appert alors que les Soviétiques disposent de deux taupes au sein du CEA. L'une ne sera jamais formellement identifiée ; T. sera condamné. Durant plus de vingt ans, cet ingénieur aurait fourni des renseignements sur les armes et les essais nucléaires français. Sans s'en apercevoir, en transmettant aux soviétiques un même message dans sa version cryptée et décryptée, il avait même fourni le code français ! Moyennant finance évidemment. Mais la prescription l'a sauvé, lui permettant d'échapper à la prison.

Quand on est policier à la DST, travailler sur les milieux scientifiques présente cependant quelques inconvénients. L'ingénieur de Vanves mis en cause reçut en effet le soutien d'une large partie de la communauté scientifique. Axe de défense : « La science est universelle, et ce n'est pas la DST qui nous empêchera d'échanger nos travaux !» Une véritable incompréhension, qui a également accompagné la condamnation d'un chercheur du CNRS : au nom de la confraternité et de la science universelle, il fut d'ailleurs rapidement réintégré, malgré les protestations de la DST.

Le monde politique ne réagissait pas non plus toujours correctement. L'affaire Verdier, du nom d'un ingénieur polytechnicien en poste à Rouen, en est la parfaite illustration. L'homme, marié avec une femme d'origine russe, avait été accusé par la DST d'avoir fourni à Moscou la recette des mélanges gazeux permettant de faire fonctionner le moteur Vulcain de la fusée Ariane V. Une énorme perte, sachant que les ingénieurs russes échouaient depuis des années à trouver la formule. Sauf que Jacques Chirac, alors Premier ministre, s'en fut, quelques jours après l'arrestation de l'ingénieur, en visite officielle au Kremlin. Voyage au cours duquel on parvint si bien à le convaincre de l'innocence du Français qu'à son retour il prit la décision de le faire libérer au plus vite.

Quelques mois plus tard, le consulat russe au Canada (Ottawa) fut ravagé par un incendie. Dans les papiers récupérés par les pompiers, une liste de « gens à préserver » : au beau milieu de celle-ci figurait le nom des époux Verdier.

À l'époque, cependant, les laboratoires scientifiques consituent bel et bien l'une des cibles majeures du KGB. Abonnés à toutes les revues scientifiques européennes, les Soviétiques traquent les dernières découvertes, puis les noms et adresses des professeurs impliqués dans les recherches qui retiennent leur attention. Les revues sont lues dès leur arrivée à Moscou, avant d'alimenter une vaste banque de données dont l'agent « Farewell » a fourni une description précise.

Ce genre de culture laisse évidemment des traces dans les mentalités. Il n'y avait donc strictement aucune raison pour que le pillage ne se poursuive pas, sous d'autres formes, après la chute du mur. Sans oublier que les Russes avaient sans doute fait des adeptes au Japon, en Chine, mais également parmi les pays alliés et amis.

Encore faut-il, pour empêcher les vols, que les scientifiques admettent une bonne fois les contre-espions dans leurs laboratoires. Ce qui est loin d'être le cas, comme l'a compris entre 1996 et 1997 le député François d'Aubert, alors secrétaire d'État à la Recherche. Le ministère de l'Intérieur avait accepté de mettre à sa disposition un commissaire et un inspecteur de la direction centrale des RG, plus un inspecteur de la DST, chargés d'enquêter sur les risques d'espionnage industriel dans la recherche scientifique. Les policiers, rattachés directement au cabinet du ministre sous le nom de GPR (Groupe de protection de la recherche), furent contraints d'opérer en douce, presque en cachette, à cause de la forte appréhension des chercheurs eux-mêmes, peu enclins, par culture, à les laisser approcher de leurs travaux. À l'heure d'Internet et de la communication scientifique ouverte, cette présence leur paraissait hors sujet. Ils n'ont d'ailleurs eu aucun mal à convaincre le successeur de François d'Aubert, Roger-Gérard Schwartzenberg, de faire disparaître cette petite cellule. Il a fallu alors bien des démarches pour recaser les trois policiers restés sur le carreau, une fois les labos et sites informatiques laissés portes ouvertes. En attendant que le contre-espionnage privé fasse son apparition... Pourtant Michèle Lacarière, ancien de la DST, est formel : « Le contre-espionnage consiste surtout aujourd'hui à empêcher un service étranger de récupérer une nouvelle molécule médicale susceptible de générer des millions d'euros de profits. »

Armes en vrac

À cause du développement du terrorisme, la DST s'est penchée dès le début des années 80 sur le cas des trafiquants d'armes. L'idée n'était pas de contrôler toutes les livraisons de munitions, mais d'éviter autant que possible qu'un matériel sensible ne tombe entre de « mauvaises » mains.

La DST dispose depuis lors d'un observateur permanent au sein de la CIEMG, l'organisme qui supervise les ventes d'armes au sein du ministère de la Défense. Elle a par ailleurs noué des contacts réguliers avec toutes les grandes entreprises françaises installées sur ce créneau, à commencer par Thomson, Dassault et Matra.

Au tournant des années 90, le service n'a pu que constater une prolifération des armes de tous calibres. Les pays responsables de cette explosion du marché ont été vite identifiés : la Russie, mère de tous les trafics de canons depuis l'effondrement du bloc soviétique, et la Yougoslavie, secouée par une décennie de conflits. La Roumanie laissait également filer sur le marché parallèle une partie de ses stocks, une marchandise un peu datée mais encore en état de marche. La DST avait connu une situation semblable avec le Portugal au lendemain de la « révolution des œillets » : la jeune démocratie avait mis sur le marché les canons de la dictature, commerce dans lequel s'étaient alors lancés de nombreux intermédiaires français.

Avec le temps, certains trafiquants notoires ont pris l'habitude de venir raconter aux enquêteurs de la DST les dessous des ventes officieuses auxquelles participent discrètement des sociétés françaises, publiques pour la plupart. Le service évite cependant de se montrer par trop curieux, sans doute de crainte de tomber sur un sujet qui fâche, par exemple la répartition des dessous-de-table entre acheteurs et vendeurs, impliquant en général des hommes politiques ou des partis aux deux bouts de la chaîne.

Les intermédiaires plus ou moins douteux qui gravitent dans ces parages, entre business et renseignement, fréquentent eux aussi la rue Nélaton. À une certaine époque, la DST a même mis sur pied un petit groupe d'une vingtaine de personnes spécialisées dans la manipulation et le traitement de ces personnages parfois hauts en couleur, volontiers proche des militaires et parfois marqués par des positions voisines de l'extrême droite. Ils sont reçus, on les écoute, manière pour le service de contrôler vaguement cette faune.

C'est dans ce contexte que Raymond Nart se voit un jour confier une mission délicate. Il doit se rendre auprès d'un homme connu dans le milieu des ventes d'armes pour lui annoncer que les Libyens veulent sa peau et sont prêts à y mettre le prix. Peu scrupuleux, le marchand a en effet promis de vendre à la Libye un produit auquel ce pays n'a pas droit pour cause d'embargo. De fortes avances ont été consenties par l'acheteur, qui ne voit rien venir et s'impatiente.

Le marchand d'armes, ce jour-là, rit au nez du policier venu le mettre en garde :

« Mais je suis en cheville avec mon ami lybien, le colonel X. ! » s'exclame-t-il.

Il s'agissait simplement de sacrifier à un caprice du Guide, qui avait exigé que son armée dispose de cette technologie. Une opération bidon avait été montée par le Français avec un haut gradé libyen. Les deux hommes n'avaient évidemment nulle intention d'enfreindre l'embargo : on avait expédié un matériel sans intérêt dans l'espoir d'éviter la Colère suprême...

« D'ailleurs, plaisante le petit malin, même si on avait livré ce qu'ils demandaient, les Libyens n'auraient pas su s'en servir ! »

L'arnaque au « mercure rouge » est plus subtile. Tout commence dans les années 80 lorsqu'un officier du KGB recrute un Libyen en formation à l'université Patrice-Lumumba, à Moscou. Le KGB lutte contre la prolifération et n'admet dans les stages de physique nucléaire que des étudiants « contrôlables ». Comme ce Libyen, qui devient bientôt responsable du centre de recherches nucléaires de Tadjoura, en Libye. C'est l'époque où Kadhafi fait savoir qu'il veut sa propre arme nucléaire. Les Soviétiques finissent par lui livrer quelques grammes de plutonium et un petit réacteur qui tombe rapidement en panne. Ils proposent alors une autre voie, réputée plus « économique », un produit miracle qui devrait permettre au leader libyen de mettre au point sa petite bombe islamique : le mercure rouge, un produit composé d'antimoniate de mercure, censé augmenter la puissance des explosions... et catalyser les réactions de fission de l'uranium.

En fait, tout est bidon. Mais le ministre libyen des Affaires nucléaires est séduit, et Kadhafi mord à l'hameçon. La Libye achète un kilo de mercure rouge à 3 000 dollars le gramme. Les premières expériences sont désastreuses ? Le KGB, qui ne recule devant rien, fait fabriquer un produit amélioré dans un laboratoire secret de Sverdlovsk, qu'il vend cette fois 6 000 dollars le gramme. Kadhafi en prend un kilo qui ne lui donne pas davantage satisfaction.

Escroquerie ? Manipulation ? La Libye ne détectera jamais la main du KGB derrière cette affaire... et les services occidentaux en seront quittes pour une belle parano, avant d'entrer à leur tour dans le jeu terriblement rentable du mercure rouge !

Les backchichs se multiplient, tout le monde en profite, y compris quelques hommes d'affaires français gravitant dans les sphères politiques. Les clients se bousculent. Après la Libye, l'Irak et la Syrie achètent une vingtaine de kilos. Puis c'est le tour de la riche Arabie saoudite qui en commande 700 kilos d'un coup (avec la complicité de la CIA, soucieuse de focaliser les pays à risques sur ce produit complètement inoffensif). Le filon attire bientôt d'autres embrouilleurs : Chinois, Congolais et Centrafricains se mettent à fabriquer le produit magique... toujours sur le marché en 2003 !

Des espions au cœur du business

Autre conséquence de la chute du mur et de la « fin des idéologies » : le renseignement non seulement se banalise, mais se privatise. Les officines se multiplient, au grand dam de Raymond Nart et de la DST, bien placés pour savoir que le renseignement a un prix.

« Le mercantilisme guette le métier », dit-il en voyant le gouvernement français faire de plus en plus souvent confiance à des « privés », notamment en Afrique, avec tous les dérapages qui peuvent en découler. Les free-lance du renseignement présentent en effet à ses yeux l'inconvénient d'agir hors de tout contrôle, comme les anciens du KGB partis s'installer à leur compte. Spécialistes de l'« analyse stratégique », ces « privés » placent des micros quand cela arrange leur client. Et en découvrent éventuellement quand ça peut leur rapporter un contrat. En France aussi, ils viennent parfois du sérail. On a ainsi vu un ancien membre des services techniques de la DST faire d'excellentes affaires dans la région grenobloise, un ex-gendarme prospérer sur la Côte d'Azur, un ancien responsable des RG se faire épingler alors qu'il faisait des « ménages » pour le compte d'un grand patron.

Le phénomène a été importé des pays anglo-saxons. Peu à peu, les « privés » ont commencé à couper l'herbe sous le pied des fonctionnaires de la DST dans les grandes entreprises. Le contre-espionnage maintient en effet depuis

longtemps des contacts institutionnels avec les sociétés
« sensibles », c'est-à-dire susceptibles d'attirer les nouveaux
espions, voleurs de brevets industriels, copieurs de plans
stratégiques ou vrais saboteurs. Mais les « privés » ont su
s'imposer, quitte à dramatiser parfois un peu, histoire de
mieux se vendre.

Raymond Nart se méfie, depuis qu'ils existent, de ceux
qui s'enrichissent sur le dos de l'« intelligence économique ». Il a vu trop de vendeurs de logiciels aussi inef-
ficaces que coûteux. « Le vrai sujet, dit-il, c'est le
renseignement compétitif. Pas celui que vendent certains
intellectuels, mais celui qui s'inscrit dans une finalité opéra-
tionnelle, avec des objectifs réalisables. Celui-là, très peu
le proposent... »

Forte de ce constat, la DST a saisi en 1995 l'occasion
d'une loi Pasqua sur l'organisation de la police pour glisser
quelques paragraphes sur les officines privées spécialisées
dans le renseignement. Des propositions destinées à
encadrer ce métier florissant, mais qui n'ont curieusement
jamais vu le jour, sans qu'aucune explication officielle ait
été fournie. Un lobby s'est-il manifesté auprès des députés ?
Peut-être les gendarmes et les juges, ayant de plus en plus
souvent recours à ces « privés », ont-ils eux aussi vu d'un
mauvais œil les restrictions proposées ?

À défaut de mesures réglementaires, la DST n'en a pas
moins continué sa veille. Lorsqu'elle voit, il y a quelques
années, apparaître dans le paysage français le champion
américain de l'espionnage économique, la société Kroll, sa
réaction n'est pas franchement aimable. Elle devient
carrément offensive quand il appert que cette société a
débauché un ancien de la DST dont elle veut faire l'un de
ses responsables en France, tout en s'offrant le luxe de
compter parmi ses conseillers... un ex-directeur du service,
Bernard Gérard ! Les écoutes téléphoniques commencent,
ce dont s'aperçoit évidemment l'état-major de Kroll. Mais

la DST ne se lasse pas : elle déconseille ouvertement aux groupes français de s'adresser à cette société américaine qu'elle soupçonne de travailler en sous-main pour la CIA. Et redouble d'activisme sur le front du conseil aux entreprises, histoire de freiner la concurrence.

Raymond Nart connaît les limites de l'exercice : « Cela n'a plus de sens, aujourd'hui, d'aller dire aux patrons de se méfier des Américains ou des Anglais alors que ces mêmes Américains et Anglais font partie de leur actionnariat. Par ailleurs, si un groupe étranger veut débaucher un chercheur français à la pointe de la recherche sur le génome humain, par exemple, il y parviendra pourvu qu'il allonge les dollars nécessaires. C'est uniquement une question d'offre et de demande. Pour ne pas paraître ridicules, nous avons d'ailleurs depuis longtemps modifié notre discours à l'intention des milieux scientifiques et économiques. »

Devant le spectacle dément des fusions-acquisitions, la DST préfère également se cantonner au rôle de spectatrice. Au nom de quoi se mêler des batailles capitalistiques ? La seule fois où l'on a tenté de la forcer à prendre parti, cela concernait l'industrie aéronautique et militaire. Les stratèges du groupe Thomson avaient décidé à l'époque d'employer tous les moyens pour faire éclater le pôle mis sur pied par Lagardère, leur principal et redoutable concurrent. Saisie par Matignon, la DST mena son enquête, mais les procès-verbaux qui en découlèrent restèrent lettre morte.

« Nous n'avions rien à faire dans une bagarre entre deux entreprises françaises », tranche Raymond Nart. Même, semble-t-il, pour complaire à un grand patron. Même, également, si tel n'a pas toujours été le cas.

La CIA recrute à Paris (version officielle)

Découvrant, durant la seconde cohabitation (1993-1995), une taupe américaine glissée dans le dispositif gouvernemental français, la DST mène l'enquête le plus loin qu'elle peut, avec l'aval de Charles Pasqua. La CIA aurait recruté un des proches conseillers du Premier ministre, Édouard Balladur. Une rareté, mais le contre-espionnage est quasiment certain que le conseiller d'État Henri Plagnol, chargé à Matignon des dossiers culturels, est susceptible de fournir des renseignements confidentiels à Washington. En particulier sur la façon dont la France envisage d'aborder les négociations sur le GATT et la politique agricole commune, deux domaines qui intéressent au plus haut point le commerce américain. En outre, nous sommes en pleines négociations transatlantiques sur la fameuse « exception culturelle », avec tous les enjeux financiers que comporte ce dossier. Les Américains voudraient bien avoir un train d'avance dans leurs discussions avec les Français, et sont prêts à recourir à cette fin à tous les moyens nécessaires.

Le statut administratif d'Henri Plagnol lui donne le droit d'être rémunéré comme consultant, y compris par des Américains. Mais, aux yeux de la DST, cette collaboration frise l'espionnage pur et simple.

Loin de se précipiter, les responsables du contre-espionnage décident néanmoins de proposer un marché à Henri Plagnol :

« Au mieux, lui dit-on, vous avez manqué de perspicacité dans vos relations avec les Américains.

– Que puis-je faire désormais ? demande le conseiller, qui se met volontiers à la disposition du contre-espionnage.

– Continuez à renseigner les Américains, propose la DST. Sauf que, cette fois, nous remplirons nous-mêmes les questionnaires qu'ils vous donneront. »

Ainsi va commencer une petite opération d'intoxication qui ne prendra fin qu'après la signature des accords internationaux. Précisément lorsque la DST décidera d'annoncer à la CIA qu'elle a été prise en flagrant délit d'espionnage inamical.

En attendant, Nicolas Bazire, directeur de cabinet du Premier ministre, se retrouve chargé d'une mission désagréable : c'est lui qui a fait venir à Matignon Henri Plagnol, son copain de promo à l'ENA. C'est lui qui doit lui annoncer qu'il a la DST sur le dos. À l'approche de l'élection présidentielle, on craint en effet de voir l'affaire exploitée à des fins politiciennes si Plagnol restait en poste. Et puis la DST insiste vraiment : pour elle, l'affaire est sérieuse.

Commence alors ce que Henri Plagnol appelle sa « mission ». Un vrai travail de contre-espionnage ! Le conseiller d'État touche environ 5 000 francs en espèces chaque fois qu'il livre des informations aux Américains ; une somme dont la DST lui laisse volontiers la jouissance... pour services rendus à la nation. Maigre compensation, cependant, vu le poste en or que Plagnol vient de sacrifier auprès du Premier ministre.

Un point positif, cependant : la DST choisit la discrétion. Elle ne met en branle aucune poursuite judiciaire contre l'« agent » américain. Ce qui permettra à Henri Plagnol de « rebondir » de belle façon, après le 21 avril 2002, en entrant dans le gouvernement composé par Jacques Chirac et Jean-Pierre Raffarin au poste de secrétaire d'État chargé de la réforme de l'État...

Mais nous n'en sommes pas là. À chaud, le ministre de l'Intérieur Charles Pasqua utilise à sa manière l'« affaire américaine ». Il décide en effet de prendre les Américains au piège de leurs propres méthodes : il se sert de ce dossier, très délicat pour Washington, pour négocier la prise de participation d'une société publique française, Thomson Multimédia, dans une société américaine, investissement jusque-là bloqué par les autorités fédérales. Sa démarche a d'autant plus de poids que les Américains ne se sont pas arrêtés à Henri Plagnol : ils ont aussi ciblé un poly-technicien proche d'Alain Carignon, alors ministre de la Communication, et recruté un technicien dans un central téléphonique parisien, prétextant la mise sur écoute d'une ambassade arabe. Sauf que la recruteuse vivait avec un play-boy argentin qui avait attiré l'attention. Elle a également commis l'erreur de croiser un officier de la CIA à Paris.

Deux ans plus tard, le même Charles Pasqua sort à nouveau le dossier, cette fois dans le cadre d'une opération de politique intérieure. Après s'être engagé auprès des Américains qu'aucune sanction ne serait prise à leur encontre, le ministre de l'Intérieur agit en sens inverse à la veille de l'élection présidentielle de mai 1995. Contre l'avis d'Alain Juppé, ministre des Affaires étrangères, il ordonne l'expulsion de cinq « diplomates » impliqués dans la mani-pulation Plagnol. Une diversion à l'aube d'un scrutin prési-dentiel mal parti pour son « poulain », Édouard Balladur, ébranlé par une trouble affaire d'écoutes téléphoniques impliquant Didier Schuller, ancien conseiller général RPR des Hauts-de-Seine, sur fond d'enquête judiciaire sur les finances occultes du parti gaulliste ? Version écartée par Charles Pasqua, qui affirme avoir tenté de régler l'affaire sans bruit, en convoquant au ministère de l'Intérieur son « amie » l'ambassadrice américaine à Paris, Pamela Harriman. Laquelle n'a visiblement pas accordé toute l'im-portance requise au message du ministre : elle n'en tira strictement aucune conséquence, attendant que le couperet tombe brutalement sur les sbires de la CIA, grossièrement pris la main dans le sac. Avec, à la clef, la mutation du représentant de la centrale à Paris... et l'éviction par Bill Clinton du directeur de la CIA, James Woolsey, qui depuis, voue à la France une haine implacable.

Un épisode qui achève de brouiller Charles Pasqua avec

Alain Juppé, et conforte le premier dans une idée qu'il a vainement tenté de « vendre » à Jacques Chirac. Nous étions au printemps 1986. Chirac venait de s'installer à l'hôtel Matignon lorsque son ministre de l'Intérieur lui tint à peu près ce discours, comme il nous le rapporte aujourd'hui :

« Je reviens d'un voyage aux États-Unis. Je pense que nous devrions nous inspirer de leurs méthodes : ils placent à tour de rôle les ministres et les membres de leur cabinet sur écoute, pour détecter les éventuelles pénétrations de services étrangers. »

Réplique de Chirac à Pasqua : « Mais tu es devenu fou ! Qu'est-ce qui te prend ?

– Cela se fait aux États-Unis !

– J'ai été ministre de l'Intérieur ! Je suis bien placé pour savoir de quoi je parle !

– Juste quelques mois ! Je pense que nous pourrions au moins procéder par sondages.

– C'est non. »

Deux semaines plus tard, retour du ministre de l'Intérieur devant le président :

« La DST a arrêté dans le train pour Bruxelles une secrétaire du Quai d'Orsay dont le comportement était suspect. Dans son sac, on a trouvé des documents estampillés "confidentiel défense." Elle a été recrutée par un gars des pays de l'Est. Quand je te disais qu'il fallait surveiller ! »

Chirac, qui ne varie pas : « C'est toujours non. »

La CIA recrute à Paris (version de l'« agent »)

« Il est très difficile, dans le monde d'aujourd'hui, de faire la part entre les informations susceptibles d'intéresser un service étranger et celles qui sont complètement banales. Peu de progrès ont été accomplis en ce sens, depuis mon affaire, pour sensibiliser notamment ceux qui donnent des conférences à l'étranger. »

Ainsi s'exprime Henri Plagnol près de dix ans après les faits. Le haut fonctionnaire conserve évidemment de l'« affaire » un souvenir qui diffère quelque peu de celui de la DST. Il s'agissait simplement pour lui, à l'époque, de transmettre son expertise à une fondation américaine. Car c'est bien comme directrice d'une fondation transatlantique, le Dallas Market Center, que l'agent de la CIA Mary-Ann Baumgartner s'est au départ présentée à lui. Une fondation dont l'objectif officiel était d'« éclaircir les malentendus entre les États-Unis et l'Europe », en réalité très proche du lobby céréalier américain.

« Les thèmes de nos entretiens étaient ceux que j'enseignais à Sciences Po, raconte Henri Plagnol. Au cours de nos déjeuners, nous évoquions la situation dans les Balkans, le contentieux agricole entre les États-Unis et la France, la future monnaie européenne, les relations franco-allemandes. J'étais loin d'imaginer que cela puisse intéresser la CIA ! Mon interlocutrice semblait parfaitement intégrée dans le circuit parisien et nos relations étaient très amicales. Elle cherchait à comprendre l'"exception française". Elle voulait savoir pourquoi les Français étaient si attachés à leur service public tout comme à leur secteur agricole... »

Le rythme des rencontres s'était intensifié à l'approche des élections législatives de 1993, qui devaient donner la majorité à la droite et propulser Henri Plagnol à Matignon. Moins d'un mois plus tard, il s'était retrouvé dans le bureau de son ami Nicolas Bazire.

« Bazire était gêné pour me donner le motif de ma convocation, se rappelle Henri Plagnol, d'autant que la DST avait insisté pour que je n'en sache rien. Il m'a simplement dit que la DST l'avait alerté sur une de mes relations. "Le mieux, ai-je dit, c'est que je les rencontre pour dissiper le malentendu." Je ne prenais pas cette histoire au sérieux.

Pour moi, je n'avais absolument rien fait de répréhensible. J'ai cependant demandé à rencontrer Raymond Nart, qui m'a paru lui aussi embarrassé après m'avoir entendu. À la fin, comme il me disait ne pas avoir de doutes sur mon intégrité, je me suis tout de même permis de lui dire que la DST avait jeté une ombre sérieuse sur ma carrière. Ils m'ont alors expliqué que Mary-Ann Baumgartner connaissait tout le gotha administratif parisien, et que l'affaire était plus importante qu'elle n'en avait l'air. »

Son passage à la DST lui a laissé une curieuse impression : « J'ai eu un moment le sentiment de débarquer dans un univers de fous persuadés de préparer la Troisième Guerre mondiale, dit-il. Mais j'ai accepté de réintégrer le Conseil d'État sans informer ma propre hiérarchie de l'affaire. »

Il n'en a pas terminé pour autant avec le contre-espionnage. « Un mois plus tard, raconte-t-il, j'ai reçu un appel de Raymond Nart qui m'a demandé de reprendre contact avec madame Baumgartner. J'ai éclaté de rire. Il m'a alors expliqué qu'il comptait sur moi pour aider la DST à déjouer une tentative d'infiltration de la haute fonction publique, et à défendre les positions françaises. J'ai accepté, par orgueil, par goût de l'aventure et parce que j'ai derrière moi six générations de saint-cyriens. Je me suis alors retrouvé au milieu d'une incroyable partie de poker menteur, avec pour mission de devenir, pour les Américains, une source "valable".

« Cela n'a pas été trop compliqué, car l'Américaine avait visiblement besoin de se mettre en valeur aux yeux de sa propre hiérarchie. Je lui ai expliqué que j'avais quitté Matignon pour me lancer dans la politique, ce qui n'était pas totalement faux, et nous avons repris nos déjeuners, précédés chaque fois d'un briefing à la DST. Rapidement, elle m'a expliqué que tout travail méritait salaire, d'où les 5 000 francs qu'elle m'a remis après chacune de nos rencontres. Elle m'a mis en contact avec des hommes qu'elle m'a présentés comme des céréaliers du Minnesota soucieux d'obtenir des informations sur les positions françaises dans le domaine agricole. La DST avait du mal à m'orienter : "On vous fait confiance pour défendre les positions françaises", me répétaient-ils. Les questions des Américains sont devenues de plus en plus pointues. Ils voulaient savoir ce que Mitterrand avait dit à l'Allemand Helmut Kohl, si Mitterrand et Balladur étaient sur la même ligne, si je pensais que les Allemands allaient lâcher la France. Je leur répétais que la France, à mon avis, ne céderait jamais sur le dossier agricole... »

La « mission » s'est poursuivie jusqu'au mois de décembre 1993. Les négociations sur le GATT se sont terminées favorablement pour le camp français, et la DST s'est déclarée satisfaite de son « succès ».

Henri Plagnol, lui, n'est pas convaincu, aujourd'hui, d'avoir joué un rôle essentiel. Il n'était surtout pas au bout de ses difficultés, puisque le gouvernement – plus précisément Charles Pasqua – allait bientôt accorder à l'affaire la publicité que l'on sait (expulsion fracassante des espions américains).

Furieux, Henri Plagnol s'est alors entendu répliquer que la faute en incombait entièrement à la CIA.

Lorsqu'il en vint à fournir des explications à ses supérieurs au Conseil d'État, il put mesurer le gouffre qui sépare en France les « décideurs » des responsables de la DST :

« Quand on appartient à un grand corps, lui fait-on observer en substance, il y a des missions que l'on n'accepte pas !... La DST, ajoute-t-on, ce sont des flics ! »

De quoi nourrir la réflexion d'un homme qui mesure désormais beaucoup mieux les enjeux du renseignement :

« La DST m'a frappé par son grand isolement et ses schémas binaires, dit-il. Elle m'a semblé vivre dans un ghetto. La force du système anglo-saxon, c'est précisément qu'il n'y a pas de frontière entre l'espionnage et la collecte d'informations. Il faut changer notre culture si l'on veut que les hauts fonctionnaires français regardent la DST avec moins de distance. L'État doit former un tout. Il ne faut surtout pas couper les services de renseignement des services que l'on considère comme "nobles". C'est une faiblesse de notre pays, qui se prive là de gens compétents. »

Parole de connaisseur.

Désinformation, chantage

Le renseignement devient une arme redoutable entre les mains des hommes d'affaires.

Berbère originaire d'Algérie, arrivé en France en 1952, Yazid Sabeg l'apprend à ses dépens dès son entrée dans le capital de la Compagnie des signaux. Le petit milieu des affaires français ne veut pas de cet étranger à la tête d'un des fleurons de la technologie hexagonale. Plus précisément, cette société est également convoitée par le puissant groupe Thomson sur lequel règne alors un homme à l'appétit insatiable : Alain Gomez, qui a déjà prouvé qu'il savait se donner tous les moyens de maintenir ou d'accroître son empire.

Comment se débarrasser de l'intrus ?

Une officine privée surgit, qui lance dans la nature une information terrible : Yazid Sabeg serait l'un des trésoriers des GIA, les groupes islamiques armés algériens.

Nous sommes en 1991. Avec une complaisance surprenante, la DGSE authentifie et relaie ces « renseignements ». La rumeur se répand à grande vitesse. Innocemment relayée par les RG, elle parvient aux oreilles de la DST : opération parfaitement réussie pour les commanditaires. Qui sont-ils ? La DST ne tarde pas à repérer la main de Thomson. Le mobile de la campagne lancée contre Sabegh est transparent : il s'agit bien de le déstabiliser pour ramasser le joyau industriel, la Compagnies des signaux, spécialiste de l'électronique militaire et fournisseur attitré de la Défense nationale.

Les premières vérifications indiquent que les informations propagées ne tiennent pas vraiment la route. Mais la DST, en l'occurrence Raymond Nart, veut en avoir le cœur net. Yazid Sabeg, le patron suspect, est invité à se présenter rue Nélaton. Résultat de l'entretien : ancien scout de France et ancien boursier du patronat catholique, l'homme est plutôt agnostique. Il ne cultive aucune relation particulière avec l'Algérie et ne fréquente aucune mosquée. Sa fortune vient du pétrole et de son partenariat avec un vieil émir de Dubaï dont il est devenu le légataire universel. Les statuts de sa société semblent limpides.

« Un cas typique de désinformation », songe Raymond Nart en refermant le dossier.

Mais ce n'est pas terminé. Yazid Sabeg reçoit bientôt la visite de l'avocat américain William Lee, spécialiste des manipulations en tout genre, recruté par le même Alain Gomez pour l'épauler dans la guerre fratricide qu'il livre à Jean-Luc Lagardère, son principal rival sur le marché. « Feu orange », suggère la DST, qui alerte Sabeg sur ce personnage douteux. L'homme d'affaires coupe tout contact avec l'Américain. La campagne de dénigrement continue néanmoins à produire ses effets. Yazid Sabeg a en effet sollicité auprès de la Délégation générale de l'armement son habilitation « secret-défense », sésame obligatoire pour pénétrer les marchés militaires. Comme la réponse tarde anormalement, il se tourne vers Raymond Barre, qu'il connaît.

« Vous ne devez pas vous laisser faire », lui conseille le vieux routier de la politique française.

L'ennui, c'est la toute-puissance du PDG de Thomson, dont l'avis compte auprès de tous les rouages importants. La DST a beau avoir lavé Sabeg de tout soupçon, l'avis de la DGSE reste encombrant. Les pressions ne s'arrêtent d'ailleurs pas là : Sabeg a également droit à des menaces de mort et à la visite à son domicile de « gros bras » dotés de prétendues cartes tricolores. Il n'obtiendra son habilitation qu'en 1994, après la nomination au ministère de la Défense de François Léotard. La fin d'un calvaire, même si certains cadres de la Délégation générale de l'armement ont encore du mal à concevoir qu'un « Arabe » puisse se hisser à un tel échelon dans le domaine de la technologie militaire.

Les mêmes rumeurs refont surface lorsque l'homme d'affaires se penche sur le sort de la société Bull. Mais Raymond Nart s'est fait une opinion : cette campagne est « odieuse ». Et quand Yazid Sabeg le rappelle, en 1998, pour lui proposer un emploi, il accepte, désireux, la retraite venue, de faire ses preuves dans le secteur privé – non sans avoir sollicité par écrit la bénédiction du ministère de l'Intérieur. Il sait qu'il aggrave son cas aux yeux de la DGSE et du ministère de la Défense, mais il assume !

Bientôt promu PDG d'une filiale grosse de 500 salariés et spécialisée dans la fabrication de coffres-forts, l'ancien contre-espion se retrouve rapidement confronté à l'« intelligence économique », version... sous la ceinture !

L'affaire commence avec l'éviction d'un directeur de la Compagnie des signaux (rebaptisée Communication et Systèmes en 1995), M.B., soupçonné d'entretenir deux femmes aux frais de la société, au vu et au su de tous. Nous sommes au mois de mai 1999. L'évincé réclame la bagatelle de 4 millions de francs pour solde de tout compte et la mise en œuvre des *golden parachutes* dont il a agrémenté les contrats des deux femmes. Le PDG refuse. M.B. annonce alors qu'il entreprend une démarche auprès de la brigade financière, où il compte dénoncer les « turpitudes » du groupe.

Chantage ? C'est ainsi que le prend la direction de la société. Que raconte l'ex-directeur général aux policiers ? Que son patron dispose d'un chauffeur payé par l'entreprise, à qui il demande de faire des courses personnelles. Il ajoute qu'il pourrait être judicieux de se pencher sur les dessous de la vente, par CS, de matériel d'interception téléphonique à l'Angola pour 200 millions de francs. Pourquoi évoquer ce contrat plutôt qu'un autre ? Le groupe Thomson avait lorgné dessus. Sans doute l'ancien directeur général sait-il également que l'Angola intéresse bigrement la brigade financière depuis l'ouverture d'une enquête sur les pratiques de l'homme d'affaires français Pierre Falcone, l'incontournable intermédiaire du marché angolais, avec qui CS a évidemment traité.

Plus les affaires risquent de « mouiller » des personnages importants, plus elles éveillent la curiosité de la brigade financière : telle est depuis plusieurs années la règle, avec la certitude que juges d'instruction et journalistes suivront, ce qui fera de bonnes manchettes en perspective. Les enquêteurs décident d'accorder un grand crédit au dire de l'ancien directeur général, dans l'idée à peine voilée de nourrir par ricochet d'autres dossiers en cours. En l'occurrence, le plus excitant pour eux est la présence auprès de Yazid Sabeg de trois fonctionnaires passés dans le privé : un ancien du Secrétariat général de la défense nationale (SGDN), le général Claude Mouton, grâce à qui le contrat angolais a été signé par CS ; l'ex-magistrat Jean-Louis Hérail, secrétaire général de CS et conseiller spécial du patron, pour le compte duquel il a supervisé le licenciement du directeur général « indélicat » ; l'ex-directeur adjoint de la DST, Raymond Nart... Circonstance aggravante pour ce dernier : ses liens avec l'associé de Pierre Falcone dans les affaires angolaises, le Russe Arcadi Gaydamak, qui fut longtemps un agent zélé de la DST. Un formidable amalgame !

L'enquête démarre comme un TGV avant de s'enliser progressivement. Le fameux contrat angolais n'a rien d'un marché fictif. Des techniciens de CS sont même à l'œuvre sur le terrain pour installer des équipements qui permettront bientôt de piéger Jonas Savimbi, l'un des deux chefs d'une guerre civile qui dure depuis bientôt trente ans. Rien de clandestin non plus, puisque la DGSE a été dûment avertie de la vente de matériel sensible, de même que le Secrétariat général de la défense nationale. Même la DST a été mise au courant, non par Raymond Nart, mais par le général Mouton.

La brigade financière ne lâche pas le morceau pour autant. Une perquisition est programmée pour le 9 mai 2000 dans les locaux de CS.

Il est environ 10 heures, ce jour-là, lorsque Raymond Nart, le teint hâlé après quelques jours passés dans le Gers, se présente à son bureau, « calme et détendu », dit-il.

Sitôt franchi le porche d'entrée, il se voit interpeller « de manière cavalière » par un jeune homme.

« Qui êtes-vous ? interroge Raymond Nart.

— Je suis de la PJ.

— Mais qui êtes-vous ? insiste Raymond Nart. Présentez-vous !

— Je n'ai pas à vous dire qui je suis ! Le fait que j'appartienne à la Police judiciaire devrait vous suffire !

— Votre appartenance à la Police judiciaire ne vous dispense pas de vous présenter correctement et de me dire pourquoi vous êtes là ! » répond Raymond Nart, un ton au-dessus.

Le jeune homme invite Raymond Nart à le suivre dans le hall, où se trouvent déjà plusieurs autres employés de CS. L'un d'eux lui annonce qu'il s'agit d'une perquisition de la brigade financière.

Raymond Nart exige à nouveau du jeune policier qu'il se présente, lorsqu'un autre fonctionnaire s'en mêle.

« Vous, écrasez-vous ! » lâche Raymond Nart, excédé.

Le ton monte.

« Je vous mets un outrage ! » lance le deuxième policier.

Là, Raymond Nart éclate de rire et demande à voir le commissaire.

« Il est là-haut », indique le plus jeune.

Raymond Nart fait mine de vouloir grimper l'escalier, mais les deux enquêteurs le retiennent par le bras, alors que le commissaire descend de l'étage supérieur, attiré par la discussion.

Durant quatre heures, Raymond Nart se retrouve consigné dans son bureau. Tout est alors prétexte à incident, raconte-t-il, jusqu'à l'ouverture de la fenêtre, jusqu'au moindre verre d'eau réclamé, jusqu'à la rosette de la Légion d'honneur jetée sur une table par un jeune officier de police, jouissant visiblement de pouvoir ainsi humilier un aîné. Au fur et à mesure que progresse la perquisition, les enquêteurs de la financière comprennent qu'ils repartiront les mains vides. D'après les documents fournis par les responsables de CS, il n'y aurait rien à redire sur le marché angolais : les documents sont en règle.

Raymond Nart, aux yeux de qui la situation est « particulièrement comique », est cependant conduit à la brigade financière, où son regard est attiré par un grand tableau supposé schématiser les liens entre Alfred Sirven, ex-grand manitou d'Elf, et Roland Dumas, ancien ministre des Affaires étrangères. À la DST, songe-t-il, tandis qu'on le laisse lanterner pendant trois ou quatre heures, jamais un policier n'aurait ainsi étalé une affaire en cours aux yeux du premier gardé à vue.

Raymond Nart s'attendait probablement à tout sauf à l'interrogatoire qu'il subit alors. « Je suis flic jusqu'au bout des ongles, dit-il. J'ai également un grand respect pour l'institution judiciaire, mais une police politique est rarement juste et toujours politique. Or, durant cet interrogatoire, j'ai eu le sentiment de me retrouver au KGB... mais un KGB géorgien ! »

Que lui reproche-t-on exactement ?

« Pour ceux que j'avais en face de moi, j'étais en faute, par définition, simplement parce que j'avais quitté la fonction publique pour entrer dans le privé, où, forcément, je touchais un gros salaire », affirme Raymond Nart, qui assume allègrement, d'autant que l'incident n'est pas clos [1].

La brigade financière doit finalement se contenter d'un vague délit douanier : le destinataire du matériel de transmission de CS, considéré comme matériel de guerre, aurait dû remplir un document à l'intention de l'administration française, étape négligée par le gouvernement angolais. Le ministre de la Défense est invité à déposer plainte, ce que le socialiste Alain Richard consent péniblement à faire à la veille de son départ, quelques jours avant la défaite de Lionel Jospin. Une garde à vue « très courtoise » s'ensuit pour Yazid Sabeg, le 18 mai 2002, qui ne connaîtra pas vraiment de suites : on s'apercevra plus tard que le matériel exporté n'avait finalement pas besoin des autorisations réclamées, car il ne s'agissait aucunement de matériel militaire...

Conclusion de l'ancien contre-espion : « Une information devient renseignement lorsqu'elle est confirmée, recoupée auprès de personnes qualifiées. Tout le métier est là. J'ai passé mon temps à la DST à lutter contre les ragots, les faux bruits, les rumeurs qui risquent de discréditer d'honnêtes citoyens. Il me semble que la police devrait revenir aux faits bruts, au lieu de se perdre dans d'invraisemblables élucubrations et de suivre sans recul le premier chantage venu ! »

La DST a le temps pour elle

« À la DST, tout est carré. Il n'y a qu'un seul client, le gouvernement, dont on doit d'ailleurs prévoir qu'il va changer rapidement, avant la fin des enquêtes en cours,

---

1. Raymond Nart a déposé une plainte contre la brigade financière, qui suit son cours.

toujours très longues. Dans le privé, le client insatisfait rompt aussitôt le contrat. La moindre erreur d'emballage est une catastrophe. Sans oublier le conseil d'administration et les actionnaires... »

Ainsi Raymond Nart parle-t-il au terme d'une courte expérience dans le monde de l'entreprise, « où l'on favorise l'initiative individuelle plus que le collectif ». Avec la certitude que le temps de l'espionnage ne sera jamais celui du monde du travail ordinaire. Que la matière elle-même restera toujours plus volatile à la DST que dans n'importe quelle usine, sachant que l'on y passe des mois, des années parfois, à attendre un résultat qui ne viendra peut-être jamais.

Combien de temps avait-on attendu avant que ce médecin français identifié comme un espion daigne revenir en France ? Quatre ans. Et trois ans pour coincer cet illégal tchèque dont on avait repéré les passages réguliers à la frontière franco-suisse, un certain « Loubet », soi-disant français mais absent de tous les registres d'état civil, dont la trousse de toilette présentait finalement de tout autres initiales que celles qu'il revendiquait...

Un temps bien trop étiré pour ne pas inquiéter des actionnaires par nature impatients. C'est pourtant sur ces nouveaux terrains que se joue aujourd'hui la « guerre ». Une guerre qui oppose notamment la France aux États-Unis sur le plan de la technologie, de la recherche scientifique, de l'information et de la culture. Une Amérique passée du statut d'alliée à celui de rivale.

« Au fur et à mesure que la France relèvera la tête, prédit l'homme d'affaires Yazid Sabeg, le fossé se creusera avec les États-Unis. La guerre froide terminée, l'Amérique s'emploie à broyer les identités culturelles capables de lui tenir tête et à capter l'argent partout où il se trouve. »

Un des rares hommes politiques français à s'être penchés sur le sort réservé à l'« intelligence économique » s'appelle

Bernard Carayon. Député (UMP) du Tarn, il commençait ainsi un rapport spécial présenté au Premier ministre Jean-Pierre Raffarin en octobre 2002 : « Les services de renseignement sont les yeux et les oreilles du chef de l'État et du gouvernement. Instruments de puissance, leur efficacité est une condition essentielle de la sécurité nationale. Cet objectif a toujours justifié – et partout dans le monde – l'emploi des moyens les plus divers... La conscience démocratique dût-elle en souffrir, l'action illégale fait partie des modes normaux d'intervention, commandés, couverts ou oubliés par l'exécutif. » Un langage auquel les élus n'ont guère habitué leurs électeurs, tant le renseignement passe dans le pays pour une discipline « noire ».

Bernard Carayon récidivait au début de l'été 2003 en présentant un rapport sur l'état de l'« intelligence économique ». Son credo : celle-ci doit devenir une politique publique.

« Les partenaires d'hier sont devenus les concurrents d'aujourd'hui, insiste le député. À la guerre froide s'est substituée une guerre économique. Dans la plupart des pays libéraux, l'appareil d'État a été mis à la disposition des entreprises. Or la France n'a élaboré dans ce domaine aucune doctrine, faute d'impulsion politique au sommet. Cela passe notamment par un mariage étroit entre le public et le privé, et par l'enterrement de cette naïveté française qui voudrait que le monde soit régi par la libre concurrence. La manipulation et la désinformation règnent, les entreprises françaises ne peuvent continuer à prendre des coups sans même les voir venir. »

Dire que la classe politique française pratique depuis des années sur ces sujets un pieux refoulement !

Au terrier et au poulailler

Jean-François Clair, directeur adjoint de la DST :
« On dit qu'il faut surveiller le renard au terrier : c'est la mission du contre-espionnage. Il faut aussi le surveiller au poulailler, c'est-à-dire dans les laboratoires et les entreprises. La défense économique est l'une de nos principales missions, avec l'antiterrorisme et la lutte contre la criminalité organisée, en particulier dans les Balkans à cause du trafic d'armes. L'ennemi, soyons réaliste, peut être aujourd'hui russe ou américain. Les cabinets d'audit et de recherches, comme les compagnies d'assurances, investissent les grands groupes industriels. Nous nous en méfions énormément, car la protection du patrimoine est en jeu. Sommes-nous sur ce terrain meilleurs que les autres ? Au temps de la guerre froide, chacun faisait tranquillement ses calculs et affinait sa stratégie. »

L'un des hommes qui a le plus contribué à hisser l'« intelligence économique » parmi les priorités s'appelle Rémy Pautrat. Préfet hors classe chargé de l'évaluation des préfets en poste, il a dirigé la DST entre 1985 et 1986, le temps de remettre sur pied une section « contre-ingérence » curieusement supprimée par son prédécesseur, Yves Bonnet. Il n'a eu de cesse, par la suite, de convaincre les autorités politiques de l'importance du sujet. Michel Rocard, Premier ministre, l'a suivi et appuyé de 1988 à 1991. Le coup de frein est alors venu de l'Élysée, où trônait un François Mitterrand peu enclin à laisser s'épanouir celui qu'il avait nommé à Matignon. Édouard Balladur a relancé la mobilisation en 1993, avant que son successeur, Alain Juppé, ne délaisse à nouveau le terrain. Au grand dam d'un Rémy Pautrat pour qui il en va de la bonne santé économique de la France, avec des milliers d'emplois en jeu. Pour lui, l'absence de politique de sécurité économique, défensive et offensive à la fois, est un véritable non-sens. À ses yeux, si l'on ne modifie pas rapidement nos habitudes culturelles, « dans dix ans ce pays ne sera plus que l'ombre de lui-même ».

« La sécurité économique, c'est le bien-être des Français, plaide-t-il. Nous n'avons pas les moyens de jouer dans la catégorie des Américains, mais il faut sortir de l'âge du néolithique ! » Les recettes, les méthodes, il n'en manque pas : « Je suis un adepte du renseignement mixte, poursuit le préfet. Nous devons, à l'instar des Américains, apprendre à croiser les connaissances et l'expertise civiles et ce que j'appelle la "pointe du diamant", autrement dit le travail des services de renseignement. »

14.

Derrière les otages,
la justice en embuscade...

Michel Seurat n'avait pas été exécuté

Les enlèvements, Raymond Nart a eu l'occasion d'y goûter avant la Bosnie et la Tchétchénie.

Alors que les islamistes du Hezbollah retiennent plusieurs Français en otages au Liban, la DST, on l'a vu, met à profit les révélations d'une taupe, un jeune Tunisien infiltré parmi les terroristes, pour démanteler un important réseau animé par les hauts dignitaires religieux iraniens. Une affaire exemplaire qui débute, le 13 février 1986, par une rafle sans précédent déclenchée par le ministre de l'Intérieur de l'époque, Pierre Joxe. Une rafle malheureusement ponctuée par l'expulsion assez maladroite de deux opposants chiites irakiens... à Bagdad ! Un cruel manque de clairvoyance de la préfecture de police de Paris, aux conséquences incalculables.

Passons sur le communiqué d'Amnesty International qui annonce aussitôt que les deux Irakiens expulsés ont été « torturés » et « fusillés ». Passons sur l'énergie que dépense la DST pour prendre contact avec les autorités irakiennes et obtenir, après moult tractations, une photographie des deux hommes bel et bien vivants. Et revenons aux otages.

Le Hezbollah, avec qui de multiples émissaires, souvent concurrents, négocient la libération des otages français, se charge d'exploiter l'événement à sa façon. Il annonce la mort de l'un des détenus, le chercheur Michel Seurat, décès dont il impute la responsabilité à la France. Une photo de l'otage est expédiée à Paris et les premiers experts confirment : il a bien été exécuté d'une balle dans la tête, comme le laissait entendre le communiqué adressé depuis Beyrouth.

En fait, Michel Seurat est mort de maladie, mais personne n'en a alors la certitude. Le directeur de la DST, Rémy Pautrat, a bien en sa possession un message adressé deux mois plus tôt par l'ambassade d'Iran à Damas. Un message sibyllin énonçant notamment ceci : « Qu'allons-nous dire quand il faudra reconnaître que Moki s'est évadé de sa cage ? » Difficile à décoder ; la DST hésite alors entre deux interprétations : l'évasion d'un otage ou son décès.

En attendant, on met cette disparition sur le dos de la DST en général, et de Raymond Nart en particulier, lequel écope de deux ans de retard dans son prochain avancement. Un retard encaissé comme une mauvaise péripétie, du moins jusqu'au jour où de nouveaux éléments démontrent ce dont il se doutait depuis le départ : Michel Seurat n'a pas été exécuté, ce que les autres otages confirment après leur libération.

Pourquoi le pouvoir politique n'avait-il pas souhaité assumer les conséquences des arrestations et des expulsions qu'il avait décidées ? Raymond Nart avait l'habitude de ces esquives. Puisque la DST avait donné les noms des présumés terroristes, à elle d'endosser ! Le Hezbollah, lui, s'était simplement montré plus malin en montant une opération de désinformation dont ses dirigeants, téléguidés par Téhéran, savaient qu'elle ferait mouche.

Pour la DST, les affaires d'otages avaient donc mal commencé. Raymond Nart était cependant loin de se douter que la justice lui demanderait un jour des comptes sur les tractations secrètes qui avaient permis ultérieurement d'arracher à leurs geôliers les pilotes français de Bosnie et les « humanitaires » de Tchétchénie.

Le plus loin possible des juges

« Il y a des gens que j'aurais pu faire mettre en prison, mais je ne l'ai pas fait. Par "perversité", sans doute, parce que j'avais plus à tirer d'eux en les laissant libres. Ou parce qu'ils s'étaient comportés normalement et avaient reconnu les faits qui leur étaient reprochés. À l'époque, la DST pouvait gérer ses affaires loin du regard des juges. Nous transmettions à la justice ce que nous avions envie de lui transmettre, ce qui présentait plusieurs inconvénients, notamment à cause de la publicité que la presse ne manquerait pas de faire au dossier dans le sillage de la justice. D'ailleurs, les juges se désintéressaient de cette matière. Nous avons même dû les convoquer, un jour, pour les sensibiliser à nos missions.

« Aujourd'hui, la justice est plus offensive. Ce n'est pas forcément un mal, mais elle ne doit pas se mêler de tout. Comme disait le préfet Pierre Verbrugghe, les juges ne sont pas la conscience universelle. Certains magistrats ont en effet tendance à considérer que le policier n'a pas de morale. C'est le genre d'idée qui me scandalise. En fait, quand une affaire de renseignement arrive au niveau judiciaire, c'est qu'elle n'a pas d'avenir. L'objectif premier de la DST est de détecter, de recruter, de retourner, de pénétrer, de désinformer, ou, encore mieux, d'intoxiquer pour amener l'adversaire à s'autodétruire. C'est beaucoup plus efficace qu'un procès hasardeux ! »

Le coup de fil d'Eva Joly

En voyage d'affaires sur la Côte d'Azur avec un groupe de clients pour le compte de son nouvel employeur, la Compagnie des signaux, Raymond Nart reçoit un appel sur son téléphone portable. Au bout du fil, Eva Joly, la plus médiatique des juges du pôle financier parisien. Le ton est ferme, l'approche, inhabituelle. La juge ordonne à l'ancien policier de se présenter à son bureau tel jour à telle heure.

« Pour quelle raison ? s'enquiert Raymond Nart.

– Je ne peux pas vous dire », répond Eva Joly, mystérieuse.

Dans les jours qui suivent, la juge rappelle à trois reprises pour modifier la date et l'heure de la convocation.

Le jour venu, Raymond Nart est ponctuel, c'est son habitude. Pour quelle obscure raison, on l'ignore, mais Eva Joly le fait attendre une bonne heure dans le couloir glacial de la galerie financière. De quoi chiffonner l'ex-policier, qui met les pieds dans le plat sitôt entré dans le bureau de la juge :

« Vous me dérangez alors que je suis avec des clients, et vous n'avez même pas la politesse d'être à l'heure ! »

La magistrate, excédée, explique qu'elle est très seule dans l'exercice de son métier, que personne ne l'aide, qu'elle est débordée.

L'échange qui suit, plutôt dur, pèsera sur l'avenir des relations entre les deux protagonistes.

« Savez-vous que vous êtes inscrit au fichier du parquet de Paris ? s'exclame la juge.

– Ah bon, s'étonne le policier. Et la Commission nationale de l'informatique et des libertés est au courant de l'existence de ce fichier, j'imagine ?... »

Dans les jours qui suivent, Raymond Nart détecte autour de lui des surveillances policières. Sans doute une manière, pour la juge, de montrer que la force est désormais dans son camp.

Que veut au juste Eva Joly ? D'abord, dire au policier qu'elle le considère comme suspect. Mais, surtout, lui arracher des informations au sujet de quelques-unes des personnes qu'elle a dans le collimateur, principalement l'ancien ministre des Affaires étrangères Roland Dumas, piégé dans le dossier Elf – avec lequel, le sait-elle seulement, Raymond Nart n'a jamais eu le moindre contact. Accessoirement, elle s'intéresse aussi au cas d'un ancien directeur de la DST, Jacques Fournet, dont elle a relevé les coordonnées téléphoniques dans les agendas de Roland Dumas.

Répondre à ce genre de question n'est pas dans les habitudes de l'ancien contre-espion. L'attitude de la juge, à ses yeux incorrecte, n'est pas pour le rendre bavard. Ne l'a-t-elle pas convoqué de façon tout à fait irrégulière, après être allée quémander son numéro de téléphone portable auprès d'un autre juge d'instruction parisien, Jean-Paul Valat ? Ce n'est pas en effet la première fois que la justice convoque Raymond Nart. Cet autre juge parisien avait jugé nécessaire de l'interroger sur trois dossiers : les fameuses archives de Christian Prouteau, retrouvées par la DST ; la divulgation dans *L'Express* du dossier Charles Hernu ; l'affaire des écoutes téléphoniques de l'Élysée sous François Mitterrand, à laquelle la DST était évidemment totalement étrangère. Au total, le contre-espion aura cumulé soixante-quatre heures d'auditions et de confrontations... pour des affaires dans lesquelles, affirme-t-il, il n'a aucune raison de figurer ! « Les juges vont à la pêche sans se soucier des fonctionnaires qu'ils mettent en cause, tranche-t-il, alors qu'ils pourraient se tourner vers les ministres ou les chefs de service, en l'occurrence, des préfets ! »

Où l'on retrouve Arcadi Gaydamak

La sombre affaire de ventes d'armes à l'Angola, un peu rapidement baptisée « Angolagate[1] », partie d'une dénonciation faite au fisc par un homme d'affaires floué, installe provisoirement et bien malgré lui Raymond Nart dans les pages « Affaires » de la presse nationale. Où l'on retrouve, outre les richesses pétrolières de l'Angola, Arcadi Gaydamak, au service de la DST depuis très longtemps...

La première apparition d'Arcadi Gaydamak dans les archives de la DST remonte au début des années 70. Le jeune Soviétique – 15 ans à peine – a quitté son pays natal pour Israël. Ne se plaisant ni à Tel-Aviv ni à Jérusalem, il a pris le chemin de Paris, où il a provisoirement endossé l'habit de peintre en bâtiment. La DST lui est aussitôt tombée sur le dos. Par réflexe, le jeune Gaydamak ne s'est pas défilé : il n'était pas dans les habitudes des citoyens soviétiques de se dérober devant la police. Il a seulement inventé une histoire, expliquant qu'il exerçait jusque-là des activités de garçon de piste au cirque de Moscou.

À partir de là, le contre-espionnage français ne le lâche plus. Un inspecteur divisionnaire, spécialiste des Russes, est chargé de le traiter. Il le voit monter sa première société, faisant fructifier dans l'interprétariat sa grande facilité à manier les langues et son intelligence. Puis faire ses premiers pas d'homme d'affaires sans savoir que la chute du monde communiste va faire un jour sa fortune.

À quel moment Raymond Nart se penche-t-il sur son cas ? Au début des années 80, alors que le bureau d'interprétariat monté par Gaydamak commence à prendre du poids et que celui-ci multiplie les allers-retours entre Paris et

---

1. Un dossier qui n'a rien à voir avec le matériel vendu par la société CS à l'Angola.

Moscou, élargissant peu à peu le spectre de ses activités jusqu'à devenir un intermédiaire incontournable pour les hommes d'affaires français souhaitant conclure des contrats en Union soviétique.

Raymond Nart, qui n'est évidemment pas le « traitant » officiel de Gaydamak, reste cependant à distance : s'en mêler davantage risque de se révéler contre-productif. Il se contente de suivre de loin l'émergence de l'un des premiers businessmen à avoir compris qu'il y avait des fortunes à faire derrière le mur de Berlin, surtout pour ceux qui, comme lui, disposaient à la fois de contacts à l'Ouest et d'excellentes relations dans les sphères dirigeantes soviétiques.

Voyage au Kazakhstan

Raymond Nart fait vraiment la connaissance d'Arcadi Gaydamak à l'occasion d'un voyage au Kazakhstan au milieu des années 90. Au passage, il apprend avec amusement que son « agent » a fait l'acquisition d'un appartement de grand standing avenue Foch, à Paris. Trop tard, songe-t-il, pour faire son éducation et lui expliquer pourquoi une telle adresse risque d'attirer l'attention sur lui. D'ailleurs, ce n'est pas vraiment son problème !

Sur le chemin du retour est prévue une halte à Moscou. Lassé de ses visites répétées au musée Pouchkine, le directeur adjoint suit son agent, qui le mène jusqu'à une datcha où se trouvent réunies quelques-unes des sommités financières du régime. Après avoir connu ce pays à distance, il en pénètre les arcanes les plus secrets. Le ministre des Finances en exercice est là, ainsi que le président de la Douma (la Chambre des députés) et quatre ou cinq responsables du KGB. Un œil étranger non avisé aurait juré assister à une réunion clandestine de l'état-major de la « mafia russe », mot un peu trop galvaudé à l'Ouest. Il s'agissait en fait des vrais décideurs de la Russie postcommuniste. Ils étaient en train de débattre du sort du Premier ministre, dont le limogeage interviendra effectivement quelques mois plus tard. Comme Arcadi Gaydamak, la plupart d'entre eux avaient racheté pour pas cher et en dollars des pans entiers de l'économie soviétique et des ressources naturelles du pays.

« L'espace s'était brusquement ouvert, certains avaient su en profiter », commente Raymond Nart. Arcadi Gaydamak, lui, avait visé juste en récupérant des usines de fabrication d'engrais à l'abandon. Une fois la production relancée, il s'était mis à vendre aux Chinois, lesquels s'étaient révélés des clients réguliers et bons payeurs. Multicarte, il en était venu au commerce de diamants, lequel l'avait mis sur le chemin de l'Angola, source de profits colossaux et d'ennuis gigantesques à cause de l'éviction prématurée de celui qui faisait jusque-là office d'intermédiaire obligé entre la France et les dirigeants de cet État africain en proie à une guerre civile sans fin. Mais Gaydamak ne savait probablement pas où il avait mis les pieds. Il ignorait aussi forcément que derrière cet intermédiaire se tenait en embuscade la DGSE...

L'intermédiaire évincé, les services secrets français misaient sur le chef de guerre Jonas Savimbi, bientôt éliminé par l'armée régulière avec le concours de moyens logistiques (matériel d'interception et de localisation des communications) fournis par une entreprise française ; Gaydamak et Falcone, eux, allaient faire les beaux jours de son rival, Eduardo Dos Santos. Après avoir racheté la dette de l'Angola vis-à-vis de la Russie, ils allaient notamment organiser l'acheminement sur place de matériel militaire russe.

À la recherche de deux pilotes français

Peu coutumier des exagérations, Raymond Nart conserve un souvenir aigu de son voyage en Bosnie. Le chef des services spéciaux bosniaques, notamment, lui a fait forte impression en lui racontant comment il avait donné l'ordre de tirer sur sa propre population, provoquant sciemment une centaine de morts pour mobiliser l'opinion américaine. Mais ce n'est pas de cet homme au visage émacié qu'il attendait une aide, ni avec lui qu'il allait négocier la libération de deux pilotes français faits prisonniers après la chute de leur appareil, un Mirage 2000, le 30 août 1995, non loin de Pale.

Depuis quelques jours, l'OTAN bombarde les forces serbes. La France est associée aux opérations militaires. Quand on apprend que le Mirage a été abattu par un missile sol-air tiré par les Serbes, les deux pilotes sont donnés pour morts. Frédéric Chiffot et José Souvignet, tous deux originaires de Nancy, ont en réalité réussi à actionner leurs parachutes. Ils sont tombés près d'une ferme dont le propriétaire a aussitôt appelé l'armée serbe, qui les a faits prisonniers.

Combien de personnes interviennent-elles dans cette affaire ? Trop pour savoir exactement qui a joué le rôle décisif.

Il y a la DGSE qui nage en pleine confusion, inondée de rapports contradictoires émanant d'une dizaine de services étrangers, longtemps incapables d'affirmer que les pilotes étaient en vie. Il y a le général Gallois, un « seigneur » de l'armée de l'air française à qui Raymond Nart demande de se rendre sur place et de rencontrer le général Mladić, qu'il a croisé lors de diverses conférences. Pèse-t-il sur le cours de l'affaire ? Raymond Nart ne le pense pas. « Sa mission était exploratoire, dit-il. À son retour, il n'a pu me dire si les pilotes étaient vivants ou morts. Parti plein d'enthousiasme, je l'ai vu revenir dans un état curieux que j'ai mis au compte du froid et de la fatigue. »

Le militaire rédige une note proposant une stratégie pour obtenir la libération des pilotes. Mais, au lieu de la remettre à son mandataire, il la transmet directement à Yves Bonnet, ex-directeur de la DST devenu député de la Manche. Yves Bonnet adresse une copie à Jacques Chirac, laquelle est interceptée par deux personnes : Dominique de Villepin, secrétaire général de l'Élysée, et Jean-Charles Marchiani.

Jean-Charles Marchiani est lui aussi sur l'affaire. Il vient de passer vainement un mois à Belgrade et sait qu'il ne pourra rien obtenir sans le concours d'Arcadi Gaydamak, qu'il connaît lui aussi.

La DST dispose sur place d'un autre homme. Selon les éléments parus dans la presse à l'époque, il se surnomme Dominique « Yougo » (de son vrai nom Yugoslav Petronić). Il est serbe, mais sa mère vient du Kosovo. C'est un guerrier de la pire espèce, la DST est bien placée pour le savoir. Mais il se dit profrançais. Il est par ailleurs garde du corps de Radovan Karadžić, que les autorités françaises voudraient traîner devant un tribunal.

Dominique « Yougo » vient régulièrement à Paris pour des raisons personnelles (une liaison féminine) et financières (il y conserve ses économies). C'est là qu'il a été recruté par la DST. Compétent, au dire de ses traitants, athlétique, une carrure à la David Douillet, il raconte aux policiers français comment les chants serbes véhiculent une « culture de mort ».

« Yougo » est à Sarajevo lorsque François Mitterrand se rend sur place. Il a pour mission de superviser la libération de plusieurs prisonniers de guerre, pas seulement français. C'est surtout lui qui rapporte à la DST la plaque du moteur de l'avion des pilotes français. Il finira dans une prison serbe pour « trahison », mais sa vie sera épargnée, ce qui lui permettra de commencer une nouvelle vie au Zaïre comme mercenaire.

En attendant, Arcadi Gaydamak s'envole pour Moscou, où il rencontre l'un des chefs des services secrets, Mikhaïl Barzoukov, dont il sait qu'il entretient des relations régulières avec les « frères » serbes. Un contact est établi avec le colonel Vladimir Koulitch, qui a supervisé durant vingt-cinq ans les liens entre le KGB et la Yougoslavie. Le colonel accepte de se mettre sur le dossier à condition que les frais soient pris en charge par la France – en l'occurrence par Gaydamak, qui accepte. Il annonce bientôt que les pilotes sont bien vivants ; l'information est transmise par Jean-Charles Marchiani au Premier ministre, Jacques Chirac.

Fin octobre, Arcadi Gaydamak est de nouveau à Belgrade, où les Serbes viennent d'éconduire Jean-Charles Marchiani, qu'ils soupçonnent de « visées antiserbes ». Le 12 novembre, l'intermédiaire de la DST rencontre Radovan Karadžić, le président des Serbes de Bosnie, avant d'obtenir un rendez-vous, treize jours plus tard, avec le chef d'état-major de l'armée serbe en Bosnie, Ratko Mladić.

Le 6 décembre, Jacques Chirac lance un ultimatum à Milošević. Le dénouement est proche. Il survient le 12 décembre, date à laquelle les deux prisonniers sont remis au chef d'état-major des armées françaises, le général Jean-Philippe Douin.

Au moment des congratulations à l'aérodrome de Villacoublay, en région parisienne, Jacques Chirac et Charles Millon, ministre de la Défense, félicitent Jean-Charles Marchiani. Arcadi Gaydamak comme la DST sont curieusement absents. Des félicitations seront cependant transmises plus tard à Arcadi Gaydamak par le directeur de cabinet de Jacques Chirac, à l'occasion d'un déplacement à Paris du Russe Vladimir Koulitch.

Qui a vraiment arraché les pilotes des mains de leurs geôliers ?

L'avion qui a servi à les rapatrier tout comme les frais ont été pris en charge par Gaydamak, dépense qui lui vaudra en passant... un redressement fiscal en France ! Le général Pierre Gallois affirme pour sa part avoir également rencontré Karadžić, qui lui aurait annoncé avoir la certitude que les pilotes étaient en vie, avant de demander un geste de la France : il voulait qu'un général français passe ses troupes en revue, plus une poignée de main pour vider le contentieux avec Paris. Pierre Gallois aurait suggéré le nom du général Schmidt avant de reprendre le chemin de Paris, le 17 décembre, convaincu de pouvoir ainsi obtenir sous quelques jours la libération des pilotes. Là, on lui aurait brusquement annoncé que sa mission était terminée.

Jean-Charles Marchiani est-il arrivé derrière eux pour récupérer les fruits de ce travail ? Il aurait usé d'un argument dont les militaires français n'avaient pas osé se servir, annonçant qu'il pouvait obtenir une modification du dispositif mis en place par l'armée française à Sarajevo.

Comme l'a dit le Serbe Alexandre Radović, ancien directeur du fisc à Belgrade, « les victoires ont beaucoup de pères, mais les défaites sont toujours orphelines ».

« Andy » appelle au secours

L'affaire des otages de l'association humanitaire lyonnaise Équilibre donne à nouveau l'occasion à Arcadi Gaydamak de montrer le sérieux de ses contacts. Quatre Français, officiellement bénévoles au sein de l'association, sont depuis le mois d'août 1997 aux mains des islamistes tchétchènes. Les auteurs de ce quadruple rapt réclament une rançon, une de leurs spécialités. A priori, ce dossier délicat relève de la DGSE, l'espionnage militaire, si souvent concurrent de la DST à l'étranger. Jusqu'au jour où Arcadi Gaydamak, qui clame sur tous les tons son grand attachement à la France, fait parvenir à la DST une cassette vidéo, non sans en avoir référé au préalable à Jean-Charles Marchiani, qu'il a connu dans l'affaire des pilotes tombés en Bosnie. Sur la bande apparaît l'un des otages français, prénommé Andy. Surtout, un certain nombre d'éléments transmis par l'agent franco-russe permettent de localiser le lieu où sont retenus les otages.

Dans les jours qui suivent, mettant à profit ses relations avec le général Zorine, pilier des services secrets russes et surtout ancien patron du KGB pour le nord du Caucase, Gaydamak obtient des informations précises sur la rançon réclamée par les Tchétchènes.

La nomination par le Premier ministre Lionel Jospin d'un nouveau directeur de la DST, Jean-Jacques Pascal, précipite les opérations. Surtout, la France ne tient pas particulièrement à ce que ses quatre ressortissants subissent le sort récemment infligé par les mêmes Tchétchènes à deux Britanniques, décapités parce que Londres refusait d'entendre parler de rançon.

Jean-Jacques Pascal demande à Raymond Nart, à deux mois de la date officielle de sa retraite, de se consacrer à plein aux otages français. « Il faut que vous vous occupiez de cette affaire », insiste-t-il. Ce sera la dernière. Lorsqu'il débarque à Moscou avec ses collaborateurs, voilà six mois que les quatre hommes ont été enlevés. Le Premier ministre Lionel Jospin et son directeur de cabinet, Olivier Schrameck, lui ont donné carte blanche pour négocier avec les Tchétchènes, y compris sur le plan financier[1]. S'il faut également arroser quelques intermédiaires russes, Arcadi Gaydamak en fait son affaire : il prend en charge tous les frais, quitte à être remboursé plus tard sur les fonds secrets de Matignon.

---

1. La presse a évoqué une rançon de 50 millions de francs en dollars, une affirmation crédible, mais qu'il ne nous a pas été possible de vérifier.

Pense-t-on à Paris que les deux hommes courent à l'échec ? C'est sans doute le cas dans les rangs de la DGSE, où l'on ne donne pas cher du succès de la mission Nart-Gaydamak.

Raymond Nart prend ses quartiers dans une annexe de l'ambassade de France à Moscou. Lorsqu'il se rend au siège du KGB, rendez-vous ayant été pris par Gaydamak, il est accompagné de deux membres de l'ambassade, dont l'ambassadeur en personne, de trois fonctionnaires de la DST et de deux représentants de la DGSE. Pour les recevoir, trois hommes : Kovaliov, Zorine et un interprète.

L'ambassadeur de France, Colin de Verdières, prend le premier la parole : « Nous sommes en nombre, dit-il, ce qui signifie clairement que nous sommes en état de faiblesse. »

Zorine joue la carte de l'élégance, non sans une certaine théâtralité : « Je suis un homme du contre-espionnage, dit-il, et vous me demandez de faire libérer des espions français... Vous voulez que je travaille à contre-emploi... Mais puisque vous me le demandez si poliment et que vous insistez, je vais m'employer à les libérer... Je poserai cependant une condition : je souhaite traiter exclusivement avec monsieur Raymond Nart. »

Silence autour de la table, où chacun réalise la solidité des liens tissés par Nart avec Zorine depuis la chute du mur de Berlin. Quelques-unes des personnes présentes savent aussi le respect que le Russe a pour le Français depuis l'affaire « Farewell ». Pour le reste, Raymond Nart n'est-il pas le mieux placé pour dénouer un dossier qu'il suit depuis les premiers jours grâce à Arcadi Gaydamak ?

Personne ne proteste. Personne n'ose non plus demander à Zorine ce qu'il a vraiment voulu dire quand il a parlé d'« espions » français. Mais Raymond Nart ne tarde pas à comprendre : parmi les quatre otages, deux sont effectivement engagés au sein de l'ONG humanitaire Équilibre ; les deux autres sont des agents de la DGSE. Pour quelles raisons ont-ils été chargés d'infiltrer l'association ? Quel était le but de leur mission en Tchétchénie, ce foyer de troubles où la France a finalement peu d'intérêts à défendre ? Raymond Nart se le demande encore aujourd'hui alors que résonne à ses oreilles l'appel au secours de l'otage « Andy » sur la cassette vidéo.

Pour le moment, cependant, le dénouement tarde. Le numéro deux de la DST patiente vingt et un jours à Moscou, entre visites de musées et plateaux-repas, avant d'être pris en charge par les fameux commandos Delta, les troupes d'élite de l'armée russe. Ils le conduisent en avion jusque dans la ville de Marashkala, au Daghestan, où il attend encore quatre jours dans les murs d'un sanatorium. Pas question de rencontrer les otages. Zorine a tenu à l'accompagner personnellement, il a même fait venir son épouse. Les négociations se poursuivent par le truchement d'un intermédiaire musulman, vraisemblablement inféodé aux Russes. Le soir venu, trois membres de la DST sont conviés à des dîners qui le plus souvent se terminent en beuveries, tard dans la nuit, les provisions de Saumur-Champigny semblant inépuisables.

L'échange s'étant déroulé finalement comme convenu, les quatre otages regagnent Moscou à bord d'un avion de ligne, accompagné de deux fonctionnaires de la DST. Raymond Nart, rapatrié dans l'avion de Zorine, retrouve les Français vers 5 heures du matin sur une des pistes de l'aéroport de la capitale russe. Un froid humide et glaçant, ses subordonnés qui empestent l'alcool à plusieurs mètres, saoulés dans les règles de l'art par les hommes des commandos Delta : tels sont les souvenirs que conserve de cet instant le directeur-adjoint de la DST.

Pendant que les Russes conduisent les otages libérés vers l'ambassade de France pour les remettre officiellement à l'ambassadeur, Raymond Nart tente de réconforter les deux fonctionnaires de la DST qui l'ont accompagné tout au long de l'opération. « Je n'en peux plus », dit l'un d'eux en s'effondrant à demi, épuisé par ces semaines passés à traduire le russe en français, et vice versa, tout en s'imbibant d'alcool par respect pour ses hôtes. Le directeur-adjoint lui-même, peu habitué à absorber de telles doses d'alcool, ne se sent pas dans son assiette.

La nouvelle connue à Paris, Jean-Pierre Chevènement, ministre de l'Intérieur, tient à appeler personnellement Raymond Nart pour le féliciter. Lionel Jospin, lui, ne se manifeste pas. Pas plus à chaud qu'il ne le fera par la suite, différant sans cesse la rencontre annoncée. Quant à l'ambassadeur de France qui reçoit les fonctionnaires français le lendemain matin, il se contente de leur tendre froidement la main, s'épargnant même le « bonjour et merci » de rigueur. Ce n'est visiblement pas le lieu ni le moment, à ses yeux, de se congratuler. Une petite cérémonie est annoncée pour plus tard, à laquelle se rendra le directeur de la DST, accompagné de deux fonctionnaires du service.

Trois jours après le retour des otages sur le sol français, la DST se fait cependant un devoir de respecter les us et coutumes en vigueur dans ce genre d'opération. Jacques Dewâtre, patron de la DGSE, est invité pour une petite séance de débriefing, rue Nélaton, en compagnie de son état-major. Raymond Nart a préparé à leur intention un long compte rendu de sa mission, dans lequel il ne fait pas l'impasse sur les informations que lui ont confiées les Russes au sujet des otages. Les représentants de la « Piscine » ne bronchent pas, avalant sans un mot les plateaux-repas livrés par l'intendance. La gêne est palpable, à la hauteur de la rancœur de Jacques Dewâtre, qui ne pardonnera pas de sitôt cette incursion dans son domaine[1].

---

1. La DGSE n'a jamais confirmé la présence de deux de ses agents parmi les otages. Officiellement, le service français affirme qu'il s'agit d'une opération de désinformation montée par le général Zorine.

Pas de Légion d'honneur pour l'agent

Arcadi Gaydamak, qui a pris la précaution de rapporter lui-même les passeports des quatre otages français, guette sa prochaine décoration. Il a obtenu la médaille du Mérite agricole pour avoir vendu aux Russes un chargement de blé français refusé par les Algériens. Il s'est vu remettre la médaille du Mérite maritime pour services rendus aux autorités portuaires d'Antibes. Il a été fait chevalier des Arts et Lettres après un don au musée du Louvre. Après la libération des pilotes tombés en Bosnie, il a reçu l'ordre national du Mérite, le 14 juillet 1996, des mains de Jean-Charles Marchiani, l'homme des missions occultes de Charles Pasqua. Il attend de la France qu'elle l'honore de la Légion d'honneur ; il a même adressé un courrier à ce sujet à Jacques Chirac, le 16 octobre 2001.

Au lieu de cela, c'est la justice qui le rattrape avec l'« Angolagate ».

Entre-temps, l'ex-interprète n'a cessé d'arrondir sa fortune, sans jamais oublier d'en reverser un petit pourcentage aux bonnes œuvres de l'État hébreu, auquel il apporte un soutien sans faille : l'histoire dit qu'il a fait bâtir une synagogue à Tel-Aviv et qu'il finance à Moscou une association juive d'aide aux personnes âgées. Comme le note un connaisseur de la Russie postsoviétique, il a su évoluer dans un monde sans règles en tablant avant tout sur son flair. Un jour, on l'a vu débarquer au Kazakhstan, où il avait appris la présence de soldats de l'Armée rouge réduits à la mendicité. Père Noël d'un jour, il avait distribué généreusement ses subsides, se substituant provisoirement à un État défaillant. Une opération peu coûteuse au regard des bénéfices qu'il en avait retirés : la considération et le respect de la haute hiérarchie militaire russe. Une oligarchie dont un certain nombre de représentants, mieux avertis de la vie à l'Ouest que les citoyens ordinaires, allaient bientôt se lancer à leur tour dans les affaires.

Peu importe que le chat soit noir ou gris pourvu qu'il attrape les souris, a-t-on coutume de dire à la DST. L'essentiel, ajoute-t-on, c'est de conserver un maximum de recul avec son agent, même si les événements le rendent sympathique, tout en acceptant de ne pas être le plus fort à chaque fois...

Arcadi Gaydamak, agent du contre-espionnage français, a-t-il en même temps renseigné les services russes ? La question avait déjà été posée au sujet de Jacques Prévost, ce Français sans qui le dossier « Farewell » n'aurait jamais pris consistance. Peut-on cependant imaginer un théâtre d'ombres où les personnages seraient tous transparents ?

Raymond Nart défend son agent

Ne pas être remercié pour les affaires réussies, Raymond Nart en avait l'habitude. « C'est la règle dans notre métier », dit-il. Ses collègues de la Police judiciaire sont nettement plus festifs, eux qui sablent le champagne à chaque énigme résolue. Les militaires, qui distribuent et reçoivent des médailles, prisent eux aussi les récompenses. On est bien plus discret dans le monde du contre-espionnage, ce qui n'a jamais été pour lui déplaire. Les effusions ne lui ressemblent guère. Le seul remerciement dont il se remémore émanait d'un magistrat, alors président de la Cour de sûreté de l'État, lors du dénouement d'une affaire. Les compliments appuyés que celui-ci lui avait adressés lui sont revenus en mémoire lorsque la justice est venue frapper à sa porte, quatre ans après son pot de départ de la DST.

Prêt à défendre l'agent Gaydamak en toutes circonstances, publiquement si nécessaire, il se fend d'une lettre avec accusé de réception à l'intention du juge Philippe

Courroye afin de lui signifier officiellement qu'il se tient à sa disposition pour répondre à d'éventuelles questions. « Gaydamak a peut-être fait de l'argent dans des conditions qui peuvent choquer aux yeux de la loi française, mais il était en accord avec la loi russe. J'aurais eu des scrupules si j'avais appris qu'il possédait des champs de pavot ou un bordel à Moscou, mais ce n'était pas le cas. Il a surtout permis la libération d'otages français qui auraient probablement eu la tête tranchée quinze jours plus tard, comme ce fut le cas des Britanniques. »

En attendant, l'agent avait préféré se réfugier en Israël, sa seconde patrie.

La justice sur la piste des avions

Prenant le relais d'Eva Joly, le juge d'instruction Philippe Courroye épluche bientôt les comptes de la société Brenco, « porte-avions » de l'homme d'affaires Robert Falcone. Le 12 décembre 1996, deux jours avant la remise de l'ordre du Mérite à Arcadi Gaydamak par Jean-Charles Marchiani, à la demande de Charles Pasqua et avec l'aval de l'Élysée, Brenco aurait, selon les éléments du dossier, versé 1,5 million de francs à l'officine France-Afrique-Orient, ramification bien connue de la nébuleuse pasquaïenne.

Le dossier Falcone, entre les mains du juge Philippe Courroye, s'enrichit bientôt de quelques procès-verbaux relatant les aventures d'Arcadi Gaydamak et de Jean-Charles Marchiani dans l'ex-Yougoslavie, dans le cadre des opérations destinées à libérer les deux pilotes français.

Les enquêteurs épluchent les carnets de vol de la compagnie aérienne Vol Air Entreprise. Ils relèvent un vol Le Bourget-Vienne-Belgrade, aller le 7 novembre 1995, retour le 14. Interrogé le 26 mars 2001, le pilote confirme la présence à bord des deux hommes. L'hôtesse, elle, attribue l'escale viennoise à Gaydamak, qui souhaitait y acheter des médicaments. Le vol suivant a lieu le 8 décembre de la même année, juste avant la libération des pilotes. L'avion est encore parti du Bourget, près de Paris, a fait escale à Toulon, où Jean-Charles Marchiani exerce alors comme préfet du Var, puis s'est rendu à Belgrade. Sur le chemin du retour, le 12 décembre, l'appareil s'est posé à Vienne puis à Toulouse... Qui réglait l'addition ? La société International Trading and Shipping, enregistrée aux îles Vierges (britanniques), croit se rappeler le directeur commercial de la compagnie, interrogé à son tour.

Les voyages font une entrée inattendue dans le sulfureux dossier instruit par le « pôle financier ». Il faudra donc s'expliquer, au risque de voir assimiler ces déplacements aux autres vols auscultés par la brigade financière, notamment quatre vols effectués en 1997 entre Le Bourget et Luanda, capitale de l'Angola, le plus souvent avec les passagers Pierre Falcone et Arcadi Gaydamak. Pour l'anecdote – mais la justice ne prendra pas cette information en compte –, l'hôtesse de l'air d'origine laotienne attachée à la compagnie se souviendra également d'un déplacement à Pointe-Noire, au Congo, avec Charles Pasqua : la manifestation de bienvenue organisée pour l'occasion sur la piste de l'aéroport l'avait... « beaucoup effrayée ».

La suite, notamment les voyages de Jean-Charles Marchiani et de sa famille en Corse, ou les déplacements de l'écrivain à succès Paul-Loup Sulitzer avec sa femme et son bébé (« qui avait des problèmes d'oreille », se rappelle encore l'hôtesse) vers Chambéry, nous emmènerait trop loin des rives de l'espionnage, du côté de ces affaires politico-financières auxquelles Raymond Nart n'aurait jamais imaginé voir un jour son nom mêlé, lui qui mettait un soin tout particulier à conserver ses distances avec le monde de l'argent frelaté. De quoi le conforter dans les positions qui sont les siennes depuis longtemps : « Le cas Arcadi

Gaydamak est assez exemplaire de ce que l'on ne devrait pas voir. Cet homme a travaillé pour la DST. Lui demander des comptes sur ses affaires, passe encore. S'acharner sur lui pour les services qu'il nous a rendus risque demain de compliquer considérablement la tâche du contre-espionnage. » En clair, les volontaires pourraient un jour manquer à l'appel.

ÉPILOGUE

Le pousse-rapière est l'apéritif que l'on sert dans le Gers avant le foie gras et le magret. Composé d'une liqueur d'orange additionnée de vin champagnisé, c'est une boisson à la fois rustique et sophistiquée, mystérieuse aussi, car on en devine difficilement la composition. Si la DST de Raymond Nart était un cocktail, ce serait celui-là.

Le pousse-rapière, boisson marquée « terroir », a-t-il un avenir ? Le contre-espionnage « pur » n'est plus à la mode aujourd'hui. Les espions et les transfuges non plus, du moins ceux que l'on croisait au temps de la guerre froide. Mais le grand jeu du renseignement (une sorte de coupe du monde, avec au maximum quatre ou cinq grandes équipes) continue plus que jamais. Et l'on recrute toujours des agents. L'argent a simplement remplacé l'idéologie, il est même désormais le principal moteur de la trahison. Les Russes, eux, n'ont pas perdu la main, à en croire la DST. Ils concentrent simplement leurs efforts sur le domaine scientifique. La France n'a-t-elle pas encore procédé, en 2001, le plus discrètement possible, pour ne vexer personne, à l'expulsion de plusieurs espions russes ?

« Quand on a appris à nager, c'est pour la vie », a dit un jour un responsable de l'espionnage russe à Raymond Nart.

Difficile, en effet, de se priver d'un outil quand on y a pris goût et que l'on dispose d'une petite armée de spécialistes.

« La DST peut faire ce que les diplomates ne peuvent pas faire, mais c'est une machine qui s'entretient, dit Raymond Nart. Elle est indispensable pour mener les nouvelles guerres, celles qui ne se voient pas, comme la guerre économique ou celle de l'écologie, dans lesquelles les Américains, au nom de leurs intérêts, sont prêts à tous les coups et à toutes les intoxications. »

Avec ses gommes et ses crayons, avec cette mémoire vive dans laquelle tant de fois les Américains sont venus puiser, la DST n'a pas été si mauvaise. La France peut-elle se passer d'un tel service dont certains ont parfois contesté les méthodes, les jugeant au-delà de ce que pouvait tolérer la démocratie ?

« Je suis républicain et démocrate, affirme Raymond Nart, mais pas naïf. Le monde est fait de trahisons et de coups bas permanents. Dans un système démocratique, le contre-espionnage n'est plus un luxe, mais un véritable outil de gouvernement. »

Les Américains sont les premiers à le reconnaître. Guerre contre le terrorisme, conquête de parts de marché pour les entreprises nationales, action diplomatique souterraine : les espions yankees sont plus actifs que jamais. « Une France soucieuse de ne pas jouer en seconde division doit s'appuyer elle aussi sur cette culture. » En misant sur les spécificités de la DST, qui a toujours davantage investi dans les sources humaines que dans les sources techniques, là où les Américains, eux, ne jurent que par la technologie.

Raymond Nart a tourné la page, mais ne renie pas les amitiés des années DST. Il y a cet imprimeur qui a refait surface en voyant l'ancien contre-espion aux prises avec la justice ; agent devenu ami, il venait lui dire que les juges n'étaient pas infaillibles. Il y a ces militaires algériens, devenus ses intimes sur l'autre rive de la Méditerranée. Il y a Nikita Krivochéïne, à qui Raymond Nart a pensé très fort, en 1992, lorsqu'il s'est retrouvé pour la première fois, sans lui, sur la place Rouge ; Nikita qui lui avait appris les subtilités de la culture russe, comme les secrets du goulag, et qui pour toujours l'appellerait « monsieur Dubarry ».

« On les a eus ! » avait un jour lancé le Russe, mi-rieur, mi-sérieux.

Raymond Nart avait souri. Dire qu'il ne serait jamais entré à la DST s'il n'avait attrapé une infection pulmonaire, un jour de 1957, à la plage d'Argelès-sur-Mer ! Il avait rejoint la petite station balnéaire du Sud-Ouest grâce au billet de train fourni gracieusement par son père, sous-chef de gare à Toulouse. Or, quelques jours plus tôt, un représentant du SDECE l'avait approché. Vêtu de son impayable imperméable vert olive, l'homme recrutait des étudiants, parlant si possible le russe, pour les expédier au Festival mondial de la jeunesse, à Moscou. Le jeune Raymond Nart n'avait pas dit non. Sans l'infection contractée sur la plage, il serait probablement parti en URSS. Il en serait sans doute revenu à jamais suspect d'accointances avec le communisme. Donc interdit de contre-espionnage.

ANNEXES

LISTE DES DIRECTEURS DE LA DST
DEPUIS 1944

1944-1959 : Roger Wybot
1959-1961 : Gabriel Ériau
1961-1964 : Daniel Doustin
1964-1967 : Tony Roche
1967-1972 : Jean Rochet
1972-1974 : Henri Biard
1974-1976 : Jacques Chartron
1976-1982 : Marcel Chalet
1982-1985 : Yves Bonnet
1985-1986 : Rémy Pautrat
1986-1990 : Bernard Gérard
1990-1993 : Jacques Fournet
1993-1997 : Philippe Parant
1997-2002 : Jean-Jacques Pascal
Depuis juillet 2002 : Pierre de Bousquet de Florian

BIBLIOGRAPHIE SOMMAIRE

Andrew Christopher et Mitrokhine Vassili, *Le KGB contre l'Ouest, 1917-1991*, Fayard, 2000.

Andrew Christopher et Gordievsky Oleg, *Le KGB dans le monde*, Fayard, 1990.

Auffret Dominique, *Alexandre Kojève, la philosophie, l'État, la fin de l'histoire*, Grasset, 1990.

Baud Jacques, *Encyclopédie du renseignement et des services secrets*, Lavauzelle, 1998.

Berner Philippe, *Roger Wybot et la bataille pour la DST*, récit, Presses de la Cité, 1975.

Bonnet Yves, *Mémoires d'un patron de la DST*, Calmann-Lévy, 2000.

Burdan Daniel, *DST, neuf ans à la division antiterroriste*, Robert Laffont, 1990.

Chalet Marcel et Wolton Thierry, *Les Visiteurs de l'ombre*, Grasset, 1990.

Étienne Genovefa et Moniquet Claude, *Histoire de l'espionnage mondial*, Kiron, Le Félin, 2002 (tome 2 de *De la guerre froide à la guerre antiterroriste*).

Faligot Roger et Krop Pascal, *DST, Police Secrète*, Flammarion, 1999.

Faligot Roger et Kauffer Rémi, *Les Maîtres-Espions*, Robert Laffont, 1994 (tome 2 de l'*Histoire mondiale du renseignement, de la guerre froide à nos jours*).

Favier Pierre et Martin-Roland Michel, *La Décennie Mitterrand - Les Défis, 88-91*, Seuil, 1996.

Guyaux Jean (général), *L'Espion des sciences*, Flammarion, 2002.

JACQUARD Roland, *Fatwa conte l'Occident*, Albin Michel, 1998.

KOSTINE Sergueï, *Bonjour, Farewell*, Robert Laffont, 1997.

LAÏDI Ali et SALAM Ahmed, *Le Jihad en Europe, les filières du terrorisme islamique*, Seuil, 2002.

MÉNAGE Gilles, *L'Œil du pouvoir - Les affaires de l'État, 1981-1986*, Fayard, 1999 (et tome 2, 2000 ; tome 3, 2001).

MOREAU Alain et MARCHAND Jean-Charles, *P... comme police*, Alain Moreau, 1983.

PÉAN Pierre, *Secret d'État*, Fayard, 1986.

PONTAUT Jean-Marie et DUPUIS Jérôme, *Enquête sur l'agent Hernu*, Fayard, 1997.

TRAPIER Patrice, *La Taupe d'Allah*, Plon, 2000.

WARUSFEL Bernard, *Contre-espionnage et protection du secret*, Lavauzelle, 2000.

WOLTON Thierry, *Le KGB en France*, Grasset, 1986.

INDEX

TABLE

*Composition et mise en pages réalisées
par ÉTIANNE COMPOSITION
à Montrouge*

*Impression réalisée sur CAMERON par
BRODARD ET TAUPIN
La Flèche*

*pour le compte des Éditions Fayard
en septembre 2003*

Imprimé en France
Dépôt légal : septembre 2003
N° d'édition : 36887 – N° d'impression : 20176
ISBN : 2-213-61658-2
35-57-1858-6/01